北平抗日斗争历

北平抗日斗争群英荟

中共北京市委党史研究室
北京市地方志编纂委员会办公室 组织编写

杨胜群　李良　主编

中共北京市委党史研究室
北京市地方志编纂委员会办公室 著

北京出版集团
北京人民出版社

图书在版编目（CIP）数据

北平抗日斗争群英荟 / 中共北京市委党史研究室，北京市地方志编纂委员会办公室组织编写；中共北京市委党史研究室，北京市地方志编纂委员会办公室著. —北京：北京人民出版社，2023.8
（北平抗日斗争历史丛书 / 杨胜群，李良主编）
ISBN 978-7-5300-0588-0

Ⅰ．①北… Ⅱ．①中… ②北… Ⅲ．①抗日斗争—民族英雄—生平事迹—北京 Ⅳ．①K827=6

中国国家版本馆 CIP 数据核字（2023）第 027966 号

北平抗日斗争历史丛书
北平抗日斗争群英荟
BEIPING KANG RI DOUZHENG QUNYINGHUI

中共北京市委党史研究室　　组织编写
北京市地方志编纂委员会办公室
　　　　杨胜群　李良　主编
中共北京市委党史研究室　　著
北京市地方志编纂委员会办公室

＊

北　京　出　版　集　团　出版
北　京　人　民　出　版　社
（北京北三环中路6号）
邮政编码：100120

网　　　址：www.bph.com.cn
北 京 出 版 集 团 总 发 行
新　华　书　店　经　销
河北宝昌佳彩印刷有限公司印刷

＊

787 毫米×1092 毫米　　16 开本　　29.125 印张　　415 千字
2023 年 8 月第 1 版　　2023 年 8 月第 1 次印刷
ISBN 978-7-5300-0588-0
定价：98.00 元
如有印装质量问题，由本社负责调换
质量监督电话：010-58572393
编辑部电话：010-58572798；发行部电话：010-58572371

"北平抗日斗争历史丛书"
编 委 会

主　　编　杨胜群　李　良
执行主编　陈志楣
编　　委　张恒彬　运子微　姜海军　范登生
　　　　　王均伟　霍海丹　黄如军　李　颖
　　　　　包国俊　温瑞茂　李　涛　郭　芳
　　　　　王建朗　刘国新　左玉河　黄道炫
　　　　　欧阳军喜　罗存康

编委会办公室

主　　任　陈丽红　宋传信　王　鹏　黄迎风
　　　　　冯雪利　韩　旭
成　　员　曹　楠　苏　峰　常　颖　乔　克
　　　　　贾变变　刘　慧　方东杰

序 言

中国人民抗日战争，是近代以来中国人民反抗外敌入侵持续时间最长、规模最大、牺牲最多，并第一次取得完全胜利的民族解放斗争。中国人民以顽强的意志和英勇的斗争，彻底打败了法西斯主义，取得了正义战胜邪恶、光明战胜黑暗、进步战胜反动的伟大胜利。这个伟大胜利，是中华民族从近代以来陷入深重危机走向伟大复兴的历史转折点，也是世界反法西斯战争胜利的重要组成部分，是中国人民的胜利，也是世界人民的胜利，将永远铭刻在中华民族史册上，永远铭刻在人类正义事业史册上。

在中华民族生死存亡的历史关头，中国共产党秉持民族大义，高举抗日旗帜，积极倡导、有力推动以国共合作为基础的抗日民族统一战线，同日本侵略者进行了最英勇、最坚决的斗争，成为全民族抗战的中流砥柱。全体中华儿女共赴国难、浴血奋战，彰显了中华民族威武不屈的脊梁和精神。

北平抗日斗争是中国人民抗日斗争的重要组成部分，在全国抗战中具有独特地位和作用。这里是一二·九运动的策源地，由此掀起抗日救亡运动新高潮；这里是全民族抗战的爆发地，由此拉开全民族抗战帷幕；这里是华北抗战的前沿阵地，由此成为晋察冀抗日根据地重要组成部分。在这片红色沃土上，北平军民为国家生存而战、为民族复兴而战、为人类正义而战，涌现出许多可歌可泣的英雄人物，书写了许多感天动地的英雄壮举，他们血染的风采成为伟大抗战精神的生动写照。

为继承和弘扬伟大抗战精神，配合以卢沟桥、宛平城为代表的抗日斗争主题片区保护利用，深入挖掘北平抗日斗争历史内涵，经报请中共北京市委批准，我们策划编写了"北平抗日斗争历史丛书"。丛书由《抗日救亡运动新高潮》《全民族抗战起点》《到前线去 到根据地去》《故宫文物南迁》《平津高校外迁》《北平沦陷区的抗日斗争》《平郊抗日根据地》《北平抗日秘密交通线》《迎接抗战最后胜利》《北平抗日斗争群英荟》《北平抗日斗争遗址遗迹纪念设施》《北平抗日斗争文物故事》12种书构成。

丛书重点聚焦一二·九抗日救亡运动兴起、全民族抗战爆发、北平城内地下斗争、平郊抗日根据地的开辟和敌后游击战争等重大历史事件,全面回顾了北平抗日斗争波澜壮阔的历史进程,全景展现了北平军民不屈斗争的历史画卷,深刻诠释了北平军民以铮铮铁骨战强敌、以血肉之躯筑长城、以前仆后继赴国难的英雄气概和重要贡献。

丛书定位于学术研究基础上的专题历史著作,面向广大党员干部和社会大众,兼具思想性、政治性、通俗性和原创性,努力将之打造成权威可信、可读可学的精品力作。丛书总体呈现以下几个显著特点:

一是导向正确。坚持以党的三个历史问题决议精神和习近平总书记关于党的历史和党史工作重要论述为遵循,坚持以马克思主义立场、观点和方法为指导,牢牢把握抗战历史的主题和主线、主流和本质,坚决反对任何否认日本军国主义侵略历史甚至美化侵略战争和殖民统治等谬论。

二是权威科学。坚持党性和科学性相统一,实事求是反映历史的真实。编撰组织上,邀请党史、军史、抗战史相关领域权威专家担任编委或作者。资料运用上,坚持以原始档案、权威文献著作为依据,在全面收集相关资料基础上,注重发掘新史料,吸收新成果,确保内容的准确性和科学性。

三是主题鲜明。紧紧扭住北平作为一二·九运动策源地、全民族抗战爆发地、华北抗战前沿阵地等关键点,深刻揭示北平在全国抗日斗争中的地位和作用,深刻揭示中国共产党的中流砥柱作用是抗战胜利的关键、全民族抗战是抗战胜利的法宝、伟大抗战精神是抗战胜利的决定因素。

四是可读可学。布局上坚持统分结合、融为一体,叙事上注重条理清晰、逻辑严谨,语言上力求通俗易懂、生动活泼,设计上做到图文并茂、相得益彰,努力使丛书成为激励广大党员干部和人民群众在新时代奋发有为的教科书、营养剂与清醒剂。

中国人民在抗日战争的壮阔进程中孕育出伟大抗战精神,向世界展示了天下兴亡、匹夫有责的爱国情怀，视死如归、宁死不屈的民族气节，不畏强暴、血战到底的英雄气概，百折不挠、坚韧不拔的必胜信念。这一伟大精神，始终熔铸于北平抗日军民血液之中，并得到充分释放和展现，今天依然是我们书写实现中华民族伟大复兴中国梦北京篇章的重要力量源泉。奋进新征程、建功新时代，我们必须大力传承和弘扬伟大抗战精神，坚定不移坚持党的领导，自觉拥护"两个确立"、增强"四个意识"、坚定"四个自信"、做到"两个维护"，筑牢历史记忆，担当历史使命，锲而不舍为实现中华民族伟大复兴而奋斗。

目 录

前　言 / 001

白乙化　抗日民族英雄"小白龙" / 001

包　森　中国的"夏伯阳" / 008

才　山　浴血平郊战顽敌 / 013

曹火星　谱写红色经典旋律的人民音乐家 / 017

曹进祥　抗日"堡垒村"的联合会会长 / 021

陈　辉　文武兼备的武工队政委 / 025

陈杰英　平谷县第一个女八路 / 030

崔显堂　忍辱负重为抗战 / 034

邓　华　创建平西抗日根据地的功臣 / 039

董毓华　青运领袖　抗日英雄 / 044

杜伯华　神仙山麓葬忠魂 / 049

段苏权　钻到日伪肚子里的"孙行者" / 053

高　鹏　鹏程万里为抗日 / 057

郭明秋　一二·九运动中的学联主席 / 062

何基沣　威震敌胆的"何阎王" / 067

黄　华　北平学联的总交际 / 072

黄　敬　一二·九运动的学生领袖 / 077

吉鸿昌　"为时代而牺牲"的抗日名将 / 081

蒋南翔　为"一张平静的书桌"而抗争 / 086

焦若愚　战斗在平西的"焦土"县长 / 091

金崇山　誓死抗日的铁血青年 / 096

晋耀臣　"一两骨头一两金"的区委书记 / 100

隗合宽　霞云岭上的"民兵英雄" / 104

老帽山六壮士　舍身跳崖的无名英雄 / 108

李常青　一二·九运动中的省委特派员 / 112

李楚离　冀东抗日根据地的主要创建者 / 116

刘　仁　华北隐蔽战线的功臣 / 121

刘玉昆　威震平西的游击队队长 / 126

娄　平　从学生到八路军指挥员 / 130

陆　平　从北大到平西抗日根据地 / 134

马　福　焦庄户地道战的带头人 / 139

聂　耳　用音乐奏响战斗号角 / 143

彭　涛　一二·九运动中的北平学联党团书记 / 147

平西手枪队　神出鬼没　威震敌胆 / 153

沈　爽　把最后一颗子弹留给自己 / 158

沈忠明　卢沟桥守军中的中共地下党员 / 162

宋　黎　东北大学地下党支部书记 / 166

宋时轮　一路高歌向冀东 / 171

苏　梅　平郊抗战绽梅香 / 175

孙敬修　抗日战线上的"故事大王" / 180

王　波　从军报国的"小高尔基" / 184

王　亢　驰骋平北战凶顽 / 189

王　文　王凤岐　暗战在敌人心脏的夫妻 / 194

王振东　驰骋平北的抗日游击队队长 / 198

魏国元　平西第一个抗日民主政府县长 / 203

伍晋南　冀热察挺进军政治部主任 / 208

武　光　矢志抗日的平北地委副书记 / 212

目 录

武止戈　血洒大小汤山 / 217

萧　克　冀热察挺进军司令员兼政治委员 / 222

徐智甫　昌延联合县第一任县委书记 / 227

许德珩　铁骨铮铮　矢志不渝 / 232

许言午　马家堡列车颠覆事件的策划者 / 237

杨秀峰　从大学教授到边区政府主席 / 241

姚依林　一二·九抗日游行总指挥 / 245

张克侠　肩负特殊使命的中共特别党员 / 250

赵　起　被誉为"神将"的游击队队长 / 255

赵　顺　海坨山下"拥军拥政"模范 / 261

赵景安　威震平南的抗日勇士 / 265

赵永成　永定河畔"快枪赵" / 269

周文彬　血沃冀东的朝鲜籍战士 / 274

周小舟　奋斗在抗日救亡运动前线 / 278

戴安澜　激战古北口三昼夜 / 283

方振武　从抗日同盟军到抗日讨贼军 / 287

冯运修　抗日杀奸团的"书生枪手" / 292

高桂滋　光荣历史国人同佩 / 297

古北口七勇士　壮烈殉国的无名英雄 / 301

关麟征　率部鏖战古北口 / 305

金振中　魂归卢沟桥的铁血营长 / 309

罗芳珪　决死南口声震中外 / 314

麻克敌　刺杀日本特使的军统行动组组长 / 318

佟麟阁　南苑保卫战捐躯的副军长 / 322

王冷斋　舌战日寇的宛平县县长 / 326

谢振平　救死扶伤为抗战 / 332

曾宪邦　锋前不惜国人头 / 336
张本禹　浴血南口以身殉国 / 340
张庆余　起义抗战的伪保安队队长 / 344
张自忠　"中国抗战军人之魂" / 349
赵登禹　南苑战斗中殉国的打虎将军 / 355

陈卓毅　晋察冀分局社会部驻北平特工 / 360
程砚秋　一代名伶的民族气节 / 365
邓玉芬　云蒙山下的英雄母亲 / 370
董鲁安　从大学教授到晋察冀边区副议长 / 375
方大曾　抗战烽火中的战地记者 / 379
侯仁之　"以心传心，抗日反日"的燕大教师 / 384
黄　浩　"黄长老"和他的北平地下工作组 / 389
蓝公武　坚守民族气节的"蓝疯子" / 393
李　铮　为地下党工作的同仁堂少奶奶 / 397
李苦禅　抗日情报组的国画大师 / 402
廉　维　从中将夫人到八路军大姐 / 407
刘文生　一位民兵英雄的抗日传奇 / 413
汤万宁　拉队伍抗日的"汤七爷" / 418
杨金花　"海坨山中一枝花" / 422
英千里　矢志不渝的爱国教授 / 426
李　才　周　时　隐蔽战线上的抗日伴侣 / 430
埃德加·斯诺　为中国抗战鼓与呼 / 434
贝熙叶　开辟自行车"驼峰航线" / 440
林迈可　为中国抗战做出贡献的英国教师 / 444

后　记 / 449

前　言

北平抗战始终闪耀着伟大抗战精神的时代光辉。在民族存亡的危急关头，面对穷凶极恶的日本侵略者，"捐躯赴国难，视死忽如归"成为北平军民的共同意志，他们义无反顾地投身到抗日战争的滚滚洪流中，奏响了一曲曲气吞山河的爱国主义壮歌，诞生了一批批可歌可泣的英雄人物。

《北平抗日斗争群英荟》一书聚焦北京市现有区划内京籍以及参加过北平抗日斗争的英雄英烈，重点选取其中97名为北平抗战做出突出贡献的各阶层人物，生动讲述他们抵御外侮、浴血奋战的英勇事迹。

我们不会忘记，许德珩、姚依林、郭明秋、蒋南翔等一大批爱国师生回荡在北平街头的抗日怒吼，古北口七勇士、第29军大刀队在长城抗战中奋勇杀敌的无畏英姿，佟麟阁、赵登禹、沈忠明等在卢沟桥抗战和南苑保卫战中为国捐躯的铁血壮举，大学教授蓝公武、京剧大师程砚秋、"故事大王"孙敬修等不事日伪的民族气节，美国记者埃德加·斯诺、法国医生贝熙叶、英国教授林迈可等外国友人为中国抗战事业做出的特殊贡献……

中国共产党是全民族抗战的中流砥柱，捍卫民族独立最坚定，维护民族利益最坚决，反抗外来侵略最勇敢。在党的领导下，北平军民先后开辟了平西、平北、冀东抗日根据地，萧克、邓华、宋时轮等一批抗日名将从这里走出，白乙化、包森、老帽山六壮士等抗日英雄在这里捐躯，英雄母亲邓玉芬、抗日堡垒村曹进祥、焦庄户地道战带头人马福等一批支前模范在这里涌现，陈卓毅、李才、黄浩、王文等一批暗战尖兵在这里忍辱负重、与敌周旋……

伟大斗争铸就伟大精神。北平军民以铮铮铁骨战强敌、以血肉之躯筑长城，留下了无数惊天地、泣鬼神的英勇传奇，丰富了伟大抗战精神的深刻内涵，将永远激励我们克服一切艰难险阻，奋力谱写新时代首都发展新篇章。

白乙化　抗日民族英雄"小白龙"

抗日战争时期，平郊活跃着一支闻名遐迩的抗日队伍——"知识分子团"。团长身材高大、眉清目朗、白衣虬髯，常骑一匹白马，率部驰骋于白河两岸，神出鬼没打击日伪，创造了一个个出奇制胜的经典战例。当地老百姓将其神化为来无影去无踪的神兵天将和白河神的化身。他就是人称"小白龙"的抗日民族英雄白乙化。

白乙化

一二·九运动的"虎将"

白乙化1911年6月出生于辽宁省辽阳县一个普通农民家庭，1929年考入北平中国大学政治系预科学习。1930年加入中国共产党。1931年，日本侵略者制造九一八事变，由于蒋介石奉行不抵抗政策，白乙化的家乡辽阳第二天就被日军侵占，东北三省大好河山迅速沦丧。大敌当前，国破家亡，他无心读书，向学校写信申请"先去杀敌，再来求学"。校方感于他的报国之志，为其保留学籍。白乙化回乡拉起一支抗日义勇军，旗号"平东洋"，自任司令，转战辽西、热东地区，不断给日、伪军以沉重打击，队伍发展到3000多人。他英勇善战、指挥灵活，犹如活跃在白山黑水间的一条蛟龙，因此获得"小白龙"的美誉。1933年春，因日军"围剿"，抗日义勇军粮弹不继，不得不退入关内，不承想竟被国民党军缴械遣散。白乙化含愤返回北平，到中国大学继续读书。1935年夏毕业后，留校负责学生工作。

在他求学期间，日本侵略者步步紧逼，将侵略的魔爪从东北伸向华北，华北即将面临和东北同样的命运。1935年夏，日本侵占河北、察哈尔两省的大部分主权后，又进一步策动所谓"华北自治运动"。12月9日，在中共北平党组织领导下，北平学联发动全市数千名学生走上街头，举行请愿游行。是为一二·九运动。这天一大早，白乙化带着同学们集合准备去请愿，但校门被国民党军警封锁，只准进不准出。他们从后院翻墙而出，在辟才胡同再次集合，迎着凛冽的寒风向新华门行进。白乙化举着条幅，走在队伍前列，带领大家高呼"反对日本帝国主义""停止内战，一致对外"。游行队伍在王府井大街遭到野蛮阻拦和镇压，军警挥舞枪柄、皮鞭、棍棒，手持水龙，袭击手无寸铁的学生。见此情景，自幼练武的白乙化带头冲上去，把好几个军警打翻在地。他的壮举和大无畏精神，赢得了同学们的钦佩，被赞为"虎将"。

当天，有30多人被捕，数百人受伤。爱国学生并没有被吓倒，12月16日举行了更大规模的示威游行，数十人被捕，300余人受伤。为了揭露国民党当局的暴行，北平学联在中国大学逸仙堂举办血衣展。白乙化主动请缨筹办展览，他组织收集两次示威游行受伤学生的血衣达500多件，手书"血淋淋铁的事实"七个大字，和血衣一起高悬于墙上，[①]令观展者无不深受触动。

知识分子也能挑大梁

1936年夏，白乙化受中共中央北方局委派，奔赴绥西扒子补隆垦区开展抗日救亡工作。绥西垦区是1935年国民政府为安置东北流亡难民，在河套地区开辟的一片荒地。它建立之初，中共党组织就曾派人去开展工作，并建立支部。

白乙化与李衡、陈钟等到达垦区后，在北方局指导下，组建中共垦区工委，白乙化任书记。垦区有一二百名共产党员，多数是东北流亡青年，

---

① 李次岩：《任仲夷画传》，人民出版社2018年版，第28页。

以及一二·九运动后北方局转移到此的平津地下党员和进步学生。白乙化以他们为主体,组建党的外围组织抗日民族先锋队,宣传抗日,发动民众。西安事变后,他又到北平招收被蒋介石遣散的东北军学兵队队员和青年学生80多人,为以后建立垦区抗日武装准备了干部队伍。

1937年10月,侵华日军逼近垦区,垦民内部产生剧烈分化,垦区工委审时度势,组织领导武装暴动,建立起一支由共产党领导的队伍——抗日先锋队,白乙化任总队长,成员约200人。白乙化率领这支新生武装,东进抗日,1938年6月到达山西雁北地区,找到八路军第359旅。他把干部全部抽出来,送到第359旅随营学校培训,向老红军学习作战和做群众工作,学习红军的优良传统和作风,队伍综合素质得到迅速提高。

这时,八路军已在冀察边境先后开辟平西、冀东抗日根据地,需要更多武装和干部力量。第359旅旅长王震考虑到白乙化和抗日先锋队到那里能发挥更大作用,便给冀热察挺进军司令员萧克写信说:"我这里有200多名平津流亡青年学生……有不少是共产党员。他们年轻,有文化知识,领会党的政策快,会做群众工作,为首的叫白乙化。"萧克看了大喜过望,立即回复:"欢迎白乙化率'抗日先锋队'来平西!"①

1939年3月,白乙化率部到达平西,与冀东抗日联军合并为华北人民抗日联军(以下简称"华北抗联")。董毓华、白乙化分别任正、副司令员(两人是中国大学同学),政治部主任朱其文、副主任吴涛(两人均为中国大学学生),参谋长王亢(东北大学学生)。队伍的领导指挥层大都是知识分子,主体则是由冀东农民、开滦煤矿工人等组成的工农武装。一开始有人质疑:指挥员都是知识分子,这能打仗吗?其间,日军进犯平西,华北抗联与日军首战失利,人员和士气都受到很大冲击。

面对挫折,白乙化并不气馁。他奉命率部在马兰村严格整训,军事上狠抓基本训练,政治上抓爱国、统战教育,还带头手把手教工农出身的战士识字,队伍面貌焕然一新、士气高昂。整训完毕,华北抗联就经受了战

---

① 申春:《战地记者眼中的萧克将军》,中华炎黄文化研究会编:《萧克印象》,中央文献出版社、上海人民出版社2010年版,第144页。

斗考验，先后在雁翅、青白口克敌获胜。1939年6月，白乙化指挥华北抗联，将进犯平西抗日根据地的日军"扫荡"队奥村中队300余人截击于楼儿岭。白乙化亲手击毙日军3个旗语兵，使敌人指挥失灵，随即带领部队冲锋，与日寇拼起刺刀。大学生干部带头冲杀肉搏，表现英勇。受此鼓舞，战士们一往无前，激战3天，重创日军，毙伤奥村中队长以下130多人。经此一战，根据地军民纷纷称赞：知识分子也能挑大梁。

1939年年底，华北抗联正式改编为八路军晋察冀军区步兵第10团，白乙化任团长。1940年3月，日军独立混成第2旅、第15旅及伪军各一部近万人，兵分十路"围剿"平西。白乙化奉命率第10团阻击西面之敌。战斗持续10多个昼夜，打退敌人在飞机、重炮掩护下的数次进攻，共毙敌300余人，还创造了步枪打飞机的著名战例。战斗中，日军飞机一面侦察和协助地面作战，一面利用抗日部队没有防空武器的弱势，不断低空盘旋，狂轰滥炸。白乙化十分恼火，命令隐蔽在丛林里的战士瞄准日机待命。当头顶再次传来飞机低空轰鸣时，白乙化看准时机大喊一声："打！"一阵枪响过后，敌机歪歪扭扭地坠落在阵地前，战士们一片欢呼。反"围剿"结束后，白乙化和第10团得到冀热察挺进军首长表扬，"知识分子团"的战斗力和威名也传开了。

生不回平西，死不离平北

平北，处于伪满洲国、伪华北和伪蒙疆3个日伪统治区接合部，是连接平西、冀东的桥梁，战略地位极为重要，日、伪军控制极为严密，八路军部队几进几出都没能站稳脚跟。冀热察挺进军总结经验教训，确定了新的工作方针：以小股部队梯次进入，进行游击活动，先建立小块根据地，再逐步连成大块根据地。再次开辟平北的任务，交给了白乙化的第10团。白乙化表示：生不回平西，死不离平北，一定要夺取挺进平北的胜利！

1940年4月下旬，白乙化令第3营及部分团机关人员作为第一梯队，先期进入密云西部水川地区，调查了解敌情，宣传抗日，筹集粮草，为团主力到来做准备。5月20日，他亲率主力第1营和其余人员为第二梯队，悄悄越过平绥路，两日即到达昌平沙塘沟。当天上午，伪满军第35团第2营前来阻截，轮番发动7次冲击，白乙化冒着炮火亲临最前沿指挥还击，一次次打退敌人的冲锋，毙伤敌60余人。沙塘沟战斗出师告捷，第10团主力随后与第3营会师。第10团挺进平北的胜利，充实了武器装备，提高了部队士气，鼓舞了平北人民。

进驻平北后，白乙化对敌情、民情和地理环境做了细致的调查研究，决定以云蒙山区为中心，开辟丰（宁）滦（平）密（云）根据地，并确定集中主力于外线打击敌人、掩护内线发动群众建立根据地的工作方针。他抽调得力干部，与上级党委派来的工作组一起，40多个人分成几个工作队，深入云蒙山区、白河两岸，分头发动群众。白乙化安排第3营两个连在内线负责保卫，自己率主力第1营北出长城，深入丰宁、滦平等地进行外线游击作战。

白乙化多年带兵转战，积累了丰富的游击战争经验。到外线后，他故意大白天组织行军，吸引敌人兵力。伪满军急忙纠集几百人追来，但一时弄不清虚实，既不敢发动攻击，也不敢太过靠近，始终在距离四五里的地方跟踪。我前进他也前进，我驻下他也驻下，就这样牵着敌人的鼻子转悠了几天。对方刚放松警惕，白乙化突然指挥急行军甩掉敌人，一举捣毁五道营据点。接着，指挥东进重创滦平小白旗之敌，南下夜袭密云司营子据点，再北上攻克滦平虎什哈据点。此后部队销声匿迹，几天后又出现在丰宁境内，袭击了大草坪的伪满军。白乙化以机动灵活的游击战术，搞得敌人晕头转向，从而一次次出奇制胜。

外线游击袭扰为开辟白河两岸创造了有利条件。工作队深入山村宣传抗日，发动群众，从破除伪保甲制度、建立乡村抗日民主政权入手，相继开辟了4个区，影响达到周边百公里范围。到6月下旬，正式建立丰滦密联合县，抗日救国会、自卫军、儿童团等群众抗日组织也相继成立。丰滦密抗日根据地由此诞生。

与此同时，昌平后七村等地也建立了若干小块根据地。到1940年7月前后，几块小根据地基本连成一片，开辟平北的工作局面打开了。冀热察区党委指示，成立平北地委和军分区，第10团由平北军分区领导，担负巩固和发展丰滦密根据地的任务。

敌人靠"扫荡"赶不走我们

丰滦密根据地的创建和发展,招致敌人疯狂反扑。自1940年9月11日起,日、伪军集中兵力发动长达两个多月的"大扫荡"。

面对强敌,白乙化采取避强击弱、内外结合的反"扫荡"方针。他率领第1营跳出包围,乘虚插入敌后,在保育岭、达峪等地进行了30多次战斗,还开辟了长城以外大片地区。第3营则留在内线,依靠根据地人民支援掩护,时而分散游击,时而集中歼敌,连续取得水堡子、梨树沟、白道峪等一系列战斗的胜利。内外夹击下,敌人到处扑空挨打,不得不停止"扫荡"。白乙化趁机率部返回内线,埋伏于敌人撤退的必经之路上,在密云冯家峪南湾子打了个漂亮的伏击战,一举歼灭号称"常胜部队"的日军铃木大队哲田中队90多人,给这次反"扫荡"画上圆满句号。

进入深秋时节,筹措棉衣给养成为当务之急。白乙化依靠地方党组织和人民群众,秘密到敌占区分批采买,积存了充足的棉布棉花。寒冬到来前,他组织根据地乡亲昼夜缝制,很快给全团配备了崭新的灰布棉衣,又通过地下工作人员从北平买来毡帽盔。白乙化和大家一起穿戴一新,他满怀信心地说:敌人靠"扫荡"赶不走我们,靠老天爷更休想赶走我们!

根据地人民看到,第10团是一支打不垮、赶不走的坚强队伍,抗日信心倍增,青壮年踊跃参军。到1940年年底,第10团人数增加到1700多人,战斗力得到很大提高。尔后,白乙化根据上级确定的巩固根据地、广泛开展群众性游击战的方针,一方面加强部队整训,一方面狠抓地方政权建设,使根据地得到进一步发展,从4个区扩展到15个区。但日、伪军也开始变换手法,一次次进行兵力不等、规模不一的"扫荡"和进攻。

1941年春节前夕,第10团在马营村召开连以上干部会议,白乙化提出要扩大丰滦密根据地,进一步挺进伪满洲国统治区。他心底还有个更进一步的计划,要打回东北老家去。会上他提醒大家,春节临近,要提防敌人突然袭击。果不其然,没过几天,日、伪军滦平道田讨伐队170余人沿白河川而来，妄图偷袭根据地，被第10团引到鹿皮关，进了埋伏圈。

战斗在马营西北面的降蓬山山顶展开。敌人疯狂进攻，第10团一次次发起反攻。打了5个多小时，到下午3时左右，第1营营长王亢率部击溃大部分敌人，少数残敌依托长城的断壁残垣和烽火台，仍在负隅顽抗。白乙化冲到前沿，站到一块大青石上指挥，高喊："王亢冲啊！"话音刚落，一颗子弹从烽火台射来，击中了他的头部……

马营战斗消灭敌人117人，胜利保卫了根据地，但白乙化的牺牲造成根据地的重大损失。噩耗传来，丰滦密军民无不悲痛欲绝。冀热察挺进军政治部发布《告全军同志书》，评价他为优秀的指挥员、民族英雄、无产阶级先锋。

"革命是我们的权利，流血牺牲是我们的义务！"白乙化生前常挂在嘴边的这句话，不仅是他的诺言，也成为全团上下的誓言。他的一生虽然短暂，但他为中华民族解放事业做出的贡献将名垂青史、流芳千古。

（执笔：陈丽红）

包 森 中国的"夏伯阳"

夏伯阳，又名恰巴耶夫，是苏俄国内战争时期的工农红军指挥员，他骁勇善战、屡建奇功，是家喻户晓的战斗英雄。在中国抗日战争中，也有这样一位智勇双全、战功赫赫的英雄人物。他率部挺进平西，转战冀东，剑指盘山，创造了一个个以少胜多、以弱胜强的骄人战绩。他就是被叶剑英誉为"中国的'夏伯阳'"的包森。

包森

奔赴平西开辟房山根据地

包森，原名赵宝森，1911年7月生于陕西省蒲城县。1931年九一八事变后，在陕西省三原县读初中的他，因联合爱国青年积极宣传抗日，并带头冲入国民党县党部，要求他们支持民众抗日，被学校开除。后加入中国共产党。全民族抗战爆发后，包森被派往延安中国人民抗日军事政治大学学习。

1938年2月，晋察冀军区邓华部队挺进平西，建立以宛平为中心的平西抗日根据地，包森随邓华支队到平西，任中共房涞涿联合县工委委员、游击大队大队长。房山县是抗日前哨，地理位置特殊，工农业比较发达，联合县工委决定派包森到房山开辟根据地。接到任务后，他立即带一个连来到房山五区南窖大安山开展工作，通过演讲、讲课、写标语等方式宣传党的抗日方针政策，号召各界人士有钱出钱、有人出人、有枪出枪，结成最广泛的抗日民族统一战线，很快就打开了工作局面。

当时，房山一带有两股势力较强的地方武装，为了壮大抗日力量，包森决定对他们实施改编。五区自卫团团总解景波等人对抗战不了解，对八路军持怀疑态度。包森主动上门和解景波谈了4天，耐心细致地讲述国难当头之际，必须枪口一致对外、共同抗日的道理。他的民族大义打动了解景波，使其同意接受改编。而后，包森又通过积极努力的工作，争取到四区自卫团接受改编，走上抗日道路。房涞涿抗日游击支队正式成立，包森任支队长，姜时喆任政治部主任，下设3个大队，共有400多人，这是共产党在房山创建的第一支抗日武装。游击支队建立后，包森带领他们到羊耳峪攻打地方土匪，缴获一批枪支弹药和粮食，大大提振了部队士气。

随着抗日根据地的创建，组建抗日民主政权成为当务之急。经过一段时间的紧张筹备，包森与姜时喆等人组织召开群众大会，宣布废除日本维持会，成立南窖地区抗日救国会和区公所。从此，这里有了人民自己的政权。

包森等还组建起民族抗日先锋队，锄奸反特，打击敌人，队伍很快发展到100多人。包森还推动南窖地区的抗日救国会与房山九区霞云岭一带地方武装取得联系，形成了双方互通情报、联合对敌斗争的良好局面。不到3个月，以南窖地区为中心，整个河套沟，上起堂上村，下至磁家务村，南起南窖村、北安村，北至大安山、北峪村，周围50多个村的抗日根据地连成一片。

转战冀东开展抗日游击战

1938年5月，奉中共中央军委指令，宋时轮、邓华率领的部队合编为八路军第4纵队，积极准备挺进冀东，配合冀东人民抗日大暴动，创建新的抗日根据地。担任第33大队党总支书记的包森，随八路军第4纵队挺进冀东。

包森奉命率40多人，在兴隆县至潵河川一带活动。所到之处，张贴布告、宣传抗战、筹粮筹衣，部队迅速扩大到百余人。10月，冀东抗日形势陷入低潮，八路军第4纵队撤向平西整训，留下八路军3个支队在冀东坚持战斗。包森率第2游击支队活跃在以洪山口、茅山为中心的遵化北部山区，发动群众踊跃参军，收编零散抗联人员，到1939年年初，队伍发展到700多人，成为冀东八路军的骨干力量。

包森率领第2游击支队转战长城内外，采取奔袭、奇袭、强攻等灵活战术，先后多次粉碎日、伪军的围攻"扫荡"。尤以"二十八宿"巧计取胜、活捉日本宪兵队队长赤本大佐最为传奇。[1]

1939年初春，包森率领27名战士在蓟运河一带打游击。这支28人的队伍灵活善战，让日军头疼不已。时间一长，群众就称他们是神话中的"二十八宿"。一天晚上，几个村子的狗一起乱叫，把炮楼上的敌人惊醒了，他们紧张了一夜，没敢睡觉更不敢出来。天亮后，敌人发现山坡上有扛枪的队伍，立即向据点的日军报告，日、伪军当即派出一个警备队前往截击。警备队刚到山下，顿时枪声大作，手榴弹在敌群中炸开了花。趁敌人乱作一团，包森率部队从山坡上冲下来，高喊："缴枪不杀！"晕头转向的212名警备队队员，除被击毙的外全都成了俘虏。原来这天晚上，包森发动群众到处打狗，让狗叫起来。又叫青年扛起锄头、木棍，在山上转来转去。还派5名战士埋伏在据点门外，准备迎击增援的敌人，余下的战士埋伏在山头上。战斗打响之后，包森让那些青年敲打铜盆铁桶，冒充枪声。敌人果然上当了，以为八路军人数众多，只能缴械投降。"二十八宿"巧计取胜的消息传遍冀东，群众不仅称赞包森足智多谋，而且对八路军更加信任和拥护了。

不久，日军派宪兵大佐赤本三尼坐镇遵化。赤本狂妄放话：悬赏30万元，捉拿包森。赤本抓捕了包森警卫班战士王振西，要求他带路寻找包森，王振西认为这是一个脱身的好机会，万一碰上游击队，或许还能活捉鬼子，就满口答应下来。4月26日，赤本命令守备队到城北一带搜捕包森。为引诱第2游击支队上钩，赤本只带一名翻译，乔装成中国商人模样，在王振西的带领下，进入县城东北孟子院村，将守备队部署在大刘庄尾随。三人恰

---

[1] 中共党史人物研究会编：《中共党史人物传》（第19卷），陕西人民出版社1985年版，第235页。

和包森派去的侦察员相遇。王振西用眼神示意战友,身后两人是敌人。侦察员立即扑上去,将赤本和翻译活捉。转移途中,日本守备队追了上来,赤本乘机疯狂挣扎、企图逃跑,侦察员将其击毙。当时八路军总部编印的《八一》杂志,报道了活捉赤本大佐的战绩。

6月,中共中央北方局军城会议决定,冀东抗日联军和八路军3个游击支队统一编为八路军冀热察挺进军第13支队,李运昌任司令员,包森任副司令员。

剑指盘山重创日寇常胜军

1940年元旦,冀东区党分委召开扩大会议,决定包森以第13支队副司令员身份,赴盘山主持军事工作。盘山为燕山余脉,坐落在平谷城东南10余公里处,西踞北平,南望天津,地处交通要道,面积有百余平方公里,是理想的抗日根据地。

接到任务后,包森立刻赶赴盘山,依靠和发动群众,惩治作恶多端的土匪头子,改编10多股土匪武装,使混乱不堪的盘山成为一个有统一领导、与北部鱼子山紧紧连在一起的抗日根据地。4月15日,冀东西部第一个联合县——蓟平密联合县建立。

包森在盘山打开局面后,开始寻机作战。6月22日至7月7日,日本关东军驻遵化部队出动6000余兵力,围困盘山、鱼子山。包森机动灵活指挥,部队苦战18天,进行大小战斗56次,粉碎了日、伪军"扫荡",鼓舞了抗日军民士气,稳定了根据地形势。

7月,晋察冀军区冀东军分区成立,包森任第13团团长兼政委。根据中共中央北方分局指示精神,部队利用青纱帐季节,从东西两线向日、伪军主动出击。28日,由70多人组成的骑术精湛、武器精良的日本关东军驻遵化大稻地武岛骑兵中队窜入盘山白草洼。白草洼地域狭长、山路崎岖、乱石横生,既是敌人的必经之路,也是消灭敌军的最佳位置。经过缜密考虑,包森决定采取诱敌深入的战术,利用白草洼的有利地形设伏,歼灭日军。

中午时分，武岛骑兵中队官兵背枪策马，从东南方向越过山梁全部进入白草洼山沟。早已埋伏在这里的八路军迅速围歼敌军，毫无准备的日本骑兵被突如其来的埋伏打了个措手不及，立即往回撤。但为时已晚，包森率部已经形成包围态势，敌人成了瓮中之鳖。这时，包森命令司号员吹起冲锋号，战士们如猛虎下山，向敌人发起冲锋。经过1小时激战，日本骑兵大部分被击毙，剩下的一小撮日军躲在一块大石头后面，做最后挣扎。包森审时度势，命令大部队撤出战斗，他亲自带领20多名战士迂回到距敌最近的地方，用手榴弹强攻，同时向敌人射击。太阳快落山时，残敌终于被消灭，只有一人逃跑。白草洼一战，缴获轻机枪3挺、长枪50余支、战马70余匹，开创了冀东八路军歼灭整建制日军的战例。

8月，包森率领第13团又先后在平谷县的水峪村、杨家会击溃前来"扫荡"的日军，歼敌200余人，缴获山炮、掷弹筒各1门，轻机枪1挺及其他武器若干。在冀东，缴获敌人重武器尚属首次。特别是1942年1月燕山口内果河沿一役，包森以7个连的兵力，毙俘日伪中佐以下官兵近千人，创造了冀东抗战史上的奇迹。

然而敌人并不甘心失败，又一次向根据地发起疯狂进攻。1942年2月，包森率领的第13团驻扎在遵化野瓠山北沙坡峪村。17日这天，侦察员报告说发现了一股敌人，正从西沙河方向开来。包森赶紧带着警卫员一起上山去查看。他爬上野瓠山，登上一块大石头，举起望远镜观察敌情。突然敌人从侧面打来一枪，击中包森胸部。他身负重伤，依然镇定地说："我负伤了，队伍由一营长指挥。"当警卫员背着他行至战场东侧小山头时，这位威震敌胆的抗战英雄停止了呼吸，年仅31岁。

包森牺牲后，延安《解放日报》发表社论，盛赞："他的赫赫战功与英雄精神将永远留在人民的记忆中。""千里击强虏，剑吼长城东。壮岁国难死，悲歌燕赵风。"这首五言诗正是对包森传奇壮丽一生的生动写照。

（执笔：曹楠）

才　山　浴血平郊战顽敌

每年清明时节，河北省遵化市杨家峪村北的山坡上，万亩桃花竞相开放，许多游客前来踏青赏花。然而，杨家峪附近的乡亲和学校师生，每年都会早早地来到山下的烈士陵园，缅怀抗战时期在杨家峪战斗中牺牲的才山等八路军指战员。

才山画像

主动请缨进平北

1931年九一八事变后，日本侵略者的铁蹄践踏白山黑水，正在北平读大学的才山毅然投笔从戎，返回家乡辽宁黑山，参加辽西抗日义勇军，不久因部队作战失利而流亡北平。

1934年春，24岁的才山与任作田等人组织东北难民赴绥西远垦区。在这里，才山参与了创建根据地的工作，并于1937年7月光荣加入中国共产党。1937年10月，他参加中共绥西垦区特委领导的武装暴动，任抗日先锋队中队长（白乙化为总队长兼党支部书记）。翌年秋，才山被派到八路军第359旅学习参谋业务。

1939年春，才山随抗日先锋队到达平西，加入华北人民抗日联军，任第3大队（营）大队长。同年夏，才山赴冀东执行任务，完成任务后经密云、滦平、丰宁、怀柔、昌平等地返回平西途中，他一路用心观察地形、了解斗争形势，对地形条件好、适合建立落脚点的北石城、四合堂等十几个村子做了重点探访。他还派几名侦察员乔扮商人，潜伏下来。机智的侦察员

013

们以经商为名，悄悄购买棉衣、粮食等军需物资，藏于山中，为日后斗争做准备。

才山回到平西后，向部队领导汇报了沿途情况，并提出继续进军平北、开辟根据地的建议。

年底，华北人民抗日联军改编为八路军冀热察挺进军第10团（后改称八路军晋察冀军区第10团），白乙化任团长，才山任参谋长。冀热察区党委和挺进军提出"巩固平西、坚持冀东、开辟平北"的战略任务，与才山此前提出的建议不谋而合。因此，才山主动请缨，希望率领第一梯队，先行挺进平北。

1940年4月20日，才山与团政治处主任吴涛率第10团第3营官兵，从平西永定河畔出发，翻山越岭，日夜兼程，于5月1日抵达怀柔八道河子。在这里，才山等几位负责同志各带1个连，分散开展抗日宣传、发动群众。经过1个月的努力，他们在八道河子一带站稳了脚跟。

5月21日，白乙化率第1营赶来与第3营会合。才山率队继续向丰宁县的云雾山区进军，在那里收编了袁水和王荣2支民间武装。6月，以密云县云蒙山区为中心、地跨长城内外的丰（宁）滦（平）密（云）联合县宣告成立。

先前，八路军曾两次挺进平北，均因敌情险恶而被迫退出。第三次挺进平北，成功建立丰滦密抗日根据地，引起日军恐慌。1941年秋，日军对丰滦密抗日根据地进行惨绝人寰的"大扫荡"和"治安强化运动"。危难之时，才山派人取回当初储藏在山里的粮食和棉衣，大大缓解了第10团指战员受冻挨饿的困境。大家纷纷称赞才山有远见、智谋多。

护送干部到冀东

平北是联系平西与冀东的桥梁和纽带，护送八路军军政人员过境，是当时第10团担负的一项重要任务。1942年5月，为粉碎日军对华北的大规模"扫荡"，扩大冀热察抗日根据地，晋察冀军区抽调100多名干部加强冀东。时任团长王亢、政委吴涛和参谋长才山率两个主力营,护送这批干部前往冀东。

当时,日、伪军在平北和冀东之间设立了严密的封锁线。当八路军的护送队伍行进到怀来县境内的平绥铁路附近时,被日军发现。日军遂调集2000多人的兵力进行围追堵截,形势十分危急。

为摆脱日、伪军追堵,才山提出先登上长嵯山,趁天黑绕到嵯西隘口,利用大山与敌人周旋,团长、政委采纳了这一建议。5月23日早晨,先头部队刚刚攀上长嵯山,便与400多名敌人遭遇。王亢、才山急命团参谋海健率1个排死守嵯西隘口,掩护东进干部向嵯东突围。与此同时,嵯南、嵯北等方向的日、伪军相继围攻上来,部队四面受敌。海健所率的1个排英勇阻击日、伪军,最后全部壮烈牺牲。

当天晚上,团领导决定乘夜色掩护,将部队主力和干部暂时隐蔽下来,再派出两支小分队声东击西、调虎离山:一路由熟悉地形的战士带着向南疾驰,以吸引敌人;另一路沿长嵯山山脊,向北朝龙门所和独石口方向机动,以分散敌人。

这天夜里,天气时阴时晴,趁着日、伪军被两支小分队分散了注意力,才山果断率队掩护干部迅速东进,急行百里,终于冲出了险境。

一波未平,一波又起。当主力掩护干部通过(北)平古(北口)铁路封锁线刚跨进冀东时,又遭到千余名日、伪军的拦截。才山立即派出侦察员,联系冀东部队前来接应,并趁敌人尚未形成合围的有利时机,指挥部队掩护干部向冀东中心地区挺进。他们边作战边转移,奋战3个昼夜,终于摆脱敌人,与冀东部队会师,胜利完成护送任务。

饮弹自尽杨家峪

1945年7月3日,冀热辽军区尖兵剧社和第15军分区长城剧社奉命赶赴军区机关所在地玉田县,联合公演抗日新剧《地狱与人间》。当天清晨,时任军区副参谋长的才山,率两个剧社数十名文艺兵战士,从滦河东岸出发西进，途中夜宿杨家峪。

深夜，1700多名日、伪军悄悄摸向杨家峪。4日拂晓，雾霭沉沉，敌军趁机接近村子。放哨的杨家峪民兵武装班长杨喜发现后，迅速回村报告。才山命令县大队迎敌，组织两个剧社的同志突围。一时间，枪声大作，县大队在西山与敌人接上火的同时，小干河沿岸也响起激烈的枪声。才山见难以突围，命令两个剧社的同志撤退到一条胡同里，护送部队在河北沿阻击。

胡同被包围后，才山被迫命令全体人员冒死突围。护送部队在前，剧社同志和伤员在中间，有战斗经验的战士断后。茫茫云雾中，突围队伍猛打猛冲，趁敌不明情况，杀出一条血路。然而，行进至村西山坡时却再次遭敌袭击，伤亡惨重，不得不撤至山下。此时，突围队伍仅剩下20多人，大多是女同志、小同志和伤员。

天亮后，才山发现东山上有一个敌人，手里拿着一面旗子，旗子指向哪里，哪里就枪声大作。才山决定采取惑敌之计，指了指东山，命令长城剧社指导员王维汉和副社长朱希明带领女同志和小同志向东突围，自己带领尖兵剧社社长黄天和几个战士，吸引敌人火力，迅速向西猛冲。王维汉、朱希明等人趁机突出重围。

才山和几位战士被围困在西山脚下的葡萄园里，劝降的吼叫声、呼啸的枪弹声此起彼伏。有的战士子弹打光后，与敌人展开肉搏，惨死在敌人刺刀之下。才山眼见突围无望，决心誓死不当俘虏，毅然举起手枪，把最后一颗子弹留给了自己。仅有一位受重伤的战士朱喻鼎浑身是血，早已昏迷，因此逃过一劫，成为现场的唯一幸存者。

战斗结束后，杨家峪村老人献出自己的寿材装殓了烈士们的遗体，村民们为40多名烈士举行隆重的安葬仪式。

新中国成立后，为缅怀杨家峪战斗中牺牲的烈士，在村南竖立起一座抗日英雄纪念碑。才山的遗骨迁葬于石家庄华北军区烈士陵园。2014年9月，才山被列入民政部公布的第一批著名抗日英烈及英雄群体名录。

（执笔：宋传信）

曹火星　谱写红色经典旋律的人民音乐家

"没有共产党就没有新中国，没有共产党就没有新中国。共产党辛劳为民族，共产党他一心救中国……"每当有党的重大活动，都伴随着《没有共产党就没有新中国》这首红色经典旋律。词曲作者曹火星在战火纷飞的抗战岁月中，那刻骨铭心的创作历程，仿佛又浮现在人们眼前。

曹火星

铁血剧社崭露头角

卢沟桥的隆隆炮声，打碎了一个农村少年的求学梦。这个少年就是曹火星，原名曹峙，1924年10月出生于河北省平山县西岗南村。抗日战争时期在晋察冀根据地，《游击队歌》《大刀进行曲》等抗日歌曲广为传唱，少年曹峙每次听到都热血沸腾，他积极参加共产党领导的青年抗日救国联合会，"从此人生有了新的希望和奔头"。

1938年农历大年初二，夜色深沉，年味正浓。年仅14岁的曹峙，悄悄溜出家门。他回望了一眼父母的房间，毅然跑向一个叫洪子店的村子，这里是平山县抗日民主政府所在地。有着音乐天赋的曹峙，来到这里后，和一批爱国青少年组成一个剧社，起名叫"铁血"，表明以"铁的意志和热血"抗日到底的决心。这群年轻人募集来锣鼓乐器，采用当地民间曲调或表演形式，改编出《鬼子、汉奸、亡国奴》《参加八路军》《宝山参军》《攻打平山县城》等音乐戏剧节目。演出之余，他们还将民歌小调填上新词，改编为抗日歌曲。

一天夜里，曹峙和一个剧社伙伴来到温塘前线宣传抗日。他们借着夜色靠近日、伪军据点，对敌人喊话，招来一阵枪声。曹峙扭头一看，发现伙伴已被乱枪打中牺牲。面对战友的牺牲，曹峙没有胆怯和退缩，反而更加增添了他对日本侵略者的愤怒和仇恨。

就是在这个时候，几个社友嫌自己的名字与轰轰烈烈的抗战氛围不协调，为表达与日寇血战到底的决心，剧社里掀起一股改名热。曹峙思来想去，决定取"星星之火，可以燎原"之意，改名为曹火星。

1939年，上级组织选送曹火星到华北联合大学文艺部学习。曹火星进入音乐系，师从王莘、张非、吕骥、卢肃等众多前辈。在8个月的系统学习中，曹火星勤奋钻研，从大量的优秀革命歌曲中汲取营养，从抗日英雄的事迹中激发灵感，内心受到巨大震撼和鼓舞，决定用歌曲去战斗。

学习结束后，曹火星抱着为抗战而创作、为人民而创作的强烈愿望返回前线，边进行抗战斗争边创作，先后写出《上战场》《选村长》《万年穷翻身》等歌曲。每创作一首新歌，他总是先在群众中试唱，听取意见，然后修改定稿。这些歌曲简练朴实，易懂易唱，受到大家欢迎。

霞云岭下创作颂歌

"火星，快点儿，咱们这次到平西演出。"有位战友招呼他。曹火星一边答应着，一边收拾着自己的行装。

剧社经常深入各个根据地，到群众中开展文艺宣传活动。这次，曹火星和战友们来到了堂上村，住在一位老乡的东屋。堂上村是太行山深处、房山霞云岭下的一个小山村，是平西根据地的腹地。

1943年，世界反法西斯战争形势发生重大转折，中国抗战转入局部反攻。蒋介石企图抗战胜利后在中国实行一党专制，炮制了《中国之命运》小册子，核心是宣传"没有国民党就没有中国"，诬蔑中国共产党领导的八路军、新四军和解放区"破坏抗战，妨碍统一"。中国共产党随即发表《评〈中国之命运〉》,针锋相对地提出"没有共产党就没有中国"。

曹火星看到延安《解放日报》的评论后,对国民党的卑劣行径感到十分愤慨。他以切身经历体会到:"没有共产党和共产党领导的八路军、新四军以及抗战的人民,中国早就完了!"他毅然申请加入中国共产党。为了让老百姓都知道共产党的好,他决定写一首歌颂共产党的歌曲。

霞云岭的深秋,夜晚很凉。战友们都进入了梦乡,曹火星还披衣坐在炕上,借着马蹄灯微弱的光亮,专心致志地进行词曲创作。他凝视着跳动的灯花,思绪万千。想到共产党领导根据地人民,克服困难,坚持抗战,搞民主选举、减租减息等一个个鲜活的事例,他的脑海中闪现出延安《解放日报》的社论《没有共产党就没有中国》……他兴奋地写下这十个字,一首歌曲的名字诞生了!

创作的激情鼓舞着曹火星,一个个场景化作歌词在笔端倾泻而出:"没有共产党就没有中国,共产党辛劳为民族,共产党他一心救中国……他坚持抗战六年多,他改善了人民生活。他建设了敌后根据地,他实行了民主好处多……"[①]曹火星一气呵成写就了歌词,并趁热打铁,马上开始谱曲。

接连几天,曹火星一有空就坐在东屋炕沿上,一边哼唱,一边写写画画。经过几天几夜反复修改,《没有共产党就没有中国》这首歌曲就这样诞生了。他先教剧社小分队演唱,然后由小分队教儿童团和村剧团。由于歌词简朴、节奏明快、朗朗上口,大家很快就学会了。不久,这首歌就像长了翅膀,飞出霞云岭,唱遍晋察冀。

毛主席亲自修改歌名

"没有共产党就没有中国……"新中国刚刚成立,李讷来到父亲住处,一边玩耍一边哼唱着这首歌曲。毛泽东听了愣了下神,笑着对女儿说:这个话不科学、不准确。因为中国已经有几千年的历史了,是先有中国,后

---

① 张春丽主编:《北京红色先驱》,北京出版社2020年版,第155—157页。

来才有共产党。所以,应该在"中国"前面加一个"新"字,即"没有共产党就没有新中国",这样才符合历史事实。[①]从此,这首歌就被定名为《没有共产党就没有新中国》,广泛传唱、经久不衰。

1958年的一天,毛泽东到天津视察工作。曹火星作为天津歌舞剧院的代表受到接见。当毛主席问他是做什么工作的时候,他激动地回答:"我是搞音乐的。"旁边有人介绍说:"他是《没有共产党就没有新中国》的作者曹火星。"毛泽东微笑着说:"曹火星,我知道,我还为你的歌改过一个字呢!"曹火星听后连连点头,激动得一句话也说不出来,眼里噙满了热泪。

新的名字赋予这首歌新的力量。《没有共产党就没有新中国》这首歌迅速唱遍大江南北、长城内外,深入广大人民心中。曹火星自己也没想到,这首歌会成为中国革命歌曲的不朽之作。多年之后,他在回忆文章中这样写道:"我写这首歌是动了感情的……人民的抗战积极性、对党的深情,我有亲身体会。没有共产党怎么会有坚持抗战到胜利的局面!没有共产党怎么会有今天!"

新中国成立后,曹火星先后任天津人民艺术剧院歌舞团团长,天津歌舞剧院副院长、院长,一生创作了1600多首歌曲,被誉为"人民音乐家"。1999年4月16日,曹火星与世长辞,他生命的旋律停止了跳动,走完了火星闪耀的一生,但他创作的《没有共产党就没有新中国》这首红色经典歌曲依然在中华大地上回荡。

(执笔:王雅珊)

---

① 逄先知:《毛泽东和他的秘书田家英》,中央文献出版社1989年版。另有一说是1949年天津解放前夕,中宣部下发通知提出《没有共产党就没有中国》歌名不妥,曹火星与剧社的同志们商量后修改;还有一说是章乃器在东北视察工作时听到这首歌,向中央提议加个"新"字,中央接受了这个意见。

曹进祥　抗日"堡垒村"的联合会会长

慕田峪长城脚下，有一个叫北沟的美丽小村庄。这里曾经是闻名遐迩的抗日"堡垒村"。全面抗战时期，村里的老百姓自发支援八路军打击日本侵略者，涌现出不少积极抗战的"堡垒户"，曹进祥一家就是他们当中的典型代表。

曹进祥画像

八路军伤病员的"休养所"

曹进祥，1922年出生，北京市怀柔县渤海镇三渡河北沟村人。年少时上过私塾，为人忠厚老实、勤劳肯干，但日子总是过得紧巴巴的。他心里产生了很多疑问：为啥自己辛辛苦苦劳动，到头来身上还是穿着补丁摞补丁的衣服？为啥祖祖辈辈生活的地方，如今却被日本人占领着……这些疑问直到八路军来到，才找到了真正的答案。

1938年6月，八路军第120师第4纵队指战员5000余人由平西斋堂出发，分南北两路，经平北向冀东挺进。途中，邓华支队在怀柔渤海镇沙峪村伏击了日本关东军，消灭日军120多人，提振了军民士气。但八路军也有较大伤亡，70多名官兵英勇捐躯。战斗结束后，部分伤员被送到附近的北沟村。

北沟村农民曹进祥主动把家里最大的一间屋子腾出来，接待八路军伤员。受伤的战士躺了一炕，曹进祥全家齐上阵，烧水的烧水，做饭的做饭，上药的上药，无微不至地照顾每一位伤员。父母负责擦洗伤口、上药，媳妇负责洗衣、做饭，曹进祥则忙前忙后，哪里需要就出现在哪里。有的重伤员无法自己吃饭，他们就一口一口地喂；有的伤员不能下地，他们不嫌脏、不怕累，亲自接屎接尿。

一次，有位头部受重伤的战士被抬进曹进祥家，卫生员只留下一点药，就匆忙随部队走了。面对昏迷不醒的伤员，曹进祥一家心急如焚，整日整夜守护在身边精心照顾，十几天之后，战士终于脱离危险。此时，日、伪军又来"扫荡"，曹进祥急忙把伤员背进山沟里的石洞，敌人把村子折腾得乌烟瘴气，但这名受伤的战士却躲过了敌人抓捕。战士伤情好转，要回部队时，流着泪水感动地说："为了救我一个人，你们全家这么长的日子熬夜受累，担惊受怕，真比我的亲人还亲，我永生难忘。"

抗战时期，在怀柔一带打游击的八路军，不少人在曹家住过。有的伤病员一养就是十天半个月，还有一位干部得了伤寒病，把曹进祥全家都传染了，他们也毫无怨言。由于曹家人严守秘密、精心护理，在他家住过的伤病员痊愈后都安全归队或转移了。

县区抗战干部的"避风港"

1942年年初，中国共产党领导的滦（平）昌（平）怀（柔）联合县成立。在县委领导下，长元、辛营、头道梁、甘涧峪、慕田峪、黄花镇一带成立了多个区、村级抗日救国会，开展抗日民族统一战线工作。曹进祥当上村抗日救国会会长。在他的影响带动下，一家人都走上抗日道路。曹进祥的父亲负责站岗放哨，做准备物资等外勤工作；妻子任村妇女小组组长、妇女主任，与婆婆一起护理伤病员，掩护八路军和党的干部，组织带领全村妇女做军衣、军鞋，支援前线，曹家成为名副其实的抗日"堡垒户"。

同年，日、伪军在长城沿线制造"无人区"，八道河、交界河、长元等村庄被烧毁。为保存实力，怀柔抗日武装和联合县工作人员奉命转移，仅留下少数干部转入地下坚持斗争，他们夜间开展抗日宣传，拂晓回到山村隐蔽，就住在曹进祥家里。

一天，时任中共滦昌怀联合县县委委员，一、四、九中心区区委书记的肖尊一正在曹家隐蔽，放哨的人气喘吁吁地跑来，说："满洲军从山上下来了，赶快躲起来！"曹进祥母子焦急地叫醒正在休息的肖尊一。老肖翻身下炕，远远地望见敌人已经从山上下来。正在犹豫之际，曹进祥母亲一手拿着镰刀，一手拿着草帽，从屋里出来，顺手把镰刀塞给他，又把草帽往他头上一扣，指着院子里的背筐说："背上这个，快走！"老肖心领神会，背上筐，装作若无其事地走出院子，躲过敌人拐进山沟，安全脱险。

老肖最危险的一次是在1942年7月的一天。那天曹进祥和母亲发现了快要进村的敌人，急忙回家告诉肖尊一。老肖掏出手枪准备冲出去同敌人拼个你死我活，被曹进祥母亲一把拉住，将他推进套间的里屋，躺进席筒里。曹母叫来媳妇于桂兰，娘俩嘀咕了几句后又忙活了一阵子。敌人窜入曹家院子，两个伪军刚要进南屋时，曹母从屋里迎了出来，拦住敌人，一本正经地说："我儿媳妇才生孩子，女人坐月子，外人是不能进的，这是忌讳，你们应该知道的！"伪军不相信，推开堵在门口的曹母，掀开门帘往里看，一盆红色污血水在地上放着，被子里躺着个女人。他们信以为真，懊恼地退了出去。原来那盆"血水"是曹母用红纸泡成的。

之后，曹进祥和家人又以同样的方法，再次骗过敌人，掩护区长卢化民脱险。一天，卢化民住在曹进祥家，渤海所据点的伪满军大队人马向北沟村开来。卢化民正准备向外跑时，曹母拿出曹进祥的一套旧衣服让他赶紧换上，指着牲口棚说："赶着驴到沟下饮水去！"又指着他手里的枪说："快把那个给我！"曹母直奔房后，把枪放在土炕里，用一块石板压在上面盖上土，抱过一堆烂柴草放在上面。卢区长则赶着毛驴，与敌人擦身而过。

虎口脱险的"铁嘴巴"

无论是护理、掩护八路军伤病员，还是转运抗日军需物资，曹进祥一家都承担着极大的风险。但不管遇到什么情况，他们都严守秘密，确保了人员物资的安全。

一天傍晚，八路军冀热察挺进军第10团政治处主任王波为恢复滦昌怀地区，带领连队辗转来到北沟村，和区长李方伶一起住进曹进祥家。第二天拂晓部队出发，途中被驻渤海所伪满军第34团包围。经奋力突围，部队越过长城，但李方伶不幸被敌人抓住。敌人发现这支部队从北沟村出来，断定与曹进祥脱不了干系，于是立即返回北沟村，逮捕了曹进祥。

敌人一脸杀气地问他是否认识李方伶。曹进祥坚定地回答说不认识。敌人将他按倒在地，用竹板撬开嘴巴，猛灌辣椒、煤油和水兑成的所谓"三鲜汤"，折磨昏迷后，再泼凉水弄醒，继续逼问。无论怎样严刑拷打，他都一口咬定"不知道"。最后，敌人烧毁了曹进祥家的羊圈，并将他押回据点。伪满军营长赵海臣再次对他施以惨无人道的酷刑，曹进祥始终没有吐露任何实情。

受尽折磨的曹进祥暗暗思考脱身之策，为迷惑敌人，他主动提出带敌人寻找八路军。第二天早晨，曹进祥带着敌人，沿着弯弯曲曲的小道，翻山越岭，绕过长城，跑了好几个地方，都没有找到八路军。几次误导把敌人折腾得筋疲力尽。赵海臣深知共产党神出鬼没，行踪不定，又断定曹进祥与八路军有来往，就想放长线钓大鱼，便高声说："别处就不去了，今天先饶你一命。以后有什么情报马上向我汇报，不然小心你们全家的脑袋！"就这样，曹进祥逃出了魔掌。1943年10月，赵海臣部在延庆太子沟被八路军全歼，赵海臣被活捉后处决。

1945年8月，曹进祥成为北沟村第一个共产党员，1948年担任村党支部书记。1951年秋，当地政府将一面"发扬革命传统，争取更大光荣"的镜匾和一枚纪念章送到曹进祥家，表彰他们一家抗战时期护理八路军伤员、掩护抗日干部的英勇事迹。1989年，曹进祥去世，享年67岁。

（执笔：贾变变）

陈 辉 文武兼备的武工队政委

他是以笔为剑的"笔杆子",更是英勇无畏的"神八路"。他用笔揭露日寇的野蛮暴行,用枪打击敌人的嚣张气焰,把一腔热血洒在平西抗日根据地这片沃土上。他就是当年文武兼备的武工队政委——陈辉。

陈辉

"到战火最残酷的地方去"

陈辉,原名吴盛辉,1920年出生,湖南省常德人,曾就读于省立第三中学。一二·九运动爆发后,他积极参加抗日救亡运动,挥笔撰文,抨击国民党"攘外必先安内"的反动政策。全面抗战开始后,他参加学校的秘密读书会,如饥似渴地阅读革命书籍,并以"陈辉"为笔名,创作和发表了一些抗日救亡的诗歌。1937年,陈辉加入中国共产党。

1938年秋天,陈辉抱着"奔赴抗日前线,同敌寇拼杀,为千千万万死难同胞复仇"的志向,经中共地下组织介绍,奔赴延安,进入中国人民抗日军事政治大学(以下简称"抗大")学习。临出发前,陈辉恭恭敬敬地给母亲磕了一个头,并高声朗诵了在学生中广为流传的毛泽东改写的一首诗:"孩儿立志出乡关,学不成名誓不还。埋骨何须桑梓地,人生无处不青山!"以表明自己的心迹。

1939年5月,陈辉从抗大结业,组织安排他到晋察冀抗日根据地工作,担任通讯社记者。火热的斗争生活激发了陈辉旺盛的创作欲,他以笔作枪,写出一篇又一篇报道,创作了一首又一首新诗,发表在《晋察冀日报》《群众文化》《诗建设》等报刊上，揭露日寇暴行，鼓舞军民抗战信心。

陈辉深入晋察冀根据地采访，亲眼看到日军的"三光"政策给人民造成的苦难：到处是母亲的哀号、婴儿的啼哭，百姓遭屠杀、房屋在燃烧……这些惨烈景象点燃了他胸中的怒火。于是，他申请到炮火连天的抗日前线去，准备和敌人拼个你死我活。陈辉接连递上两份请战书，领导考虑他是"笔杆子"，刚开始没同意。但他说："我是劳动人民的儿子。为人民的利益，我将时刻准备为他们战死，把自己投到战火最残酷的地方去！"[1]

1940年秋，陈辉终于如愿以偿。经组织批准，他离开晋察冀通讯社，调到对敌斗争十分残酷的平西涞涿联合县[2]政府工作，担任青年救国会宣传委员。

"明日红旗荡尘埃"

涞涿联合县位于平西和冀中之间，东邻北平，西接保定，平汉铁路从中穿过，是华北抗战前线的重要组成部分。

陈辉一来到这里就换上当地农民的服装，与县青年救国会的同志一起深入拒马河畔的各个村庄，发动和组织青年。短短两个多月，就在60多个村庄建立起青年救国先锋队（以下简称"青救队"）。陈辉亲自担任教官，领导队员们白天从事农业生产，夜间进行军事操练。半年后，青救队开始挖地道、布地雷，摸敌军的哨卡，端敌人的炮楼，杀通风报信的汉奸，把

---

[1] 杨华锋：《陈辉：明日红旗荡尘埃 一身诗意铸琼台》，北京青年报，2015年6月23日第A07版。

[2] 该联合县全称为：涞（水）涿（县）联合县。1938年2月，晋察冀军区独立师政委邓华率独立师第3团（后改为第6支队）由涞源向平西挺进，开辟平西抗日根据地。同年3月，在涞水县的马水村建立房（山）涞（水）涿（县）联合县工委和县政府，并成立了县游击大队，隶属中共晋察冀省委。同年5月，因房良县成立后，房涞涿联合县只辖涞水和涿县的一部分村庄，故改为涞涿联合县（后改为涞水县）。

1941年6月14日，为适应斗争形势的需要，根据冀热察区党委和平西地委的指示，房良县、涞涿县合并，再次组建房涞涿联合县。1944年8月，成立了房良工委。同年10月，北岳十一地委决定，撤销房涞涿县和昌宛房县，单建房山县、涿县和宛平县。

陈　辉　文武兼备的武工队政委

拒马河一带搅得天翻地覆，使日、伪军闻青救队之名而丧胆。

1942年11月，日寇在冈村宁次指挥下，集结了3个师团、2个旅团共5万余人，对冀中和平西抗日根据地进行"大扫荡"。中共房（山）涞（水）联合县委成立武装工作队，深入涞涿平原地区，开展恢复抗日根据地工作。锄奸反特是武工队的拿手好戏。一天夜里，陈辉和队友贾凤林摸到伪警备队驻地附近，潜伏在路旁。不多时，两个特务走来，刚进入伏击地，陈辉和贾凤林忽然跃起，将他们打倒在地，手起刀落，结果了二人性命。之后，他们又摸到伪保安队队长肖玉恒、维持会会长张耀三家，将二人处决。消息传开，老百姓无不拍手称快，同时令那些为虎作伥的汉奸和特务感到毛骨悚然，不得不收敛嚣张气焰。

1943年春，陈辉由于工作出色，担任了中共房（山）涞（水）涿（县）联合县县委委员，同时兼任第四区区委书记和敌后武工队政治委员。他率领武工队活跃在拒马河西岸，开展护粮征粮，一面阻击抢粮的日、伪军，掩护群众快收快藏，一面动员当地富户将应征粮食送到八路军指定的地点，如期完成了护粮征粮的艰巨任务。不久，陈辉又率领武工队接连端掉孙庄、横歧、常村的3座日军炮楼，歼敌70余人，缴获一批枪支弹药，威震涞涿，使驻在县城的日、伪军不敢轻易踏进拒马河西岸。

为了结成更广泛的抗日统一战线，这年冬天区里决定召开绅士会，会期临近，涿县城里的两个重要人物还未通知到，陈辉决定亲自去请。区长陈琳直摇头："这太危险！"陈辉却胸有成竹地说："现实斗争需要我到那里走一趟，我同他们面熟，相约必到；同时也可实地侦察一番，为不久收复县城做好准备。"于是，他穿上日本军装，跨上战马，带上通讯员，巧妙地骗过城门口严密警戒的日、伪军，闯进城里，通知两位士绅如期到会。他还挥笔写下《双塔诗》："双塔昂首迎我来，浮云漫漫映日开。千年古色凝如铁，一身诗意铸琼台。涿郡胜状留人叹，张侯豪志潜胸怀。今朝仰拜晴斓面，明日红旗荡尘埃。"张贴在南城门上，署名"神八路"。这首寓意着涿县县城即将收复的诗一经传开，当地百姓欢欣鼓舞，伪县长等人看后十分惊恐。

1944年夏，陈辉带武工队到平汉路东敌占区腹地开辟根据地，10天内

5次被敌人包围。事出反常必有妖。于是，他把大家召集在一起分析原因。原来，敌人以千块大洋悬赏他的人头，有个绰号叫"花姑娘"的女汉奸把武工队的行踪报告给日、伪军。当天夜里，陈辉带3名战士闯进"花姑娘"家，活捉女汉奸，把她押到村外的树林里处决。

"一定要设法冲出去"

1945年1月下旬，根据上级组织安排，陈辉从平汉路东调回路西工作。2月初，县委准备召开县区负责人会议，陈辉决定会前到各村检查安排工作。2月7日，他与通讯员来到黄楼岗村，不料被叛徒周永旺发现行踪。次日清晨，周永旺带着几名汉奸逮捕了陈辉的房东范永坤。在严刑拷打下，范永坤供出了陈辉的去向。

这天夜里，陈辉率领的武工队接到上级紧急指示，需要百里行军，执行新任务。陈辉因为病重无法同行，便留下来，到拒马河畔韩村的抗日"堡垒户"王德成家里休养，在小院西屋住下。松林店日本特务队长带领100多名日、伪军迅速赶到韩村，包围了王德成家。

天快亮时，两名日本特务突然闯进来，枪口对着陈辉嚷道："你跑不了啦！"陈辉眼疾手快，抓起炕沿上的手枪"叭叭"就是几枪，打穿了一个特务的手腕。两个特务慌忙退出屋子，陈辉与通讯员不停向外射击，院子周围的敌人也拼命朝屋内扫射。

对峙中，突然一颗手榴弹扔进来，陈辉的左腿被炸伤。他对通讯员说："在屋里等着不是个办法，我们一定要设法冲出去！"说完便扔出两颗手榴弹，他和通讯员趁着浓烟冲了出去。但敌人层层包围，他们无法冲出院子，只好一个退进西耳房，一个退进东耳房。日军为了活捉陈辉，命令几个伪军爬上屋顶，把几捆燃烧着的高粱秆扔进屋内。陈辉呛得喘不过气来，衣服烧着了，子弹也打没了。最后，他紧握最后一颗手榴弹，冲出院外与敌人同归于尽，生命永远定格在25岁。

陈辉牺牲后，凶残的日寇把他的首级割下挂在炮楼外示众。一位叫李宗尧的壮士黑夜冒死把他的首级取下来，秘密安葬起来。

远在湖南常德老家的母亲尚不知道儿子牺牲的消息，她倾尽积蓄购置了10多亩水稻田，等待着儿子打完仗后解甲归田，娶妻生子。然而，一年又一年过去，田埂上的芳草青了又黄、黄了又青，母亲每天在家门口翘首盼望，却一直不见儿子的身影。

抗战胜利后，当地政府和乡亲们把陈辉的头骨二次安葬在他的牺牲地河北涿县烈士陵园。直到1954年，常德县政府给陈辉家属送烈士证明书和抚恤金时，母亲才知道儿子早已牺牲。2016年，湖南省常德市鼎城区区委、区政府迎接烈士魂归故里，并将一座城市公园命名为陈辉公园，以纪念这位为国捐躯的抗日英雄。

（执笔：贾变变）

陈杰英　平谷县第一个女八路

抗日战争时期，平谷县有这样一位传奇女性，她曾多次被日军刺刀捅伤，一次遭活埋被救，哥哥参加抗日斗争牺牲，父亲和侄女被害，当八路军的丈夫战死沙场。她怀揣血海深仇，成为平谷第一个女八路，并因工作积极、战斗勇敢，被冀热辽军区第14军分区授予"战斗英雄"荣誉称号。这位传奇女性，就是原名刘杰英后改随夫姓的陈杰英。

陈杰英（右）与"八路军母亲"杨妈妈、小英雄赵清泉

踊跃支前　虎口脱险

燕山支脉，长城脚下，平谷山窝里有个名叫杨家会的小村庄。1924年，村里一户贫苦农家，生下一个女娃。前面有个儿子叫刘福兴，现在得一女儿取名刘杰英，儿女双全，父母笑逐颜开。

穷人的孩子早当家。刘杰英从小爬山上树，割草打柴，下地干活，养成了泼辣的性格。她15岁那年，村里来了八路军。平谷县城的日本鬼子来"扫荡"，结果被打跑了，八路军还缴获了1门山炮。她看在眼里，心中暗想，我也要像他们那样打鬼子。

刘杰英的哥哥是村里抗日组织的领头人，带领乡亲们给八路军筹粮、筹款、送信、带路。刘杰英跟在哥哥的后面，踊跃参加各项支前工作。虽然她年龄小，又是姑娘家，可凭着那从小养成的争强好胜的性格，样样工作都抢在前头。她跟着乡亲们冒着危险进山，为抗日游击队和县政府的同志送粮食和军鞋等物资。有时遇到坡高路陡，驮东西的牲口上不去，她就背着沉甸甸的物资，沿着崎岖的山路，攀岩爬坡，准时送到预定地点。

驻扎在附近放光村据点的日、伪军，几次来抓刘杰英的哥哥，但都扑了空。1942年10月的一天，日、伪军再次突然包围杨家会，一窝蜂地闯进刘家，结果又扑了空。鬼子恼羞成怒，吼叫着让刘杰英带路去找她哥哥。刘母机警地和敌人周旋，刘杰英趁机跳到窗外，翻上墙头。一个日本兵看她要跑，端着刺刀冲上来，朝她身上猛刺一刀。她跳下了墙，鲜血渗透了衣裤，跟跟跄跄没有跑出多远，就摔倒在地，但她咬紧牙关，朝着井儿峪方向爬去。

天色渐渐黑下来，敌人终于撤走了。乡亲们在野外找到了受伤昏迷的刘杰英，把她救回家中。接下来的几天，为了躲避敌人的搜捕，刘杰英和母亲就藏到村外的柴草垛里过夜。

血海深仇　誓死抗日

血雨腥风，冀东进入抗日战争最艰难的阶段。1942年，18岁的刘杰英嫁到西古村。婚后仅2个月，她就送郎参加了八路军。几个月后，丈夫陈生在南水峪战斗中壮烈牺牲。刘杰英强忍悲痛，决心继承丈夫的遗志，继续打鬼子，就把自己的刘姓改随夫姓，从此改名陈杰英。

1943年9月14日，哥哥刘福兴外出筹粮刚刚回到家中，就被汉奸告了密，放光村据点的日、伪军把他抓走，当天下午杀害于据点外的水坑边。陈杰英闻讯，悲愤交加，深夜爬过"治安壕"，冒死将哥哥的遗体背回，葬在山上。

几天后，陈杰英回到娘家，被眼前的一幕惊呆了：父亲双手被捆绑着，脑袋向下呛死在水缸里；8岁的侄女也惨遭毒手！短短6天内，3位亲人被日军杀害，陈杰英怒不可遏，下定决心要报仇雪恨！

11月的一天，几个据点的日、伪军一起出动，再次突袭西古村、杨家会等几个村庄，妄图把这里的八路军和村干部一网打尽。陈杰英还没来得及跑，日本兵就堵住了门口，抓住了她，押着她朝另外一户人家走去，逼她进屋，企图施暴。陈杰英不从，一个日本兵就用刺刀朝她腰上捅去。陈杰英忍痛突然猛地一撞，把身旁的一个日本兵撞进里屋，迅速扣上门。外屋的那个日本兵端着刺刀冲上来，她顺势把这个日本兵往旁边一推。日本兵正巧倒在烧着开水的铁锅里，被烫得吱哇乱叫，狼狈地爬起来，端着刺刀再次朝陈杰英刺来。陈杰英躲闪不及，又被刺伤。趁这个日本兵回身开门搭救里屋的同伙，陈杰英拼命跑到村外的树林里藏起来。她撕破身上的衣服，简单地包扎了一下伤口，忍痛坚持到敌人撤走。

　　此后，陈杰英上了鬼子的黑名单，日、伪军四处打探她的行踪，好几次围村抓她，都没有得逞。

　　1944年2月的一天，日、伪军到西古村"清乡"，还在为丈夫穿孝的陈杰英正在家里和几个姐妹为八路军做军鞋。突然，敌人闯了进来，问谁是抗属。同来的汉奸指着陈杰英说："这个穿白鞋的。"于是，敌人把陈杰英和另一名抗属，押到村外一块空地上。一个日军军官操着半通不通的中国话说："你们抗属，我的知道。"他得意地抓住陈杰英，吼道："你的说，谁是八路的干活？"

　　陈杰英不屑一顾，一声不吭。那位军官一挥手，几个日本兵扑上来，把陈杰英捆了起来。陈杰英奋力反抗，拼命挣扎。日本兵朝她连刺几刀，把她扔到土坑里活埋了。

　　日本鬼子走后，乡亲们急忙把陈杰英从坑里扒了出来。由于埋的时间不长，又是冻土块，留有空隙，陈杰英尚存一息，经过抢救苏醒过来。

参军入党　巾帼英雄

　　1944年7月的一天，伤愈后的陈杰英听说八路军主力到了井峪村，不禁怦然心动，脑海里反复闪动着一个念头："我要参军，我要报仇！我要参军，我要报仇!"

她说服母亲,只身来到部队驻地,第13团女干部王克接待了她。陈杰英向王克倾诉了自己的悲惨遭遇,坚决要求参加八路军。王克见她心情迫切,就试探地问:"给你枪,你敢不敢放?""敢!就是给我一门炮,我也敢放!我死里逃生留下的这条命,就是要打鬼子,为亲人们报仇!"王克安慰她:"你别急,先回去准备两双布鞋,过几天我派人去接你。注意,不要把这事张扬出去。"

几天后,部队派人来接陈杰英。从此,她成了一名光荣的八路军战士。在队伍中,陈杰英和男战士一样,打伏击、搞破袭,冲锋陷阵,屡建战功;部队在大、小黄崖搞大生产运动,她开荒最多,成为劳动模范,参加了在大厂县召开的表彰大会。

为培养妇女干部,组织上安排陈杰英到第13军分区学习。在半年的时间里,她认真学习文化,懂得了很多革命道理,进步很快。学习结束后,她被分配到密云县做妇女工作,她把对党的满腔热爱和对敌人的刻骨仇恨,全部倾注到抗日工作中。1944年11月,陈杰英光荣地加入中国共产党。

红旗招展,锣鼓喧天。1945年5月的一天,冀热辽军区第14军分区,在平谷县刘家河村外的空地上召开群英大会,共有地委、专署和军分区负责同志以及英雄模范人物等1000多人参加。

一位身材中等、面容端庄、神情坚毅的八路军女战士,走上台和大家见面。地委书记李子光起身介绍说:"这位同志叫陈杰英,是咱们平谷第一个女八路,是战斗英雄。她很坚强、很勇敢!"接着,王克向大家介绍了陈杰英由一个苦大仇深的农村姑娘,成长为战斗英雄的经历。大家向她投去敬佩的目光,并报以热烈的掌声。

陈杰英眼含热泪,庄重地举起右手,敬了一个军礼,接过写有"战斗英雄"四个大字的奖状。从此,陈杰英这位巾帼英雄的抗日事迹,在当地广为传颂。

(执笔:郭晓钟)

崔显堂　忍辱负重为抗战

1983年的一天，当地政府派人来到北京西郊门头沟区田庄乡田庄村，将一份革命烈士证明书送到崔显堂后人的手中，在村民中引起很大轰动。直到这时人们才知道，原来抗战时期曾担任过田庄乡伪乡长的崔显堂，竟然是一名忍辱负重、积极抗日的共产党员。

崔显堂

投身抗日　光荣入党

崔显堂出生在一个农民家庭，自幼拜师习武，为人豪爽，深受乡亲们敬重。他的同族兄长崔显芳，是门头沟地区第一位共产党员，早年在家乡开展革命活动，建立党的组织。崔显堂深受他的影响，也开始接受进步思想。

全民族抗战爆发后，八路军挺进平西开辟抗日根据地。1938年秋的一天，崔显堂得知八路军的一支队伍来到妙峰山，便热情邀请八路军官兵到家里坐坐。八路军同志耐心宣传党的抗日方针和政策，细致讲述人民军队和老百姓的鱼水关系。一番促膝长谈，崔显堂豁然开朗，更加坚信，只有跟着共产党走，团结抗战，才能打败日本鬼子。为了配合八路军扩军，他动员村里四五个年轻人参加队伍，奔走于附近几个村子组织农会。同年冬，经时任田庄村党支部书记崔兆春介绍，42岁的崔显堂光荣地加入了中国共产党。

1939年年初，随着八路军第4纵队由冀东返回平西，以斋堂川为中心的平西抗日根据地迅速得到恢复。村村建立自卫队、妇救会、儿童团,破路、割线、埋地雷、征粮、做鞋、抬担架、站岗、放哨、查路条,抗日反奸活动开展得如火如荼。在这些活动中,总能看到崔显堂不知疲倦的身影。他还积极组织农会会员到周边村子宣讲党的政策和抗日救国的道理,动员更多的青年加入抗日队伍。

1940年秋,日军独立混成第2旅、第15旅及伪军对平西抗日根据地实施疯狂"大扫荡",烧杀抢掠,无恶不作。大敌当前,崔显堂积极支援前线,把自己家变成八路军的临时医务所。一次,一名八路军排长在战斗中身负重伤,他和妻子把他接到家中,喂饭换药,精心照料。这位排长伤愈急于归队,崔显堂不辞辛苦,到处打听,帮他找到部队,感动得排长热泪盈眶,一时传为佳话。

日军的疯狂"扫荡"和封锁,使平西抗日根据地面临严重的经济困难。1941年,田庄地区党组织决定成立合作社,委任崔显堂为合作社主任。合作社以经营日用品为主,既方便百姓,也能为八路军筹措一定的经费。

明事日伪　暗助八路

1942年5月,日军占领斋堂川,选择田庄村设立据点。部分根据地变成敌占区,斗争形势十分严峻,开张了将近一年的合作社被迫停业。崔显堂望着村里日军新修的炮楼,暗暗发誓,早晚有一天要把这个"乌龟壳"掀翻!

一天,已是中共宛平县七区区委书记的崔兆春悄悄找到了崔显堂,郑重地说:"显堂,当下我的身份已在社会上公开,为安全起见,不便再与田庄村党支部直接联系。从今以后,你要负责起田庄村党的工作,上级有事,就秘密联系你。"崔显堂毫不犹豫地说:"没啥说的,请党组织放心吧!"就这样,崔显堂担任了田庄村党支部书记。

崔显堂还对崔兆春说:"日本鬼子要让我当田庄乡乡长。我不愿干这个事儿,给日本人当狗腿子,不仅挨骂,还败坏了祖宗名声,连家里边都跟着丢人。可日本人逼得急，怎么办？"

崔兆春沉思了一会儿，对他说："斗争形势变了，我们的斗争方法也要跟着变。你可以干，凭借伪乡长这个合法身份，能够更好地保护我们的干部和群众，同时侦察敌情，为部队提供情报。"

崔显堂听了这番话，心中的纠结解开了，仿佛一块石头落了地，爽快地说："好，那我就当，为了打鬼子，我豁出去了！"于是，日军驻村的第5天，崔显堂成了伪乡长。

当了伪乡长，窝囊事、麻烦事、昧良心的事接踵而至。田庄村据点的日、伪军常到村子里要粮、要钱、要民夫。更可恨的是，还让给他们找"花姑娘"。崔显堂心里明白，保护好乡亲是他的职责。每当日、伪军来找"花姑娘"时，他总是推托说："'花姑娘'都跑光了，真的找不到。"找不到"花姑娘"，日军就拿崔显堂出气，用大皮靴踹，用鞭子抽，扇耳光更是家常便饭。这位铮铮铁骨的汉子，只好忍气吞声，强装笑脸，点头哈腰。不明情况的乡亲，背后解恨地说："让你当汉奸，活该！"也有的乡亲觉得他似乎和别的汉奸不太一样，还有点儿良心，起码知道护着乡亲。在鬼子那里挨了打，他还得赶紧给村里人通风报信，让姑娘们设法进山躲避或扮成男人模样。幸亏有崔显堂的周旋，村里的姑娘们多次免遭劫难。

一次，在村里养伤的八路军战士崔来忠，耳闻目睹日军的暴行，实在压不住心中的怒火，独自夜闯田庄村据点，不幸被捕。崔显堂冒着生命危险，多方筹款，并买通日本翻译官，才将崔来忠从敌人的枪口下解救出来。

严守秘密　英勇牺牲

有一段时间，田庄村据点的日、伪军出门挨冷枪，下乡遭伏击，没少吃苦头。在日、伪军看来，田庄建了炮楼，搞了并村，这一带的八路军和游击队活动应该减少才对，怎么反而像长了眼睛一样，对他们的行动了如指掌？每次出击，似乎都是有备而来，这肯定是有人给八路军送情报。于是，他们开始怀疑起崔显堂这个"乡长"。

崔显堂　忍辱负重为抗战

1942年6月14日，日军小队长突然将崔显堂扣押，严刑逼问。崔显堂心里清楚，几次为八路军送情报，打疼了小鬼子，日本人开始怀疑自己了，但他们又缺乏证据。因而，崔显堂自始至终都以"乡长的差事不好干""我没这个本事，您另请高明吧"来搪塞。日军小队长实在找不出破绽，只好把崔显堂放了。

过了10多天，日、伪军再次扣押崔显堂。这次，敌人动了真格的，坐老虎凳、灌辣椒水、压杠子等手段全部用上。敌人声嘶力竭地吼道："你的联系人是谁？共产党八路军在哪里？"面对敌人的严刑拷打，崔显堂总是回答"不知道"，还委屈地说："太君，我是良民，是大乡长，不信你们问问乡亲。我为你们办事，你们还怀疑我为八路通风报信，我太冤枉了。"敌人黔驴技穷，无奈再次将他释放。

崔显堂拖着伤痕累累的身子回到家，妻子哭着说："这个乡长咱坚决不干了，乡亲骂，鬼子打，里外不是人。"要好的街坊邻居也劝他出去躲一躲。但是，崔显堂摇摇头，一句话也没说。妻子和乡亲们实在不理解他这样做为什么，他们哪里知道，崔显堂明里是伪乡长，暗里却在为共产党、八路军工作。党组织没让他撤退，他死也不能走。

日、伪军对崔显堂的怀疑始终没有解除。7月14日，日、伪军突然包围了崔显堂家，将伤病未愈的他抓进炮楼，绑在一根柱子上。一个伪军举着烧红的烙铁问："快说实话，你到底是不是共产党？"崔显堂镇定地说："我不是共产党！"火红的烙铁按在他的胸膛上，皮肉被烫得吱吱作响，他紧咬牙关，双眉紧锁，依然不松口。日军小队长凑过来说："你的共产党的干活？"崔显堂被折磨得死去活来，还是那句话："我不是共产党！"

日、伪军毒刑用尽，也没能让崔显堂屈服。7月19日，敌人把遍体鳞伤的崔显堂拖到村后，准备活埋。崔显堂站在坑边，日军小队长最后一次问他："你的共产党的干活？"崔显堂大义凛然，怒视敌人，压在心头多年的仇恨瞬时爆发。他大吼一声："小鬼子，我和你们拼了！"凭借武功，他挣断绳索，赤手与敌搏斗，冲出敌人的包围圈，向山上跑去。怎奈多天的酷刑折磨，让他力不从心。追上来的日本兵向他后背猛刺几刀。崔显堂倒下了，带着没法说出的秘密英勇就义。

令人没有想到的是,直到40多年后,崔显堂才摘掉了"伪乡长"的帽子。1978年,在外工作的当年宛平县七区区委书记崔兆春回乡探亲,终于揭开了崔显堂做"伪乡长"之谜。经唯一知情者崔兆春证明,1983年崔显堂被正式追认为革命烈士。

崔显堂忍辱负重当了两个多月的"伪乡长",努力保护村民,全力为八路军做事,一直"遵守党的纪律,保守党的秘密",用生命践行了自己的入党誓言。

(执笔:高俊良)

邓 华　创建平西抗日根据地的功臣

"一副清秀白皙的面孔，颧骨很高，两眼奕奕有神，身体瘦长，走起路来斯斯文文，看上去简直是一个文人；但在火线上却像狮子一样的勇猛、睿智，眼睛里发出具有摧毁一切力量的光芒。文人和武士在他身上得到谐和的统一。"这是1941年6月11日《晋察冀日报》刊载的著名作家周而复的《邓华断片》一文中，对邓华这位八路军将领形象生动的描述。

邓华

开拓平西建奇功

邓华，湖南省郴县（今郴州）人，1927年加入中国共产党，翌年参加工农革命军，经历了中央苏区第二次反"围剿"和四渡赤水等重要战役战斗。全民族抗战爆发后，邓华任八路军第115师第343旅第685团政训处主任、政治委员。1937年11月，八路军晋察冀军区成立，邓华任第1军分区政委。

1938年3月，按照中共中央指示，八路军晋察冀军区抽调第1军分区骨干，由邓华挂帅，组成一个支队，挺进雾灵山区，开辟抗日根据地。部队到达平西斋堂川后，把支队指挥部设在西斋堂村聂家大院，并立即着手建党建政。3月下旬，平西第一个抗日民主政权——宛平县人民政府于东斋堂村成立，中共平西地方工作委员会也随之建立，创建根据地的工作由此展开。

部队初来乍到，为建立广泛的抗日民族统一战线，邓华亲自登门拜访当地绅士，介绍中国共产党统一战线政策，宣传八路军抗日救国主张。大多数绅士表示愿与八路军一致抗日，但也有少数顽固分子拒绝合作。

南口抗战时，国民党卫立煌部队曾进驻斋堂川一带，临时委任谭天元为宛平县长。八路军进驻后，邓华多次找他商谈联合抗日事宜，谭天元不仅一再拒绝，还处处掣肘，进行破坏。邓华只好采取果断措施，将其扣押，并对他的武装进行改编。

铲除了绊脚石，各项工作得以迅速推进。人民群众纷纷参军、捐枪、出粮，建立人民武装自卫队，成立农民、青年、妇女和儿童等抗日组织，呈现出全民动员、全民抗战的大好形势。

邓华还率部主动出击，先后拔除涿鹿矾山堡、蔚县桃花堡、涞水县金水口等日伪据点，并奇袭房山坨里火车站，壮大了八路军的声威。

4月初，邓华决定袭击门头沟矿区日伪据点。3日深夜，矿区一片寂静，黑黢黢耸立的碉堡上，探照灯不时地横扫着井口周围。夜色中，矿区外走进来一队煤矿工人。"干什么的？""上夜班。"煤矿工人一边回答一边靠近碉堡，探照灯又向远处扫去。这时，煤矿工人突然"变身"八路军战士，掏出手榴弹，奋力投向碉堡。伴着几声巨响，战士们冲进碉堡，闪电般地制服敌人。这场漂亮的奇袭战，歼灭日、伪军20余人，缴获步枪19支、掷弹筒1个、轻机枪1挺，极大地震慑了附近的日、伪军。

同月8日，邓华所部于平西清水镇扩编为八路军晋察冀军区第6支队，邓华任司令兼政委。这时，邓华支队准备出击外线，不料根据地内部突起波澜。大村民团武装头领平兆斌，联合附近村庄的反动分子，煽动不明真相的群众，发动武装叛乱。他们拉起几千人的队伍，抢夺村民自卫队枪支，杀害抗日干部群众，进攻抗日民主政府，并在沿河城一带布下两道防线，公然与八路军分庭抗礼。

邓华闻讯，指示部队："平西根据地不容破坏，反动分子必须坚决镇压！"他率部主动出击，在八路军和游击队的凌厉攻势下，叛乱势力顷刻间土崩瓦解。叛乱的平息，不仅进一步巩固了平西根据地，也为挺进冀东打下坚实基础。

邓　华　创建平西抗日根据地的功臣

东进途中战沙峪

5月，邓华支队与宋时轮率领的雁北支队合编为八路军第4纵队，宋时轮任司令，邓华任政治委员，下辖第11、第12两个支队。为策应冀东大暴动，当月底，邓华率第11支队经平北向冀东①挺进。

邓华支队连破延庆永宁、四海等敌人据点，一路东进，到达怀柔。6月11日凌晨，他们趁日、伪军睡熟之时，突袭怀柔沙峪村伪警察所，抓获3名汉奸。经突击审讯得知，日军染谷中队正从30里外赶来，将于上午9时许到达沙峪。

面对敌情，邓华认为不消灭这股敌人，部队很难顺利通过怀柔地区，而这股敌人很可能是前往四海增援的，对我军行踪并不了解。他果断决定，利用有利地形打一场伏击战，给染谷中队以迎头痛击。

沙峪村旁有一条通向怀柔县城的必经之路，路两旁是1米多高的土坡。坡北是一座土山，坡南是怀沙河，河的南侧是河套南山。邓华和纵队参谋长李钟奇商议后，把伏击战场设在沙峪村东的河滩地：第11支队第31大队第1营埋伏在河套南山，第2营埋伏在河套北山，同时在正面部署重机枪连，形成一个"口袋阵"，指挥所设在土山后面的一个山头上。

时间一分一秒地过去，到了上午9时，依然不见日军踪影。大家议论纷纷，认为染谷中队不一定走这条路，可能白等了。邓华却坚定地认为，敌人一定会来，我们要耐心等待。果然，上午11时，懒懒散散的日军，终于沿河由东向西而来。他们做梦也没有想到，山沟里埋伏着八路军主力，连侦察的尖兵都没有派出。河边小路越走越窄，日军把队形调整为一路纵队。当日军完全进入埋伏圈后，八路军官兵立即向敌人猛烈开火，机枪声、步枪声、手榴弹爆炸声霎时响成一片。日军还没醒过神来，就已经有的被击

---

① 包括今北京市昌平、顺义、密云、怀柔、平谷区，天津市宝坻、宁河、蓟州区，以及河北省兴隆、卢龙、迁安、抚宁、昌黎、滦州、玉田等地。

毙，有的被炸伤，走在最前面的指挥官也当场毙命。一阵慌乱之后，日军迅速散开，借助山石地貌开始还击。两侧山上的八路军官兵，在机枪掩护下向敌人发起冲锋，由于敌人火力太猛，先后两次均未成功。

邓华审时度势，认为一味靠正面冲锋，不仅难以歼灭敌人，还会给部队带来重大伤亡。于是，他命令集中特等射手，采取露头一个打一个的办法，此法果然奏效。战斗到下午3时许，仅剩下五六十个残余之敌。邓华又组织一个突击队，悄悄绕到敌人背后，用手榴弹先压制敌人重机枪，再发起冲锋。一阵手榴弹爆炸声后，敌人的重机枪哑了火。顿时，冲锋号响起，指战员们呐喊着冲向残余之敌。经过一番厮杀，至下午4时，战斗结束。这次伏击战，歼灭染谷中队120余人，缴获步枪80多支、轻机枪3挺、掷弹筒3个，扫除了邓华支队挺进冀东的拦路虎。

转战冀东斗强敌

邓华率部乘胜东进，6月16日，进攻兴隆县城。第二天，到达将军关村。

将军关村地处长城沿线，因明朝抗击外族侵扰而得名，有着保家卫国的光荣传统。村长蔡兴斋见到八路军非常高兴，专为邓华找了一处宽敞的院落，当作指挥部。部队到达村里后，立即开展抗日宣传工作，到处贴满了"誓死不当亡国奴！""打倒日本帝国主义！"等标语，让古老的将军关村顿时活跃起来。

6月22日，邓华在将军关村主持召开会议，研究落实上级关于以兴隆、遵化、迁安为中心创建冀东抗日根据地的指示，并宣读了晋察冀军区司令员聂荣臻表彰第4纵队勇猛挺进冀东的电报，电报中赞扬了指战员们吃大苦、耐大劳的顽强战斗精神。

第4纵队挺进冀东，引起日、伪军极大恐慌。驻守在蓟县、平谷、承德、兴隆的日、伪军5000余人，从不同方向袭来，企图合围第4纵队主力，南面靠山集已被占领。

在支队作战会议上，邓华对与会者说："靠山集离这里不过30里路。现在，请大家发表意见。""打，把靠山集夺回来！""这一带是山地，正好发挥我军的作战优势，把鬼子杀他个落花流水！"参加会议的指挥员七嘴八舌地请求下达作战命令。邓华分析说："大敌当前，作为一个指挥员需要特别冷静。敌人企图寻我主力决战，我们则反其道而行之，避实就虚，跳出他们的包围圈，待敌分散，再攻其不备，消灭敌人。"于是，他命令部队立即化整为零，当夜出将军关村向北转移，成功突破了重围。

邓华支队东进途中，冀东大暴动的消息泄露，迫于形势，暴动只能提前举行，但最终被日、伪军镇压。于是，邓华支队与大暴动后组建的冀东抗日联军在遵化铁厂会师，随即召集第4纵队党委和冀东抗日联军领导人会议，宣布成立冀察热宁军区，宋时轮任司令员，邓华任政委。10月上旬，面对日、伪军再次大规模进攻，邓华召集冀东抗日联军负责人到丰润九间房村开会，决定除留少数部队坚持冀东游击战争外，其余全部向平西转移，继续战斗在这片红色沃土上。

邓华率部创建的平西抗日根据地，是八路军在华北最早创建的抗日根据地之一。他率部挺进冀东，连战连捷，打击了日、伪军的嚣张气焰，扩大了八路军的影响，为平郊抗日根据地的创建、发展和巩固奠定了坚实基础。

（执笔：王鹏）

董毓华　青运领袖　抗日英雄

1933年秋的一天，北平中国大学政治经济系新生报到处，走来一个中等身材、身着长衫、头戴礼帽、面容清瘦的年轻人。这位年轻人就是后来参与和领导了震惊中外的一二·九运动和冀东抗日大暴动的共产党员董毓华。

董毓华

一二·九运动弄潮儿

董毓华，1907年出生于湖北省蕲春县一个教师家庭，1926年由董必武介绍加入中国共产党，后考入北平中国大学。1935年冬，他参与筹建北平市大中学生联合会（以下简称"北平学联"），当选为主席。此时的北平，黑云压城，岌岌可危。国民政府面对日本关于"华北特殊化"的无理要求，采取屈辱的退让政策，决定成立冀察政务委员会，引起各界爱国人士的极大愤慨。

12月8日，北平各校代表在燕京大学举行秘密会议，决定于9日向国民政府军事委员会北平分会代委员长何应钦请愿，反对成立冀察政务委员会。董毓华参加了会议，并被推选为西城各校行动指挥。会后，他奔赴西城各个学校，对行动路线、集会地点、组织联系等做了周密安排；9日凌晨返校后，又不顾疲劳，召集党员和积极分子开会，布置中国大学参加游行具体事宜。

9日早上，北平街头寒风凛冽，行人稀少。突然，"反对华北自治""停止内战，一致对外"等口号声冲破了黎明的静寂，唤醒了沉睡中的北平。这是董毓华带领中国大学学生走上街头发出的声声呐喊。值勤的警察走上前来进行阻拦。董毓华装作怒气冲冲的样子，说："好了！把队伍解散，你也就好交差了！"话音刚落，只见董毓华向队伍两手一挥，表示解散。他回身对警察说："走散的人群我也管不了。"随即冲过警察防线，昂首走在前头，直奔新华门而去。

这时，北师大、辅仁大学等学校的学生也先后来到新华门。只见大门紧闭，门前是荷枪实弹的军警。请愿学生公推董毓华等人为代表，要求面见何应钦。何应钦避而不见，派代表出来敷衍，但对学生的要求不予答复。董毓华等人当机立断，决定改请愿为游行示威。游行队伍从新华门出发，经西四、护国寺、地安门绕至王府井大街，沿途高喊"全国武装起来保卫华北"等口号。队伍行至王府井大街南口时，遭到军警镇压。手无寸铁的爱国学生与军警展开英勇搏斗，数百人受伤，古都的街道染上了学生们流下的斑斑血迹。

抗日怒吼震撼了古都北平。国民党北平当局却一意孤行，仍准备在12月16日成立冀察政务委员会。中共北平地下党组织决定于同一天举行游行示威。董毓华等在总结一二·九运动经验的基础上，改变斗争策略，除组织学生进行大示威外，还召开市民大会，成功把北平学生的爱国运动引到工人和商人中去，迫使国民政府不得不推迟冀察政务委员会成立的日期。

一二·九运动后不久，北平学联派董毓华与天津数所大学学生会联系，号召他们与北平学生并肩战斗。12月18日，天津学生举行示威游行，打响了一二·九运动向全国拓展的第一炮。之后，各地学生纷纷发表通电宣言，支持北平学生的爱国行动，抗日的烽火迅速燃遍全国。

南下扩大宣传团总指挥

12月26日，平津学生联合会（以下简称"平津学联"）在北平成立，董毓华成为主要领导人。根据中国共产党关于组织学生到工厂去、到农村去，扩大抗日救亡运动的指示，平津学联组织南下扩大宣传团，董毓华任总指挥。

宣传团的同学们从北平出发,经南苑、黄村前往固安,一路风餐露宿。董毓华除负指挥之责外,还是一个出色的宣传鼓动家。他或领唱"工农兵学商,一齐来救亡",或朗诵一段充满家国情怀的古诗词,还即兴演说为大家鼓劲:同学们!快到驻地啦!莫畏腿脚痛,别怕腰背酸,踏平崎岖路,吾辈是好汉;莫畏路途远,莫怕天道寒,走进黑夜是黎明,严冬一过花开春暖——走哇。

宣传团到达固安城外后,全体团员讨论了一个重大的政治问题:是反对一切帝国主义呢,还是集中反对主要侵略者日本帝国主义?大家争论不休,意见不一。最后,董毓华根据党的《八一宣言》精神,在会上做了总结报告。他认为,根据抗日民族统一战线的精神,应把"打倒一切帝国主义"的口号,改为"打倒日本帝国主义"。团员们听了他的报告后很受启发,报以热烈的掌声。

1936年1月中下旬,根据党的指示,董毓华等率领南下扩大宣传团返回北平。历时20天的南下抗日宣传,播撒了抗日救亡的火种,促进了各阶层民众的觉醒。与此同时,国民党当局颁布《维持治安紧急办法》,北平地方当局下令取缔平津学联,董毓华遭到通缉。2月24日下午,大雪纷飞,中国大学学生会正在召开"慰问南下宣传团暨声讨蒋介石大会",军警突然闯进会场,直奔董毓华。他迅速换了件大衣,快步走到中国大学后院,踩着同学们的肩膀敏捷地攀上墙壁,沿着一根电线杆滑到辟才胡同,冲出包围,安然脱险。

华北各界抗日救国会领导者

3月中旬,董毓华受中共中央北方局委派前往上海,负责筹建全国学生救国联合会(以下简称"全国学联")和全国各界救国联合会。4月,董毓华组织平、津、沪、杭四个地区的学联代表,秘密举行全国学联筹备会第一次会议。根据筹备会的提议,董毓华起草了《中国学生救国联合会成立宣言》。

为确定两个抗日救国联合团体的人选,董毓华先后长途跋涉四川、广州、武汉、济南等地，辗转大半个中国开展工作。经过紧张而周密的准备，5月29日，全国学联在上海宣告正式成立，董毓华当选为执行主席。之后，又联合全国20多个省市60多个救亡团体，于6月1日在上海成立全国各界救国联合会。这两个抗日救国联合团体的成立，有力地推动了抗日救亡运动的蓬勃发展。

完成上述任务后，董毓华被调往天津，担任中共中央军委华北五省联络局成员，负责在华北地区上层人士中开展统战工作。他做通北平《晨报》社长罗隆基、天津《大公报》社长张季鸾等人工作，在宣传党的抗日主张等方面发挥了积极作用。还通过联系国民革命军第29军高级顾问刘治洲，积极争取宋哲元参与抗战，并通过党组织派出党员和民先队员，深入第29军做下层士兵的工作，对卢沟桥事变时第29军奋起抗日起到了积极推动作用。

为统一对救亡运动的领导，董毓华按照中共中央北方局指示，将平津各界救国联合会扩大为华北各界救国联合会，并担任党团书记。经过联合会认真细致的工作，华北地区的工农商学界和知识界等，逐步组成了各自的救亡团体，华北地区的抗日救亡运动更广泛地开展起来了。

冀东抗日联军司令员

卢沟桥事变后，平津相继沦陷。中共中央北方局按照党中央要求，深入冀东各地，发动群众开展游击战争。董毓华、李楚离等在华北各界救国联合会的基础上组成华北人民抗日武装自卫会，董毓华当选为党组成员兼军事部部长，活跃于冀东、津南等地，从此走上抗日武装斗争的道路。

在冀东，董毓华发挥同党外人士合作共事的卓越才干，将有一定实力的滦县民团武装首领高志远吸纳到抗日队伍中来，并争取附近陈宇寰的民团武装和伪保安团，与高志远部合编在一起，使这支队伍发展扩大到4万人，拥有战马5000余匹，成为接受党领导的一支重要抗日武装。

1938年6月下旬，华北人民抗日武装自卫会冀东分会，在河北省丰润县田家湾召开军事会议，决定成立冀东抗日联军，发起抗日武装暴动。7月

11日，董毓华率部在滦县大李庄和马城一带发动起义。行动被敌人察觉后，他当机立断改向滦县南部进军，次日攻克滦南重镇奔城，并收编了昌黎的"抗日第十路军"近6000人，随后迅速攻克昌黎、滦县、乐亭县城，有力配合了战斗全局。

冀东抗日大暴动使日军十分恐慌，急忙调来大批部队，企图将冀东抗日武装一举歼灭。八路军第4纵队党委、中共河北省委和冀热边特委过高估计了敌情，做出撤往平西抗日根据地进行整训的决定。这个决定是不符合中共中央北方局指示精神的，董毓华也不赞成，但为执行会议的决议，他毅然率部作为先头部队向平西转移。

转移过程中困难很多，一些刚刚放下锄头扛起枪杆的农民，不愿抛妻弃子，远离故土。一天，竟有几十人把枪口对准董毓华，责问他为什么让大家出来受苦。董毓华耐心向大家讲解部队转移，建立抗日根据地开展游击战的道理，说得那些原本拿枪对准他的人，渐渐地放下了枪、低下了头。最终，董毓华带领1700余人到达平西，为党保存了一支经受过严峻考验和锻炼的抗日队伍。

到达平西后，中共冀察热军区委员会任命董毓华为冀东抗日联军司令员。他针对部队的实际情况，开展整顿工作，加强思想教育，狠抓军事训练和游击战术的学习，部队政治军事素质迅速提升。1939年3月，冀东抗日联军与挺进平西的雁北抗日先锋队合编为华北人民抗日联军，董毓华任司令员。这支部队很快发展成了"抗日的劲旅"。艰苦的生活条件、严酷的战争环境、繁重的工作压力使董毓华的身体健康每况愈下，他于同年6月因病医治无效逝世，年仅32岁。

董毓华逝世后，华北军民无不悲痛欲绝。平西军区司令部为其举行了隆重的追悼大会。时任冀热察挺进军司令员的萧克挥笔写下挽联：一见倾诚，推心置腹，共谋国家大计；三军仰止，怀德颂功，同悼民族先锋。1988年1月，时任中共中央政治局常委姚依林对他追思缅怀、高度评价：青年运动杰出领袖，抗日战争民族英雄。这正是他光辉而短暂一生的真实写照。

（执笔：史晔）

杜伯华　神仙山麓葬忠魂

杜伯华出身医药世家，在抗日战争的艰苦岁月里，他坚持抗日斗争，先后任房良联合县首任县长、平西专员和八路军晋察冀军区卫生部副部长等职，1941年因研制新药中毒牺牲。他的战友史进前在诗中赞誉道："中西合璧医道精，三教九流尔也明。济病扶危热心肠，历雨经风过来鹰。长操同榻夜话旧，白山黑水记犹新。未见分晓龙虎斗，神仙有情葬忠魂。"

杜伯华

国民抗日军的医务处处长

九一八事变爆发的那一年，吉林省榆树县街头，新开张一家药铺，挂出写有"华昌药房"的牌子。这家药房的少东家，便是杜伯华。1933年，中共北平地下党派李向之等人前往吉林进行建党建军工作，联络点就设在李向之表弟杜伯华的华昌药房。对日寇充满切齿之恨的杜伯华，经常帮助李向之收集日伪组织情报，掩护地下工作人员，转送抗日物资。

杜伯华的抗日爱国举动引起日伪警察的注意，并准备抓捕他。得知这个消息后，通过地下党，他前往北平，并与党组织取得了联系，继续从事地下工作。1935年春，他加入中国共产党。

卢沟桥事变爆发后，杜伯华等十几名共产党员和党的积极分子受党组织指派，加入北平西山游击队，参加夜袭德胜门外的河北省第二模范监狱的行动，营救出七八百人。9月5日，游击队正式命名为国民抗日军，并成立军政委员会，杜伯华任军政委员会委员、医务处处长，并担任第2总队政治部主任。8日，驻扎在海淀黑山扈的国民抗日军，突然遭日、伪军袭击，杜伯华和战友们英勇战斗，奋勇突围，安全转移到温泉驻扎。

11月，国民抗日军开赴河北阜平整训，后经八路军总部批准，改编为晋察冀军区第5支队，下设3个总队。杜伯华任第2总队政治部主任。

救死扶伤的联合县县长

1938年4月，晋察冀边区决定抽调杜伯华等一批干部，充实地方政权和地方武装，筹建房良联合县政府。

4月底，杜伯华等人来到房山南窖，进行建县筹备工作。他召开各界会议，商讨建县事宜，最后决定将县政府设于长操村。5月8日，房良联合县政府成立，杜伯华任县长。他亲笔起草《告全县同胞书》，号召全县人民动员起来，有人出人，有钱出钱，有枪出枪，早日打败日本侵略者。在党的统一战线政策感召下，先后有60多名知识分子到县政府工作。杜伯华知人善任，把县政府工作安排得井井有条。全县相继建立了村政府、救国会、青教会、妇教会、儿童团等抗日群众组织，群众参军参战、支援前线的抗日热潮空前高涨。

杜伯华待人热情、态度谦和、没有架子，具有很强的亲和力，群众威信很高。一天，南窖商会会长孔凡坤去县政府送交抗日捐款。杜伯华热情接待，并赞扬他积极支援抗日有功，还笑眯眯地勉励说："老孔啊！我军抗日有困难，你要多送一些。"孔凡坤点点头："县长，我下次尽可能多筹集点，支援抗日。"杜伯华意味深长地说："花这个'中日联合票'，亡国奴味有点浓！""杜县长，那就别要了。"杜伯华摇摇头说："老孔啊，现在不要不行啊！将来一定不要它，要花我们自己印的票子。"孔凡坤竖起大拇指，朗声说道："好！咱们一定能花上自己印的钱。"

尽管杜伯华工作非常繁忙，但他还是会挤时间为军民看病。1938年7月，时任第5支队第3营教导员的史进前患上瘟疫，生命垂危。杜伯华看在眼里急在心上，不能让这么年轻有为的干部失去生命，必须全力救治。他亲自开方采药，并托关系买药。经过一段时间的精心治疗，史进前终于摆脱病魔纠缠，重新回到抗日战场。

一次激烈的战斗中，一名战士受伤，小腿粉碎性骨折，医生要给他截肢。正巧杜伯华赶到，急忙阻止说："他还年轻，截肢就不能打仗了。"他俯身检查伤势后说："不用截肢，我来给他治。"他亲自上山采药配药，制成药膏给战士敷上。一段时间后，这位战士竟然奇迹般地站了起来。

1939年3月7日，杜伯华调任平西专署专员[①]。"县长要走了"的消息传开，房良县群众自发地为他送行。杜伯华望着眼前的父老乡亲，依依不舍地挥手告别。忽然他看到送行的人群中有一位妇女抱着一个小孩，似乎有话要说，便停下脚步，走到这位妇女面前，问道："有事吗？"这位妇女说："孩子有病，想请您给看看。"杜伯华二话不说，便给孩子号脉，开了药方，又嘱咐了几句，才转身离去。老百姓含着热泪说："从来没有见过这样的好县长！"

以身试药的卫生部副部长

杜伯华任平西专署专员期间，殚精竭虑、忘我工作，组织群众转运粮草、弹药和伤病员，支援抗日前线；建立地方武装，积极进行征兵扩军工作；发展文化教育事业，兴办小学、高小、识字班和夜校，努力提高平西人民文化水平。

1940年夏，晋察冀军区司令员聂荣臻慧眼识才，任命杜伯华担任军区卫生部副部长，并指示部长游胜华说："伯华同志到卫生部工作，应充分发挥他的专长。特别要把制药工作搞上去，以粉碎日军对我们的医药封锁。"

当时，日军频繁"扫荡"，层层设卡、处处设防，导致根据地药品和医

[①] 中共北京市委党史研究室、中共房山区委党史办公室编：《房山革命史》，北京出版社1994年版，第176页。

疗器械严重匮乏。杜伯华到任后，不负众望，先后研制出解热、利尿、止咳化痰、镇痛等几十种药品。杜伯华因工作成绩突出得到聂荣臻司令员的表彰。

药品的研制是一项困难而又危险的工作。杜伯华经常在自己身上做试验，以掌握第一手资料，绝对安全有效后，才给伤病员使用。他身上常常青一块紫一块，胃里也火烧火燎。一次，他喝下自己配制的汤药，喉咙异常干燥，胃里翻江倒海，突然昏倒在地。幸亏被同志们及时发现，经过4个多小时的抢救才脱离危险。大家劝他："不要再这样冒险了。"他却轻描淡写地说："好。以后我每次试服新药，都事先准备好解药，让卫生员在旁边守着，这样你们就可以放心了。"

但是，还是出事了。1941年6月30日，杜伯华在试验时中毒，经抢救无效，不幸以身殉职。7月15日，晋察冀军区召开追悼会，聂荣臻司令员送上写有"悼死励生"的挽联。追悼会后，杜伯华遗体安葬于河北省唐县神仙山麓，与伟大的国际主义战士白求恩为伴。

为纪念杜伯华所做的卓越贡献，晋察冀军区药厂改名为"伯华制药厂"。他的老家吉林省榆树县人民政府将原华昌药房所在街道命名为华昌路。2015年8月，杜伯华被列入民政部公布的第二批600名著名抗日英烈和英雄群体名录。

（执笔：王鹏）

段苏权　钻到日伪肚子里的"孙行者"

"你这次到平北，是钻到铁扇公主的肚子里，可要闹个天翻地覆！"这是1940年夏八路军冀热察挺进军司令员兼政委萧克，对即将前往平北的段苏权说的一段话。段苏权不负厚望，带领部队端敌伪炮楼、拔敌伪据点、反日伪"扫荡"，为开辟和巩固平北抗日根据地做出了重要贡献。

段苏权

搞统战改造自卫团

段苏权是个红小鬼，14岁加入共青团，后转为中共党员；18岁任黔东独立师政委，在掩护红二方面军主力东进中战斗负伤，与部队失散。伤愈后，他一路乞讨寻找红军未果，只得回到家乡。

全民族抗战爆发后，段苏权听到红军主力改编为八路军的消息，便匆匆踏上寻找部队的道路，几经辗转来到八路军驻太原办事处。八路军政治部主任任弼时面对突然出现的段苏权，大吃一惊："我们已在方面军党代表会上给你开过追悼会了，原来你还活着。"段苏权汇报了寻找部队的经历，党组织安排他到延安中国人民抗日军事政治大学学习。毕业后，他被派往驻平西的冀热察挺进军，担任平北军分区政治部主任。

1940年6月，段苏权奉命率领挺进军第7团第2营从平西出发前往平北，开辟新的根据地。平北山高林密，是伪满、伪蒙疆和伪华北政权的接合部，聚集了很多打着自卫团等旗号的地方武装。要想在平北站住脚，争取这些地方武装共同抗日至关重要。

当地有支号称"水字杆"的队伍，头目袁水本是个农民，因不堪忍受日伪和地主恶霸的欺压，才拉起杆子上山为"匪"。他给手下立了三条规矩：第一，不许奸淫妇女；第二，不许祸害百姓；第三，不许绑票，要打日本、打据点、抓汉奸。段苏权了解到这些情况后，觉得此人有民族气节和正义感，决定会一会他。

头戴瓜皮帽，身穿粗布褂，腰里别着驳壳枪登门来访的袁水，看起来有些滑稽。段苏权并没有以貌取人，而是走到门口热情迎候，把他让进正屋，以礼相待。袁水见段苏权大气平和，心中多了几分敬重。

段苏权详细讲解共产党和八路军的抗日主张，真诚邀请袁水共同抗日，保家卫国，还挽留他吃晚饭。在当时部队十分艰苦的条件下，特意买了一只鸡招待他。袁水甚为感动，回去跟弟兄们说："我乍见到八路军，心里很不踏实。可是这次见到段主任，他身上不带枪，说话也很和气，一点儿架子也没有。跟着他抗日，咱们就放心了。"

两人会面的消息不胫而走，在平北地区产生了很大影响。不少民间武装纷纷前来投奔八路军：延庆的姬永明带着"联庄会"100余人，携带7挺轻机枪、100多支步枪和上万发子弹前来，被收编为龙（关）延（庆）怀（来）联合县游击大队，后改编为平北游击支队一大队；延庆县自卫团团长张华，赤城县"联庄会"头目岳国良、李恩等人，相继率队加入八路军游击队。平北游击支队从几百人迅速发展到1000多人。从此，八路军在平北站住了脚。

反"扫荡"巧破包围

1941年，日军集中兵力对华北抗日根据地进行"大扫荡"，刚刚开辟的抗日根据地处境危险，面临考验。

同年5月中旬，段苏权带领平北军分区指挥机关和平北游击队，跳出敌人包围圈，实行外线作战，准备攻打外长城关隘独石口的伪满洲国日伪据点。行军路上，段苏权得知独石口日伪据点防守严密，而崇礼境内的狮子沟伪警察据点防守较为松懈。因此，他立即改变计划，率部奔袭狮子沟。

狮子沟伪乡公所和警察署位于崇礼县北面狮子沟村的一座庙内，紧靠大路，没有围墙和壕沟，只在四角修筑了简易碉堡，有日、伪军和警察三四十人。段苏权查明虚实，决定实施强攻。

黎明时分，二中队迅速完成对日伪据点的包围。为了减少伤亡，段苏权命令敌工科科长用日语喊话，要他们放下武器投降，但日、伪军负隅顽抗。段苏权随即向中队长陈有才下达命令："挖墙洞，端掉它！"

战士们立即攀上屋顶，从屋顶打洞，将手榴弹扔进屋里，迫使敌人只能躲避到四角的碉堡。战士们又抱来柴火，找来煤油，燃起熊熊大火，熏得敌人无处可藏，只好一边往外钻，一边高喊："不要打了，我们投降！"战斗胜利结束，击毙日本指挥官渡边，俘虏伪警察署署长及以下等30多人，缴获机枪1挺、步枪30多支、战马40多匹。平北军分区利用缴获的物资，组建了第一支骑兵部队——平北游击支队骑兵队，成为在坝上草原打击敌人的重要武装力量。

1942年5月，驻伪满洲国、伪华北日军又纠集6000多人，兵分六路对平北根据地进行"扫荡"。段苏权带领平北军分区第8团向北沟转移。一天拂晓，他率部队来到小张家口村外的一个山头，跳出了敌人的包围圈，命令部队原地休息。突然，侦察员带来一个日伪特务。那特务向段苏权敬礼后说："请不要误会，我是太君派来和你们联系的……"原来，第8团刚从平西过来，穿的是黄军装，和伪军军装颜色差不多，而此前平北八路军穿的是灰军装。特务误把第8团认作了自己人。段苏权大吃一惊，心里说："好险！"打发走了特务，他灵机一动，决定将计就计，立即带领部队返回包围圈内，利用敌人对军装的错觉，轻而易举地端掉了炮梁伪军据点。

日、伪军吃了亏，不肯善罢甘休，派出骑兵对第8团围追堵截。段苏权率领部队在包围圈内外左冲右突，纵横驰骋。有一天，他们来到枯杨树据点，又一次利用敌人分不清黄军装是敌是友，大摇大摆地走到敌人眼皮子底下，然后突然开火，给予敌人沉重打击。

在段苏权的带领下，平北抗日武装反"扫荡"，大闹包围圈。日、伪军对根据地的"扫荡"一次次以失败告终。

打阻击收复张家口

平北军民不畏艰险,坚持斗争,根据地不断扩大,终于迎来胜利的曙光。1945年8月12日,时任平北军分区政委的段苏权,正在指挥部队围攻赤城的日、伪军,突然接到上级电报:苏蒙联军要直取张家口,命令平北军分区密切配合。

8月20日拂晓,段苏权指挥部队打响了收复张家口的第一枪。张家口北傍长城,南接平川,北、东、西三面环山,地势险要。西北面的狼窝沟一带,驻有日军主力第2混成旅团和第118师团,城区主要由伪军驻守。早上6时左右,平北军分区第10团和第40团向城区发起进攻,很快就控制了市区清水河以东地区,占领火车站。由于一直没有得到苏蒙联军的消息,平北部队不得不暂停进攻。21日晚,段苏权接到平北军分区司令员詹大南电报:苏蒙联军在狼窝沟进攻受阻,按原计划继续向市区进攻。

22日上午,战斗再次打响。上午11时左右,从大同方向撤退的大批日军乘火车到达张家口。敌人以铁甲车开道,企图通过张家口火车站向北平撤退,在车站以西与八路军展开激烈争夺。敌人反复冲锋10多次,都被第10团等部队阻击。为避免过大伤亡,段苏权命令部队稍向后撤,敌人乘机夺路南逃。下午3时,防守狼窝沟的日军向张家口火车站败退。第40团在第10团掩护下顽强阻击,战斗到黄昏,进入胶着状态。

23日拂晓,张家口市内最后一批日军集中到火车站附近加紧撤退。平北部队立即发起第三次攻击,同日、伪军展开巷战。至正午时分,战斗结束,共歼灭伪军警2000余人、日军200余人,缴获大批枪支弹药和马匹。平北部队胜利收复张家口,这是抗日战争时期八路军从日伪手中解放的第一座省会城市。

解放战争时期,段苏权任东北野战军第8纵队司令员。新中国成立后,他曾任东北军区空军司令员、中国人民解放军军事学院政委等职,1993年逝世,享年77岁。

(执笔:乔克)

高　鹏　鹏程万里为抗日

"圆明园外走青纱，休笑金枪作笔拿。鼓动工农收溃勇，紧临德胜二监砸。"这是抗日老战士王建中写的一首诗，形象描述了抗战初期活跃在北平西山地区的国民抗日军的英雄事迹。这支队伍的主要创建人名叫高鹏，他从东北大学投笔从戎，走上抗日救亡征程，在北平抗日斗争史上写下了浓墨重彩的一笔。

高鹏

组建抗日军

1931年九一八事变爆发，东三省沦陷。正在东北大学读书的高鹏，是辽宁省辽阳市人，他不甘做亡国奴，参加了东北学生组织的学生军，被选为队长。学生军被打散后，他流亡北平，继续在迁到北平的东北大学读书。

华北事变后，高鹏参加了一二·九学生运动，目睹日伪和国民党当局的倒行逆施，已无法继续安心读书，愤然投笔从戎，来到平郊西山地区组建抗日武装。他一面筹集经费，购买枪支，一面发展人员。到1937年四五月，高鹏组织的抗日力量已达30余人，拥有17支枪。他还通过社会关系结识了昌平保卫团团总汤万宁，并动员其共同抗日。

七七事变爆发后，高鹏等人加紧武装起义的准备工作。7月18日，起义队伍在白羊城汤万宁家聚齐。汤万宁取出保卫团的10多支枪，连同原有枪支，将全体人员武装起来。22日，他们在白羊城关帝庙，正式宣布成立抗日军，赵侗[①]任总队长，高鹏任政治部部长。从此，平郊第一支民众抗日武装诞生。

抗日军的第一次行动，是奇袭北平德胜门外的河北省第二监狱（以下简称"第二监狱"）。这里关押着数百名犯人，其中有几十名共产党员和政治犯。高鹏同赵侗、纪亭榭等人商量后，决定劫狱，夺取枪支，释放犯人，壮大队伍。

8月22日晚，抗日军成员吴静宇化装成日军，诈开狱门，赵侗、高鹏率百余名队员一拥而入，破坏警报器，割断电话线，缴获狱警枪支，解救出在押的500余人。趁着夜色，他们迅速转移到铁狮子坟一带的树林里。在这里，高鹏等向狱友们讲述了当前时局，号召大家团结起来共同抗日，当即就有数百人参加了抗日军。

奇袭第二监狱的重大胜利，不仅沉重打击了日伪的嚣张气焰，还营救出李海涛、韩庄等一批共产党员，为抗日革命事业保存了力量。北平《世界日报》报道：第二监狱受到打击之后，一度陷于瘫痪，很久也没能恢复。

抗日军的成立和武装行动，引起中共北平地下组织的注意。中共东北工作特别委员会（以下简称"东特"）负责人联系到高鹏等人，向他们讲解中国共产党的抗日主张。此后，东特通过东北救亡总会分批派遣党员和进步青年参加抗日军，为抗日军注入了新鲜血液。

整军建党

攻打第二监狱的胜利消息，极大地鼓舞了北平城乡人民的爱国热忱，他们纷纷投奔抗日军。溃散的国民党士兵和起义的伪冀东保安队官兵也踊跃加入，队伍迅速扩大到1000多人。随着部队迅猛发展，人员鱼龙混杂，组织纪律性大为松懈：有的借筹款之名，打骂、勒索百姓；有的主张偷坟掘

[①] 赵侗，即赵同，国社党、青年党党员。1932年参加义勇军学生队，1934年2月任中国少年铁血军参谋长。全面抗战爆发后，先后任国民抗日军司令、八路军晋察冀军区第5支队司令员。1938年7月叛逃。

墓，盗取珍宝敛财；有的不服从统一调动，甚至企图拉走队伍单干；抗日军领导层内部的矛盾也日益尖锐起来。面对这种状况，高鹏忧心如焚，在队伍中的共产党员、进步学生和爱国志士的支持配合下，他极力说服总队长赵侗进行整军。

9月5日，高鹏等人在温泉以北的三星庄村（今海淀区苏家坨一带），召开全体队员大会，通过将共产党员汪之力起草的《全军约法》作为治军章程，规定所有人员、武器、军需财物归全军所有，统一指挥，统一调动；全军以军人大会或军人代表大会为最高权力机关，选举军政委员会作为常设机构，全军重大事项均由军政委员会讨论决定。高鹏提出了军政委员会成员和各级领导人名单，经选举顺利通过。高鹏任军政委员会委员、政治部部长。

在这次大会上，抗日军正式定名为国民抗日军，还授了军旗，向战士发了红蓝两色的袖箍。红色在上表示战斗，蓝色在下表示祖国河山，意思是用战斗精神打败日本侵略者，收复祖国大好河山。因为这支队伍都戴着红蓝袖箍，群众看到队伍中有很多青年学生，于是都叫他们"学生军"或"红蓝箍"。

随着整军的进行，中共党组织在部队中逐渐建立起来，成立了队委会，各分队建起了党小组。高鹏此时虽然不是中共党员，但他思想进步，支持党的工作，队委会的许多意见都通过他影响决策层，得以顺利实现。

这次整军，使部队开始有了新起色。高鹏带领政治部在南口、阳坊、门头沟一带组织宣传队，发动群众，筹建抗日救国会，创办《火花》报，动员民众积极参军参战，取得了很好的效果。昌平瓦窑村大庙里的和尚郑福子，也脱下袈裟参了军，后来牺牲于攻打行唐的战斗。纪亭榭专门为他写下一副挽联："出僧门入红门抗日救国是英雄，离佛堂赴沙场为国捐躯真烈士。"

国民抗日军战斗力日益增强，在高鹏等人的带领下，先后取得黑山扈、香山碧云寺等战斗的胜利，首创民众抗日武装用轻武器击落日军飞机的战绩等，被誉为"北平近郊抗日的中心力量"。

编入八路军

国民抗日军的发展壮大，引起日、伪军的注意。1937年9月底，北平地下党组织得知日军要对这支部队进行"围剿"，派人通知他们，建议立即向平西斋堂一带转移。

10月下旬，高鹏等人率部从昌平一带转移至宛平县斋堂、清水一带，开辟新阵地，继续开展游击战争。11月9日，八路军晋察冀军区第1军分区司令员杨成武、政委邓华，与国民抗日军取得联络，并带来八路军总司令朱德、副总司令彭德怀给国民抗日军将士的一封署名信，信中赞扬了他们英勇作战、打击日寇的功绩，并邀约国民抗日军迅速南下，与八路军会合，共商抗日大计。这封信在部队中公开传达，并在《火花》报上全文刊载。

11月中旬，高鹏等人带领部队开拔至晋察冀军区司令部所在地阜平。聂荣臻司令员接见了高鹏等国民抗日军的主要领导，分析了当前形势，指出了今后任务，要求部队首先集中精力进行整训。12月25日，八路军总部正式批准国民抗日军编为八路军晋察冀军区第5支队，下辖3个总队、9个大队。高鹏升任支队副司令员，这时他已经加入中国共产党。

高鹏随第5支队移驻灵寿、行唐。整军过程中，部队各级配备了政工干部，党的领导力量得到加强，部队的精神面貌焕然一新，受到当地百姓的支持和赞誉。支队政治部为检验整军效果，让一名女同志假扮成难民，哭哭啼啼地拉住过往百姓，说她爸爸被"红蓝箍"的人强拉去了，请求帮忙找回来。结果一连几次，村民都说："肯定弄错了，一定是土匪干的，第5支队是老百姓自己的队伍，咋能干这事儿。"

1938年春，高鹏率领第5支队重返平西。在七七事变爆发一周年之际，袭击了石景山发电厂，并两度攻破昌平城，沉重打击了日、伪军。同年8月，第5支队与涞源支队合并，编为晋察冀军区第3团，调离平西，先后在河北、山西战场重创日、伪军。有人赋诗赞道："战斗在敌后，游击显神通。刀光寒敌胆，霹雳震魔宫。"

抗战胜利后，高鹏率部进军东北，投身到全国解放战争中。新中国成立后，高鹏历任东北军区防空部队副司令员兼参谋长、沈阳军区防空军第一副司令员兼参谋长等职。

（执笔：方东杰）

郭明秋 一二·九运动中的学联主席

声势浩大的一二·九运动中,有一位小个子、大眼睛、短头发,名叫郭明秋的女学生格外引人注目。在国家和民族危难之际,她勇敢地站出来,奔走呼号于北平各大中学校间,团结带领青年学生积极投身抗日救亡斗争,不愧为站在时代潮头的巾帼翘楚。

郭明秋(左)和妹妹郭毓德

组建北平学联

郭明秋,原名郭桂英,河北涿鹿人,1933年就读于北平女一中,1935年春加入中国共产主义青年团,不久任北平团市委组织部部长。她经常穿梭于女附中、志成女中、女子文理学院等校,联系进步同学,广泛宣传抗日救国的道理。

同年6月,国民党当局奉行对日妥协政策,颁布《邦交敦睦令》,禁止发表抗日言论、成立抗日团体。随后,"秦土协定""何梅协定"相继签订,为日本吞并中国华北大开方便之门。华北危在旦夕,身在北平女一中的郭明秋再也无法安心读书了。一天,她大胆走上讲台,向全班同学发表演讲,怒斥国民党当局的卖国行径,倡议全班同学起来抗争。郭明秋的演讲深深地打动了同学们,从此大家对这位眉清目秀、泼辣大胆的女生更加钦佩。

同年七八月,暴雨频降,黄河、长江流域发生特大水灾,2000多万灾民流离失所。不少来自山东、河北的灾民流落北平街头,居无定所、食不果腹。中国民族武装自卫委员会北平分会、北平左翼文化总同盟等中国共产党的外围组织，积极开展赈济救灾活动。为了便于广泛组织社会各界开展救灾工作，中共北平市委决定成立一个公开合法的团体。然而，组建一个官方认可的团体并非易事。郭明秋提出，她的班主任孙荪荃可以帮忙。孙荪荃原是女一中校长，九一八事变后因支持抗日救亡运动被免去校长职务。孙荪荃十分欣赏郭明秋，支持她当选学校学生会主席。通过郭明秋的积极努力，北平大中学校学生黄河水灾赈济联合会（以下简称"水灾赈济联合会"）于8月在女一中宣告成立。为了顺利通过当局的审查，郭明秋提议，推选无政治背景的女一中学生吴闺箴为主席。就这样，水灾赈济联合会取得合法身份。清华大学、北平师范大学等20多所学校也纷纷设立水灾赈济分会，积极开展募捐救灾工作。

郭明秋组织各校水灾赈济分会，发动学生、市民走上街头开展募捐和义卖等活动，还在女一中组织义演话剧《茶花女》，以筹集善款。在青年学生带动下，社会各界的赈济救灾活动如火如荼。不到两个月时间，就募集了一批衣物和2000块大洋，由各校代表组成慰问团，前往山东赈灾。

赈灾结束后，北平市委决定将水灾赈济联合会改建为抗日团体，但内部却有不同意见。郭明秋向北平市委宣传部部长彭涛大胆提议："他们不赞成，我们不可以自己发起吗？"于是，彭涛、郭明秋等人广泛组织联络，由北平11所大中学校发起成立北平市大中学生联合会（以下简称"北平学联"）。11月18日，成立大会在中国大学召开，会议选举郭明秋为主席，清华大学学生姚依林为秘书长。北平市委在学联建立党团，彭涛为党团书记。在党的领导下，北平学联将一大批爱国学生团结凝聚在一起，成为抗日救亡运动的急先锋。郭明秋也在工作中迅速成长成熟起来，并于1935年12月光荣加入中国共产党。

游行示威总指挥

1935年11月25日，日本侵略者扶植殷汝耕在河北通县（今北京通州）

成立"冀东防共自治政府",控制冀东22个县。国民党当局继续实行对日妥协政策,计划于12月在北平成立以宋哲元为委员长的冀察政务委员会,开始实施"华北特殊化"。平津上空乌云密布,北平学生无比愤慨。

北平市委和北平学联及时回应广大学生的愿望,决定举行一场大规模的请愿游行活动。12月3日,郭明秋主持召开北平学联各校代表会议,传达《中国苏维埃政府、中国共产党中央为抗日救国告全体同胞书》(即《八一宣言》)的主要精神,通过了《通电表示否认任何假借民意之"自治运动"》和《联络北平市大中学校发起大规模请愿》两项议案。6日,北平学联再次召开代表会议,通过《北平市学生联合会成立宣言》,提出反对日本帝国主义吞并华北的九大纲领。次日,北平学联在女一中召开有20多所学校学生代表参加的会议,决定于12月9日举行请愿,反对成立冀察政务委员会,要求停止内战,一致抗日;如请愿无果,则改为示威游行。8日晚,彭涛、郭明秋等人在女一中开碰头会,检查请愿游行的准备情况,商定游行的口号、路线等,确定由郭明秋、姚依林担任总指挥,指挥部设在西单亚北咖啡馆。

12月9日清晨,北平大中学校爱国学生纷纷冲出校园,走上街头,高呼"反对日本帝国主义""停止内战,一致对外"等口号,一二·九运动爆发。清华大学、燕京大学等校学生被军警阻挡在西直门外,改为就地进行抗日宣传。东北大学、北平师范大学等城内各校学生前往新华门请愿。由于请愿不成,学生们转而进行示威游行。

游行队伍到达西单时,郭明秋和姚依林加入其中。突然,一群军警跑了过来,手持枪托、皮鞭、木棍等,不由分说扑向游行人群。郭明秋和姚依林惨遭毒打,但他们没有被吓倒,反而带领学生与军警展开英勇搏斗。很快,被打散的队伍又重新会合在一起,继续前进。沿途军警的阻拦和袭扰,挡不住学生和民众加入游行队伍,到达王府井时,人数增至3000多人。游行队伍行进至王府井,军警的镇压变本加厉,他们不仅挥舞棍棒、枪托、皮鞭袭击学生,还用水龙扫射人群,游行队伍被冲散,几十名学生被逮捕,数百人受伤。残酷镇压没有使学生们屈服,相反,学生骨干们前往北大三院集合,商议下一步对策。

次日上午，郭明秋来到中国大学，与彭涛、黄敬、姚依林等人开碰头会。彭涛的意见是，郭明秋暂时别回女一中，以防止出现意外。黄敬则主张郭明秋应该立即回学校，因为一定会有人去女一中找学联。于是郭明秋骑车飞奔回学校。果然，一进校门，郭明秋就被同学们团团围住。大家纷纷问道："你就是学联主席吧？""昨天这么大的事情，我们都没有参加上，太遗憾了。"东北中山中学学生徐迈伦泣不成声地说："国家兴亡，匹夫有责呀……我们没有别的意思，就是要求学联再来一次！"

郭明秋敏锐地意识到，徐迈伦的话反映了大部分爱国学生的心愿。于是，她立即向彭涛等人汇报了这一情况。经过讨论，他们决定向当局提出"立即释放被捕学生""誓死反对分割我国领土主权的傀儡组织""动员全国抗日"等要求，并酝酿再次组织大示威。当得知冀察政务委员会将于12月16日成立的消息后，他们决定当天举行第二次示威游行。

15日下午，郭明秋等人在长安饭店包了一间客房，以打扑克牌为掩护，研究示威游行的各项准备工作。第二天，一二·一六示威游行爆发，北平3万多名学生和市民在天桥集会，提出唤起民众共同抗日等6项救国主张。北平学生的示威游行，得到全国各界的广泛声援和支持，迫使冀察政务委员会延期成立。

组织南下宣传团

为缓和学生的对立情绪，国民党当局于12月23日通知全国专科以上学校校长和学生代表前往南京，聆听国民政府军事委员会委员长蒋介石训话，以共同"维护国家安全"，即所谓赴京"聆训"。同时，为防止学生再度"滋事"，国民政府教育部宣布全国各校于12月25日提前放寒假。中共北平党组织认为，国民党当局组织的赴京"聆训"，意在瓦解学生队伍，破坏学生运动，必须予以坚决抵制。于是，借机组织学生南下，到农村扩大抗日救亡宣传。

12月下旬的一个晚上，郭明秋在燕京大学体育馆主持召开北平学联代表会议，以投票方式决定南下宣传还是赴京"聆训"。最初，赞成去南京"聆训"的人占多数。郭明秋随机应变，宣布暂时休会。其间，她和其他党员一起，分头找学生代表做工作，统一大家的思想。复会后，郭明秋提议由北大学生代表刘江凌第一个发言。刘江凌从五四运动讲到九一八事变以来的历史，指出国民党当局不抗日、打内战的现实，还历数其镇压学生的罪行。他强调，我们不能对国民党当局抱有幻想，应到农村去宣传抗日救亡，唤起更多民众。刘江凌的发言效果很好，打动了很多人。接着，有人提出，北平学联是以学校为单位组成的，一所学校只应有一票表决权，所以应重新投票。于是，郭明秋再次组织投票表决，结果这一次赞成南下宣传的占多数。

1936年1月初，经北平市委批准，南下扩大宣传团正式成立。郭明秋和姚依林等人留在北平，负责编辑《学联日报》，宣传报道南下扩大宣传团的活动。由平津两市大中学生500多人组成的宣传团分四路南下，先后到达河北固安、保定等地。每到一地，他们都广泛开展调查和宣传，播下抗日救亡的种子。国民党当局对南下扩大宣传团一再阻挠拦截，并派军警将多数成员押解回平津。

南下宣传活动结束后，国民党当局依据《维持治安紧急办法》，宣布北平学联为非法组织，大肆抓捕进步学生。一天，军警包围了女一中，抓走孙荪荃，还点名要抓郭明秋。在同学的掩护下，郭明秋躲过一劫，从此离开学校。3月，在党组织安排下，郭明秋离开北平，赴中共天津市委工作。

新中国成立后，郭明秋历任中共中央东北局妇委书记、全国妇联宣传部部长、中共中央党校政策研究室主任、教育部正部级顾问等职，为我国妇女工作和教育事业的发展做出重要贡献。2001年5月，郭明秋病逝于北京，享年84岁。

（执笔：黄迎风）

何基沣　威震敌胆的"何阎王"

抗日战争时期，有这样一位爱国将领：长城抗战献计献策夜袭敌营，赢得喜峰口大捷；七七事变率部奋起抗敌，沉重打击日寇嚣张气焰；肩扛国民党中将军衔，却秘密加入中国共产党……他就是驰骋疆场、威震敌胆的"何阎王"——何基沣。

何基沣

喜峰口夜袭敌营

九一八事变后，东三省沦陷，日寇的铁蹄继续南下，相继侵占山海关、热河、承德，战火逼近长城沿线。中国军队第29军奉命开赴前线作战。这时，军长宋哲元想起了他的爱将何基沣。

何基沣，河北藁城人，先后就读于保定陆军军官学校和北平陆军大学，1930年出任第29军第37师第109旅副旅长。1933年3月，宋哲元任命何基沣为军指挥所"参军"，派往长城要隘喜峰口襄助军务。

3月9日，日军服部、铃木两个旅团入侵喜峰口，占领口上高地，形势十分危急。何基沣火速赶到，指挥部队与日军激战，当夜拿下喜峰口外两侧高地，稳住了战局。10日和11日，日军激烈反扑，何基沣前往滦阳城坐镇指挥，与日军艰苦鏖战，喜峰口附近几处高地得而复失、失而复得，来回拉锯，部队伤亡很大。

"继续这样拼杀下去，对我军非常不利。"何基沣深思良久，认真分析敌我双方的优劣，"日军优势在于武器精良，他们靠飞机、大炮和坦克，而我军则擅长近战，主要靠大刀和手榴弹。应当充分发挥我军优长，趁敌军疲惫、放松戒备之机，采用夜袭战术，偷袭日军宿营地，才能出奇制胜。"于是，一个夜袭敌营的战斗方案在他脑海中形成。

11日深夜，身背大刀的第29军官兵，踏着积雪，兵分三路，向日军营地悄悄接近。一部由第109旅旅长赵登禹率领，从左翼出潘家口，攻击喜峰口西侧山坡之敌；一部由第113旅旅长佟泽光率领，从右翼经铁门关出董家口，攻击喜峰口东侧山坡之敌；一部由第110旅旅长王治邦率领，攻击正面之敌。

星月交辉，雪光如练。身披白布单的战士们，挥舞大刀，向酣睡的日军砍去。狂妄的日军毫无防备，伤亡惨重，大炮、坦克悉数被毁。

《何参军夜献良策，大刀队奇袭军营》的捷报传出，全国为之振奋，军民欢欣鼓舞。自此，何基沣在日军中留下了"何阎王"的威名。音乐家麦新还为此创作《大刀进行曲》，"大刀向鬼子们的头上砍去"的歌声响彻中华大地。

何基沣也因喜峰口大捷晋升为第110旅旅长。1935年9月起，他率部驻防卢沟桥、宛平城和长辛店一带。日军经常派小股武装寻衅滋事，甚至在距第29军岗哨400米处举行实弹"演习"。何基沣命令部队严阵以待，多次挫败日军挑衅。

怀仁堂明志

1935年，日本帝国主义加紧侵略华北，策划所谓的"华北自治运动"，试图把华北变成第二个"满洲国"。在日本侵略者威逼下，国民党政府妥协退让，于12月18日成立了以宋哲元为委员长的冀察政务委员会。宋哲元在当局"中日亲善"的意旨下，不敢过早与日方公开对立，只能以各种形式与日军应付周旋。

1936年6月6日上午，冀察政务委员会在中南海怀仁堂举行宴会，招待日本驻北平附近连以上军官。日方出席宴会的有华北驻屯军旅团长河边正三、特务机关长松室孝良以及军事顾问松岛等人。中方出席的有宋哲元、第29军副军长兼北平市市长秦德纯、第37师师长兼河北省主席冯治安，以及旅长何基沣、董升堂、李致远等人。每张宴会桌上，四五位中国军官坐主位，三四名日本军官坐客位，一派其乐融融的"和睦"景象。

宴会开始前，宋哲元、松室孝良先发表了言不由衷的讲话。酒过数巡后，一个日本军官忽然跳到一张备酒菜用的桌子上唱起歌来，中国军官们虽然听不懂歌词意思，但从他声嘶力竭的叫喊中看出了挑衅之意。接着，又有两个日本军官跳到桌子上唱歌。松岛随后起身，从腰间抽出明晃晃的倭刀一通乱舞，宴会气氛顿时紧张起来。

面对张牙舞爪的日本军官，何基沣怒火中烧，拳头紧攥，愤然跃上桌子，铿锵有力地高声唱起了《黄族歌》："黄族应享黄族权，亚人应种亚洲田。青年！青年！切莫同种自相残，坐教欧美着先鞭。不怕死，不爱钱，丈夫决不受人怜。洪水纵滔天，只手挽狂澜。方不负石笔铁砚，后哲先贤。"

这首歌是李大钊在日本留学期间为警醒国民所作短诗谱曲而成，也是九一八事变前《东北军军歌》，饱含着殷殷爱国之情、铮铮不屈之志。

何基沣激昂的歌声唤起了在场第29军军官的斗志，他们纷纷出场展示绝技，用以宣示中国军人不可欺的神圣威严。董升堂第一个出场，先是打了一套西北军流行的精妙拳术，又掂着曾杀敌无数的大刀，展示了一套刀法；接着，李致远又使了一通令人眼花缭乱的"滚堂刀"。日本军官见状，纷纷收敛了骄横狂妄的气焰。

就这样，这次貌似和睦实则暗斗的宴会草草收场。

卢沟桥浴血奋战

1937年6月，驻丰台的日军演习越来越频繁，引起了何基沣警觉。他指示部队加紧训练，修筑工事，开挖战壕，严密监视。

7月7日午后，驻丰台日军第3大队第8中队前往卢沟桥西北的龙王庙一带演习，与往日不同的是，他们这次携带着大量弹药。第110旅第219团第3营将此情况报告何基沣，何基沣立即汇报给正在保定的师长冯治安，冯治安马上赶回北平与何基沣商议，部署应战。

晚上10时40分，宛平城东北方向忽然传来几声枪响，不一会儿，几名日军来到宛平城下，说他们演习时一名士兵失踪，要求进城搜查。营长金振中向何基沣报告，何基沣指示坚决拒绝。中方担心事态扩大，与日方商定，双方派人前往调查，而日军趁交涉之际把宛平城、龙王庙、平汉铁路桥重重包围起来。

8日凌晨4时许，日军悍然向宛平城开炮。第29军下达命令："牺牲奋斗，坚守阵地，即以宛平城与卢沟桥为吾军坟墓，一尺一寸国土，不可轻易让人。"何基沣亲临前线，指挥官兵奋勇抗击，宛平城内轻重武器一起开火，子弹像雨点一样射向日军。天亮后，敌人数次攻城，均被挫败。

下午，日军得到增援，突袭平汉铁路桥及其附近的龙王庙。守桥排长沈忠明率领全排战士奋勇作战，英勇牺牲，铁路桥和龙王庙均被日军占领。

何基沣怒不可遏，向金振中下令，组织敢死队，务必夺回失地。当夜，金振中带领500名大刀手以及保安第4团第2营的3个连，突袭铁路桥，与日军展开白刃战，一举收回了铁路桥和龙王庙，"何阎王"的部队再显神威。

紧接着，冯治安、何基沣将部队集结于长辛店一带，准备乘敌大部兵力尚未开到之时，抓住时机，给敌以重创。但国民党当局不愿扩大事态，一面与日方谈判，一面约束部队行动，战争陷于被动。

28日，日军得到增援后，向第29军军部驻地南苑大举进攻，宋哲元当夜退至保定。29日，北平沦陷。第二天，何基沣率部掩护兄弟部队撤退后，奉命撤离北平，后退守至河北大名府。

面对大片国土沦丧，特别是蒋介石的不抵抗政策，何基沣悲愤至极，重新思考救国道路，认定只有跟随共产党才是抗战救国的正确出路。经中共地下党组织安排，他秘密前往延安，加入了中国共产党，随后返回国民党部队秘密为党工作。

1948年11月，何基沣与张克侠率部在淮海战役中起义，为淮海战役的胜利做出了重要贡献。

新中国成立后,何基沣先后担任水利部、农业部副部长等职。1980年,何基沣在北京病逝。遵照遗嘱,他的骨灰一部分撒在他曾战斗过的卢沟桥畔,一部分撒在当年的淮海战役战场上。

(执笔:刘慧)

黄　华　北平学联的总交际

1935年12月16日,北平市公安局拘留所里,几名被关押的青年学生围在一起,慷慨激昂地痛斥日本帝国主义的侵略行径和国民党当局的对日妥协政策。室外天寒地冻,室内热情洋溢,一位高个子青年愤怒地在玻璃窗的冰花上写下"打倒日本帝国主义"几个大字,他就是北平学联的总交际黄华。

黄华同妻子何理良

组建北平学联

黄华原名王汝梅,1913年生于河北省磁县的一个地主家庭,虽然父亲早逝,但学业未断。二伯父是当地颇有声望的学者,在他的引导下,黄华经常阅读李大钊、陈独秀和鲁迅等进步人士的作品,思想受到启蒙。

九一八事变时,黄华正在东北交通大学读书,目睹3000万东北同胞沦为亡国奴,他痛心疾首,愤懑至极,毅然随大批同学前往北平,寻找救国救民的出路。

翌年秋,黄华考入燕京大学。他经常利用业余时间去图书馆阅读马恩列斯著作的英译本,还把英文版的斯大林著作翻译成中文,和同学们一起讨论,加深对国际国内问题的认识。

1935年,燕大学生选举产生学生自治会,新闻系的张兆麟当选主席,黄华当选执行委员会主席。此后,他更加积极地投身于学生运动,与清华大学的蒋南翔、姚依林，女一中的郭明秋，北大的黄敬等进步学生接触频繁。

1935年夏，山东、河南等省境内黄河泛滥，百姓流离失所，许多灾民流浪在北平街头。中共北平党组织决定利用合法形式进行革命活动，由中国民族武装自卫委员会北平分会出面组织黄河水灾赈济联合会。燕大学生会成立赈济分会，黄华和同学们热情地投入救灾工作中。

华北事变爆发后，民族危机进一步加重。11月18日，北平大中学校学生黄河水灾赈济联合会在女一中开会，决定即日将该组织转变为"北平市大中学生联合会"，大会选举郭明秋为主席，姚依林为秘书长，黄华为总交际。学联成立后发表宣言，要求立即停止内战，一致对外，保卫华北。

为了得到宋庆龄等上层人士的支持，黄华等几位同学来到燕京大学外籍教授、著名记者斯诺家中，写信给宋庆龄，请她指点同学们应该怎么办。为避人耳目，由黄华执笔用英文书写。12月初，斯诺转来宋庆龄的回信，信中说：最重要的是行动起来！

写在冰花上的怒吼

1935年12月初，北平盛传12月9日要成立冀察政务委员会的消息，广大同学和各界进步人士极为震惊。中共北平临时工作委员会决定，以请愿的方式发动学生进行一次大规模的抗日救国运动。

12月3日，北平学联通过各大中学校发起大规模请愿活动的决议。7日，总交际黄华到女一中参加会议，带回举行游行的决定。8日，各校学生代表齐聚燕京大学男生体育馆，讨论如何向国民政府军事委员会北平分会代理委员长何应钦请愿，并制定了行动策略、口号和纲领，部署了游行时间、地点和路线。

9日，天刚蒙蒙亮，黄华、张兆麟等学生会干部，带领600多名燕京大学学生顶着凛冽的寒风出发了。学生们的抗日怒火像火山一样喷发，一路高喊"反对华北自治""停止内战，一致对外"等口号。行至高粱桥时，遭到警察的野蛮殴打和抓捕，张兆麟被几名警察拖进了警署。黄华挺身而出，大喊"抢回张兆麟！"同学们闯进警署，硬是把张兆麟抢了回来。

请愿队伍冲破层层封锁到达西直门，但城门已经关闭，城楼上下布满了荷枪实弹的军警。同学们派代表交涉进城，遭到拒绝。请愿队伍转道阜成门、西便门，也被挡在城门外。黄华带领燕京大学的学生队伍回到西直门，索性把城外空地当作会场，开起群众大会。很多路人和看热闹的群众逐渐围拢过来，聚集了2000余人，把道路堵得水泄不通。

下午3时，何应钦派代表到西直门，通过门缝对同学们说："诸位的各点要求，已转达何部长，他已全盘接受，请同学们赶快回校……"同学们又冷又饿，得到回复后陆续返回学校。燕京大学学生会连出11期《一二·九特刊》，提出："这次请愿是民族解放运动的开始，而不是一个终结。这仅是一个小火花。但是这个小火花将会燃起全国民众革命的烈火。"

不久，听闻冀察政务委员会推迟到12月16日成立，北平学联决定再度举行游行示威。城外的同学们吸取前一次没能进城的教训，决定大队学生由西便门的铁路门入城，燕京大学、清华大学各派30名同学于前一天进城，以便在游行当天打开城门，接应城外同学。黄华于前一天晚上带上宣传品，住在灯市口燕京大学校友会。

16日当天，同学们早早来到西直门内北沟沿。集结好的队伍意气风发，一面游行示威，一面发动沿途学校的学生参加，队伍不断扩大。当经过平民中学时，黄华走进校内联络该校学生参加游行，被警察捉住，押送到北平市公安局。

黄华被关在一间平房里，后来陆续又关进来六七名学生。室外寒风呼啸，室内热情激昂，大家聚在一起，一边痛斥着日本帝国主义的侵略行径，一边揭露国民党当局的对日妥协政策。说到激动时，黄华走到玻璃窗前，以食指代笔，在冰花上写下了"打倒日本帝国主义"几个大字。

这天，在宋黎、黄敬、姚依林等人的领导下，城内外学生在宣武门会合，开始游行。反动军警用棍棒殴打、用水龙喷射，致使300多名学生受伤，22人被捕。一周后，黄华等被捕学生，由燕京大学校长陆志韦、清华大学校长梅贻琦等联合保释。

黄　华　北平学联的总交际

南下扩大宣传

一二·一六游行示威后不久,北平学联在中共中央北方局和中共北平市委领导下,成立了平津学生南下扩大宣传团。燕京大学学生被编入宣传团第3团第2大队,黄华担任队长。

1936年1月4日,同学们从蓝靛厂出发,一路向南,途经卢沟桥、琉璃河到达涿县。宣传团每到一处,都召开群众大会进行演讲,张贴和散发传单,唱救亡歌曲,演抗日戏剧,激发群众爱国热情,播撒抗日救亡的种子。

13日,黄华带领团员进行了一天分组宣传,回到高碑店驻地时,发现借住的小学校已被当地和从北平赶来的警察包围。警察搜查了住处,抢去了旗帜和宣传品,扣留部分同学,要求解散宣传团。黄华和另外几名队长紧急磋商,一致认为既然无法继续南下,不如暂时返回学校。

就在他们决定返回学校的时候,又生事端。警察看到几名同学聚集在火车站外的小饭铺吃饭,不由分说上前驱赶,双方发生冲突,场面一度十分混乱,警察还放火烧了饭铺。

第二天天刚亮,第3团的同学们又聚在一起。在特务监视下,黄华用英语说:"同学们,我们还是一个都不少地暂时回去。虽然回去,但宣传团决不解散,我们要永远为中国的民族解放而奋斗。"同学们或鼓掌表示赞成,或用英文说"我明白""我同意""很好"等。随后大家乘火车返回北平。

经过一二·九运动和南下宣传活动的锻炼,黄华思想上更加成熟。他很早就萌生了加入中国共产党的想法,此次返平后,他再次向组织提出了入党申请,经陈絜、李宗瀛介绍,光荣加入了中国共产党。

斯诺很支持黄华等进步学生的爱国行动,他们彼此结下了深厚友谊。6月,他邀请黄华同赴陕北。在那里,黄华见到了毛泽东和周恩来,向他们汇报了一二·九学生运动。毛泽东说:一二·九运动是五四运动以来最伟大的群众运动,只是因为消息闭塞,在一二·九之后好久才知道。北京的年轻人干得好啊。[①]当即指示黄华陪同斯诺到前线采访,并作为白区学生代表向战士群众进行宣传。

在前线,黄华陪同斯诺进行采访,他不知疲倦地翻译了斯诺大量的采访笔记,尤其是毛泽东关于革命理论、政策的内容。在赴前线的采访中,还接触了许多领导干部和战士,这些都使黄华进一步了解了红军和中国革命。后来,黄华留在陕北,到中共中央军委后方司令部任翻译,参与了接待史沫特莱、海伦·斯诺等国际友人的外事工作。

抗战胜利后,黄华调往北平军调部工作,给叶剑英等人做翻译。解放战争后期,他奉命赴南京会见美国驻华大使司徒雷登。新中国成立后,他长期在外交战线工作,曾参加日内瓦会议和万隆会议,先后任中华人民共和国首任常驻联合国代表、外交部部长、国务院副总理等职,为新中国外交事业的创建和发展做出了重要贡献。

(执笔:常颖)

[①] 沈学明、李炎主编:《唤起全民族的抗战——"一二·九"运动人物记(中)》,北京人民出版社2021年版,第768页。

黄　敬　一二·九运动的学生领袖

1935年12月的一些日子，寒冷的北平街头，人们会经常看到一个青年或走在游行队伍前列振臂高呼抗日口号，或站在市民中间发表慷慨激昂的演讲。这个青年就是作为"伟大抗日战争的准备"的一二·九运动的学生领袖黄敬。

一二·九运动时，黄敬扶着电车向与会群众讲话

一二·九示威游行的现场指挥

黄敬，原名俞启威，祖籍浙江绍兴，19岁考入国立青岛大学（今山东大学）物理系，1932年春加入中国共产党，后任中共青岛市委宣传部部长。

1935年，国民党政府与日本签订"何梅协定""秦土协定"，把华北大片国土拱手送给了日本。在日本的策划下，形形色色的汉奸组织挂牌应市，五花八门的"自治运动"粉墨登场，华北形势万分危急。黄敬就在这时来到北平，考入了北京大学数学系，一边读书，一边从事抗日活动，一边寻找党的组织。他先是参加了党的外围秘密组织——中国民族武装自卫委员会北平分会，并通过彭涛、姚依林、郭明秋等人，与北平党组织取得了联系。

中共中央《八一宣言》发表后，北平党组织决定广泛发动学生，采取公开合法的形式，开展抗日救国运动。11月18日，北平市大中学生联合会（以下简称"北平学联"）正式成立，女一中学生郭明秋为主席，清华大学学生姚依林为秘书长；中共北平市委在学联建立党团，彭涛为党团书记。

不久，传来国民党政府准备于12月9日在北平成立冀察政务委员会以实现"华北特殊化"的消息。紧急时刻，北平学联党团决定，发动一次抗日请愿示威大游行。游行前夜，黄敬和北平学联领导成员在女一中开会，商定游行路线，并决定姚依林和郭明秋在西单坐镇指挥、黄敬则负责现场指挥。

12月9日，在中共北平临时工作委员会领导下，黄敬等人组织东北大学、清华大学、中国大学等高等院校和部分中学的学生拥上街头，举行声势浩大的抗日救亡游行。爱国学生先前往新华门国民政府军事委员会北平分会请愿未果，遂把请愿改为示威游行。游行队伍来到王府井大街南口时，遭到军警暴力阻拦。黄敬见此振臂高呼："到北大三院集合去！"被冲散的学生重新集合起来，潮水般向北京大学三院操场拥去。他跳上北楼前的花墙，慷慨激昂地对同学们说："汉奸亲日派的大刀、皮鞭、水龙带吓不倒我们！我们回去组织全市的学生罢课、工人罢工、商人罢市，再来一次规模更大的游行示威！"热烈的掌声和欢呼声沸腾了北大三院。

第二天，黄敬和北平学联领导成员在中国大学女生宿舍开会。会上，有人顾虑郭明秋是学联主席，身份已经暴露，回女一中怕有危险。大家表示赞同，黄敬却表示反对，他说："我主张小郭应该立即回女一中，因为运动已经爆发了，一定有人找学联。"大家同意了他的意见。果然，郭明秋返回女一中后，许多同学闻讯赶来找她，纷纷要求学联再组织一次游行示威。郭明秋向彭涛和黄敬介绍了女一中的情况，学联就此多次开会讨论，大家认为，12月9日的游行，极大激发了爱国学生的斗志，应当进一步领导群众开展斗争，推动抗日救亡运动向前发展。

市民大会上的激情演讲者

学生的游行示威迫使冀察政务委员会延期成立。但很快又有报纸刊载：冀察政务委员会要在12月16日成立。得到消息后，北平学联决定在16日举行更大规模的示威游行，并在天桥召开市民大会，掀起抗日救亡运动新高潮。

当日上午11时，各路游行队伍冲破层层封锁，到达预定集合地点——天桥，召开由3万多名学生和群众参加的市民大会。黄敬攀在一辆第二路电车上，发表激情澎湃的演讲，带领群众高呼"反对冀察政务委员会的成立！""打倒日本帝国主义！"口号声此起彼伏，声震寒天。大会通过了"不承认冀察政务委员会""反对华北任何傀儡组织""收复东北失地"等议案。

市民大会结束后，1万多名爱国学生和群众沿正阳门游行示威，遭到军警拦截。游行队伍决定分三路入城，会合后到即将成立冀察政务委员会的外交部大楼示威。黄敬身先士卒，带领第一路队伍冲破封锁进入内城，其他两路却被阻于外城。黄敬又折回去，奋不顾身冲上戒备森严的宣武门城墙，爬上垛口指挥城外的游行队伍。夜幕降临，同学们还未全部撤退，反动军警开始对学生进行镇压，22名学生被捕，数百人受伤。

游行结束后，黄敬和北平学联主要领导召开会议，认真总结这次游行的经验教训，大家你一言我一语，纷纷发表看法。黄敬说："这一次群众运动已达到高峰了，流了血了，群众认识了当局不是跟我们站在一起的，下一步再有行动就应该是武装暴动了。但是现在条件还不成熟，必须把我们的工作转向深入。"应该"找出一种新的组织形式把进步学生组织起来，成为学联会的一个核心，将学生运动持久地坚持下去"。

民族解放先锋队的党团书记

学生的救亡运动引起了反动当局的忌惮。反动当局一面宣布学校提前放寒假，一面派北平师大教务长、反动教授杨立奎出面找学联谈判。请示党组织同意后，姚依林、郭明秋、黄敬3人代表学联出面谈判。

杨立奎以请客吃饭的名义约见了3人，希望学生能听从国民政府领导和指挥，政府愿出经费帮助。黄敬直言不讳地表示：学联要求停止内战一致抗日、言论出版结社自由等等；他还义正词严地说道：国民政府光讲支持不行，要看行动。这显然不是国民党反动当局想要的答案。很快，国民政府宣布放寒假，同时又引诱学生到南京"聆训"。

学校提前放寒假意味着大部分学生可能都要回家，少数进步学生很容易暴露，也无法组织开展活动。12月下旬，黄敬和北平学联党团核心成员再次开会讨论，根据党中央"把反日救国运动扩大起来！到工人中去，到农民中去，到商民中去，到军队中去！"的指示，黄敬发表了事先与林枫、彭涛等人商定的意见：不参加南京"聆训"，成立南下扩大宣传团，到农村去唤醒民众，宣传抗日救国道理。大家一致同意，并立即行动起来。很快，平津学生南下扩大宣传团成立，500多名学生分四组，冒着严寒，历经20余天，步行700余华里，深入河北农村进行抗日宣传，开始踏上同工农相结合的道路。

南下扩大宣传团返回北平后，黄敬参加了中共北平市委书记林枫召开的会议，会上决定将南下归来的大批积极分子组织起来，成立一个抗日的、先进的、具有广泛性的群众组织。随后，黄敬等人会聚西山召开会议，决定成立中华民族解放先锋队。1936年2月1日，中华民族解放先锋队在北平师范大学召开第一次代表大会，黄敬担任党团书记。中华民族解放先锋队成为党联系和领导青年抗日的纽带，宣传和团结群众的助手。

1936年，黄敬任中共北平市委宣传部部长、学委书记；1937年2月，接任中共北平市委书记，领导开展北平党的工作。全面抗日战争爆发后，黄敬调离北平，投身于民族解放斗争的洪流之中。

中华人民共和国成立后，黄敬积极参加社会主义建设，长期的辛劳使他的健康每况愈下。1958年2月10日，担任国家技术委员会主任兼第一机械工业部部长的黄敬，病逝于广州。

（执笔：冯雪利）

吉鸿昌 "为时代而牺牲"的抗日名将

"恨不抗日死，留作今日羞。国破尚如此，我何惜此头！"刑场上，面对罪恶的枪口，他视死如归，毅然写下这首惊天地泣鬼神的就义诗，仰天长啸，壮烈殉国。他就是察哈尔民众抗日同盟军（以下简称"抗日同盟军"）的杰出领导人、著名爱国抗日将领、共产党员吉鸿昌。

吉鸿昌

组建抗日同盟军

吉鸿昌1895年出生于河南省扶沟县，18岁加入冯玉祥的西北军。他骁勇善战，屡建战功，逐步成长为一名出色的军事将领。1931年，蒋介石命令时任国民党军第22路军总指挥吉鸿昌率部进攻鄂豫皖革命根据地。因吉鸿昌坚决反对内战，被蒋介石解除兵权，并强迫他"出国考察"。

1932年1月28日，日本帝国主义悍然进攻上海，吉鸿昌闻讯后立即结束欧洲之行，乘船回国。他在上海看到黄浦江上日舰横行，吴淞口炮火连天，心情格外沉重。他清楚地认识到，只有中国共产党才能真正担当起拯救国家和民族的重任，一心想找到共产党，奔赴抗日最前线。不久，他见到曾在西北军中当牧师的共产党人浦化人，向他表示要参加革命的心愿。随后，又与中共上海党组织的代表见面，商谈开展抗日救国活动的大计。这年秋，吉鸿昌加入中国共产党。

1933年年初，日军向山海关、热河发起进攻。中国守军奋起抗击，长城抗战开始。吉鸿昌赶到张家口，与冯玉祥共同筹建抗日同盟军。他收编了退到察哈尔的东北义勇军和民众武装，以及华北各地的学生、青年共4000多人，进行整编训练。为筹措军费，他拿出6万多元积蓄购买军火。国民党爱国将领方振武也率领一个师由晋南开到张家口。5月26日，察哈尔民众抗日同盟军在张家口正式成立，冯玉祥任总司令。部队编成4个军，吉鸿昌任第2军军长。31日，国民党政府与日寇签订丧权辱国的《塘沽协定》，把长城以南20多个县作为不设防区，使华北门户洞开。日、伪军随即占领察哈尔省重镇宝昌、康保，威胁张家口。抗日同盟军开赴张北、万全、赤城等地，准备迎击敌军。北平军分会代理委员长何应钦发出急电，要求冯玉祥"忍辱负重"，取消抗日同盟军，冯玉祥及将领们不为所动。

6月15日，抗日同盟军在张家口召开第一次军民代表大会，选出冯玉祥、吉鸿昌等35人组成军事委员会。至此，抗日同盟军共编有16个军2个师、总部直辖4个独立团和卫队团，总计10余万人。会上，吉鸿昌力主迅速出兵，收复察哈尔失地，要求率部出征。冯玉祥遂任命吉鸿昌为北路前敌总指挥，所部共有4个师和1个游击队。

出征之前，吉鸿昌做战前动员，并赋诗一首："有贼无我，有我无贼。非贼杀我，即我杀贼。半壁河山，业经改色。是好男儿，舍身报国！"铿锵有力的诗句，激发了将士们的杀敌豪情："是好男儿，舍身报国！不收失地，誓不回还！"万众齐吼，直冲霄汉。

6月22日，吉鸿昌率领部队从张北直取康保。经过3小时激战，抗日同盟军收复康保，缴获大量马匹和军用品。敌军向宝昌方向溃退，吉鸿昌奉命乘胜追击，在宝昌城外，将士们英勇拼杀，敌军当夜弃城逃走。抗日同盟军士气高涨，紧追不舍。经5个昼夜鏖战，7月12日，终将塞外重镇多伦收复。

多伦一战，抗日同盟军击毙日、伪军千余人，将侵略者赶出察哈尔省，声威大震。

浴血奋战小汤山

察哈尔民众抗日同盟军的活动，打乱了蒋介石"攘外必先安内"的政策，蒋介石不断采取各种手段，调集兵力对抗日同盟军进行围攻，并进行政治拉拢和分化瓦解。1933年8月，冯玉祥被迫辞职，抗日同盟军总部撤销。

吉鸿昌、方振武在极为困难的情况下继续坚持抗日，9月初，在独石口打出"抗日反蒋"旗帜，并商定方振武率右路军、吉鸿昌率左路军分头东进，绕道丰宁，经黑河、怀柔、四海向南进军，两支部队在昌平北部会师。

为消灭北方的"隐患"，正忙于对中央苏区进行第五次"围剿"的蒋介石，急令何应钦与日本驻北平领事馆武官柴山勾结，商议共同消灭吉鸿昌、方振武率领的抗日同盟军。

一时间，波诡云谲、危机四伏。9月底，日军派飞机侦察抗日同盟军的行动，并在古北口、密云一带布下重兵；国民党军调集部队，由北平、通州地区北进。方振武部在牛栏山与国民党军遭遇，发生激战，后经高丽营、小汤山退至黑山寨一带，与吉鸿昌部会师。

这时，日军第8师团第5联队从怀柔、牛栏山一线向南进逼；国民党军关麟征、商震、黄杰部则从东、西、南三面进行堵截。10月5日，吉鸿昌率领队伍接近小汤山时，先头部队受阻，战士们高呼："打倒日本帝国主义！打倒南京卖国政府！"与敌展开激战。共产党员、原东北义勇军总指挥战韬纵马冲锋时壮烈牺牲。战士们悲愤交加，怀揣复仇怒火向敌阵猛扑过去。

敌军溃退。吉鸿昌率部占领小汤山外围的赴任辛庄。尚未站稳脚跟，敌人又围了上来，他指挥部队反攻，攻占了大柳树村与葫芦河村两个村庄。由于大柳树村不宜防守，他命令部队全部退守到葫芦河村。

小汤山离葫芦河村不远，由国民党军刘鸿勋师把守，壁垒森严。10月8日，吉鸿昌进行进攻小汤山的战前动员，鼓励大家英勇杀敌。下午4时，国民党军5个师与日军相配合，逐渐从四面缩小包围圈。日军的飞机和迫击炮向抗日同盟军阵地狂轰滥炸，小汤山的国民党军也不断开炮射击。抗日同盟军以山炮进行还击，掩护部队前进。将士们冒着敌人的炮火，以连为单位，以班为战斗小组，交替跃进。骑兵部队则躲过敌人的正面炮火，从左翼向敌人阵地后方迂回。经过3个多小时的浴血奋战，抗日同盟军逼近小汤山。吉鸿昌甩掉上衣，裸露胸膛，一跃而起，挥舞大刀，高声唱着："……满腔的热血已经沸腾，要为真理而斗争！"率领将士们发起冲锋，全歼守军一个团，占领小汤山。

小汤山一役，抗日同盟军损失惨重，只剩下二三千人。部队突围到牛栏山地区，又被国民党军包围，形势极为险恶。10月16日，国民党当局派北平商会会长冷家骥前来"调停"。吉鸿昌、方振武为保存抗日实力，另谋抗日出路，决定同意谈判。吉鸿昌提出：要绝对保证官兵的生命安全，妥善医治负伤人员。国民党政府的条件是：吉鸿昌、方振武二人必须离开部队。这样，吉鸿昌、方振武及其随行人员被押往北平，抗日同盟军在沙河一带遭到遣散。

押送途中，吉鸿昌、方振武寻机摆脱国民党军的控制，侥幸脱险。

一腔热血沃中华

抗日同盟军虽然失败了，但吉鸿昌没有停止战斗，继续从事抗日活动。1933年秋，他乔装辗转潜回天津，积极寻找党组织，准备开始新的战斗。

1934年5月，吉鸿昌在天津组织成立中国人民反法西斯大同盟，并建立了包括冯玉祥、李济深、方振武、任应岐等各地反蒋抗日力量代表在内的大同盟中央委员会，吉鸿昌任中央委员会及"大同盟"内的中共党团领导成员。为进行抗日爱国宣传，他们编辑出版《民族战旗》，作为反法西斯大同盟的机关刊物。这一时期，按照党组织要求，吉鸿昌与同志们一起奔走于平津及华北各地，联络各方，策反旧部，训练骨干，准备重新组织抗日武装。

吉鸿昌的活动被国民党特务发现。11月9日，他在天津法租界遭军统特务追杀受伤，被法租界工部局逮捕，后国民党将其引渡到北平炮局胡同陆军监狱。

审讯中，吉鸿昌把法庭当战场，愤怒揭露蒋介石卖国投降的罪行，宣传共产党团结抗日的主张，他将自己的上衣解开，袒露出在察北抗日战斗中所负的累累伤痕，痛斥国民党与日军沆瀣一气、剿杀抗日爱国武装的累累罪行。蒋介石恼羞成怒，急不可待地下达了"立时处决"吉鸿昌的命令。

狱中的吉鸿昌拖着一身的刑伤，对难友们说："我就要和大家分手了，我要在死之前，把抗日的道理再和你们讲讲。"讲到最后，好多人都被他感动得哭了。他劝大家别哭，留下力量打日本鬼子去。他把怀里的金表拿出来，叫典狱长卖了，为大家添点菜吃。"你们一定保重身体，出了狱就可以去抗日！"

11月24日，北平的上空弥漫着一层昏黄的尘霾。吉鸿昌最后的时刻到了，他要来纸和笔，镇定地给妻子、兄弟和朋友写下遗嘱。他在给妻子的遗嘱中写道："夫今死矣，是为时代而牺牲。"并再三叮嘱要好好教育孩子"以成有用之材"。[①]

行刑前，吉鸿昌面对黑洞洞的枪口，想到山河破碎、生灵涂炭的祖国，心痛如绞，肝胆俱裂。他弯腰捡起一根树枝，略作沉思，在刑场的土地上写下这样几句话："恨不抗日死，留作今日羞。国破尚如此，我何惜此头！"然后站起身来，对执刑的刽子手厉声说道："我为抗日而死，不能跪下挨枪，我死了也不能倒下！给我拿张椅子来，我得坐着死！"刽子手被他的浩然正气所震慑，禁不住双腿发抖。

吉鸿昌坐在椅子上，仰望苍天，大声对刽子手说道："我为抗日死，死得光明正大，不能背后挨枪，你在我眼前开枪吧！我要亲眼看着敌人的子弹是怎样打死我的！"当刽子手在他面前颤抖地举起枪时，他用尽全身的力气高呼："抗日万岁！""中国共产党万岁！"枪声响起，吉鸿昌英勇就义，时年39岁。

（执笔：韩旭）

[①] 中共党史人物研究会编：《中共党史人物传》（第二十六卷），陕西人民出版社1985年版，第101页。

蒋南翔　为"一张平静的书桌"而抗争

"华北之大，已经安放不得一张平静的书桌了！"这是一二·九运动中响彻全国的著名抗日救亡口号。率先发出这声怒吼的是一位清华学子，他好学深思、才华横溢，原本立志做学贯中西的大学者。然而华北变局让他感受到当亡国奴的惨痛，进而奋起"要以血肉头颅换取我们的自由"。这位学子，便是起草《告全国民众书》的蒋南翔。

蒋南翔

接任清华党支部书记

蒋南翔，1932年考取清华大学中文系。入学后不久，国内局势急剧恶化。山海关失守、热河沦陷、平津告急，使他再也无法安心读书。他积极参加进步团体三三读书会、社会科学研究会，同时参加中共领导的秘密社联小组，通过阅读大量马列主义著作，坚定了共产主义信仰，并于1933年9月加入中国共产党。

清华学生的进步活动，引起了国民党当局的注意和忌惮。1935年1月和3月，清华大学遭到两次大搜捕，党支部书记何凤元等大批学运骨干被捕，校内党组织陷于瘫痪。危急时刻，蒋南翔挺身而出，不仅组织募捐，探望和救助被捕同学，还重建清华仅存的地下组织——秘密社联小组。不久，他与中共北平工委周小舟接上关系，并在清华组建中国民族武装自卫委员会清华分会，参加者有姚依林、杨述、吴承明、黄诚等。

蒋南翔　为"一张平静的书桌"而抗争

很快,蒋南翔当选为《清华周刊》总编辑。《清华周刊》不仅是清华校内最重要的刊物之一,还是在全国高校都很有影响力的综合性杂志。他团结进步学生,充分利用这个宣传阵地,号召人们投身抗日救亡运动。他在该刊发表的《对华北问题应有的认识》一文中指出:九一八事变后,华北就成了日本"口边的肉",华北当局对此力不从心,人们只能自救,"被抛弃了的人民,假使不愿束手待毙,所可恃的,只有自己的力量了"[1]。

1935年夏,华北时局进一步恶化。蒋南翔等商量决定,利用暑假动员留校学生开展救亡运动。他不是干巴巴地搞政治活动,而是更注重抓生活、抓思想。为解决经济困难同学的伙食问题,他组建清寒食堂,团结了一批贫困学子;为向群众宣传抗日主张,他安排吴承明等人到清华民众夜校当教员。这年初秋的一天,他们借着夜色掩护,将中共《八一宣言》张贴到清华大学和燕京大学两校的布告栏,还做成标语,秘密贴到清华园火车站和附近农村,宣传党的抗日民族统一战线主张。

暑假期间,何凤元获释,清华党支部恢复。10月,何凤元调北平市工委工作,蒋南翔接任党支部书记,并任北平西郊委员会委员。

悲愤满怀写就《告全国民众书》

1935年11月,伪冀东防共自治政府成立。不久,又传来即将成立冀察政务委员会的消息,华北即将成为第二个"伪满洲国"。广大青年学子感到丧权辱国的切肤之痛,纷纷行动起来。11月18日,北平市大中学生联合会(以下简称"北平学联")成立,决定组织北平学生游行请愿,清华党支部立即响应。

11月27日的全体学生大会上,蒋南翔发出响应北平学联号召参加游行请愿的倡议,遭到右派学生竭力阻挠,会议无果而终。蒋南翔决定改变策略,先做好同学们的思想工作。于是,党团员和进步学生分头开展一对一

---

[1] 穆文:《对华北问题应有的认识》(1935年6月12日),原载《清华周刊》第43卷第5期。中国高等教育学会、清华大学编:《蒋南翔文集》(上卷),清华大学出版社1998年版,第74页。

的谈心活动,同时组织各种座谈会,邀请进步教授讲时事,使抗日救亡成为多数学子的心声。12月3日,蒋南翔再次主持全体学生大会,经过激烈辩论,最终表决通过了《通电全国,反对一切伪组织、伪自治,联合北平各大中学校进行游行请愿的决议》。

第二天,得到消息的何凤元兴奋地赶回清华,要蒋南翔赶在游行前起草一篇对外宣言。当天晚上,蒋南翔躲到清华一院大楼地下室的印刷车间,起草《清华大学救国会告全国民众书》。他深感华北危殆,地处北方前线的北平学生,已在上着"最后一课"！他痛哭流涕,奋笔疾书,迸发出压抑已久的呐喊——"华北之大,已经安放不得一张平静的书桌了！""起来吧,亡国奴前夕的全国同胞！中国没有几个华北和东北,是经不起几回'退让'和'屈服'的！""自己起来保卫自己的民族！"

一二·九运动当天,《告全国民众书》被印成传单,在游行队伍中广为散发,之后迅速传遍神州大地,成为发动全国人民投身抗日救亡洪流,并产生深远影响的战斗檄文。

面对爱国学生的抗日救亡热潮,国民党当局为了分化各校学生运动,宣布提前放寒假。下一步怎么办？北平市委很快做出决定,由北平学联发起组织平津学生南下扩大宣传团,到广大乡村宣传抗日。清华学子踊跃参加,与燕京大学、辅仁大学等校学子组成第三团,蒋南翔与燕京大学的黄华、辅仁大学的曹嵩龄组成第三团指挥部。

学子们沿平汉线南下,不顾寒风彻骨,徒步冰天雪地,沿途宣传抗日救亡思想。1936年1月14日,第三团在河北高碑店受到军警蛮横围攻。行动受阻,蒋南翔便召集指挥部做出紧急决定:我们的爱国队伍决不能就此被打散,要成立永久性的组织,继续战斗。第三团就地召开紧急大会,由于受军警监视,指挥部便用英语宣布成立永久性战斗团体的决定,经过热烈讨论,定名为"华北救亡先锋团"。[①]2月1日,与第一、第二团共同组成民族解放先锋队(以下简称"民先")。

[①] 蒋南翔:《我在清华大学参加"一二·九"运动的回忆》(1985年12月),中国高等教育学会、清华大学编:《蒋南翔文集》(下卷),清华大学出版社1998年版,第1180页。

蒋南翔　为"一张平静的书桌"而抗争

国民党黑名单上的"一号人物"

为继续贯彻"攘外必先安内"的反动政策，国民党当局对学生运动视若仇雠，采取镇压政策，不仅取缔平津学联，而且大肆抓捕学生，实行白色恐怖。

2月29日拂晓，400多名军警突然袭击清华大学，企图抓捕共产党员和学运骨干。搜捕名单上，蒋南翔排在第一，还被画了3个圈。当时住在二院的蒋南翔听到敲墙示警，立即从后窗跳出，刚甩掉追赶的军警，又迎面撞上几个军警。他毫不畏惧，大声说："不要动手！我自己走！"

抓人的消息很快在校内传开。蒋南翔被押到工字厅后不久，就听到操场上同学们反对无理抓人的阵阵口号声。负责看押的几名军警交头接耳道："不好，激起公愤了！"他们又把蒋南翔转移到西校门警卫室看押。不久，民先的纠察队队长方左英和地下党员姚依林也被押了进来。很快，清华民先大队长吴承明带领几百名同学，喊着口号冲向西校门。吴承明一脚踹开警卫室的门，其他同学蜂拥而上，解救了蒋南翔三人。

军警一无所获，灰溜溜地撤走了。蒋南翔马上安排救国会、民先的同学到各校门巡逻，并指出反动当局不会善罢甘休，为了避免无谓的损失，要分头躲一躲。他当即安排姚依林、黄诚、韦君宜等同学分别藏到冯友兰、朱自清、闻一多等老师家中。自己则藏到二院食堂锅炉房，与工友老刘互换衣服，脸部抹上煤灰，扮作工友。

果然，当天下午，3000名军警又闯进清华园大肆搜捕。搜查食堂时，蒋南翔镇定自若，还给军警倒水喝。这些军警愣是没认出这个黑名单上的"一号人物"，看了看就走了。在工友掩护下，蒋南翔顺利脱险。

根据党的指示，蒋南翔暂时离开北平去上海工作，领导复旦大学、同济大学等校的爱国学生运动。3月，刘少奇受中共中央委派主持北方局工作，将瓦窑堡会议批判"左"倾关门主义、建立抗日民族统一战线的精神传达到白区。8月，蒋南翔回到北平，撰写《加强对学生运动的领导与实行统一战线》一文，表示拥护党的白区工作正确方针。10月，中共中央北方局组织部部长彭真宣布成立中共北平学生运动委员会，蒋南翔为书记，直接受北方局领导。

为团结更多学生和民众，蒋南翔撰写了《我们对于目前学生运动的意见和希望》一文，以北平市学生救国会的名义发表，对过去学运中存在的"左"的错误做了自我批评，号召广大学子团结第29军一致抗日。文章引起强烈反响，《大公报》《益世报》专门发表时评表示赞许，扩大了北平市学生救国会的政治影响，取得了广泛的社会认同。

不久，西安事变爆发，一些左派学生和党内干部欣喜若狂，主张公审枪毙蒋介石。蒋南翔却沉着冷静，表示还得看中央怎么表态。不久，西安事变和平解决的消息传来，有些同学对释放蒋介石很不理解，特别是张学良后来被扣押，让他们觉得西安事变失败了，都感到十分悲愤，有几个同学甚至为此痛哭了一场。对此，蒋南翔耐心做说服工作，传达中共中央北方局指示，讲明"逼蒋抗日"是中央的正确决策，符合抗日民族统一战线的需要，逐渐扭转了这些同学的思想认识。

七七事变后，蒋南翔离开北平，先后在中共中央北方局、长江局从事青年运动工作。1939年年初，他调任南方局青委书记，1941年任中央青委宣传部部长，为抗战胜利做出了重要贡献。

新中国成立后，蒋南翔一直从事青年工作和教育工作，曾任团中央书记处书记、清华大学校长兼党委书记、高等教育部部长、教育部部长等职务，1988年在北京逝世。

（执笔：苏峰）

焦若愚 战斗在平西的"焦土"县长

"我对这个地区有感情。每年我都来一次看看,百花山也好,灵山也好……这个地区党组织、人民培养我,教育了我。"2005年纪念平西抗战座谈会上,一位90岁的老人充满深情地说。这位老人就是曾任抗日民主政府宛平县县长的焦若愚。

焦若愚

国民抗日军地工科科长

焦若愚原名焦常治,曾用名焦土。他曾就读于北平华北大学政治经济系,1936年秘密加入中国共产党,成为中共东北工作特别委员会社会支部的一员。七七事变爆发后,焦土被派往北平西山一带负责国民抗日军工作。

国民抗日军原是一支仅有二三十人的民间抗日武装,成员有的是东北大学的学生,有的是东北游击队的官兵,还有的是国民党旧军官或土匪,成分比较复杂。为改造这支武装力量,党组织陆续派出党员和积极分子加入其中,宣传党的抗日主张,争取团结共同抗日。一个月后,队伍发展到70多人,当时队伍没有番号,因大多数都是青年学生,又被称为"学生军"。

为了解决枪支短缺问题,"学生军"把夺枪目标锁定在河北省第二模范监狱。1937年8月22日晚上,"学生军"奇袭位于北平德胜门外的第二监狱,不仅缴获了大量武器弹药,解救了数百名群众,还营救了一批共产党员。第二天,"学生军"在铁狮子坟召开大会,正式宣布成立国民抗日军,赵侗任司令员。

随着国民抗日军声威大振，队伍中一些出身国民党军队或土匪的人，各种恶习死灰复燃，甚至吃喝嫖赌、挖坟盗墓。为加强党的领导，整肃作风纪律，陈大凡、汪之力、焦土等几名共产党员，建议设立军政委员会。9月5日，国民抗日军全体人员在北平西北郊的三星庄召开大会，通过军政委员会名单和治军章程。军政委员会决定建立地方工作科，焦土担任科长。

焦土上任后，经常深入南口、阳坊、北安河、温泉一带，一面组织抗日宣传队，出版进步报纸《火花》报，一面发动群众，筹组抗日救国会。在他和同志们的努力下，国民抗日军和当地群众很快打成一片，许多农民纷纷自愿加入队伍中。不到一个月时间，国民抗日军增至两三千人。

开辟第八区

国民抗日军的发展壮大，渐渐引起北平日军的注意。9月底，北平地下党组织得知，北平日本驻华北方面军将调集兵力对国民抗日军进行"围剿"，遂立即派人将情报送到国民抗日军，建议部队迅速向平西门头沟斋堂一带转移。

斋堂一带山瘠地薄，再加上饱受日军蹂躏，百姓生活在水深火热之中，对日寇怀有切齿之恨，抗日热情高涨。针对山区的具体条件，国民抗日军决定把驻地中心放在宛平七、八两区的青白口、斋堂、清水一带，并派焦土到宛平第七区联系地下党组织。

这是焦土第二次深入宛平山区。早在一个月前，他护送中共中央北方局胡敬一去五台山八路军总部，就曾来过这里。他们过妙峰山时，卫立煌率部正在髽鬏山一线与日军激战，两人就此分别。胡敬一从娘子关绕道去五台山；焦土则到青白口村，与负责宛平工作的北平地下党组织接上关系。正是有此经历，焦土以国民抗日军代表身份，第二次去平西与宛平县委联系就方便多了。

焦若愚　战斗在平西的"焦土"县长

焦土从镇边城出发，来到田庄村联系上了当地党组织。中共宛平临时县委书记魏国元等人也赶来，同焦土一起讨论部队进入宛平山区抗战的问题。宛平地区情况复杂，地下党组织集中在第七区青白口一带，进入该区问题不大。以斋堂为中心的第八区，则由当地势力最大的武装头目谭天元控制，卫立煌在此作战时还让其担任宛平县县长。

为顺利进入第八区，焦土决定深入虎穴，与谭天元进行谈判。这天清晨，焦土等人腰挎盒子炮，从青白口赶奔斋堂八区区公所。谭天元名义上要宴请焦土等人，但区公所四周却戒备森严，团丁更是如临大敌，个个荷枪实弹，分列两旁。见此阵势，焦土与随行人员会心一笑，大步流星走了进去。

谭天元没有露面，而是让下属接待。焦土表明来意，希望他们以民族利益为重，让部队进驻八区。负责接待的人既不表示欢迎，也不表示拒绝，一味敷衍搪塞。临走时，他们还对焦土说："如果部队一定要进驻八区，最好提前打电话联系一下，我们也好做个准备。"返回的路上，焦土又找到当地的天主教神父了解情况，神父对他说："你们要进八区的事这里早就传开了，几个头面人物也经常一起讨论。因为对你们的情况不熟悉，所以一直拿不定主意。不过，总的倾向是反对你们进入八区，但又怕万一动起手来吃亏。如果你们要进驻，动作一定要快，否则就进不来了。"

焦土急忙赶回驻地汇报情况，国民抗日军立即召开紧急会议，决定马上进入斋堂。队伍出发10多分钟后，焦土打电话给谭天元，告诉他部队已经出发。仓促之下，谭天元慌忙组织民团埋伏在山上，企图阻止部队进入。但当他们看到浩浩荡荡的队伍后，谁也没敢放一枪。就这样，国民抗日军顺利进入了斋堂地区。

抗日民主政权宛平县县长

进驻斋堂不久，国民抗日军便收到了八路军总司令朱德、副总司令彭德怀亲笔签名的长信。顿时，大家沸腾了起来："总司令来信了！与八路军联系上了！"

原来，焦土护送的胡敬一到了八路军总部，将平郊有一支抗日队伍的信息也带了过去。为坚持和开展敌后游击战争，八路军总部决定写信给国民抗日军，说明建立根据地与进行游击战的方针，同时介绍由吴伟等组成的工作组来帮助建立根据地。

11月中旬，经八路军晋察冀军区司令员聂荣臻同意，国民抗日军前往蔚县整训，后改编为八路军晋察冀军区第5支队。焦土、吴伟等人则组成工作组，继续留在青白口村坚持地方工作。11月底，中共平西地方工作委员会在青白口村成立，一方面组建平西游击支队，一方面做国民党上层人士和地方民团的统战工作。

1938年3月底，中国共产党领导的平西第一个县政权——宛平县抗日民主政府在东斋堂成立。5月，首任县长魏国元调离，焦土接任。宛平地区饱受日军摧残，老百姓听到县长叫焦土，就打趣地说：可怜宛平这片焦土，敌人"扫荡"都烧得差不多了，又来了一个"焦土"县长。焦土听后，觉得老百姓说得有道理，就把名字改为焦若愚。

7月下旬，第5支队内部发生分裂，司令员赵侗带领部分人员脱离部队，准备投靠国民党。聂荣臻以团结抗日大局为重，决定派熟悉赵侗情况的焦若愚前去做挽留工作。

焦若愚了解赵侗桀骜不驯的性格，做好了随时牺牲的准备。他骑马一路狂追，终于赶上了赵侗。赵侗非但不听劝阻，还狂妄地说："我就是想把你们共产党员一网打尽，把部队拉走！"焦若愚看到他毫无悔改之心，义正词严地警告他："你不回去就算了，但别与八路军作对，否则，绝没有好下场！"后来，已投靠国民党的赵侗带着队伍回到平西，不仅消极抗战，还多次制造与八路军的摩擦，破坏抗日统一战线和根据地建设，最终被镇压。

平西抗日根据地多次遭受日军的疯狂"扫荡"。在艰苦的斗争环境下，焦若愚不顾个人安危，始终战斗在第一线。他积极贯彻党的"发动群众，武装斗争"方针，建立自卫队、农救会、妇救会、青救会等群众组织，动员百姓踊跃参军，支援前线抗战。1939年，宛平县调整为昌（平）宛（平）

联合县，焦若愚继续担任县长，肩上的担子更重了。他团结各阶层民众，组织生产自救，实行减租减息，改善群众生活，开展政治文化教育，动员人力物力支援抗日游击战争，得到根据地人民的拥护。

1940年，焦若愚不再担任县长，离开了他工作战斗数年的平西这片热土，转战冀热辽直到抗战胜利。

新中国成立后，焦若愚先后任职于辽宁省和国家有关部委；1981年后，曾任北京市委第二书记、市长，中央纪委委员，北京市纪委书记等职，1996年12月离休。2020年1月1日，焦若愚在北京逝世，享年105岁。

（执笔：冯雪利）

金崇山　誓死抗日的铁血青年

1942年8月的一天，密云县后八家庄山坡上，一位被折磨得不成样子的年轻人，昂首走向一个土坑，脸上透出无畏的坚毅，微笑着向周围的乡亲告别。日军遂将其推入坑中活埋，他那声"打倒日本帝国主义！"的呐喊响彻云霄。这位铁血青年，就是年仅22岁的中共党员金崇山。

"跟着共产党闹暴动！"

"当——当——当……"河北省蓟县龙王庙学校的下课铃声响了，从教室里跑出来一群孩子，其中有位个子特别高的学生，就是金崇山。由于社会动荡和日本帝国主义侵略，他的学业时断时续，直到18岁才考入这所学校读高小。

蓟县是中国共产党建立组织、开展革命活动较早的地区，龙王庙学校的许多教师都是中共党员。金崇山入校后，深受老师们的启发和影响，很快接受了党的抗日救国思想，积极参加抗日宣传活动。

1938年7月，冀东爆发了中共领导的抗日大暴动。正在读书的金崇山匆匆跑回家，扛起自家一支步枪就往外走。父亲问道："你扛枪干什么去？""跟着共产党闹暴动！"话音未落，他就跑得没影了。

金崇山与50多名同学一起参加了暴动，被编入冀东抗日联军第18总队。他跟随部队拔除日伪据点，捣毁伪乡政权，宣传发动群众，表现积极勇敢。

10月，暴动受挫，八路军第4纵队和冀东抗日联军被迫西撤。金崇山随部队西行至密云潮白河封锁线时，遭强敌拦阻，队伍被打散，他只好返回家乡。

1940年2月，八路军冀热察挺进军到达冀东西部，以盘山为中心创建冀东第一个抗日根据地。同年5月，蓟（县）平（谷）密（云）联合县建立。11月，蓟平密联合县扩建为平（谷）密（云）兴（隆）和蓟（县）宝（坻）三（河）两个联合县。金崇山得到这一消息，非常振奋，几经周折重新回到抗日队伍，被编入蓟宝三联合县二区基干队。他作战勇敢，好学上进，并经受住了逆境的严峻考验，不久就加入了中国共产党。

"只图把鬼子赶出中国！"

1941年春，金崇山被选送到冀东军分区教导大队学习，这使他的思想觉悟得到进一步提高。6月2日，教导大队在蓟县十棵树遭日军包围，因寡不敌众，只得乘夜分散突围。金崇山和战友们突出重围后，再次返回家乡隐蔽。

两个月后，金崇山与地方党组织取得联系，被分配到平密兴联合县第3区工作，任公安助理，具体负责第3区四分区的全面工作。四分区位于密云县八家庄、庄头峪和墙子路一带，方圆几十平方公里。这里日伪势力猖獗，当时尚未建立地方党组织，抗日工作基础薄弱，斗争环境极为恶劣。金崇山作为全分区唯一的脱产干部，迎难而上，怀揣一把手枪、一个公文布包，夜晚进村发动群众，白天到深山密林里隐蔽。

这一天，夜深沉，路崎岖，密林中不时传来野兽的嚎叫声。金崇山急匆匆地从山里赶到一个小山村开会，在村头碰到一位放哨的民兵，民兵问他："你每天一个人走夜路，害怕不？"金崇山笑着说："共产党人死都不怕，还怕黑？"民兵又问："那你图个啥？"金崇山答道："我这辈子，不图金，不图银，只图把鬼子赶出中国！"民兵低声对他说："夜里走山路当心些，提防鬼子汉奸和山里的野兽。"金崇山听了心里暖暖的，深为村民的抗日热情所感动。

为了打开工作局面，金崇山紧密依靠群众，接连铲除几个罪大恶极的伪保甲长和汉奸，鼓舞了群众抗战到底的决心，震慑了日伪，受到县、区领导的表扬和百姓的支持拥护。经过金崇山的不懈努力，四分区的多数村建立起"两面政权"和抗日自卫军、报国会等群众组织，有的村还秘密建立了党组织。这块敌占区逐渐改变了颜色，成为平密兴抗日游击根据地的一部分。

"20年后我还要抗日"

抗日战争进入艰苦阶段，1942年春，日本华北方面军沿潮河东岸进行"大扫荡"，并在密云县后八家庄大庙设下据点，驻扎了一个日军小队和一个伪军中队。

5月29日夜，金崇山在庄头峪村召集附近村干部开会，商量征收和分配救国捐事宜。天亮后，他又和区自卫军大队长张福海等人到南碱厂村布置工作，然而刚进村就遇到日、伪军。情况危急，金崇山当机立断，把身上的文件交给民兵赵士亭，命他迅速撤退。然后，他举枪射击吸引敌人，掩护赵士亭等人撤离。激战中，一颗子弹击中他的脚部。他一步一瘸，边打边撤，直到子弹打光，落入敌手。

日、伪军得知金崇山是抗日干部，如获至宝，当天便在八家庄西大庙贴出布告，威胁地下党员自首，随后用毛驴将他驮到石匣据点。日、伪军对金崇山施以酷刑，皮鞭抽、烙铁烫、灌粪汤、上老虎凳……金崇山被折磨得皮开肉绽，昏过去又被浇醒过来，醒过来又被打昏过去。敌人从抗日人员、部队情况到公粮、物资存放地点等问了个遍，得到的回答只有三个字："不知道！"

敌人见硬的不行，又将金崇山押送到古北口日本宪兵队，企图用软办法收买他，给他治伤，每天好吃好喝。为了养好伤、继续斗争，金崇山将计就计，欣然接受敌人的"好意"，有吃就吃，有喝就喝。敌人送来一批反动书报，要他多读读，换换脑筋，他一字不看，有的撕掉，有的当手纸扔进茅坑。日、伪军派汉奸劝降，许以高官厚禄，被他骂得面红耳赤，狼狈而回。日、伪军见他年轻，还多次派女人进行诱惑，也全被他轰走。敌人无计可施，气急败坏地决定处死他。

8月14日，金崇山被押到后八家庄村后山坡。这里早已挖好一个长方形大坑，周围站着被驱赶来的乡亲和被抓来挖"治安沟"的劳工，外围全是端着刺刀杀气腾腾的日、伪军。敌人企图通过当众处决金崇山，杀一儆百，震慑民众。

金崇山大义凛然地走向刑场，面不改色。日本宪兵小队长赤哲带着翻译走到他面前，当众逼问他到底降不降。金崇山不屑理睬他们，对着周围乡亲大声讲道："父老乡亲们，我就要被小鬼子杀害了。你们不要害怕，日本帝国主义长不了，最后胜利一定是我们的！"

赤哲恼羞成怒，命令日本兵把金崇山推入大坑，强令劳工填土。泥土埋到金崇山的腰部时，赤哲走到坑边，再次对金崇山说："你只要说出一个'降'字，马上就把你拉上来。"金崇山怒目圆睁，啐了他一口，轻蔑地说："你们这些畜生，别得意太早！今天杀了我，20年后我还要抗日，中国人是杀不绝的！"泥土埋到胸部，金崇山呼吸越来越困难，他使出最后的力气高呼："打倒日本帝国主义！"

年仅22岁的中共党员金崇山壮烈牺牲了！他的铮铮铁骨和凛然正气，令在场的父老乡亲无不落泪，更加坚定了他们同仇敌忾的抗战决心，激励着平密兴一批批青年，义无反顾地走上抗日战场。

（执笔：徐香花）

晋耀臣 "一两骨头一两金"的区委书记

"谁捉拿到晋耀臣重赏，一两骨头一两金，一两皮肉一两银，晋耀臣身体有多重，就给多少金和银。"这是1943年秋，日伪贴出的缉拿房（山）涞（水）涿（州）联合县七区区委书记晋耀臣的悬赏布告。晋耀臣积极宣传党的抗日主张，发展基层抗日组织，铲除汉奸、打击日伪，使敌人畏之如虎，恨之入骨。后来，他不幸被捕，受尽折磨，宁死不屈，悲壮牺牲。

晋耀臣画像

光荣入党　投身抗日

房山蒲洼乡蒲洼村，有一户殷实人家，家有良田，雇有长工。晋耀臣就出生在这个富裕农家，优渥的环境并没有使他养尊处优，而是胸怀大志、忧国忧民。

卢沟桥事变爆发后，中国共产党创建平西抗日根据地，在房山地区也建立起各级党组织。晋耀臣的父亲晋国凯，是一位积极抗日、支持减租减息政策的开明士绅。一次，晋耀臣家与个别群众发生债务纠纷，父亲派他寻求中共房（山）良（乡）联合县县委书记赵然的帮助。

赵然与晋耀臣一接触，发现他处理纠纷能够公正无私，并且说话句句在理，就记住了这位22岁的年轻人。经过一段时间的观察了解，赵然认为他是个好苗子，多次动员他向党组织靠拢。晋耀臣也要求进步，积极参加各项抗日活动。1939年，经赵然介绍，他加入中国共产党。

这年4月，他参加平西专署举办的党员培训班，系统学习了中国共产党的革命理论和抗日救国的方针政策，政治上更加成熟，抗战信念更加坚定，迅速成长为一名党员骨干。

学习结束后，晋耀臣被分配到南、北白岱一带的房良联合县三区，担任区委书记兼农救会主任。到任后，他在南白岱村的庙台上摆上一张桌子，每天利用村民午饭聚集时间，用通俗易懂的语言，宣讲中国共产党的抗日主张，受到老百姓的热烈响应和积极拥护。经过努力，房良联合县三区的农救会、青救会、妇救会和青年自卫队等抗日组织相继建立。至1940年春，房良联合县三区所辖12个村中，南白岱、北白岱、下滩、镇江营、郑家磨等8个村已有了中共党员，部分村还建立了基层党支部，党的力量在三区迅速发展壮大。他还经常召开知识分子、开明士绅座谈会，有针对性地开展统战工作，广泛动员各种力量参加抗日。

三区稳定后，晋耀臣被调往平西抗日根据地前哨地带，担任房良联合县七区区委书记。他一到任，就发动群众开展减租减息、征粮和筹款，迅速推动了七区各项抗日工作的发展。

凝聚力量　建政惩奸

1940年夏，房良联合县已扩大到东至张坊、西至蒲洼、南邻涿州、北抵霞云岭的广大区域，从而引起日伪的极大恐慌。于是，日、伪军从涞水石亭沿拒马河而下，向十渡一带的房良联合县进行疯狂"扫荡"，抗日斗争形势陡然严峻起来。当时，盘踞在当地的匪首杨天沛、杨万方趁机制造了房良一区事变，抓捕县区党政干部46人、杀害20人，日、伪军乘机建立三尖城据点，修建霞云岭炮楼。一区的整个东半区再次沦为敌占区，当地党组织遭受重大损失，全区笼罩在一片白色恐怖之中。

年底，晋耀臣临危受命，担任一区区委书记。他以蒲洼等西8村为抗日堡垒，先从恢复被破坏的党组织着手，对党员队伍展开逐村摸底，逐一审查，清除动摇分子。为尽快补充新生力量，他把发展对象重点放在青年身上。上石堡村青年民兵隗合宽，在残酷的环境中依然坚持斗争，骁勇善战，1942年被提拔为游击队队长。在他的努力下，一区东部的15个村，重新恢复了基层党组织和村公所，100多名当地青年加入了中国共产党。

与此同时，晋耀臣从区到村建立起以中共党员为骨干的游击小组，并以芦子水、蒲洼两村的青年党员为主，组建了一支120余人的复仇大队。他带领复仇大队和游击小组，惩恶锄奸、消灭叛匪，还派隗合宽带队袭击南窖、安子等几处日伪据点，活捉罪恶累累的程子良等汉奸。一区的抗战形势很快得到扭转，晋耀臣也被晋察冀边区授予"抗日英雄"的光荣称号。

1941年6月，房良县与涞（水）涿（州）县合并为房涞涿联合县，晋耀臣担任九区区委书记。他广泛发动群众，积极参军支前，开展合理负担、减租减息运动，共减租6万斤、清算恶霸地主粮食14万斤，有力团结凝聚各方力量共同抗日。

受尽折磨　壮烈牺牲

1943年10月，晋耀臣调任对敌斗争相对艰苦的房涞涿县七区区委书记。当时的七区普遍建立了伪保甲制度，汉奸特务横行。他到任后，迅速组织武工队，并担任指导员，坚决镇压汉奸、特务，处决了南白岱村的汉奸高级三、邱祯才等；发动群众编写《十三月歌》，嘲讽为日伪效劳的13名保甲长。他还深入虎穴，晓以利害，争取了伪乡长郭雅如等人抗日反正。

房涞涿联合县七区的抗日形势发展得如火如荼，日伪对晋耀臣和他领导的抗日武装恨之入骨，四处张贴布告缉拿晋耀臣，悬赏"一两骨头一两金，一两皮肉一两银……"看到敌人的悬赏布告，晋耀臣不屑一顾地说："我的命还挺值钱啊！"他不顾个人安危，继续身背挎包，带领武工队活跃在七区各村。

1944年3月的一个深夜，晋耀臣路过家乡蒲洼村，看望久未谋面的亲人。临走前，他对妻子王秀芳反复叮嘱道："我到七区是重回故地，敌人正在捉拿我。常在狼群里转，说不定哪天会被狼叼去。你也是共产党员，一定要跟党走，我们一定会胜利的。"没想到，这次分别竟然成了晋耀臣与妻子的永诀。

4月的一天，晋耀臣到郑家磨（又名马家磨）村开展工作，落脚马仲录家，因叛徒告密被敌人包围。他和两名武工队队员迅速从后墙逃走，遭到日、伪军的疯狂追击。晋耀臣看到难以甩掉敌人，命令武工队队员分头撤离，他则连开三枪吸引敌人，掩护战友。他边打边撤至郑家磨村的桥头上，将随身携带的文件全部撕毁扔进河里，直到子弹打光后不幸被捕。

晋耀臣被捕后，敌人威逼利诱，他始终不为所动。日、伪军见软硬兼施无效，将他押往涞水石亭据点。20多里的山路，凶残的敌人用铁丝穿着他的锁骨拉着走，妄图以此震慑沿途抗日群众。晋耀臣大义凛然，毫无惧色，忍着剧痛，遇到群众就振臂高呼："共产党万岁！""打倒日本帝国主义！"

被押至石亭后，丧心病狂的日、伪军将晋耀臣倒挂在墙上，淋浇滚烫的开水。他几次昏死过去，醒来就满口怒骂。恼羞成怒的敌人又用刺刀戳瞎他的双眼，在他身上连砍数刀，还放出狼狗撕咬。晋耀臣被折磨得血肉模糊，气息奄奄，党的秘密却一字未吐。敌人束手无策，最后只能将他活埋。

晋耀臣，这位铁骨铮铮的抗日英雄、叱咤房涞涿联合县的区委书记，牺牲时年仅28岁。他曾用满腔热血浇灌的平西的高山大川，最终绽放出璀璨的胜利之花。

（执笔：朱磊）

隗合宽 霞云岭上的"民兵英雄"

1942年的一天，八路军晋察冀军区在阜平县城南庄河滩地上，召开抗日表彰大会，有一位20岁的小伙子被授予"民兵英雄"光荣称号，并获奖战马1匹、左轮手枪1支。他就是房涞涿联合县九区游击队队长隗合宽。

隗合宽

让鬼子尝尝"铁西瓜"

隗合宽是房山霞云岭上石堡村的一个普通农民，1939年，他参加民兵时才17岁。别看他年纪小，却胆大心细、机智勇敢。

1940年4月的一天，隗合宽到庄户台村赶集，听说日本华北方面军南窖据点一支日、伪军小队正在霞云岭"扫荡"。他觉得大事不好，赶紧抄小路往村里跑去。

当他跑到村边的山梁上时，看见村子里浓烟滚滚、火光冲天，急得直跺脚，气愤地骂道："万恶的小鬼子，又来祸害村里的乡亲了。"心中的怒火转化为强烈复仇的决心，他琢磨着，怎么才能让小鬼子吃点苦头？他边想边悄悄摸下山去。

这时，他碰上同村的一个民兵。两人商量，要在鬼子返回的路上，收拾一下他们。但是，上石堡村民兵没有枪，只有几颗地雷。于是，他们找来两颗地雷。隗合宽抱着地雷，冲那个民兵一摆头，说："走，叫小日本尝尝这两个'铁西瓜'的厉害！"

两人一溜小跑，很快来到日、伪军出村的必经之路上。隗合宽让那个民兵到山坡上放哨，自己很快将两颗地雷埋好。不久，返回据点的日、伪军出现了，走在前面的一个鬼子踩上地雷，只听"轰"的一声巨响，"铁西瓜"开了花，这名鬼子被抛上了天，剩下的敌人乱成一锅粥，以为遭到了八路军游击队的伏击。

过了一会儿，日军小队长丘本见四周没有动静，连忙爬起来，指挥日、伪军绕开大道，从附近河谷撤退。可是，没走几步，又一个日本兵踏响地雷，双腿被炸掉，连丘本袖子上也被弹片穿了一个窟窿。丘本以为进入了八路军游击队的地雷阵，顾不上寻找目标还击，带领日、伪军仓皇逃回南窖据点。隗合宽看着敌人的狼狈相，脸上露出了胜利的笑容。

经过硝烟战火的历练，隗合宽光荣地加入了中国共产党，并于1942年担任了房涞涿联合县九区游击队队长。这年8月，日、伪军200多人向霞云岭一带进犯，他带领几十名游击队队员，凭借十几支破旧步枪，利用陡峭山势，居高临下伏击敌人，击毙日、伪军各1名，打伤5名。敌人摸不着头脑，只好缩回据点。

隗合宽所在的上石堡村，由于抗日坚决、支前踊跃，被房涞涿联合县评为"抗日模范村"。

割掉敌人的"顺风耳"

南窖村有多个煤矿，日、伪军于这里设立中心据点，疯狂掠夺煤炭资源。南窖据点驻有80多名日军、400多名伪军，周围岗哨密布，矿区与岗哨之间架设电话线，一个岗哨被围，通过电话，就能迅速招来援军。日军狂妄地扬言："就凭这四通八达的电话，八路军休想攻破南窖。"

隗合宽就不信这个邪。他主动请缨，要带领游击队割断电话线，夺取电话机，除掉敌人的"顺风耳"，把敌人变成"聋子"。

黄土梁岗哨是通往南窖据点的咽喉要道，里面安装着一部电话机，由10多名伪军把守。日军担心这些伪军带枪逃跑，除头目配有一支手枪外，其他伪军连枪都没有。隗合宽侦察时发现这个情况，决定首先从这里下手。

1942年10月的一天，隗合宽带领5名队员，来到黄土梁山上，悄悄地埋伏起来。夜幕降临，游击队摸进黄土梁岗哨，隗合宽高高地举起手榴弹，大声喊道："不许动，把手举起来，不听话就炸死你们！"面对突然冲进来的游击队队员，伪军们惊呆了，乖乖地举手投降，其他队员迅速进屋，收缴伪军头目的手枪。接着，队员们用匕首割断电话线，摘下电话机。隗合宽对伪军说："你们都是中国人，家里都有老小，不能再给日军卖命了，赶快逃命去吧！"这些伪军多是被日军抓来的，一听隗合宽饶过他们，便作鸟兽散，纷纷逃走了。隗合宽一鼓作气，又连夜带领队员突袭南窖下站、上站岗楼。这次出击，共摘掉电话机3部、缴获手枪1支。

　　在此后的日子里，隗合宽带领队员连续出击，破坏日、伪军通信设施，让南窖煤炭调度失灵，运煤车被迫停驶。为保障煤炭运输，日军只能重新安装通信设施，隗合宽和队员们再次出动，又一次摘掉日军的"顺风耳"。半年里，隗合宽带领民兵先后摘掉日军电话机14部，缴获甜瓜式手榴弹20多枚，收缴电话线500多公斤，使日、伪军白天不敢出门，夜间不敢行动，南窖煤矿生产一度瘫痪。

虎口拔牙的"隗大胆"

　　1942年冬，庄户台村的郑国臣跑到南窖村据点投靠日军，成为汉奸密探，先后出卖抗日干部和群众多人，欠下一笔笔血债。九区政府决定将其捉拿归案，这一艰巨任务落到了游击队身上。

　　得知郑国臣经常来往于村外北山的据点和村内伪军宿舍之间后，一天夜里，隗合宽带领2名游击队队员，化装潜入南窖村，他安排2名游击队队员在村里监视日、伪军动向，自己来到村外北山脚下埋伏下来。

　　约莫1小时过去了，酒足饭饱的郑国臣从村里走出来。隗合宽迎上前去，郑国臣认出了隗合宽，立马掉头向南窖村跑去，被2名游击队队员挡住去路。郑国臣慌不择路，扭头奔向紧邻南窖的水峪村。

　　水峪村里也有一个汉奸，名叫陈芬。此人与郑国臣狼狈为奸，早已进

隗合宽　霞云岭上的"民兵英雄"

入抗日政府的"黑名册",成为锄奸对象。郑国臣自恃腿脚灵快,以为能甩掉隗合宽等人,便一头扎进陈芬家里。

隗合宽紧追不舍,随即翻墙跳进陈芬家的院子,两名队员鱼贯而入,迅速包抄过去。他们突然踹开屋门,郑国臣和陈芬只好束手就擒。没想到,这次锄奸歪打正着,活捉了两名罪大恶极的汉奸。第二天,九区政府召开公审大会,宣布他们的罪行,就地执行枪决,群众无不拍手称快。

隗合宽经常深入虎穴,抓密探,除汉奸,搅得日、伪军终日惶恐不安,一提到他的名字,敌人就胆战心惊。连伪军们吵架时都用来诅咒对方:"叫你出门就碰到隗合宽!"当地抗日群众则亲切地称他为"隗大胆"。日、伪军发出告示:"凡活捉隗合宽者,赏银千元""凡打死隗合宽者,赏银五百",并找人画出头像,四处张贴。

南窖据点的伪军大队长程子良,曾当众夸下海口:"他隗合宽不也是一个脑袋吗?老子不怕他。有朝一日叫他撞到我手里,一千块银圆就算拿定了!"为杀一儆百,打击日、伪军嚣张气焰,隗合宽报请上级批准,再次深入南窖,虎口拔牙,捉拿程子良归案。

1943年秋天的一个下午,隗合宽带上4名队员,化装成商人混进南窖村。晚上8时多,伪军和伪警察正在打麻将。隗合宽等人乘机潜入程家大院。程子良刚刚抽完大烟,正歪靠在炕上闭目养神。隗合宽留下2名队员守住门口,他带另外2名队员破门而入,程子良还没反应过来,黑洞洞的枪口就已经顶在了他的脑门上,他只好束手就擒。

抗战时期,隗合宽屡立奇功,威名远扬,在霞云岭地区留下一个个传奇故事。1992年,中国评剧院演出现代评剧《血沃红花》,该剧反映了房山一带抗日军民在中国共产党领导下进行的艰苦卓绝的斗争。剧中,民兵队长于耀宽艺术形象的原型之一,就是这位"民兵英雄"隗合宽。

(执笔:王鹏)

老帽山六壮士　舍身跳崖的无名英雄

山峰耸立，乱云飞渡。悬崖上6名八路军战士，手挽手、肩并肩，高呼"打倒日本帝国主义"，随即纵身一跃，壮烈殉国。看到这个悲壮的画面，大家一定会想起广为传颂的"狼牙山五壮士"。殊不知，这里说的是平西抗日根据地的"老帽山六壮士"。1943年4月的一天，他们为掩护党政机关和群众转移，奋勇阻击日、伪军，弹尽后宁死不降跳崖殉国。虽然没有留下姓名，但他们的英雄壮举永垂史册。

为了掩护群众转移

太平洋战争爆发后，侵华日军为巩固在华后方基地，调集大批部队进攻八路军敌后抗日根据地。平西地区是晋察冀边区的北部屏障，临近日伪华北统治中心北平，日军将其视为眼中钉、肉中刺，不惜派重兵一次次疯狂"扫荡"。

当时，中共房（山）涞（水）涿（县）联合县委、县政府及八路军冀中军区第10军分区机关驻扎在十渡村，第27团团部设在西庄村；冀中军区印刷所、银行设于西河村；兵工厂设在后石门村。

4月中旬的一天，房山南窖据点的300多名日、伪军，从霞云岭一带越过百草坨，经马安村向十渡地区进犯。这天下午接到情报后，县长郝绍尧立即组织党政军机关工作人员西撤，并发动群众坚壁清野。县武装部组织民兵支援各机关转运物资。第27团立即派出一个排，在十渡以北阻击日、伪军，掩护党政机关和群众转移。排长勘察地形后，将两个班埋伏在公路和拒马河以西的老帽山北侧山腰,一个班埋伏在公路和拒马河以东的隘口,凭险据守,东西策应,紧扼河谷通道。

老帽山是十渡村与北面马安村之间的一座险峻山峰,因山顶形似老人的帽子而得名。太阳不紧不慢地落下山去,转移的人群手提肩挑,急匆匆地沿着山沟西撤,设伏的八路军战士忧心如焚地盯着公路。季春时节,山中的夜晚仍然寒气逼人,给预伏在老帽山树丛中的八路军战士带来极大的考验。困了,没有一个人眨一下眼;冷了,没有一个人挪动身体,都全神贯注地紧盯北方,不放过公路上的一点风吹草动,他们在等待着、等待着……

陷入危险境地

天刚蒙蒙亮,公路上有了动静。只见日、伪军打着"膏药旗",沿着山谷从马安村方向蜂拥而至。战士们子弹上膛,手榴弹掀盖,严阵以待。近了,更近了,当日、伪军进入有效射程,排长一声令下,机枪和步枪一齐猛烈向敌群射击。突如其来的阻击,打得日、伪军晕头转向,有的中枪倒下,有的四处逃窜,有的寻找依托物进行还击。一个回合下来,日、伪军已有十几人被击毙。

初战告捷,战士们斗志陡升。排长重新动员布阵,准备迎击敌人的反扑。日、伪军惊魂稍定,逐渐清醒过来,发现八路军的兵力并不多,便以轻、重机枪掩护,兵分两路猛扑上来,一场恶战在老帽山打响了。

老帽山上的八路军战士以班为单位,分别占据山头和山腰间的悬崖,居高临下,给进攻的日、伪军以迎头痛击。恼羞成怒的敌人仗着人多和武器装备的优势,抢占了老帽山下的一个小山头,重新集结火力,架起迫击炮和机枪,向八路军阵地猛烈轰炸和扫射。战士们被密集的炮火压得抬不起头来,随着几个战士相继牺牲,形势越发不利。

为了党政机关和群众能安全转移,战士们不怕流血牺牲,越战越勇。面对十几倍于己的敌人,八路军战士无所畏惧,顽强阻击。日、伪军冲上山坡，战士们就用集束手榴弹掷向敌群，炸得敌人血肉横飞，一次次败退下去。

战斗一直持续到中午，阻击任务已经完成。八路军战士正准备撤离时，背后突然响起了枪声。原来，日、伪军从正面进攻屡遭失败，正无计可施之时，汉奸队发现八路军阵地北侧山峰最高处并未设防，便引导日军一个小队，迅速爬上八路军阵地背后的制高点，从山顶压过来。八路军战士腹背受敌，顿时陷入极为不利的危险境地。

宁死不当俘虏

形势突变，排长一面指挥战士抗击从背后山头冲下来的日、伪军，一面组织撤退。此时，正面的日、伪军也攻上来了，战斗进入白热化，枪声和手榴弹的爆炸声响彻山谷，硝烟弥漫。经过一番激战，最后阵地上只剩下6名八路军战士。

面对人多势众的敌人，他们继续顽强战斗，又击毙多名日、伪军。此时，6名战士已经伤痕累累，筋疲力尽，所携弹药也已全部打光。他们又捡起石头，一次次砸向敌人。日、伪军发现八路军没有了弹药，也停止开枪，肆无忌惮地围了上来，准备活捉这些战士。

宁死不当俘虏！战士们互相看了看，肩并肩、手挽手，像一座威严的群雕，傲然屹立在老帽山上。日、伪军号叫着扑上来，6名战士转身退到山崖边，怀抱枪支，高呼"打倒日本帝国主义"的口号，义无反顾地跳下悬崖。其中一名战士挂在半山腰的树枝上，为了不当俘虏，他挣脱树枝再次跳了下去。6名战士全部壮烈殉国。

六壮士牺牲后，日、伪军闯进十渡村，发现扑了个空，气急败坏，便放火烧了村里的400多间房子，悻悻离去。

战后，当地军民寻找到跳崖战士的遗体，将其安葬在老帽山下，但没有人知道他们的名字。1984年2月26日，共青团房山县委和十渡乡党委、乡政府，在老帽山上建立了"老帽山六壮士纪念碑亭"，碑文写道："1943年春,我八路军六壮士在老帽山阻击战中,与日寇英勇搏斗,弹尽后宁死不屈,跳崖就义。特建此碑,以志纪念。"

山河永在,英魂永存。巍巍老帽山,傲然耸立,向六壮士致敬;滔滔拒马河,奔腾不息,为六壮士歌唱。

(执笔:范晓宇)

李常青　一二·九运动中的省委特派员

1935年的冬天，北平的天气格外寒冷，一位头戴土耳其式圆筒毡帽的青年男子，步履匆匆地走在街头。他在北平6个多月的时间里，指导中共北平临时工作委员会（以下简称"北平临委"）开展工作，领导学生开展一二·九运动，沉重打击了国民党的妥协退让政策，极大地促进了中华民族的觉醒。他就是中共河北省委派到北平开展工作的特派员李常青。

李常青

指导北平临委的工作

李常青，吉林省延吉县人，13岁考入延吉师范学校，26岁就读于北平民国大学，因加入北平左翼作家联盟、张贴革命标语被学校开除，遭反动当局通缉。九一八事变后，他返回家乡延吉，加入中国共产党。他先后到北平和河南洛阳、焦作等地，从事党的地下工作，曾任焦作中心县委书记。1935年11月，李常青被中共河北省委任命为特派员，化名张一民，以五三中学教员身份由天津抵达北平。

此时的北平党组织历经多次破坏，半年前刚刚恢复建立。在日本加紧推进"华北五省自治"的背景下，以中共中央名义发表的《八一宣言》见诸报端，主张停止内战，组织国防政府和抗日联军，对日作战。北平市委成员彭涛、谷景生、周小舟等人得知后，认为在民族危亡的紧急关头，必须转变政策，团结一切力量，争取一切公开合法的方式，开展抗日救亡运动。

北平市委成员王健、冷楚等人则认为，应继续坚持既定方针政策，组织暴动，打倒国民党政府，建立北方苏维埃，拒绝利用合法形式开展救亡运动。两种意见相持不下，严重影响工作开展。河北省委决定改组北平市委，成立中共北平临时工作委员会，谷景生任书记兼团市委书记，彭涛任组织部部长，周小舟任宣传部部长。

李常青这次来北平的主要任务，就是指导北平临委工作，调查解决内部关于斗争方式的意见分歧。他通过耐心谈话和细致观察，了解到彭涛党龄较长，政治上较为成熟；王健年纪较轻，有时考虑问题不太周全，双方在工作中不时有意见分歧。为了加强团结、增进共识，李常青决定以省委特派员的身份直接领导北平临委开展工作。他一方面指示彭涛等人抓紧时机发动学生，壮大抗日统一战线；另一方面又做好王健、冷楚等人的思想工作，让他们认清新形势，转变斗争策略，积极开展抗日救亡运动。最终，北平临委达成了共识，把思想统一到《八一宣言》精神上来。

策划组织学生请愿游行

为了广泛团结爱国学生，反对"华北五省自治"，开展抗日救亡运动，李常青组织北平临委成员经常分头到各大中学校进行深入思想发动。他们连续几天组织各校学联领导成员召开会议，通过充分讨论，决定在全市组织一次大规模的抗日救亡运动。

在李常青和北平临委的指导下，12月3日，北平学联在女一中召开全市大中学校代表会议。会议传达了《八一宣言》精神，通过《通电表示否认任何假借民意之"自治运动"》和《联络北平市大中学校发起大规模请愿》两项议案。6日，北平学联再次召开代表会议，通过《北平市学生联合会成立宣言》（以下简称《宣言》）。《宣言》号召反对日本帝国主义吞并华北，反对分割中国领土的"华北防共自治运动"，反对一切屈服投降的秘密外交，实行全国人民总动员、总武装，保卫华北，驱敌出境。同日，平津15所大中学校联合发出宣言，誓死反对"防共自治"，要求政府下令讨伐日本扶植的

"冀东防共自治政府"主席殷汝耕，宣布对敌外交政策，动员全国对敌抵抗。

经过广泛动员，北平各校学生的抗日热情日益高涨。这时却传来消息，国民党当局为满足日本"华北特殊化"要求，计划于12月9日在北平成立冀察政务委员会，这个委员会表面上隶属国民政府，实际上是一个迎合日本侵华需要的半自治组织，它的成立意味着华北的沦丧已迫在眉睫。

李常青有着丰富的斗争经验，感到发动抗日救亡运动的时机成熟了。他立即召集北平临委开会，决定尽快举行学生请愿游行，并就集合地点、游行口号、时间及路线等进行部署。12月7日、8日，北平学联先后在女一中和燕京大学召开各校代表会议，传达北平临委的意见，决定9日举行学生请愿游行，一场大规模的革命风暴即将来临。

掀起抗日救亡高潮

12月9日清晨，寒风大作，气温骤降。在李常青、彭涛、周小舟等人领导下，各大中学校学生不顾严寒，按照约定时间出发了。清华大学、燕京大学等校学生到达西直门，却被全副武装的军警阻挡在城外。部分同学又绕道阜成门、广安门、西便门，但均有军警把守。"中国人的城门，已经不许中国人进了。"义愤填膺的学生们就在西直门外城墙边召开大会，散发传单，高呼口号，发表演讲，控诉日军的侵略暴行，谴责国民党当局的不抵抗政策。东北大学、北平师范大学、中国大学等城内学校学生聚集在中南海新华门前，向国民政府军事委员会北平分会代理委员长何应钦请愿，要求"反对日本帝国主义""停止内战，一致对外"。结果只有一名工作人员出面敷衍。学生们转而进行示威游行。他们经西单折而向北，过西四、护国寺再向东，经北海、沙滩转而向南，经王府井前往冀察政务委员会成立地——外交大楼举行总示威。沿途不时有学生和市民加入，到达王府井时，游行人数增至3000多人。游行队伍很快遭到了军警的残酷镇压，在大刀、水龙、棍棒、皮鞭、枪托等袭击下，先后有数百人受伤，数十人被捕。

国民党当局的倒行逆施，激起广大爱国学生和市民的满腔义愤。当天，在李常青提议下，各校代表在北大三院召开会议，总结请愿游行情况，制定通过三项决议：一是将一二·九运动通电全国；二是次日起全市各校总罢课；三是准备更大规模的示威游行。

学生请愿游行后，国民党当局不仅严密封锁一二·九运动的消息，还在北平市各学校门前布置警察、密探等，监视学生们的一举一动。14日，《中央日报》报道，冀察政务委员会将于12月16日正式成立。李常青得知后，决定在这一天举行更大规模的游行示威活动。为了分散目标，打破国民党当局的严密监控，李常青等人决定采取化整为零的办法，组织各校学生分散前往城南的天桥集合。为迷惑当局，在天安门前设置假集合点，派一部分学生前往，以吸引军警的注意力。经过周密部署安排，一场更大规模的示威游行蓄势待发。15日晚，李常青、彭涛、姚依林、郭明秋等人陆续来到位于王府井南口的长安饭店，以打扑克牌为掩护，研究示威游行的各项工作。

12月16日，各校学生三三两两走出校门，分拨前往天桥集合。然而，戒备森严的军警发现了异样，阻止学生离开学校。学生们有的翻墙而出，有的成群结队冲破军警的暴力阻拦。学生们在天桥召开市民大会，反对"华北自治"，提出6项抗日救国主张。会后游行队伍向北进发，遭军警血腥镇压。据不完全统计，参加游行示威的学生和市民中，至少有380余人受伤，22人被捕。

一二·九运动引起国内外广泛声援和支持，国民党当局迫于强大的舆论压力，宣布冀察政务委员会延期成立。这场运动是动员全民族抗战的运动，它准备了抗战的思想，准备了抗战的人心，准备了抗战的干部。

卢沟桥事变后，北平沦陷，李常青先后任北平市委组织委员、书记。1938年秋，他奉命赴晋察冀抗日根据地工作，先后任冀中区民运干部学校校长兼区党代表、中共晋察冀分局宣传委员会书记、华北联合大学教育学院院长兼党组书记，为抗日根据地培养了一大批干部。

新中国成立后，李常青先后任哈尔滨市委书记、松江省委书记、黑龙江省委委员等职。1960年8月逝世，年仅56岁。

（执笔：黄迎风）

李楚离　冀东抗日根据地的主要创建者

他在白色恐怖中加入中国共产党，南昌起义时冲锋陷阵，开展地下斗争被捕后誓把牢底坐穿。全民族抗战期间，他参与组织领导冀东抗日大暴动，创建冀东抗日根据地，为中华民族的解放事业做出了重要贡献。他就是李楚离。

1942年5月，转战平北的冀东军分区政委李楚离（右一）、八路军第10团团长王亢（右三）、政委吴涛（右四）在密云白马关长城上

草岚子监狱坚持斗争

李楚离1903年生于河北省元氏县的一个农民家庭，22岁以优异成绩考入北京大学；1926年，投笔从戎参加北伐战争；1927年，蒋介石叛变革命时，毅然加入中国共产党，并参加八一南昌起义；1930年，担任中共顺直省委交通科科长，在平津一带开展革命活动。

李楚离　冀东抗日根据地的主要创建者

在白色恐怖中，中共河北省委连续遭到严重破坏，大多数领导成员被捕入狱，李楚离也未能幸免，被关押在东北宪兵司令部。1931年9月，他被转移到北平草岚子监狱。

草岚子监狱由国民党军队管辖，对政治犯进行残酷迫害。为了坚持斗争，李楚离与狱中党员秘密建立了党支部。他们向狱方提出全体下镣、自由阅读公开书报、冬天增加火炉等正当要求，遭到无理拒绝。于是，李楚离等40多名政治犯开始绝食。绝食斗争坚持到第五天，军法处与他们谈判，但拒不答应他们提出的条件，并态度强硬地声称："全体下镣办不到，戴镣是监狱的制度，不能改变。"李楚离作为谈判代表，带领大家继续坚持绝食。经过七天七夜的斗争，最终狱方同意：增加火炉；重病号下镣，一般政治犯重镣换小镣；自由阅读公开书报待复食后再谈。绝食斗争取得初步胜利。

李楚离在狱中被关押长达5年，始终坚持不反省、不反共。1936年，随着华北抗日救亡运动的高涨，中共中央北方局迫切需要大批富有斗争经验的领导干部。于是，他们向中央驻北方局代表刘少奇报告：草岚子监狱还关押着一批同志，刑期多数已满，但坚持不在《反共启事》上签字，所以一直被关押。刘少奇经过认真思考，认为：如果日寇攻陷北平，这批同志必遭杀害；他们都是经过长期斗争考验的好同志，可以履行手续。刘少奇和北方局向中央建议特事特办，让他们签字出狱。中共中央批准了这个建议。这年10月，李楚离等人走出草岚子监狱，重新获得自由，投入新的斗争。

领导冀东抗日大暴动

李楚离出狱后，被北方局派到华北各界救国联合会担任党团书记，积极推动建立抗日民族统一战线。七七事变后，华北各界救国联合会改组为华北人民武装自卫委员会（以下简称"自卫会"），李楚离担任会长。他动员各界人士积极参加抗日救亡运动，同时派遣干部到各党派、社会团体、群众组织和武装力量中去，争取基层群众，为组织冀东大暴动创造了条件。

1938年2月，中共河北省委派李楚离到阜平，与晋察冀军区司令员兼政治委员聂荣臻商谈冀东暴动事宜。李楚离详细汇报了冀东暴动的准备情况。聂荣臻听后，让他到平西同晋察冀军区第1军分区政治委员邓华具体商量。

李楚离回天津向省委汇报后，4月又来到平西，与邓华商量后将暴动时间定为7月中旬，八路军进入冀东后，在遵化东南山区与起义部队会合。

5月，自卫会在天津召开会议，李楚离、李运昌、董毓华、洪麟阁、高志远、杨十三等人参加会议，确定成立冀东抗日联军司令部。讨论暴动的具体指挥问题时，李楚离提出：我们的队伍驻地分散，由一个司令部统一指挥全盘是不可能的，因此在发动暴动时，以指挥各自的部队为宜。大家同意了这个意见。会议确定高志远为司令员，李运昌、洪麟阁为副司令员，洪麟阁兼第一路指挥部司令员，李运昌兼第二路指挥部司令员。李楚离作为总会代表，随杨十三到遵化，帮助洪麟阁发动和组织冀东西部地区的武装暴动。

6月底的一天，打入伪冀东道警务科的朱欣陶带来一个情报：八路军第4纵队已到达蓟县靠山集一带，冀东抗日暴动计划被日伪侦知；日军准备全力镇压，并收缴散在民间的枪支。这时，洪麟阁家中被查抄，滦县一带组织暴动的高志远等人被日军追捕。

形势紧迫，一场震撼华北的大暴动在冀东提前开始了。7月6日夜间，中共滦县县委集合骨干300余人，在滦县港北村首先发起暴动，成立冀东抗日联军第5总队，吹响了冀东人民抗日暴动的号角。8日，李楚离协助洪麟阁、杨十三在遵化县地北头村组织暴动，攻打流沙河据点，旗开得胜。这支队伍迅速发展壮大，很快发展到4500余人，李楚离任政治委员。

截至8月底，西起潮白河、东至山海关、北起长城外兴隆及青龙、南至渤海之滨的广大范围内，暴动此起彼伏，遍及冀东22个县，参加民众多达20万人，组成抗日武装10万之众。抗日联军和八路军第4纵队协同配合，一度占领兴隆、蓟县、平谷等9座县城和广大农村。

9月1日，中共中央和北方局发来贺电："由于冀东国共两党同志及无党派抗日志士的合作，抗日联军与八路军纵队的胜利，已给日寇以严重的打击，摧毁了冀东汉奸政权，发动了广大的民众，配合了全国的抗战。"[①]

[①] 中共中央文献研究室编：《刘少奇传》（上），中央文献出版社2008年版，第298—299页。

李楚离　冀东抗日根据地的主要创建者

创建冀东抗日根据地

1938年10月上旬，洪麟阁部奉命西撤，打算到平西整训，途中不断遭到日、伪军截击，士兵也因故土难离而涣散离队，损失惨重，总指挥洪麟阁在白河战斗中壮烈牺牲。李楚离和杨十三带队西行，至丫髻山时队伍只剩下几百人。杨十三前往天津，李楚离决定带着余部返回冀东，在极其困难的条件下，与日、伪军进行艰苦卓绝的游击战争。

为加强对冀东游击战争的领导，1939年6月，中共中央北方局在唐县军城开会决定，将冀东抗联武装和包森等3个支队改编为冀热察挺进军第13支队（1940年改称冀东军分区），李运昌任司令员，李楚离任政委。7月，中共冀东地委改为中共冀热察区委冀东区分委，李楚离为冀东区分委书记。从此，确定了冀东抗日游击战争的基本方针，形成了党政军的统一领导体制。经党政军民共同努力，到1940年，冀东抗日根据地已初具规模。12月底，李楚离在盘山主持召开冀东区分委扩大会议，决定加强根据地党的建设、政权建设、军事建设、群众工作，推行合理负担和整顿财经。冀东抗日根据地进入巩固中发展的新阶段。

冀东抗日根据地大块基本区的形成，引起了日、伪军的震动。从1940年冬开始，日、伪军集中兵力对基本区实施杀光、抢光、烧光的"三光"政策，制造累累惨案。1941年11月，李楚离主持中共冀东区分委会议，决定避敌锋芒，攻打治安军。12月15日，在遵化城东的四十里铺，首战告捷，拉开了攻打治安军的序幕。至1942年2月5日，攻打治安军战役胜利结束。此役历时53天，大小战斗近百次，治安军损失六七个团，击毙日军田口中佐大队长以下约500人。日军华北方面军司令冈村宁次惊呼："对冀东应有再认识。"

在冀东抗日大地上，李楚离既要参与行军打仗，做好政治工作，又要协助地方发展党员，建立政权，扩充部队，忙得不可开交。1942年，他领导冀东党政军开展整风运动，健全军队中的政治制度，加强党对军队的领导。1943年2月，他向北方局做"坚持冀东游击战争，为创造大块游击根据地而奋斗"的报告。1945年1月，中共冀热辽区党委、军区和行署成立，李楚离任副书记、副政委。4—6月，他作为代表在延安出席了中国共产党第七次全国代表大会。

解放战争时期，李楚离继续坚持在冀东，直到1949年3月担任南下工作团团长，组织带领大批地方干部到广西。中华人民共和国成立后，李楚离任中共广西省委副书记兼组织部部长、中央组织部副部长等职。2000年10月17日，李楚离因病在北京逝世，享年97岁。

（执笔：冯雪利）

刘 仁 华北隐蔽战线的功臣

抗日战争时期，华北隐蔽战线有一位领导者，他在晋察冀边区殚精竭虑，向沦陷区派遣大量地下党员。这些暗战尖兵，犹如撒入敌人腹地的一颗颗抗日种子，在那里生根发芽，顽强生长。这位领导者，就是切断隐蔽战线横向联系、建立"多头单线"联系的功臣——中共中央晋察冀分局城工部部长刘仁。

刘仁

从事兵运工作

刘仁是土家族人，15岁那年从四川省酉阳（现属重庆市）老家来到北京，投奔舅父、中共早期领导人赵世炎，积极参加反帝爱国运动。在大革命失败的腥风血雨中，他毅然选择加入中国共产党，在北平艺文中学秘密开展青年团工作；后又辗转天津、武汉、上海等地，从事工人运动。1930年被捕，两年后获释。

1932年12月，刘仁出狱后回到北平。翌年春，长城抗战的炮火中，他被派到察哈尔省会张家口任总工会主任、党团书记。在积极恢复总工会、发展党团组织的同时，他大力开展兵运工作，组织各界群众支持冯玉祥领导的察哈尔民众抗日同盟军。

抗日同盟军失败后，刘仁改任中共绥远特委书记，奉命到孙殿英的第41军开展兵运工作。他看到包头市街头许多官兵衣着破旧、武器落后，与平津的国民党军队相差很远，不禁感叹："杂牌军"地位低下，争取孙部，

121

大有可为。

很快，刘仁与第41军政训处主任、地下党员罗念冰接上关系，并联系上了绥远特委组织部部长吉合。此后，吉合扮作行脚医生，刘仁扮成小商人，二人以叔侄关系为掩护开展工作。

第41军有一所军官学校，又称教导大队，学员大多是出身贫寒的爱国青年，里面有一些共产党员。刘仁决定先从这里下手，掌握武装力量。他积极开展抗日宣传教育并发展党的力量，很快发展了包括大队长在内的200多名党员，下属5个队都成立了党支部，还建立了"反帝红旗会""士兵大同盟"等党的外围组织。

1934年1月，孙殿英率部攻打宁夏的马家军。刘仁等人抓住机会，将教导大队近千人和一个辎重营留在了包头。3月，孙殿英兵败，教导大队和辎重营奉命前往宁夏支援。刘仁立即追赶，但还是晚了一步。他找到随军西进的罗念冰，通过一番努力，总算找回了数百人。刘仁想带这支部队去陕北，但黄河冰面开始融化，难以过河。两人商量后，决定把一部分人送去平津另行分配工作，一部分人继续潜伏。但还没来得及行动，这支部队就被晋绥军缴械收编。

刘仁心有不甘，冒着生命危险潜入被收编的部队，同中共党员秘密联系。当他听说部队要开往江西打红军，就叮嘱党员，到江西后寻机起义，或者伺机回平津。此后，他往返于包头和平津之间，将绥远撤回的党员干部，扮成病号暂时隐藏在北平协和医院，再寻找机会妥善安置。

开辟隐蔽战场

1935年，在白色恐怖的笼罩下，包头和北平的党组织遭到严重破坏，刘仁与北平党组织联络中断，只得与吉合等人北上外蒙古，远赴苏联寻找党组织。11月初，他辗转到达莫斯科，与党组织接上关系，入读莫斯科东方大学。卢沟桥事变后，他归心似箭，回到延安，担任中共中央党校秘书长。

1938年11月，刘仁奔赴华北抗日前线，担任中共中央北方分局秘书长、组织部副部长，后兼任晋察冀分局城市工作委员会（以下简称"城工委"）副主任。他精心筹划，为恢复北平、天津、唐山等敌占区党组织，做了大量组织整顿和派遣干部的工作。

刘仁发现，沦陷区党组织遭到破坏，往往是因为出了叛徒，导致大批地下党员被捕。经过深入细致的调查研究，他认为问题的关键是横的关系太多，很容易被敌人顺藤摸瓜、各个击破，应当重新清理整顿，着重加强隐蔽性。

整顿计划还没来得及传达实施，形势就急转直下。1941年夏，唐山党组织遭到破坏，平、津、唐点线委员会负责人赵蒲轩被捕，牵连到北平城委负责人周彬、天津城委负责人严子涛。日伪当局假意释放赵蒲轩，想诱捕更多共产党员。刘仁当机立断，派人把周彬、严子涛等人接回根据地，并紧急撤回平津和铁路党组织的大批党员。因减少了相互联系，并切断了与根据地的联络，留下的党员没有受到牵连。

12月8日，太平洋战争爆发。日军很快查封了美国人创办的燕京大学，逮捕了燕京大学党支部书记姚克荫和一些外围组织成员。刘仁及时把一批有被捕危险的进步青年、民主人士和国际友人撤到根据地，避免了更大损失。

地下党组织接连遭到破坏，使刘仁更加坚定了之前的判断——切断各条线的横向联系，改为"多头单线"联系，城内党组织应该短小精悍，将情报工作与其他工作严格分开。

为了摸清底数，刘仁带领城工委同志下了很大力气，捋顺了各条工作线，弄清了哪些人可以继续在城里工作，哪些人不能留在原来的城市但可以转到其他城市，哪些人只能留在根据地，为进一步做好隐蔽工作打下组织基础。

经过清理整顿，华北敌占城市的党组织更加精干。1942年年底，北平城内只留有8名党员，除个别单线联系外，编为两个支部，城工委派专人定期联系他们。由于消除了危险因素，提高了党员质量，城市党组织得到进一步巩固。自此，刘仁重建华北沦陷区隐蔽战线，开辟了一个崭新的没有硝烟的战场。

布置地下尖兵

为了培养更多胆大心细的隐蔽战线干部，刘仁把留在城里的党员分批接到根据地培训，让他们了解和掌握党的城市工作方针政策，学会隐蔽战线的工作方法。培训方式灵活多样，宋汝棼、薛成业等北平学生党员只能利用学校放假的时间参训，刘仁就指示在靠近敌占区的地方设立工作站，让他们突击学习几天再赶回去，以免引起敌人怀疑；可以较长时间离开的党员，就在根据地接受系统训练。

刘仁与学员们朝夕相处，建立了深厚的战斗情谊。他的代号是"老头儿"，其实他才30岁出头，但学员们就是这么亲切地称呼他。刘仁经常强调，无论大家在这里多么熟悉，回城后都要装作不认识，决不能私自横向联系，这是保护自己也是保护同志的一条铁律。

抓紧培训沦陷区地下党员的同时，刘仁还在根据地直接物色合适人选，经统一训练后再派往敌占区，仅1942年就派出76人，连同此前派出的6人，总数达82人。他们大多被派往北平、天津、唐山、太原、保定、井陉、大同等敌占城市和工矿区，以工人、职员、商人、市民和学生等身份开展工作。派到北平开展学校和上层统战工作的有王若君、崔月犁、项子明、曾平等；到铁路系统工作的有郑诚、张在宽、于祥龙等；做工人工作的有吴国栋、纪占标等。

王若君原是华北联合大学学员，后被分到城工委工作。刘仁认为她是可造之才，又有在北平隐蔽工作的社会条件，便与她长谈了几次。王若君当时正在谈恋爱，怕回城后关系中断。刘仁对她说，搞地下工作，不但不能和恋人联系，而且难免有牺牲，找你是因为工作需要，你好好想一想。王若君果断地说："我服从组织上的决定。"刘仁非常高兴，临行前叮嘱她："共产党员好比种子，到任何地方都要想办法生根、发芽、开花、结果。到北平后要先扎下根再慢慢活动，在城里碰到根据地派去的同志要相互避开，不要发生横的关系，也不要与根据地的任何同志联络，需要时可以回来。"

刘　仁　华北隐蔽战线的功臣

　　王若君回到北平，先后在日本人开设的豆酱店当记账员、地安门东街小学代课、中兴煤矿附属小学任教，从未暴露身份。她团结教育数十名进步青年，其中11人被发展入党，并向根据地输送了60多名进步学生。

　　刘仁还扩大选派面，截至1943年年底，共派出200余人，分散在华北各大中城市和工矿区，成为埋入敌占区的一颗颗火种。到1944年11月，城工部[①]直接领导的城市党员已有300余人，联系进步群众700余人。其中，北平市有地下党员98人，联系群众约200人。由于隐蔽工作做得好，尽管日伪统治越来越残酷，党组织也基本没有遭到破坏。

　　抗战胜利后，刘仁继续领导北平城内外党员干部隐蔽埋伏，为后来和平解放北平创造了有利条件。新中国成立后，他长期担任北京市委重要领导职务，为首都的社会主义革命和建设事业立下汗马功劳。

（执笔：苏峰）

[①] 1944年9月，中共晋察冀分局城市工作委员会改称中共晋察冀分局城市工作部。

刘玉昆　威震平西的游击队队长

门头沟斋堂镇斋堂村九龙头山上，古槐青松掩映下，耸立着一座庄严肃穆的"宛平县人民八年抗战为国牺牲烈士纪念碑"，碑上镌刻着472位抗战烈士的英名。其中，有一位威震平西的游击队队长，率部机智灵活、神出鬼没地打击日本侵略者，取得了一次次以少胜多、以弱胜强的战绩。他的名字叫刘玉昆。

刘玉昆画像

初显身手

刘玉昆，1913年出生于斋堂镇柏峪村，年少时常跟着大人上山打猎，练就了一手好枪法。他还多才多艺，特别擅长家乡的梆子戏表演，经常带着戏班子串村演出，受到群众的喜爱。

卢沟桥事变后，柏峪村通往河北怀来的黄草梁古道上土匪肆虐，经常祸害百姓。此时，已经24岁的刘玉昆和几个穷哥们儿，自发组织起来打土匪，为村里的百姓看山护院。1937年年底，中共宛平县临时县委派宋恩庆来柏峪一带开展工作。刘玉昆接受了抗日宣传教育，思想觉悟逐步提高，他发挥自己的梆子戏特长，自编自演抗战剧，向村民宣传抗日救国的道理，积极投身于抗日斗争。

翌年春，八路军邓华、宋时轮支队先后挺进斋堂川，开辟平西抗日根据地。柏峪村成立抗日救国会，同时组织起一支保境安民的武装——巡防所，刘玉昆被任命为抗日救国会主任兼巡防所所长。他思想进步，工作积极，不久便光荣加入中国共产党。

1939年2月，宛平县游击大队成立，柏峪村巡防所编入游击大队第3中队，刘玉昆任中队长。在组织的培养和锻炼下，他逐渐展露出优秀的作战指挥才能。有一次，他率部到房山长操村一带开展工作，与前来"扫荡"的300多名日、伪军遭遇，双方展开激战。敌军人多势众，武器精良，而刘玉昆的第3中队仅有六十几个人，十几条"汉阳造"和"老套筒"，力量相差悬殊。刘玉昆沉着冷静，临危不乱，命令一部分队员吸引敌人，自己率领其他队员趁着清晨的浓雾，绕到后方发起攻击，打得敌军晕头转向，摸不着头脑。这次战斗，被当地军民誉为"长操巧战"。

智取军需

1940年年初，日、伪军"扫荡"平西抗日根据地，宛平县地方武装大批骨干编入八路军主力部队，随军撤出斋堂川，到外线去打击敌人。斋堂的地方反动势力趁机抬头，先后成立伪政权及其"保卫团"，向根据地军民反攻倒算。为打击敌人的嚣张气焰，县委从永定河北地区调回刘玉昆的第3中队，稍加扩充后，建立了县游击大队，刘玉昆任大队长。他不负众望，带领游击大队一举摧毁了爨底下、柏峪台、梨园岭、燕家台、王大台、东大台、西大台等10余个村的伪政权，为恢复和巩固平西抗日根据地发挥了积极作用。

同年秋，日寇增兵华北，在斋堂川建立据点。为适应斗争形势需要，八路军主力再次转到外线作战，刘玉昆的县游击大队担负起打击敌人、保卫抗日政权、掩护群众的任务。他们利用熟悉地形和群众基础好的优势，割电线、打岗楼、炸碉堡、填水井、阻截卡车、破坏交通，神出鬼没地打击敌人，使据点里的日、伪军惶惶不可终日。一天清晨，刘玉昆带领游击大队袭击进犯柏峪台的小股日、伪军，追击十几里，打得日、伪军狼狈逃回斋堂据点。

1941年，平西抗战进入最艰苦的岁月。为坚持斗争，刘玉昆带领20多名游击队员和100余名民兵，在打击敌人的同时，还设法获取根据地急需的各种物资。一天，燕家台村日军据点的内线送来情报，透露据点里运来几车米、面、盐和布匹。刘玉昆接到情报，经过仔细筹划，决定里应外合，夺取这些物资。当天夜里他带领部队来到燕家台村附近，向前来接应的内线问明情况后，便开始布置作战任务。战斗打响后，游击队队员以机枪吸引敌人火力，声东击西，给日、伪军造成八路军要攻打据点的假象，掩护民兵进入据点，与接应人员一起干掉看守库房的日、伪军，快速把仓库里的物资运走。当日、伪军发现仓库里的物资已荡然无存时，才如梦初醒，但为时已晚。

日、伪军对刘玉昆恨之入骨，十几次到他的家乡柏峪村"扫荡"，但却始终不见他的踪影。

伏击歼敌

1943年春，县游击大队配合八路军主力开始反攻作战。斋堂据点的日、伪军处在重重包围之中。6月的一天，沿河城地下党员老索给刘玉昆送来情报：沿河城来了大批日本军官，准备次日到斋堂据点。得知这一消息后，刘玉昆立即组织召开党员扩大会，讨论作战方案。会上他综合大家意见，决定带领部队在山高路险的林子台村打伏击，准备狠狠地教训一下敌人。

当天夜里，刘玉昆带着游击大队来到林子台村，在日军必经的公路上埋下几个20斤重的石雷，随后把队伍分散到公路两旁的山林里。次日拂晓，日军的两辆卡车从沿河城方向开来，驶进伏击圈，石雷轰然炸响，顿时火光冲天、烟尘四起，卡车被炸翻在路边的水沟里，日本军官死伤惨重。刘玉昆带领游击队队员冲下山，歼灭了那些没有被炸死的敌人。

战斗就要结束时，闻讯从斋堂据点赶来增援的五六十个日军，乘着两辆卡车向游击队扑来。刘玉昆见敌人来势凶猛，迅速带着队员撤到山上，居高临下与敌人展开激战。日军摸不清状况，不敢恋战，仓皇地把死尸拖上卡车，逃回据点。这次战斗刘玉昆带领游击队队员，毙伤日军30余人。

刘玉昆　威震平西的游击队队长

3天后，斋堂据点的日军倾巢出动，前往柏峪村进行报复。刘玉昆早有防备，他决定采取避敌锋芒、攻其不备的战术，来打击日、伪军。刘玉昆先安排把粮食坚壁起来，再让群众转移到山里。随后，他带着游击大队绕道奔向敌人老巢——斋堂据点，使用声东击西的战术迫敌回援。当"扫荡"的日军刚刚来到柏峪村口的时候，游击大队的枪声已在斋堂据点响起。日军怕老巢被端，便急忙返回斋堂据点，而此时刘玉昆早带着游击大队撤走了。

接二连三的战斗进一步锻炼了刘玉昆的指挥才能，他把麻雀战、夜袭战、地雷战等游击战术灵活地结合起来，带领游击大队时而出击、时而夜袭、时而埋伏，打得敌人日夜不宁，胆战心惊。每到天黑，日军便缩在"乌龟壳"岗楼里，不敢再出来。有的岗楼怕刘玉昆夜袭，竟把门堵死，每天从岗楼顶上放下软梯，爬进爬出。只要是游击队出没的地方，敌人就闻风丧胆，不敢随意乱蹿。

1943年秋，由于长期转战在深山老林，条件艰苦，缺吃少穿，刘玉昆积劳成疾，患上严重的肺病，有时因胸闷难支瘫倒在行军路上。他的身体每况愈下，队员们都劝他好好休息，他总是斩钉截铁地说："我没事，不把鬼子赶出去，誓不罢休。"腊月的一天，刘玉昆率领游击大队连续拔掉敌人在楼岭和石河的两个据点，却在返回驻地的路上口吐鲜血，倒在柏峪村后的深山里，年仅30岁。

"豪气长存、英名万古。"1946年8月15日，刘玉昆被中共宛平县委追认为烈士。为纪念这位抗战英雄，宛平人民将他的名字镌刻在纪念碑上。

（执笔：范晓宇）

娄　平　从学生到八路军指挥员

寒风呼啸，地冻路滑。1938年冬的一天，一个学生模样的青年满头大汗地骑着自行车，穿梭于北平街头。他一会儿出现在深宅大院的门口，一会儿出现在工人宿舍，一会儿出现在街头邮筒旁边。最后，他来到位于王府井大街的一家乐器行，跟老板窃窃私语几句后，匆匆离开，直奔前门火车站，登上开往天津的火车。这个人名叫娄平，是北京大学农学院的学生，时任中共北平城市委员会（以下简称"中共北平城委"）书记。

娄平

保护北平党组织

娄平，原名陶声垂，1917年出生在北京绒线胡同，自幼受到良好教育。参加一二·九运动后，他与崇德中学一些志同道合的同学，以"读书会"团体会员加入北平市大中学生联合会（以下简称"北平学联"），后来又参与组织成立崇德中学中华民族解放先锋队（以下简称"民先"），与中共北平地下组织建立了联系。1936年年底，娄平加入中国共产党。七七事变后，他担负起中共与民先联络及民先整顿的工作。1938年春，他任中共北平城委书记，受市委书记李常青单线领导。

这几天，娄平为什么这么匆忙又紧张呢？原来由于个别民先队员不慎泄密，民先组织的总负责人孙以亮（孙道临）被捕。

"斩断火道！"中共北平城委当即决定。因为孙以亮对城委最为了解，他的被捕有可能影响到中共北平党组织的安全。所谓"斩断火道",就是通知所有可能受牵连的同志,立即撤离或隐蔽起来,切断党组织被连续破坏的通道。

中共北平城委决定分头行动。于是,娄平不惧危险,四处奔波,要赶在每个关系人暴露之前,通知他们隐蔽或撤离。

同时,娄平安排城委委员岑铁衡,通知《世界日报》报社的陈泽民撤离北平,到天津等候组织联系;通知上线周英、市民先大队长齐振铎、城委交通员王裕成立即赴天津在英法租界碰面;安排城委委员王家杰、廉维、周彬等中共党员隐蔽待命。

安排妥当后,娄平乘火车赶赴天津。下车后,他拿着小学同学黄宗江写的一张纸条,找到黄宗江的家。黄母一看是儿子的笔迹,就明白了娄平的处境,安排他住在家里。

几天后,娄平转移到英法租界的清华同学会,与北平撤离的同志聚齐。(北)平(天)津唐(山)点线委员会负责人葛琛,专门到清华同学会,听取娄平关于中共北平地下党组织和民先遭到部分破坏的情况汇报。平津唐点线委员会认为,娄平、岑铁衡、齐振铎公开活动过于频繁,不宜继续留在北平,决定让他们撤到冀东游击区。

创作抗日歌曲

1939年1月,娄平乘火车离开天津,到达唐山古冶后,连夜步行20余里,来到八路军冀东第1支队所在地潘家峪,任政治部组织科科长。当年秋,改任包森支队四总队教导员。

同年冬,日军在兴隆、遵化等地实行"三光"政策,强行"集家并村",制造"无人区"。老百姓饥寒交迫、苦不堪言,冀东抗日斗争进入最艰苦的阶段。为鼓舞根据地军民的战斗士气,娄平把心中的怒火写成抗日歌曲。在遵化堡子沟,他创作完成冀东抗日根据地第一首抗日歌曲《寒夜曲》。

雪盖满山岗，西风吹来透骨凉。

鬼子烧了住房，数九里露天的寒夜难搪。

吃穿用都葬送在火场，肚子饿的难当，扒一把米炭且充饥肠。

说什么并乡！中国人的死活，那干鬼子半寸心肠！

泪眼望着火场，热泪流到白须上成冰桩。

哪里还有家乡？哪里再找住房？

今夜，且在这草堆上睡一场，且在这草堆上睡一场。

这首歌曲，凄凉悲壮，极富感染力和震撼力，很快就在根据地广为传唱，产生了极大的教育作用。

冀东当年流行的另一首抗日歌曲《打倒汉奸汪精卫》，也是娄平改编的。1940年夏季的战斗间隙，在盘山中心砖瓦窑小天井，娄平动员宣传队积极进行宣传演出时，有人提出缺抗战歌曲，没有作曲人才。"没有新曲，可以旧谱填新词！"他灵机一动，哼着北伐时期《国民革命歌》的曲调，顺口填出"打倒汉奸！打倒汉奸！汪精卫！汪精卫！他是头号汉奸！他是头号汉奸！打倒他！打倒他！"此歌铿锵有力，充满激情，大家齐声唱起，如林涛回荡在群山，合成愤怒的吼声，直冲云霄。

屡战日寇

1940年元旦，中共冀东地分委决定，到河北蓟县盘山开辟新的根据地。一天，娄平带着16人的通信班，跟随军分区副司令员包森，夜宿遵化西南部的黄台村。第二天上午，部队不幸被数十倍的日、伪军包围。决定分头突围后，包森带5人绕过黄台口子，很快顺利脱险。日、伪军的火力便转向娄平等3人，跑在前面的2人翻过山时，稍迟一步的娄平距山垭口尚有10多米。敌人穷追不舍，密集的子弹在娄平脚下嗖嗖扫过，他迅速卧倒，趁敌人换子弹的间隙，猛地向前蹿几步。如此三次，他终于通过垭口，迅速下山。他跑到山下的马各庄，老乡洪瑞把自己骑的自行车让给娄平，娄平骑车很快追上了包森,把自行车让给包森,自己跟着跑。不久,老乡李逢春又送来一辆自行车给娄平骑。军民接力,终于突围成功。

1940年深秋的一天,娄平所在部队返回盘山根据地途中,宿营洙水口村时,与日、伪军遭遇。激战中,娄平和团直属队几十人遭到日军围攻。他当机立断,指挥团直属队胜利突围。几十年后,一位当年的译电员回忆起此事,还心存感激地对娄平说:"当年亏得有你指挥,不然大伙儿就危险了。"

1944年1月20日,已任冀东军分区四区队副政治委员的娄平,参与指挥"黄土坎防御战"。当天,日军纠集1500余人,配有7辆装甲车和20门山炮,从平津唐三地长途奔袭,合围黄土坎村。娄平与区队长田心分别指挥村东西两侧战斗。

部队利用村东头有一条河流的有利地形,用石碌碡(liù zhou)、大车阻挡坦克进攻,用集束手榴弹打击冲锋的步兵,在兄弟部队支援下,血战了一天,四区队以牺牲53名战士的代价,炸毁敌坦克1辆,毙伤日军500余人,创造了冀东八路军以少胜多、以弱胜强的成功战例,被冀东军区司令员李运昌赞誉为"冀东一次歼灭日军最多的战斗"。

1944年秋,部队整编,娄平任冀热辽军区第11团政治委员,这时,他已成长为一名成熟的八路军指挥员。

抗日战争结束后,娄平转到地方工作,参与创建冀东建国学院并任副院长。新中国成立后,他先后任察哈尔省教育厅副厅长,河北省教育厅厅长,南开大学党委副书记、副校长等职。离休后专注于冀热辽抗战史研究,著作有《包森传》《冀热辽人民抗日斗争简史》等。

(执笔:郭晓钟)

陆　平　从北大到平西抗日根据地

"工农兵学商，一齐来救亡。拿起我们的铁锤刀枪，走出工厂田庄课堂，到前线去吧，走上民族解放的战场！"这首抗日战争时期广为传唱的《救亡进行曲》，唱出了无数爱国青年的心声。北大学生陆平，就是唱着这首歌和同学们一起勇敢走向抗日战场的，他在血与火的淬炼中成长为一名坚强的革命者。

在平西抗日根据地时的陆平

反解聘斗争初露锋芒

陆平，1914年出生于吉林省长春市，祖籍山东省掖县（现莱州市）。九一八事变后，陆平的家乡被日军占领。面对山河破碎、国恨家仇，他毅然投身抗日救亡运动，并于1933年3月在吉林省立第一师范学校加入中国共产党。两个月后，他辗转来到北平，后受命在党的外围组织河北革命互济会任秘书，参与了救援狱中同志、筹备华北民众御侮救亡大会等工作。1934年他考入北京大学文学院教育系，积极参加学校的各种爱国活动，从而崭露头角，后当选为北京大学学生救国会执委。

一二·九运动爆发后，北平笼罩在白色恐怖之中，大批爱国师生无端被捕，北京大学教育系教授尚仲衣就是其中的一位。尚仲衣是留美博士，不仅学识渊博，还积极支持抗日救亡运动，在师生中享有很高声望。虽经多方营救，被无罪释放，但北京大学迫于国民党当局的压力，仍以"研究无结果、教学不力"为由宣布将他解聘。当局和学校的行径，激起广大师生的满腔义愤。

经过周密部署，陆平抓住学兄学姐即将毕业的时机，决定发起一场反对解聘尚仲衣教授的斗争。1936年5月30日下午4时，教育系毕业生欢送会在北大二院隆重召开。进入自由发言阶段，陆平事先安排好的一位同学突然站起来提议："尚老师不能走！请校方收回解聘成命！"一石激起千层浪。同学们纷纷踊跃发言，大会由此转向。尚仲衣教授既感动又不安，多次恳求不要因他的个人问题改变原定议程。然而，同学们激情不减。这时，陆平站起来高喊："爱国无罪！抗日无罪！尚老师无罪！"会议一直持续到晚上9时，最后通过挽留尚仲衣教授的具体方案：一是以教育系全体同学的名义，要求校方收回成命；二是如果斗争无果，便联络全校同学，策划下一步行动。

会后，陆平带领教育系学生按照方案实施行动，并派代表分别向北大教育系主任吴俊升、文学院院长胡适陈述挽留尚教授的理由，北大学生救国会也积极声援。

为争取社会舆论支持，陆平还发表3篇通讯，公开报道北大解聘尚教授的事实真相以及广大师生挽留的呼声。胡适得知后，把陆平叫到办公室责问道："为什么要给报社写尚仲衣被解聘的报道？"陆平说："我是《世界日报》的特约记者，我有采访和写稿的自由。胡博士，您不是主张民主自由吗？如果您认为我的文章有失实之处，您可以刊登声明。"胡适被驳得哑口无言。

然而，在当局的强力干预下，学生们的斗争没有取得预期结果，尚教授被迫离开北大。但反解聘斗争的失败，并没有削弱陆平抗日救亡的斗志。同年7月，陆平参加北平市学生救国联合会和民族解放先锋队在樱桃沟举办的"抗日救国军事夏令营"，并和清华大学学生赵德尊在一块巨石上共同刻下"保卫华北"四个大字，发出了抗日救亡的时代怒吼。

机智勇敢经受生死考验

北平沦陷后，陆平还没有毕业就离开北大，辗转济南、太原、临汾、西安、延安等地，后到晋察冀抗日根据地工作。1941年6月，陆平由中共冀热察区委秘书长调任平西地委常委、宣传部部长，投身艰苦卓绝的平西抗日斗争。

平西抗日根据地，是晋察冀抗日根据地的东北屏障，也是输送平津进步青年、国际友人、紧缺物资前往延安和其他根据地的重要通道，战略地位极其重要。日、伪军对这一带频繁进行大规模"扫荡"，实行残酷的"三光"政策，陆平和战友们经常与数倍于己的敌人近距离遭遇，随时面临着生死严峻考验。

1941年7月1日，是中国共产党成立20周年纪念日，陆平在涞水县河东村准备举办庆祝活动。突然有人报告，日、伪军已到达附近的白涧村，必须马上转移。平西地委书记李德仲与陆平商定，分头撤退。陆平带5人在撤退途中遭遇伪军，后勤部干部张觉中弹牺牲，总务科科长孙仲印胳膊负伤。陆平怀着悲痛的心情和战友们边打边撤，最终突出重围。

同年8月，日军又调集5个师团、6个混成旅和部分伪军共10万人，采取"分区扫荡，逐个歼灭"的方针和"梳篦式清剿，分进合击"的战法，分十三路对晋察冀边区进行大规模"扫荡"，使平西根据地遭受巨大损失。

10月的一天，陆平和八九个战友被100多名日、伪军围困在一个村子里，突围时被打散。这时，陆平身边仅有3名战士，他环视四周，发现不远处草丛里有一块大石头。走近一看，这块石头上面平整，下面是空的，周围还长满杂草，是个躲藏的好地方。于是，他们就钻到石头下边，子弹上膛，发誓"绝对不能让鬼子抓活的"，随时做好牺牲的准备。敌人到处搜寻，有的伪军还站在石头上高喊："抓陆平，要活的！"敌人搜了半天，没有发现他们，只好撤了。

在平西抗日斗争的岁月里，类似的战斗还有很多，但陆平和战友们并没有被吓倒，而是越战越勇。

深入敌后开辟新区

反"扫荡"结束后，陆平等地委干部返回驻地涞水县计鹿村，看到遍地焦土、房屋被毁、牛羊被抢，悲愤之情油然而生。为尽快治愈战争创伤，打开工作新局面，平西地委决定召开全体县委书记参加的扩大会议。

11月初的一天，地委扩大会议在临时搭建的大席棚里召开，陆平主持会议，李德仲做报告。会议总结了反"扫荡"的经验教训，讨论研究了下一步工作计划和方案，众人一致同意陆平关于"到敌后去开展游击战，打破日军封锁"的建议，提出突破敌人封锁、向山外发展的方针，确定精兵简政、干部地方化、开展大生产运动等政策。

会议认为，要打开平西工作局面，必须重点加强三个地区的工作：一是通往北平的咽喉要道昌（平）宛（平），二是号称"米粮川"的蔚县、涿鹿、怀来，三是房（山）涞（水）涿（州）平原。会议调整了三个地区的干部配备，决定在永定河北的昌宛建立中共昌宛房工委和昌宛房县佐公署，并派地委成员前往传达会议精神。最初的分工是李德仲去昌宛，陆平去房涞涿。然而，陆平主动提出："昌宛群众基础不好，还是我去。"当时的昌宛敌情十分复杂，日军又在那里增设了炮楼，面临的危险和困难更多。紧要关头，陆平把最艰巨的任务留给了自己。

12月30日，天刚蒙蒙亮，陆平率中共昌宛房工委副书记林克清、昌宛房县佐彭城等人前往永定河北。他们机警地绕过敌人的岗楼、据点，通过封锁沟、封锁墙，于四五天后的一个夜晚到达永定河北。

在昌宛房县佐公署秘书曹建章的接应下，陆平来到一个叫洪木庵的村子。村子里一片死寂，只有寒风不时送来阵阵凄厉的枪声。在一间茅草屋里，饥肠辘辘的陆平喝了一碗棒楂菜粥后，就连夜召开干部会议，研究分析永定河北的形势。第二天一早，为安全起见，他们转移到山上一个四面透风的草棚里。不久，一名村干部跑进来报告："后山发现敌人。"陆平只好率部在山里和敌人周旋。

几天后，昌宛房地区的各区领导干部陆续到齐。会议在松树村的山里召开，这个村子四周都有敌据点，但地形便于隐蔽。于是，在敌人的眼皮底下，陆平传达了计鹿会议精神，强调坚持和发展永定河北地区的斗争，对于扭转整个平西根据地的局势具有重要意义。会议决定组织短小精悍的武装工作队深入敌后，开辟新区，扩大抗日根据地。

北平抗日斗争群英荟

经过一年多的艰苦斗争，通过广泛发动群众，建立起"两面政权"，开展减租减息，把大量粮食运入根据地，支援了前线抗战。同时，组建敌后武工队、锄奸队，配合主力部队，见缝插针地打击敌人，打破了敌人的整体部署和经济封锁，昌宛房斗争形势发生根本性变化，平西根据地也得到了巩固和发展。

1943年4月，陆平调任平西地委平北分委副书记兼平北支队政治部主任，后历任平北地委书记，冀察军区、察哈尔军区、华北军区第3纵队政治部主任等职。

新中国成立后，陆平历任中共松江省委常委，铁道部副部长，北京大学党委书记、校长，第七机械工业部副部长等职，2002年11月在北京逝世，享年88岁。

（执笔：黄迎风）

马　福　焦庄户地道战的带头人

"铛——铛——铛……"深夜，日本鬼子偷袭高家庄，老村长气喘吁吁地奔向村中的大槐树，发出了报警的钟声，村民们随即钻进地道，安全脱险，老村长却壮烈牺牲了。这是红色经典电影《地道战》中一个感人的片段。其实，抗战时期平郊地区也有一位带领村民挖地道、打鬼子的老村长，他就是顺义龙湾屯乡焦庄户村的马福。

马福

初建地道网

马福是土生土长的焦庄户村人。1938年，冀东大暴动波及焦庄户村，也在这里播撒下抗日救亡的火种。第二年夏，八路军晋察冀军区第4纵队第3支队来到焦庄户一带宣传抗日，开辟根据地，44岁的马福秘密成为村里的第一名共产党员。

离焦庄户村不远的地方就是日伪龙湾屯据点，敌人经常进村骚扰伤害群众。一次，马福为了躲避日、伪军，急中生智跳进一户村民家的白薯窖里，躲过一劫。这次逃生经历使他想起，早年在关外扛活时，东家屋后就有一条暗道，直通不远处的山沟，顺沟就能逃到山上。马福知道，这是东家用来防身的。受这两件事的启发，他暗暗琢磨：如果能把各家的白薯窖连成暗道，户户相连，就可以从地下出村，在紧要关头躲避敌人的祸害。

于是，马福找来村里的抗日骨干商量，大家觉得这是个好办法。谁知

139

道一征求村民意见,却有很多人想不通。有的说,挖地道好是好,可叫鬼子发现了咋办;有的说,下雨时地道会灌水,可能会造成房倒屋塌;还有的说,劳心费力,万一不管用,岂不白干了……面对种种疑虑,马福和骨干们没有气馁,一户户进行动员。他们还巧妙设计了开挖地道的方法,带头在自己家里试着挖。同时,还制定了奖励的办法,村民每挖一方土,就发给一定数量的小米。这些措施激发了村民的积极性,一场修筑地道的人民战争就这样打响了。

为掩护群众挖地道,马福派人到日伪据点附近监视,还在村口安排了岗哨,并叮嘱乡亲们一定要注意保密。在他的带领下,村民们白天选址,晚上挖掘,将挖出的新土运到村外的金鸡河里,防止被敌人发现。由于准备充分、组织得当,仅用了3个月,地道就初步完工。他们把地道口搭上木棍,堆上柴草,做好隐蔽。村民们又在各家院落跨墙处挖通地下连线,将地道口设在抗日骨干家中,逐步连通了几条小的支线,初步形成了焦庄户村的地道网。

地道挖好不久,驻扎在龙湾屯炮楼的日、伪军突然闯入村中,两名来不及撤退的八路军侦察员,立即跳进地道,顺利钻进村外金鸡河的芦苇塘,成功脱险。焦庄户村的地道初次发挥了作用。

抗战显神威

1942年4月,焦庄户村党支部建立,马福任书记。第二年春天,他又被选为村长,成为全村对敌斗争的带头人。村里很快组建了民兵中队、妇救会和儿童团,支前工作开展得红红火火,"锄奸"任务屡建奇功。由于他工作积极,斗争坚决,上级指派他担任办事员,负责周围十几个村的抗日工作。1943年秋,马福率民兵利用地道出击,炸翻日军的1辆汽车,缴获电台1部、子弹500多发。在他的带领下,这一带村民运粮草、做军鞋、筹钱款、抬担架、掩护伤员,抗日热情日益高涨。

在与日、伪军的周旋中,马福发现已建成的地道还有不少缺陷:不能防烟、怕灌水、缺氧气等。一次，一名八路军干部被敌人追捕，眼看就要被活捉，突然发现旁边恰好有一个地道口，便立刻钻了进去，但由于没来得及掩盖好洞口，被日、伪军发现。敌人堵住洞口，点燃玉米秆往里扔，还用鼓风机吹风，妄图熏死这名干部。这名八路军虽然最终顺着地道逃走，但是却受到严重的烟熏火呛。

怎样更好地利用地道保护八路军和乡亲们呢？马福日思夜想，寝食不安。恰在此时，三（河）通（州）顺（义）联合县教育科科长徐进来焦庄户蹲点。马福向他诉说了自己的心事。徐进结合冀中地道战的经验，借助"凹"字，生动地向马福讲解了地道设计以及利用翻板防水、防烟、防毒的原理，即把地道挖成"凹"字形，在出入口安上一块木板，垫上黄土，泼上清水，就能把地道"隔断"，进而实现防水、防烟、防毒。在徐进的指导下，马福带领全村老小齐上阵，开始改造地道。经过不懈努力，焦庄户村的地道不仅能藏、能走，还能防、能打，成为打防结合的功能性地道。

1944年5月，上级决定端掉龙湾屯的日伪炮楼。马福带领民兵先把地道挖到离炮楼不远的地方，在内线配合下突然发起攻击，一举端掉了炮楼，俘虏伪军40多人，缴获大枪37支。这次战斗彰显了地道战的威力。

周围村庄的乡亲们看到了挖地道的好处，都纷纷效仿，挖起了地道。就这样，村连村，户连户，地道连成片。地道战把敌人搅得日夜不宁，胆战心惊，对敌斗争形势明显好转。马福带领的民兵队名气越来越大，作战范围越来越广，南到40里外的北务镇、北至30里外的密云县一带，都有焦庄户民兵抗敌的身影。

巧骗日、伪军

随着斗争形势的需要，晋察冀第14军分区还把卫生处第二所搬到这里，附近的八路军伤病员也集中到这里养伤治病。村里经常住着几十个伤病员，一有敌情，村民就把他们藏进地道，直至痊愈后重新走上抗日战场。马福亲自送走的伤员就有20多批，600多人。

北平抗日斗争群英荟

1944年8月下旬,中共冀热边特委副书记李楚离一行途经这里,是要去延安参加党的七大。马福带领民兵以地道为掩护,护送他们顺利通过日、伪军的封锁线。

焦庄户的抗日斗争如火如荼,让日、伪军恨得牙根痒痒。他们视马福为眼中钉、肉中刺,不仅四处频繁搜捕,还不惜高价悬赏捉拿,并放话说:"捉到马福上秤称,1斤分量给1斤钞票。"

为了保护马福,乡亲们想出了一个让马福诈死的办法。一年冬天,焦庄户村外的马家坟地,又多了一个坟头,坟前插着一块木牌,上写"马福之墓"。几天后,日、伪军再次进村缉拿马福。乡亲们说:马福最近得暴病死了,你们不信,到他坟上去看。敌人气急败坏,把马福的母亲毒打了一顿,悻悻而去。望着远去的敌人,村民们心中暗喜,这座假坟终于骗过了敌人。

"男女老少齐参战,人民战争就是那无敌的力量……"电影《地道战》中的老村长高老忠牺牲了,焦庄户地道战的带头人马福却迎来了抗日战争的胜利。新中国成立后,马福继续保持革命本色,为焦庄户村的建设发展贡献力量。

(执笔:王化宁 郝若婷)

聂　耳　用音乐奏响战斗号角

"起来！不愿做奴隶的人们！把我们的血肉，筑成我们新的长城！中华民族到了最危险的时候，每个人被迫着发出最后的吼声……"这首创作于抗战初期的《义勇军进行曲》，后来成为《中华人民共和国国歌》，激昂的旋律表达了中国人民对帝国主义侵略的强烈愤慨和反抗精神，体现了中华民族团结一心、共赴国难、抵御外侮的英雄气概。它的曲作者就是人民音乐家聂耳。

聂耳

加入北平剧联

1932年8月11日，一位英俊潇洒的青年手提小提琴，随着摩肩接踵的人流，走出北平火车站。他叫了一辆洋车，来到宣武门外校场头条7号的云南会馆，住进1号房间，准备报考北平艺术学院音乐系。

这位青年名叫聂耳，1912年出生于云南昆明，自幼喜爱音乐，15岁考入云南省立第一师范学校，翌年加入中国共产主义青年团。18岁前往上海谋生，参加了中国共产党领导的上海反帝大同盟和一些群众性的示威游行。1932年上海爆发一·二八事变，唤起聂耳抗日救国的激情。他结识了上海左翼文化运动领导人田汉，并在田汉影响下加入左联音乐小组。

九一八事变后的北平，大批难民相继拥入，抗日救亡气氛浓厚。聂耳在云南会馆并没有埋头于考试准备，而是经常深入天桥等地收集音乐素材，将所见、所闻、所感真实地记录于日记中：我"钻入了一个低级社会。在这儿，充满了工人们、车夫、流氓无产阶级的汗臭，他们在狂吼、乱叫，好像些疯人样地做出千奇百怪的玩意儿，有的在卖嗓子，有的在卖武功，这些吼声，这些真刀真枪的对打声、锣鼓声……这是他们的生命的挣扎，这是他们向敌人进攻时的冲锋号"。

9月中旬，聂耳参加考试。他在"党义""国文"试题中分别选写《国难期中研究艺术的学生之责任》《各自写理想的精神之寄托》，将抗日救亡的思想融入答卷中，自然不合国民党考官的胃口，结果名落孙山。聂耳虽然非常失望，但没有放弃对艺术的追求，他找到居住在东交民巷的苏联小提琴教授托洛夫学习，因负担不起高昂的学费，只上了四节课。

苦闷忧愤之时，与他同住在云南会馆的同乡陆万美找到他。陆万美当时在中共北平地下党组织中负责文艺工作，虽与聂耳相交不深，但略有了解，知道他是一位趋向革命、很有才华的青年。经过几次深度交谈，聂耳决定参加北平左翼文化运动。陆万美随即向北平左翼戏剧家联盟（以下简称"北平剧联"）领导做了报告。恰好北平剧联负责人于伶也收到上海左翼戏剧家联盟介绍聂耳的信，便和陆万美一起到会馆找到了他。

聂耳那朝气、矫健、热情、聪敏的气质，深深吸引着于伶，他向聂耳介绍了北平剧联的情况，真诚地约请他一起参加活动。聂耳喜出望外，欣然接受。

筹组北平乐联

犹如孤雁汇入雁阵，聂耳很快投入左翼群众文化斗争之中。正如他所说："是把我泛滥洋溢的热情与兴趣汇注入正流的界堤。"

加入北平剧联后，聂耳积极参加中共北平地下党组织在西单牌楼举行的"飞行集会"。他挺胸阔步，和大家一起手挽手，高喊口号，并带头唱起革命歌曲。队伍声势浩大地向国民党市党部走去，当人们看到党部大门关闭，便蜂拥而上，砸了它的招牌。回到云南会馆，聂耳依然掩饰不住斗争胜利的喜悦，频频微笑着与邻居打着招呼。

聂耳还曾步行10余里，到东城区海运仓胡同的朝阳学院，聆听北平师范大学社会学系主任马哲民的演讲"陈独秀与中国革命"，看到现场一个托洛茨基分子跑上台捣乱，学生们立即与他展开激烈斗争。学生们高涨的革命热情深深感染着聂耳，使他受到极大的鼓舞和深刻的教育。

正当聂耳充分释放抗日救亡激情、准备大显身手之时，北平剧联领导交给他一项特殊任务，让其作为主要负责人，筹建"北平左翼音乐家联盟"（以下简称"北平乐联"）。之前一些进步的音乐工作者、学生，已经在酝酿成立这个组织。聂耳接手工作后，主动与先期筹备的同志们配合，积极联络其他音乐界同志共同参与。他草拟组织大纲，准备成立大会。由于他的组织能力强，业务修养较高，在音乐界又有一定的威望，筹备工作进展顺利。1932年10月下旬，北平乐联成立大会在西四一所教会女子中学召开。这天是星期日，他们安排部分女学生从学校门口到楼口严密警戒，大会召开近两个小时，未受任何干扰，非常成功。会前酝酿北平乐联负责人时，大家都推选聂耳，但他谦虚地说，自己还要回上海，提出由其他同志负责。最后，他被推选担任执委。

谱写不朽战歌

音乐是呐喊，音乐是号角！迸发出时代的强音，跳动着时代的脉搏！聂耳积极参加和组织群众活动，用音乐做武器，宣传抗日救亡。

1932年10月28日晚，为东北抗日义勇军募捐的演出在清华大学礼堂拉开帷幕。北平剧联领导宋之的、于伶来了，聂耳拿着小提琴来了，老师们来了，同学们都来了……现场气氛热烈，群情激昂。

"起来！饥寒交迫的奴隶，起来！全世界受苦的人，满腔的热血已经沸腾，要为真理而斗争……"聂耳站在台上，左手托起小提琴，右手举起弓弦，下巴轻轻压住腮托，只见他猛地把头一昂，拉动弓弦，《国际歌》乐曲顿时响彻舞台。

这时，台下的一些右派学生起哄捣乱，往台上扔石子。钢琴伴奏吓跑

北平抗日斗争群英荟

了，晚会主持人赶忙把聂耳拉回幕后，请他不要演奏这样的曲子。聂耳毅然回到舞台，坚持要把这首充满无产阶级心声的乐曲演奏完。当雄浑有力的《国际歌》旋律再次响起时，观众们激动地站立起来，悲壮的歌声和着乐曲冲出礼堂，飞向苍穹。

北平剧联的同志还经常上街表演活报剧。一次，聂耳在北平的十字街头，唱起曲调委婉的云南民歌，歌声使过往的行人停下脚步，人越聚越多。这时，只见一位东北老大娘，衣衫褴褛，坐在地上号啕大哭，边哭边控诉日本鬼子的罪行。哀怨凄惨的哭声，让在场的中国人怒火满腔。突然，一个身着长衫、留着小胡子的"汉奸"，追逐着一个中国姑娘。观看的人们再也无法沉默，"打倒日本鬼子！""打倒汉奸"的口号声响成一片。原来，这是聂耳和剧联的同志们上演的活报剧。等到国民党警察闻讯赶来，大家已迅速转移到下一个地点演出。

聂耳与同志们一起战斗，政治上进步很快，也越来越成熟。他向于伶表达了加入中国共产党的愿望。北平剧联地下党组织认为：聂耳虽已具备入党条件，但考虑到他将回上海，就没有为他办理入党手续。

此时，北平的天气已经很寒冷，聂耳的寒衣还在上海的当铺里。大家为他凑齐路费，11月6日，他依依不舍地告别北平，回到上海。

1933年年初，聂耳由田汉介绍加入中国共产党。从此，他不仅获得政治新生，艺术才华也得到进一步发挥。他陆续创作的《新女性》《开路先锋》《前进歌》《卖报歌》等30多首歌曲，广为传唱，极大地激发了中华民族抗日救亡的热情。特别是他为电影《风云儿女》谱写的主题歌——《义勇军进行曲》，更是成为不朽的民族战歌。因聂耳积极宣传抗日，遭到国民党当局通缉。党组织为了保护这个奋发有为的革命青年，决定让他离开上海取道日本，前往欧洲和苏联学习。1935年7月17日，他在日本神奈川县藤泽市海滨不幸溺水身亡，年仅23岁。

聂耳短暂的一生，正如著名作曲家冼星海所评价的那样："以他满溢的才华和大胆创新的精神谱出了这个时代的最强音。"

（执笔：韩旭）

彭　涛　一二·九运动中的北平学联党团书记

1961年11月17日，庄严肃穆的北京中山堂内，正在举行一场公祭仪式，周恩来主祭，邓小平、陈云等出席，四周摆放着毛泽东、刘少奇等党和国家领导人敬献的花圈。如此高规格的仪式，祭奠的是新中国首任化学工业部部长彭涛。中共中央的悼词中写道：在1935年的一二·九运动中，彭涛同志参加了领导工作，成为这一运动的组织者和领导者之一。下面让我们循着彭涛的革命历史足迹，去领略那段激情燃烧的岁月。

彭涛

组建北平学联

彭涛是江西省鄱阳县人，13岁就走上革命道路，先后担任鄱阳县儿童团团长、团县委宣传部部长。大革命失败后，他因带头组织游行，抗议蒋介石背叛革命，几次被学校开除。1931年，他来到向往已久的北平，考入北平大学附属高级中学，一面学习，一面投身抗日救亡的学生运动，并于次年加入中国共产党，担任附中团支部书记。

彭涛的革命活动引起校方注意，再次被开除学籍。北平地下党组织派他担任共青团北平市南区区委委员，从此开始了他的职业革命生涯。之后，他先后到第29军宋哲元部和察哈尔民众抗日同盟军中从事兵运工作，1934年考入辅仁大学，以学生身份为掩护开展工作。

1935年6月，中共河北省委指导恢复被破坏的北平党组织，组建中共北

北平抗日斗争群英荟

平工作委员会(以下简称"北平工委"),彭涛任宣传部部长。7月,国民党政府与日本达成"何梅协定",河北、察哈尔两省大部分主权被拱手出卖,各界群众极为愤慨。彭涛因势利导,组织发动了一次以教会学校爱国学生为主的请愿活动。他起草宣言,提出"反对出卖华北""开放言论集会自由"等6项要求,印成传单,广为散发。这次请愿活动在北平产生了一定的积极影响。

当年夏天,河北、山东暴雨成灾,黄河决口,数十万灾民得不到政府救济,无家可归,大批逃到北平。彭涛根据党组织指示,积极投身救灾活动。他找到女一中学生自治会主席郭明秋,对她说:国民党统治严密,公开进行抗日救国活动比较困难,可以由女一中学生自治会出面,和清华大学、北平师大等学校一起组织救灾。彭涛领导筹建了北平大中学校学生黄河水灾赈济联合会(以下简称"赈济会"),担任党团书记。赈济会在国民党当局登记备案,具有公开合法地位。他们联系了20多所学校,成立分会,发动组织学生上街为灾民募捐义演,宣传抗日救亡,筹集到2000多元善款,还派代表团赴灾区慰问和救济灾民。赈济会的公开活动成功地把救灾与抗日救国结合起来,20多所大中学校的学生组织也得以逐步恢复和建立。

随着日军在华北扩大侵略,局势岌岌可危。北平工委开会研究如何看待形势和怎样开展工作的问题。彭涛在外文报刊上看到,党的《八一宣言》主张停止内战,组织国防政府和抗日联军,共同抗日。他分析认为,应该团结各种力量,发动群众,利用请愿等公开合法方式开展抗日救亡。这一意见得到民族武装自卫会负责人周小舟等人的支持。北平工委主要负责人则坚持过去"打倒国民党、建立苏维埃"的主张,不同意搞请愿等合法群众运动。两种意见相持不决。彭涛联络周小舟、谷景生等几人,组织领导清华、燕京、北师大、辅仁、女一中等几个基础较好的学校,继续开展民主活动。11月18日,彭涛和周小舟、谷景生等研究决定,把黄河水灾赈济会改组为北平市大中学生联合会(以下简称"学联"),女一中的郭明秋任主席,清华大学的姚依林任秘书长。

中共河北省委了解到北平工委内部意见分歧,支持彭涛等人的意见,于1935年11月重组中共北平临时工作委员会(以下简称"北平临委"),谷景生为书记,彭涛、周小舟为成员。北平临委在学联建立党团,彭涛任书记,领导学联工作。

领导示威游行

北平临委成立前后,日本侵略者扶植汉奸殷汝耕在通州成立傀儡政权"冀东防共自治政府",并迫使国民政府成立冀察政务委员会,推动"华北自治"。彭涛和郭明秋会面说:"当前形势更为紧迫,学生们需要有个抗日的行动,来表示华北人民也可以说是全中国人民抗日的民意。"经过认真分析形势,北平临委决定,由学联出面,以请愿方式发动一次大规模抗议行动。

学联会议上,彭涛提出,现在全国就像布满了干柴,一个火星就会燃烧起熊熊大火,只要我们一号召,群众就会响应。他带头拟定6项请愿要求,如反对一切中日间的秘密交涉,停止内战,保障人民言论、集会、出版自由等,得到与会者赞同。

彭涛等人得知,冀察政务委员会拟于12月9日成立,遂决定当天组织学生请愿游行。行动前几天,彭涛和学联部分骨干在女一中召开秘密会议,对是否游行形成两种意见。有人说,得先预估一下人数,够800人就上街。彭涛认为,不需要估计人数,只看形势是不是需要就可以了;可以让力量大的学校先出来,再到力量较小的学校去喊口号,这样必有响应,超过800人不成问题。彭涛的意见最终得到大家同意,并决定9日先集中到新华门请愿,如果不成功就改为示威游行。彭涛和学联负责人郭明秋、姚依林、黄敬、孙敬文等,还多次在他家里开会,详尽讨论部署游行口号、时间、路线及组织工作,研究游行队伍的领导指挥问题。

12月9日清晨,各校学生迎着寒风走上街头,向新华门行进,一路上振臂高呼口号,很快会集了1000多人的请愿队伍。因请愿未得到当局接见和答复,便按计划改为示威游行,途中越来越多的人响应参与进来,游行人数一度达到四五千人。震惊中外的一二·九运动爆发了。由于党的领导干部不宜参加公开活动,彭涛等人没有出现在游行队伍中,但他们始终关注着活动的进展情况。为了推动活动走向深入，他和学联几个负责人连夜开会，布置了发展组织、实行总罢课等工作。

12月14日，北平报纸刊登了冀察政务委员会将于16日成立的消息，彭涛立即组织学联负责人开会，决定再举行一次大规模示威游行，并成立指挥部，由宋黎、邹鲁风公开指挥，另外派出代表分别赴上海、南京、武汉等地宣传，扩大影响，争取社会各界广泛同情和响应。

15日晚，彭涛走进王府井大街拐角处的长安饭店，和姚依林、郭明秋碰面。随后，黄敬、孙敬文、董毓华等10余人陆续来到，他们围坐在一起打起了扑克牌。原来，北平当局和各大学校校方声称，"16日起全市各校学生必须全部上课"。为防止情况有变，他们几个便以打牌为掩护，碰头检查游行的准备工作。大家确认无异常情况，一致同意按原计划行动。

12月16日，北平城再次响起抗日救国的怒吼。由于动员广泛，准备充分，在天桥召开的大会包括学生、工农和市民共有3万余人参加，会后举行了1万余人规模的示威游行。虽然遭到当局镇压，但引起了很大震动，得到北平各界群众的广泛响应和支援。

南下宣传抗日

为了避免学生运动一哄而起、一哄而散的弊端，12月16日晚上，彭涛和郭明秋、姚依林、黄敬等人开会，总结当天的行动。大家认为，两次游行是成功的，接下来的重点是怎样使运动深入持久发展，如何巩固和扩大运动成果。经讨论，初步决定各校继续总罢课，派代表分赴各地，宣传介绍北平游行示威情况，扩大运动影响。

国民党政府为压制分化学生爱国运动，要求各校取消期末考试，提前放寒假，还下令各省市专科以上学校派校长和学生代表到南京"聆训"。彭涛等北平市委成员召开紧急会议，决定利用放假这段时间，联络北平、天津各校，组织一个规模较大的宣传团，沿平汉路南下，到农村扩大抗日宣传。

1936年1月初，平津学生南下扩大宣传团正式成立，彭涛任党团书记。平津两市500多名大中学生分成4个团，避开军警封锁，徒步踏上南下之路。

沿途，他们教唱革命歌曲，演出抗日话剧，召开群众大会，帮助当地组织儿童团、救国会等团体，宣传抗日救国道理。所到之处，广受欢迎。其间，彭涛等党团成员有意识地组织大家讨论"当前是打倒帝国主义，还是集中力量打倒日本帝国主义"等重大问题。通过全团大辩论，把大家的思想统一到党提出的现阶段"打倒日本帝国主义"口号上来。

彭涛还带头深入贫苦农民中调查访问，倾听他们的心声。大家亲眼看到，农民遭受重重剥削压迫，生活悲惨到超乎想象。仅以饮食为例，学生们南下路上吃的是粗面大饼和咸菜，比起在学校的伙食算是吃苦了，但这对于当地农民来说，却是一年也吃不上几顿的好饭食，玉米面窝头和小米粥就是他们平时能吃到的最好东西。有的佃农，租地要先交一年的租金20元，租到的却是沙地，即使遭到水旱灾害颗粒无收，地主也只管收租收地，不管百姓死活。团员们受到深刻教育，思想觉悟有了很大提高，很多人走上了与工农群众相结合的革命道路。作为党团书记，彭涛还注意发现培养活动骨干和积极分子，吸收他们加入党组织。经他介绍，宣传团副总指挥、北师大学生江明，第1团团长、北大学生会主席韩天石等人都在这段时间入了党。

宣传团的抗日活动不断遭到军警和便衣特务破坏，各分团原定在保定会师的计划受到干扰，尤其是第3团在高碑店还被警察和便衣队强行遣返。根据这种情况，彭涛认为，如果继续前进，势必跟军警发生冲突，遭到不必要的损失。于是，队伍到达保定以东的板桥镇后，他组织召开党团会议，研究下一步计划。这时北平市委派人传达指示，要南下宣传团适可而止；同时还通知彭涛，国民党当局要逮捕他，要他必须赶快离开队伍。会议决定，宣传团南下到保定为止。彭涛指定敖白枫接任宣传团党团书记，当即返回北平。

宣传团回到北平后，彭涛参加了学联和宣传团在西山召开的会议，总结南下活动经验，酝酿建立一个永久性的先进抗日青年组织。经北平市委批准，1936年2月1日，中华民族解放先锋队成立。成员们积极投身华北和全国抗日救亡运动，许多人后来成为抗战的骨干力量。不久，彭涛被调往天津，担任市委委员、区委书记。

全民族抗战爆发后，彭涛遵照党的指示，深入华北敌后，投身抗日游击战争。解放战争时期，他参加上党战役、邯郸战役，后随中原野战军挺进大别山。新中国成立后，彭涛被任命为化学工业部首任部长兼党组书记，为我国化学工业发展做出重要贡献。1961年病逝于北京，时年48岁。

（执笔：陈丽红）

平西手枪队　神出鬼没　威震敌胆

抗战时期，有一支手枪队活跃在平西一带。这支队伍虽然只有几名成员，却机动灵活、神出鬼没，深入日军据点，锄奸反特、策反伪军，创造了一个个传奇，极大鼓舞了平西人民的抗日热情，受到晋察冀边区政府的表彰。

杀汉奸　敲山震虎

1940年秋，日军对平西抗日根据地进行大规模"扫荡"，占领斋堂，以此为中心先后建立起大小据点36个，形成"五里一据点，三里一岗楼，抬头见刺刀，低头铁丝网"的严酷局面。

为在敌占区打开抗战局面，1942年冬，中共平西地委、昌（平）宛（平）县委研究决定，建立一支短小精悍的武装工作队——平西手枪队。这支队伍的任务是在县公安局领导下，深入敌占区，重点打击平日作恶多端的汉奸、特务，以配合县、区干部及各区游击队开展抗日工作。县公安局调来几名精明强干的小伙子，经过一段时间训练，由贾增瑞、赵金山、张文功、王占勤4人组成的平西手枪队正式成立，地委的几位领导还把自己佩带的手枪交给手枪队使用。

西斋堂有个汉奸叫"曹滚子"。他原是一个地痞，日军在斋堂建立据点后，他便投靠日军当起了汉奸，专门在斋堂、军响一带刺探八路军和抗日干部活动情报。宪兵队特务机关见他效忠"皇军"，特奖给他两颗日本甜瓜式手榴弹。他受宠若惊，更是倚仗日军势力到处招摇撞骗，敲诈勒索，坏事做尽。

一天,"曹滚子"要从斋堂去军响,手枪队接到抗日群众报告后,便由贾增瑞、张文功、赵金山3人去执行抓捕任务。他们打扮成庄稼汉,偷偷潜入军响据点,"曹滚子"果然在里面。贾增瑞破门而入,飞步上前抓住他的双手,赵金山掏出绳子就捆,张文功在枕边搜出他那两颗甜瓜式手榴弹。"曹滚子"自知死期来临,想通过枪声引起炮楼上日本兵的注意,便说道:"就在这把我枪毙了得了。"队员们识破他的诡计,没有上当,而是把他押去灵水村,接受群众审判。

天亮后,手枪队在灵水村召开群众大会,并把那些在伪组织里干过坏事的人员都传来旁听。张文功在会上公布了"曹滚子"的罪行后,便问大家怎么处置他,"曹滚子"民愤太大,谁都恨他,大家齐声说:"叫他死!"处决"曹滚子"不久,手枪队又在达摩口公路上将汉奸"韩豁嘴"抓住,就地正法。

消息传开,抗日群众无比高兴,传颂着手枪队锄奸的英雄事迹。传来传去,竟把手枪队说得来无影、去无踪。手枪队不管走到哪里,那里的老百姓就觉着有了主心骨。消息传到敌人那里,他们对手枪队议论纷纷,有的说手枪队真厉害,得有几十人,有的认为手枪队有几百人。不仅伪军、汉奸们害怕手枪队,就连日军提起贾增瑞的手枪队,也感到不寒而栗。

随着手枪队的名声越来越大,又有几名队员加入进来,后来队伍逐渐壮大。

除叛徒　大快人心

日军在斋堂建立据点后,抗战环境越来越艰苦,八路军的一位连长李正华经不起艰苦斗争考验,叛变投敌。他不仅向敌人提供情报,还亲自带领日军到涞水县山区根据地,烧毁八路军查河兵工厂,给部队装备补给造成很大损失。为此,日军留他在杜家庄警察所当了个警长,专门负责刺探抗日干部行踪。手枪队决定,一定要除掉这个叛徒。

平西手枪队　神出鬼没　威震敌胆

1943年4月的一个夜晚，手枪队队员来到杜家庄据点栅栏门外，剪开铁丝网，贾增瑞带领队员赵金山、赵德馨去抓李正华，张文功、王俊殿等人负责在街头掩护，王占勤随同县公安局的王在田在村外警戒指挥。贾增瑞3人翻墙跳入院内，发现屋内灯火通明，还不时传出嬉笑和打麻将声。贾增瑞等人来到窗前，捅破窗户纸向屋里一看，只见有4个男人正在打麻将，旁边还站着1个女人。贾增瑞示意赵德馨在院门警戒，便一脚踹开屋门，带赵金山大步跨进屋中。

"不许动！"这突如其来的一声，把屋里人全都吓呆了。他们见闯进两名手持短枪的大汉，一时不知所措。李正华还没缓过神来，就被手枪队队员捆了个结实。手枪队队员推着李正华走出屋门，这个狡猾的叛徒却死赖着不走，企图拖延时间，后又躺在地上撒泼，并大叫"快来人救我！有八路军！"这惊动了住在斜对面的伪治安团，他们听到喊声就开了枪。霎时，枪声伴随着手榴弹的爆炸声响成一团，日军炮楼也朝这边开火。贾增瑞一看行动已经暴露，活的是带不出去了，只能就地解决。他便拔出匕首，照着李正华身上连刺几刀，李正华顿时不动也不叫了。队员们迅速撤出据点村。

第二天，当队员们因除去一大叛徒而高兴时，杜家庄日伪据点内线传来情报，说李正华没有死，被日军送到北平医院治伤去了。果然，不到一个月他就伤好出院，又回到杜家庄。这个叛徒不但不知悔改，反而变本加厉，扬言非抓住杀他的人报仇不可。

为了打击敌人的嚣张气焰，手枪队决定要坚决除掉李正华。1943年5月的一个深夜，手枪队队员们在王在田率领下，又悄悄进入杜家庄。贾增瑞、赵金山等一行3人摸进警察所，直奔李正华住处，进屋后，李正华被惊醒，刚想拿挂在墙上的手枪，就被队员们按住。贾增瑞等人押着这个叛徒走进警察所所长住所，这时王在田等其他人正在对警察所内的伪警察进行教育，要他们认清大局，别再干坏事，给自己留条后路。

经过上次失误，手枪队队员们格外谨慎，大家押着李正华走出杜家庄，来到村外河滩，就地处决了这个可耻的叛徒。李正华一死，有个外号叫"鬼子六"的日本特务，被手枪队吓破了胆，他担心在杜家庄待下去性命不保，便悄悄溜回北平，从此再也没敢回来。

手枪队处决李正华、吓跑日本特务"鬼子六"的消息很快传遍斋堂，也传遍平西抗日根据地。这一大快人心的消息不仅鼓舞了群众坚持抗日的斗志，还给汉奸、叛徒敲响了警钟。除少数铁杆汉奸、叛徒外，多数都害怕八路军手枪队找他们秋后算账，行为有所收敛，斋堂地区抗战局势有了很大好转。

晓大义　伪军反正

在距斋堂8里地的高铺村对面，山岩嘴上有一个敌人岗楼，由伪警备队一个班驻守。他们时刻担心被手枪队收拾，也想给自己留条后路。后来听说手枪队的事迹，对人称"二虎"的贾增瑞队长，更是又敬又怕。

1944年春的一天，贾增瑞路过高铺村，想顺便去看一个熟人。贾增瑞对这个村很熟悉，村里人他基本都认识。当他经过一户人家时，听见屋里有人说话，听声音这是两个陌生人，他便一脚踏进门中想看个究竟。屋内两个伪军见有人进来，刚想起身，贾增瑞拔出手枪对准他们："别动！我是手枪队的二虎。"两个伪军一听，慌忙举起双手，连说："久闻队长大名，饶命饶命……"

贾增瑞问明情况，知道他二人就是岗楼上的伪军正、副班长，了解他们平时在此民愤不大，便对他们讲解八路军的宽大政策，准备当场释放。两个伪军班长很感激，随后邀请贾增瑞到山上岗楼去坐坐。去还是不去？贾增瑞心中盘算着。但见二人态度诚恳，更是一个争取他们反正的好机会，便试探地问道："要是日本鬼子去了怎么办？"二人回答："就说你是我们的朋友。"就这样，贾增瑞同他们一起来到山上岗楼。

伪军们见班长领来一个身带手枪的彪形大汉，又对他如此恭敬，都感到疑惑不解。进入岗楼，贾增瑞把手枪往桌上一放，便与两个班长聊起来。从各自家庭情况、如何当上伪军，到日本侵略者的累累罪行，贾增瑞启发他们：都是中国人，要爱国，不要当亡国奴，应当枪口一致对外，等等。伪军们听后深受教育，要留他在此吃饭，贾增瑞婉言谢绝。告辞时，伪军班长拿出20排三八式步枪子弹作为见面礼，请贾增瑞收下，希望他以后常来给他们做指示。随后，送贾增瑞出岗楼，拱手告别。

贾增瑞向县委领导做了汇报，县委领导考虑到关系已经打通，就派专人做争取工作，经过几次协商，这班伪军在6月的一天夜里举行了反正。

自手枪队组建以来，先后参加大小战斗63次，击毙汉奸、特务26名，生俘伪军43名，争取一个班的伪军起义，缴获长、短枪18支，子弹1484发，战刀2把，手榴弹40枚及其他军用物资若干。[①]1944年3月，平西抗日根据地的斗争形势有了根本好转，手枪队完成了历史使命后宣布撤销。

1944年秋，贾增瑞代表平西手枪队出席晋察冀边区政府召开的群英大会，被边区授予"锄奸英雄"称号，并获得勋章1枚、手枪1支。平西手枪队存在时间虽然不长，队员也不多，但他们机智果敢、不畏强暴的英勇事迹在人们口中久久传颂。

（执笔：曹楠）

[①] 中共北京市委党史研究室编：《北京抗日群英谱》，北京出版社1995年版，第192页。

沈　爽　把最后一颗子弹留给自己

北京市密云区西部，蜿蜒起伏的燕山山脉黄花顶上，耸立着一座"臭水坑惨案"烈士纪念碑。每逢清明时节，都会有络绎不绝的人们来到这里，悼念在此壮烈牺牲的原中共丰（宁）滦（平）密（云）抗日联合县县长沈爽和他的战友们，追思那段激情燃烧的岁月。

沈爽

毁家纾难　投身抗日

沈爽是满族人，1896年出生于吉林省双城县镶黄五屯的一个殷实之家。他在吉林师范学校毕业后回乡任教，后到绥芬河担任盐仓仓长。在这里，沈爽接触到中共地下组织，并于1931年秘密加入中国共产党。

九一八事变后东北沦陷，3000万同胞陷于水深火热。沈爽毅然辞去公职，将自家100多亩土地抵押后筹集资金，购买枪支弹药，化名白涤飞，与抗日爱国人士关耀洲合作，组建起一支抗日自卫军。关耀洲任司令，沈爽任副司令。

抗日自卫军活跃在哈尔滨以南的双城及邻近各县，并与中共领导的东北抗日义勇军赵尚志部建立联系。此后，两支队伍密切配合、互相支援，攻打伪警察所，袭击日军巡逻队，镇压汉奸卖国贼，给日伪统治造成很大威胁，抗日自卫军队伍很快发展到2000多人。日伪多次"清剿"不成，便想用高官厚禄诱降，放出风说：如白司令率队归降，立即授以双城县县长之职。

沈爽的四叔也劝他"归顺"。沈爽正义凛然地说："咱是中国人，决不能当亡国奴。侄儿抗日是为国尽忠，战死可以，投降不成！"四叔仍不死心，继续劝他："咱是满族人，现在成立了满洲国，你归顺后当了县长，也能光宗耀祖。"

沈爽大声呵斥道："我不认什么满洲国，你心里要还有祖宗，就说不出这番混账话！要当汉奸县长你去当，我不稀罕！"说罢愤然而去，从此叔侄决裂。

1932年，抗日自卫军被打散，关耀洲战死。此后，沈爽隐姓埋名，往返于哈尔滨与北平之间，秘密从事抗日活动，多次将东北抗日武装的重伤员辗转送进北平陆军总医院，还为抗日部队购买严控的药品、军火、蜡纸等物资。

1935年，日军加大对东北抗日义勇军的"围剿"，华北危机日趋严重，日伪对东北抗日爱国人士的搜捕更加疯狂，沈爽的秘密抗日活动越来越困难。党组织决定：将沈爽调往北平做地下工作。

勇闯虎穴　瓦解敌人

七七事变后，沈爽受北平地下党组织派遣，秘密加入国民抗日军，任司令部参谋。同年年底，国民抗日军改编为八路军晋察冀军区第5支队。1940年，沈爽调到中共平北地委工作，不久随晋察冀军区第10团到达丰滦密联合县，协助县委开展对敌工作。

对敌工作风险性很大，不仅要胆大心细，而且有时还要深入虎穴，与敌人斗智斗勇。一天上午，沈爽扮作教书先生，头戴礼帽，身穿长袍，腰藏手枪，大大方方地朝密云县城西门走来。把守城门的伪军将他拦下，盘问道："干什么的？"沈爽说："我是县政府要员苏俊峰的亲戚，乡下闹八路，我来县城谋点事干。"伪军打量了一下，见他长相儒雅，神情淡定，也没过多盘问，一挥手就让他进了城。

早前，沈爽对苏俊峰有一定了解，知道他是被迫给日本人做事，有争取的可能性。于是，他径直来到苏俊峰家，进门就亮明身份，说明来意，晓以大义，并说："我今天不请自来，要抓我请便。只要不怕血溅厅堂，你家就是我的坟场!"苏俊峰被他的胆量折服,更被他所讲的道理打动,便答应帮忙。沈爽在苏家住了几天,接触了伪县政府、伪新民会、伪商会和伪警备队的一些人,做了大量抗日宣传工作,并获取了不少情报。此后,凭借与苏俊峰的关系,他又多次进出县城,购买药品、布匹等,还在伪职员、伪军中发展了几名秘密情报员。

后来,沈爽还了解到密云县伪警备大队有个中队长叫张博,不仅出身穷苦,而且具有抗日倾向,他带的队伍也很少祸害百姓。于是,沈爽通过关系约他见面,先是肯定他是个有良心的人,打消了他的疑虑,接着二人谈了很久。沈爽从日本入侵谈到中国人民的苦难,从抗日救国谈到八路军的所作所为,从民族大义谈到怎样做才算是堂堂正正的中国人。晓之以理,动之以情,话到深处,张博失声痛哭,表示愿意协助沈爽做一些有利于抗日的工作。

从此,二人成为好友,张博向沈爽提供了很多有价值的情报,并为他进出县城提供方便。1941年8月,张博率该中队70余人,携2挺机关枪、数十支步枪起义,加入晋察冀军区第10团。

临危受命　坚持斗争

1941年10月,日、伪满军队对丰滦密根据地进行"大扫荡",制造"无人区",实行"四光"政策。丰滦密地区抗日斗争形势骤然恶化,许多干部和群众被抓被杀,根据地面积急剧缩小,十分困难。危难之际,沈爽出任丰滦密联合县县长,带领丰滦密人民配合八路军第10团,开展反"扫荡"、反经济封锁、反"集家并村"等系列斗争。

他组织县区干部逐村、逐沟寻访百姓,按照群众实际居住情况,能按村的按村,不能按村的按照山沟重新组织起来,恢复和建立起村政权及群众组织。

当时,丰滦密根据地条件十分艰苦,加上日、伪军的严密封锁,不仅缺衣少食,甚至连住的地方都没有。沈爽反复动员大家说:"坚守根据地和开辟新区同样光荣,哪怕只剩下一个村庄、一个山头,也要坚持到最后胜利."就这样,根据地军民咬紧牙关,坚持斗争。房子被烧了,就住窝棚;窝棚被烧了,就住山洞、石缝和长城楼子;山洞、石缝被炸了,他们就住用"花旗布"缝制的帐篷。吃野菜、嚼树叶、喝生水,宁愿饿死、冻死,也决不向日军屈服。

群峰环绕的黄花顶上有一个小积水坑,人们称之为"臭水坑"。这里山高路险,怪石嶙峋,只有东南角一条狭窄的山口可供出入,是一个适合隐蔽的好地方。丰滦密根据地军民在此建立起军事活动站。这里没有房屋,只挖有地炕,居住时把地炕烧热,搭上临时窝棚,离开时再把地炕口用土埋上。

1942年4月初,沈爽率县政府机关、王亢率团部和伤病员来到"臭水坑",第10团第6连负责警卫。7日下午,驻地附近突然发现伪警察搜山。他们研究决定,王亢率第6连2个排去莲花瓣伏击敌人,沈爽和第10团锄奸股长丘阜负责守卫"臭水坑"驻地。

8日清晨,沈爽忽听北大梁方向传来哨兵报警的枪声,立即要求大家准备转移。不久,哨位告急。沈爽派2个班上山增援,阻击敌人。但北大梁制高点已被敌人占领,四周的山上响起激烈的枪声,"臭水坑"被日、伪军包围。

沈爽感到情况严重,紧急集合队伍,先将机密文件埋掉,然后命令仅有的1个班及40多位带枪的干部,保护伤病员向南突围。队伍进入东沟时,发现唯一的出山口已被敌人封锁,两次冲锋都没突破。为冲出包围,沈爽再次组织大家与敌人展开激战,有枪的用枪,没枪的用棍棒和石块,有的赤手空拳与敌人厮打,有的抱住敌人滚下悬崖。

沈爽与警卫员背靠着背对敌射击。面对绝境,他大声对警卫员说:"出去告诉同志们,不管多大的困难,也要守住根据地!"说罢,他把枪膛里的最后一颗子弹射向自己,壮烈牺牲,年仅46岁。

战斗结束后,敌人残忍地割下沈爽的头颅,挂在大水峪村头示众,并扬言鼓噪根据地完蛋了,妄图以此震慑抗日军民。然而,抗日的烽火不仅没有被扑灭,反而越烧越旺,丰滦密根据地军民更加顽强地进行抗日斗争,直至取得抗战胜利。

(执笔:贾变变)

沈忠明　卢沟桥守军中的中共地下党员

隐情埋功战火中，沧桑风云逝真容。中共身份终昭世，家国情浓慰英雄。七七事变中，中国守军第29军立下"卢沟桥即为尔等之坟墓，应与桥共存亡，不得后退"的铮铮誓言。排长沈忠明率领全排战士，誓死守卫回龙庙，奋勇杀敌，壮烈殉国。沈忠明的历史就此尘封，直到20世纪70年代，藏在他身上的秘密才被揭开——他不仅是国民革命军第29军的一位排长，还是一名中国共产党地下党员。

投奔抗日同盟军

沈忠明，原是安徽省濉溪县黄营子村的一位教书先生，本可平静地生活，却因一场突变改变了他的人生。他的堂弟被人杀害，申冤打官司，却遭到不公。他深感社会黑暗，愤而离家，出去闯荡。

1933年5月，沈忠明来到察哈尔省会张家口，进入造币厂工作。此时的张家口风雨飘摇，日军占领东三省后，进一步将魔爪伸向华北，民族危机日益严重。长城抗战失败后，在中国共产党的帮助下，冯玉祥、方振武、吉鸿昌等爱国将领在张家口组织成立了察哈尔民众抗日同盟军（以下简称"抗日同盟军"）。

"好男儿应上阵杀敌！"沈忠明这位23岁的热血青年，再也无法安心留在工厂工作，决定从军报国。他在家乡时就知道，有位远房亲戚叫周树一，在察哈尔一带从军。到了察哈尔后，他多方打听，终于找到了在抗日同盟军第2师第3团任团长的周树一。当时沈忠明只知道周树一是团长，不知道他还有另一个秘密身份——中共地下党员。

经周树一介绍，沈忠明参加了抗日同盟军，成了干部学校的一名学兵。正在抗日同盟军取得节节胜利之时，却受到日军与国民党军队的双重打压。同年8月，冯玉祥被迫宣布撤销抗日同盟军总部，干部学校随之也被撤销。沈忠明非常苦闷，好在全体学员被编入国民党第29军第37师学兵队，他得以继续学习。他十分珍惜这来之不易的机会，努力学习、刻苦训练，时刻准备为国而战。

学兵队毕业后，沈忠明被分配到驻守在宛平县卢沟桥畔的第29军37师219团3营11连，任1排排长。

加入中国共产党

沈忠明虽有雄心壮志，但现实却让他碰了壁，他感到非常迷茫。第29军驻防平津地区后，面临着风诡云谲的复杂局面。日本对华北虎视眈眈，蒋介石对日妥协，继续奉行"攘外必先安内"的反动政策。军长宋哲元为了维持自己的最大利益，既想保持同南京政府的隶属关系，又想享有和行使自治实权；对日既有妥协退让的一面，又不想当汉奸。

沈忠明对此百思不得其解，找到亲戚周树一，吐露心声，寻求答案。周树一借机向他讲述革命道理，并亮出自己共产党员的身份。

根据形势发展，按照瓦窑堡会议关于建立抗日民族统一战线的精神，中共中央北方局和中共北平市委积极争取与第29军建立抗日民族统一战线，并要求地下党组织在同国民党中上层军官进行接洽与联络的同时，还要积极深入下层官兵开展工作。通过努力，在第29军的4个团秘密建起了士兵党支部，积极而慎重地发展党员。

沈忠明进入第29军第219团时，有一些地下党员以大学教授、学者等身份，多次来到部队上课，讲述国际时事和抗日救国道理，激发军人抗日救国热情。沈忠明听在耳里，记在心里，懂得作为一名军人应该追求救国救民的真理，并逐渐认识到只有中国共产党才是真抗日、才能救中国。

1936年，沈忠明找到周树一，提出加入中国共产党的请求。同年8月，经周树一介绍，党组织派北方局情报部王世英对沈忠明进行考察。王世英约沈忠明来到北平先农坛丁香树林内，以组织名义同他认真谈话。当问及为什么要加入中国共产党时，沈忠明坚定表达了自己对共产党的认识及向往："我认为只有中国共产党才是真正站在老百姓立场为广大工农群众的利益而奋斗的，我愿意加入这个组织。特别是目前日本帝国主义侵略中国的领土，残暴地杀害老百姓，我一定在共产党领导下，奋勇杀敌，不怕牺牲，做一个真正的共产党员。"沈忠明一番慷慨激昂的回答，体现了他献身革命、寻求真理、矢志不渝的坚定信念。经过严格考察，王世英认为沈忠明具备了入党条件。随后，沈忠明被批准为中共预备党员，暂由周树一直接领导，经一年预备期转为正式党员。

沈忠明被批准入党后，积极在官兵中宣传党的抗日主张，影响和带动身边士兵刻苦训练。他迫切期待在抗日战场上英勇杀敌，早日把日本侵略者赶出中国。

战死回龙庙

卢沟桥事变爆发时，沈忠明所在第3营正守卫在卢沟桥和宛平城，营长金振中将战斗力较强的第11连沈忠明排、李毅岑排，部署在卢沟铁路桥东、回龙庙一带。

1937年7月8日6时许，日军撕下所有伪装，日本中国驻屯军第1联队第3大队主力在大队长一木清直指挥下，气势汹汹地径直向回龙庙及铁路桥扑来。守在铁路桥头的沈忠明，对日本侵略者在中国土地上所犯的滔天罪行早已义愤填膺。他一边积极备战，一边派人向营长金振中报告敌情，请求出战。但第29军高层仍然认为可以通过谈判和平解决争端，因此，命令全军将士必须在敌人进入中国守军阵地前百米内才准开枪。金振中营长命令全营官兵：只要敌人踏过百米线，就立即开火，消灭敌人，不使生还！

中日双方军队首先在回龙庙附近对峙。为鼓舞士气，沈忠明对全排战士说:"弟兄们,我们盼望杀敌报国的机会终于到了。作为一名军人,守土卫国是我辈天职,我们应不惜牺牲自己的生命,誓死守卫回龙庙阵地。"

守卫回龙庙的中国守军只有2个排,装备仅有6挺轻机枪、六七十支步枪。尽管如此,官兵们同仇敌忾,做好了随时应战的准备。

日军不顾警告,向着铁路桥头推进,肆无忌惮地踏过百米警戒线。沈忠明一声怒吼:"打!"全排战士一起开火,手榴弹飞向日军,给敌人以近距离迎头痛击,日军死伤多人,被迫后撤。受挫的日军集中炮火向中国守军阵地猛烈轰击,炮弹爆炸声震耳欲聋,桥上桥下弹片四溅,桥头两侧瓦砾横飞。硝烟中,大批日军向回龙庙阵地扑来。沈忠明带领士兵奋起抗击,但终因敌我力量悬殊,全排伤亡惨重,沈忠明自己也身负重伤。

敌人又冲上来了,沈忠明忍着疼痛,提刀一跃而起,带领战士跳出战壕,与日寇展开白刃战。肉搏中,沈忠明砍翻了几名鬼子兵,自己也身中两刀,倒在血泊中,光荣殉国,年仅27岁。

沈忠明的牺牲,激怒了中国守军。面对几百名日军,他们无所畏惧,血战强敌。在李毅岑排长指挥下,战士们一边高喊"为沈排长报仇",一边抡起大刀冲入敌群。杀声喊声震天动地,大刀刺刀刀刀见红。终因寡不敌众,中国军队2个排的官兵几乎全部战死,铁路桥和回龙庙落入敌手。

沈忠明牺牲后,周树一悲痛地将他葬在回龙庙附近。20世纪70年代,在太原工作的周树一找到沈家人,告知沈忠明的牺牲经过和地下党员身份。得知沈忠明早已为国捐躯,家人给他立了一个衣冠冢,与他的妻子合葬在一起。1983年,沈忠明牺牲46年后,沈家后人收到民政部颁发的《革命烈士证明书》,全家把这份证书当成珍宝,代代相传。

(执笔:曹楠)

宋 黎　东北大学地下党支部书记

"停止内战，一致抗日！""全国武装起来保卫华北！""打倒卖国贼！"北平愤怒了，中华民族愤怒了。1935年12月9日，震惊中外的一二·九运动爆发，浩浩荡荡的学生队伍走上北平街头，高呼口号，向着新华门挺进。走在队伍前列身着棉袍的高个子青年，是东北大学地下党支部书记宋黎。

宋黎

走在游行示威队伍前列

"九一八，九一八，从那个悲惨的时候，脱离了我的家乡，抛弃了那无尽的宝藏。流浪！流浪！整日价在关内流浪。哪年，哪月，才能够回到我那可爱的故乡……"九一八事变后，东北沦陷，在东北大学预科就读的宋黎，也成为流浪人群中的一员，随着东北大学内迁来到北平，并在这里加入中国共产党，后担任东北大学地下党支部书记。

1935年，日本帝国主义扩大对华北的侵略，国民党当局采取妥协退让政策，搞所谓"华北特殊化"，并计划于12月9日在北平成立冀察政务委员会。华北危在旦夕，学生们发出"华北之大，已经安放不得一张平静的书桌了"的呐喊。

北平地下党组织因势利导，决定通过北平学联，于12月9日组织北平大中学校学生，到新华门向国民党北平当局请愿，表达停止内战、一致抗日的诉求。12月8日，接受任务的宋黎立即写标语、印传单、制旗帜，组织宣传团、纠察队、交通队和救护队，为第二天的请愿活动做准备。

9日凌晨，东北大学学生会在大礼堂召开全体学生大会，宋黎传达北平学联关于和平请愿的决定，会上他被当场推举为东北大学请愿队伍总指挥。宋黎在动员中说道："东北沦亡，多少同胞无家可归，目前华北垂危，我们已无法安心读书，当务之急是动员全国人民进行抗日……"① 会后，同学们高举着"东北大学学生请愿团"的旗帜，不顾军警阻拦，呼喊着口号冲出校门。

清华大学、燕京大学的学生，原定与东北大学学生会合后一同请愿，但因军警关闭西直门无法进城。宋黎决定，城内的东北大学学生单独行动。队伍在新街口和西四牌楼，先后遭遇军警阻拦，经过一番抗争，东北大学学生终于在新华门前与其他学校学生会合，加入2000多人的请愿队伍中。

此时，新华门大门紧闭，持枪的军警杀气腾腾。学生们推举宋黎、中国大学学生会主席董毓华、北平师范大学学生会主席于刚等12人为学生代表，要求面见国民政府军事委员会北平分会代理委员长何应钦。何应钦避而不见，派参议侯成出面敷衍。侯成对学生代表提出的请求不予正面答复。宋黎和各校学生代表见状，决定改请愿为游行示威。游行队伍从新华门出发，沿西长安街，经西单、西四牌楼、沙滩、王府井大街一路前行，准备最后在天安门广场集会。

国民党北平当局调集大批军警死守王府井大街南口，布置了严密封锁线。游行队伍选派代表同军警交涉，军警却用水龙冲着学生疯狂喷射，甚至用皮鞭、木棒驱赶殴打。宋黎和同学们没有畏惧，更没有退缩，同军警展开搏斗，数十名同学被捕，队伍也被冲散。

一二·九游行示威，震撼了古都北平。美国著名作家海伦·斯诺曾经采访过宋黎。多年后，斯诺在给宋黎的信中写道："一二·九运动冲破了北平及其他地区的白色恐怖，是永远把中国的潮流扭转过来的反法西斯运动。你是这场运动四五个、七八个主要领导者、主要发动者之一。"②

---

① 《一二·九运动回忆录》（第一集），人民出版社1982年版，第6页。
② 1982年4月10日，海伦·斯诺写给宋黎的信。

组织南下宣传

12月9日，游行示威遭反动当局镇压后，中共北平临时工作委员会、北平学联明确表示：广大爱国学生将在"高压下继续奋斗"。东北大学积极开展宣传和组织工作，成立"学生救亡工作委员会"，宋黎等人被选为常委。

11日，有消息称：蒋介石不顾国人强烈反对，仍决定于16日成立冀察政务委员会。对此，广大学生和市民义愤填膺，怒火中烧。北平学联决定，各校学生总罢课，举行更大规模的游行示威。

16日，北平各校学生浩浩荡荡地走上街头。宋黎带领东北大学学生，经顺承王府、锦什坊街、闹市口、石驸马大街，多次冲破军警封锁，抵达天桥与其他学校学生会合。随后，游行队伍经前门、和平门，直奔宣武门。虽然遭到武装军警阻挠，但同学们依然勇往直前，22名同学被捕，300余名同学受伤，20多名重伤者被送往医院。这次示威，迫使国民党政府不得不再次推迟成立冀察政务委员会。

20日，中国共产主义青年团中央委员会发表《为抗日救国告全国各校学生和各界青年同胞宣言》（以下简称《宣言》），号召"把抗日救国运动扩大起来！到工人中去，到农民中去，到商民中去，到军队中去"。根据《宣言》精神，经宋黎提议，中共北平临时工委、北平学联在北平女一中召开会议，讨论学运如何发展问题。会议决定组织平津学生南下扩大宣传团，把学生运动发展成抗日救亡的人民运动。1936年1月2日，宣传团成立，董毓华任总指挥，宋黎、江明任副总指挥。

宋黎带领东北大学学生沿平汉路南下，深入河北农村，开展丰富多彩的抗日宣传活动。他们召开大会，讲述农民受苦受难的根源，是日本帝国主义侵略和地主买办资产阶级的压迫和剥削，号召农民团结起来反抗；他们进行演讲，以自身经历讲述日本如何侵略东北，3000万同胞在日本铁蹄下过着牛马不如的亡国奴生活，揭露日本侵略东北、吞并华北、灭亡中国的野心；他们举办演出，演唱《工人歌》《时事打牙牌歌》等歌曲，演出《打回老家去》等话剧，表达中国人民反抗日本侵略的决心……他们的宣传活动取得了良好的效果，甚至感动了监视他们的军警，"城墙上的士兵和墙下的农民被感动得泪流满面，当时的场面真是悲壮感人"[1]。

宣传团的几百名青年学生冒着刺骨的寒风，每天步行数十里，历经20多天的抗日宣传活动后返回北平。宣传团的南下，既播撒了抗日救亡的种子、唤醒了民众，又锻炼了学生，扩大了一二·九运动的影响。

营救被捕学生

东北大学由少帅张学良创办并兼任校长。东北大学学生在一二·九运动中的表现，引起当时远在西安、任西北"剿匪"总司令部代总司令张学良的关注。他一面捐款慰抚受伤的学生，一面三次电邀东北大学学生代表去西安面谈。

中共地下党组织决定，派宋黎等人为北平学联和东北大学学生代表，去西安面见张学良。宋黎、韩永赞、马绍周3人受命到达西安后，不巧张学良去了南京。宋黎等人认为不能坐等张学良，应该采取一切办法，宣传中国共产党的抗日主张，扩大影响，争取群众。

宋黎等人主动面见西安绥靖公署主任杨虎城将军，陈述了停止内战、共同抗日的主张。杨虎城深以为然，邀请宋黎在纪念孙中山大会上发言。宋黎在大会上慷慨陈词："蒋介石的不抵抗主义出卖了东北，造成东北沦陷于日寇，国破家亡，弄得东北军和东北人民流落异乡。我们再不枪口对外团结起来一致抗日，任日寇蚕食、蒋介石揖让，全国，尤其陕西将步东北人民的后尘，落得同样做亡国奴的悲惨命运。全国应该一条心，停止内战，共同抗日……"[2]演讲引起了西北军将士的强烈共鸣，会场上爆发出雷鸣般的掌声。

---

[1] 《一二·九运动回忆录》（第一集），人民出版社1982年版，第24页。
[2] 《一二·九运动回忆录》（第一集），人民出版社1982年版，第34页。

北平抗日斗争群英荟

不久,张学良返回西安。宋黎向张学良详细讲述了一二·九运动的经过,还向他诉说了东北人民在日寇铁蹄下的种种惨状。张学良同宋黎进行了5次长谈。张学良慨叹:"看来我办东北大学没有白办,还出了宋黎这么个人物。"张学良遂决定把宋黎留在身边当秘书。

2月24日,北平当局宣布取缔北平学联组织,派出大批军警包围各学校,其中东北大学的43名一二·九运动骨干被投入监狱,部分学生有被杀头的危险。宋黎得知这一情况,主动要求回北平营救被捕同学。张学良慎重考虑后,决定派宋黎以"秘书宋梦南"的身份,带上他写给北平宪兵司令邵文凯的亲笔信,返回北平。张学良在信中写道:"家乡沦陷,我有责任。特派秘书宋梦南全权代表处理学生问题。"并交代宋黎:"如果学生没问题,就地释放;假如有问题,已判刑,在北平释放有困难,带回西安释放。"[①]宋黎回到北平后,向邵文凯转递了张学良的亲笔信,并以张学良秘书身份,多次与其进行商洽。经过积极斡旋,最终被捕学生全部获释。

宋黎作为一二·九运动的领导者之一,为推动抗日救亡运动和学生走上与工农相结合的道路,做出了重要贡献。

(执笔:方东杰)

[①] 《一二·九运动回忆录》(第一集),人民出版社1982年版,第38页。

宋时轮　一路高歌向冀东

1938年5月14日，八路军总部致电第120师和晋察冀军区，指示宋时轮所率雁北支队与晋察冀军区的邓华支队组成一个纵队，以雾灵山为中心，开辟冀东抗日根据地。这位年轻指挥员，就是宋时轮。

宋时轮

会师平西

宋时轮是参加过中央苏区历次反"围剿"和长征的老红军。七七事变后，他率一个营转战晋西北洪涛山，后扩编为雁北支队，任司令员兼政委。

这次奉命挺进冀东前，八路军总司令朱德曾找宋时轮谈话，特意叮嘱说："派你们去冀东，有广大发展前途。但冀东却是独立的作战区域，党政军领导人须有应付新环境的能力，出发前要做好充分准备。"

宋时轮率部日夜兼程，于5月下旬到达平西门头沟西斋堂村，与邓华支队会合，合编为八路军第4纵队，宋时轮任司令员，邓华任政委，下辖第11、第12支队。

这时，他们接到了中共中央北方局书记刘少奇对河北省委的指示：一定要看到冀东是一个战略地位十分重要的地区，敌人是绝不会轻易放弃的。在冀东组织武装暴动，不但要有充分的准备，还要有八路军的策应和其他根据地的密切配合。否则，即便发动起来，也难以巩固和坚持。

第4纵队立即召开党委会议，传达学习中共中央、八路军总部和北方局有关指示精神。结合面临的形势和任务，宋时轮提出："我们队伍拉得很长，有的部队还没有到达，需要在平西用10天到12天时间，才能把队伍集合完毕。根据部队的情况是不能马上就走的，但冀东的任务是要求马上去，这就有个小道理服从大道理的问题。"他强调："山地游击战我们是有经验的，在平原地区开展游击战争基本没有经验，不如山地战有把握，所以我们只能依托雾灵山向四周发展。"这次党委会议，统一了大家的思想，明确了下一步任务，提出深入敌后、配合正面战场、发动游击战争、建立新根据地的口号。

随后，第4纵队深入进行思想动员，制订行动方案，投入紧锣密鼓的准备工作之中。只待一声令下，即可踏上挺进冀东的征程。

转战平北

5月底，第4纵队于西斋堂村召开誓师东进大会，宋时轮下达命令："出发！"部队浩浩荡荡地向冀东挺进。战士们高唱起《上前线去》战歌："战火连天响，战号频吹，决战在今朝。我们抗日的先锋队，英勇地武装上前线。用我们的刺刀、枪炮、头颅和热血，嗨！坚决与敌人决死战……"

宋时轮率第12支队走南路，进入昌平一带；邓华率第11支队走北路，进入延庆一带。行进途中，宋时轮一直为部队给养发愁，到达昌平县老峪沟村时，得知县城储备了大量物资，只有少量日、伪军驻守，完全可以乘敌不备，"搂草打兔子"，顺便拿下昌平县城。宋时轮命令第34大队第2营担负此次攻城任务，同时派出部队到南口牵制可能增援的日、伪军，掩护大部队过铁路。

6月4日拂晓，第2营到达昌平城下。第5连仅用几分钟就从城墙豁口摸进城，第6连随后跟进。经过一个多小时激战，除一个炮楼外，县城均被占领，一幅"坚决打到鸭绿江边去，驱逐日本帝国主义出中国"的标语，高高悬挂于城中心的鼓楼上。这次战斗，歼灭日本华北方面军日军、伪昌平县警备队伪军100余人，缴获一批枪支弹药和物资。

当大批日本华北方面军日军、伪昌平县保安大队伪军从南口、清河等地赶来增援时,宋时轮早已率领部队撤离,到达长城边的德胜口。处理俘虏时,他对伪军们讲:"你们都是被迫当伪军的,但中国人不打中国人,希望你们以后不再为日本人卖命。"俘虏们纷纷表示,一定会改过自新,做一个有良心的中国人。

5日,延庆大庄科伪警察分所横在前进的路上,宋时轮命令部队强攻。在强大军事威慑下,伪警察将3个日本兵打死后投诚,30余人全部参加八路军。

鉴于延庆地处长城以北,是平西和冀东的连接纽带,战略地位十分重要,经与邓华商议,宋时轮将第36大队和骑兵大队留在延庆一带,开辟平北根据地,互为策应。

根据这一部署,骑兵大队由伍晋南、詹大南等率领,从永宁直奔延庆东北的白河堡、千家店、花盆山区开展游击战。一天夜里,骑兵大队攻入花盆村内,经过几小时激战,俘虏伪满洲国伪军300余人,缴获重机枪3挺、轻机枪12挺、掷弹筒2具、三八式步枪240支、手枪30支、子弹3万余发。这场战斗沉重打击了日、伪军的嚣张气焰,鼓舞了平北人民的抗战士气。

挺进冀东

不久,宋时轮率部到达密云、平谷、兴隆交界地区,旋即南下墙子路,控制大华山、熊儿寨、镇罗营一带。

6月14日,宋时轮率第34大队进驻镇罗营南水峪,建立南水峪抗日民主政府和抗日救国会。打下平谷镇罗营伪警察所后,宋时轮于镇罗营主持建立密(云)平(谷)蓟(县)联合县政府,以姜时喆为县长。县政府成立那天,宋时轮召开群众大会,号召拥护民主政府,积极参加抗日,得到了当地群众的热烈响应。

为了尽快打开工作局面,巩固新生的民主政权,宋时轮决定攻打平谷县城。当时,平谷鱼子山驻扎着开明绅士尉助峰的千人民团,挡住攻打平谷的道路。宋时轮遂开展统战工作,成功争取尉助峰,让八路军顺利通过。

之后，部队在罗家沟、鱼子山一带发动群众，组织抗日救国会。宋时轮提出"打下平谷蓟县庆八一"的口号，极大鼓舞了抗日军民的士气。鱼子山、熊儿寨地区的群众抗日热情空前高涨，主动给部队备干粮、派向导、绑担架，组成了一支四五百人的支前队伍。

7月19日深夜，大雨滂沱，宋时轮率部赶到平谷城下。他和第34大队大队长易耀彩对了对表："凌晨1点，开始攻城！"

凌晨1时整，一颗红色信号弹划破雨幕，闪耀在平谷城上空。枪声突起，杀声震天。负责攻北门的第1营遇到难题，由于城墙太高，又湿又滑，无法搭梯攀上城头。支前群众说："城墙下面的排水沟可以直通城里。"易耀彩听后，连忙向宋时轮报告。宋时轮看了看水深流急的排水沟，立即命令找出一批水性好的战士，潜水进城。

他们从北门突然出现，消灭守军，打开城门。第1营、第2营、游击队和支前群众随即一拥而入，除少数日军、伪县长、伪警察局长逃跑外，共俘获日、伪军500余人。平谷解放后，宋时轮组建平谷县抗日民主政府，任命姜时喆为县长，同时组建中共平谷县工委，政治部宣传科科长胡突兼任书记。

宋时轮继续率部东进，他治军严格，要求官兵一定严守群众纪律，秋毫无犯。一路上，他和官兵同甘共苦，饿了吃一把自带的炒米，渴了喝一碗路边的溪水。每到一个村庄，战士们不住民房，夜间露宿街头，就连下雨时，也只是躲在屋檐下，从不扰民。此情此景，让许多群众感动得流泪，拉着战士们的手说："天下哪有你们这样好的军队啊！"

7—8月，在党的领导和第4纵队的配合下，冀东10万军民举行震惊华北的抗日大暴动。但遭到日、伪军大规模疯狂反扑，冀东大暴动失败。除留下3支精干小部队坚持斗争外，宋时轮率领主力撤回平西。

从雁北出发，经由平西根据地千里挺进冀东，宋时轮指挥部队一路过关斩将，策应冀东大暴动，壮大八路军声威，虽然暂时遇到挫折，但也为此后建立平北和冀东抗日根据地奠定了基础。

（执笔：王鹏）

苏　梅　平郊抗战绽梅香

抗日战争时期，有一位铮铮铁骨的东北大汉，他遵循党的指示从北平到东北，从绥远到平西，从冀东到平北，建立党的组织，组建抗日队伍，犹如一枝傲风斗雪的寒梅，始终绽放在硝烟弥漫的抗日前线，他的名字叫苏梅。

苏梅（左一）和战友合影

在东北建立抗日团体

苏梅是辽宁省庄河县（现庄河市）人，1930年春考入沈阳冯庸大学。九一八事变后，东北沦陷，冯庸大学迁至北平。家乡沦丧，流亡关内，苏梅心情悲愤，积极参加抗日救亡运动。1932年，苏梅经北平团市委宣传部部长王兴让介绍加入中国共产主义青年团，次年转为中国共产党党员。

1933年6月，苏梅受中共河北省委派遣，赴黑龙江佳木斯抗日义勇军开

175

展工作。苏梅与同乡兼同学、时任桦川女子师范学校教师董仙桥建立联系，经过一段时间考察，苏梅介绍董仙桥等3人入党，并组成西门外党支部，董仙桥任书记。该支部隶属中共河北省委，由苏梅直接联系，积极帮助东北抗日联军开展工作。这也是佳木斯第一个中共基层组织。

苏梅还在黑龙江虎林建立起一支30多人的抗日游击队，活跃在宝清、虎林、饶河一带的深山老林。日军拉网式的"扫荡"和封锁，使粮食匮乏，食盐奇缺，部队长期处于饥饿、无盐状况，致使许多队员的嘴唇和牙龈肿胀、干裂、化脓。为筹措粮食和食盐，苏梅跨过乌苏里江，只身进入苏联境内，希望得到苏联边防军的帮助。由于没有联系渠道，苏军不信任他，粮盐都没能得到解决。苏梅冒着大雪风寒只身返回国内，却失去原部队消息。1934年年底，他辗转回到北平。

1935年1月，中共河北省委决定派苏梅到傅作义控制的绥远扒子补隆垦区，组织东北流亡人士和难民，建立党组织，发展抗日武装。苏梅工作进展很快，发展了七八个农民党员，并建立了党支部，自任书记。他组织党员办夜校、办读书班、出墙报，传播革命道理。这些行动引起国民党特务的注意，他们想要抓捕苏梅。苏梅得到消息，便将工作交给陈钟等人，他转移到黄河岸边隐藏，后再次回到北平，参加中共中央北方局的工作。

为加强对东北流亡平津各界人士工作，北方局成立中共东北工作特别委员会（以下简称"东特"），由苏梅任书记。时值抗日救亡运动高潮，东特工作进展迅速，相继成立东北旅平青年救国会、东北妇女联合会等17个抗日救亡团体。西安事变时，这些团体联合成立东北旅平各界抗日救国联合会（以下简称"东联"）。东联在东特领导下，广泛组织各方面人士，宣传中国共产党停止内战、联合抗日的政治主张，支援国民党第29军抗战，多方面开展抗日救亡活动。

赴平西发展抗日游击队

七七事变后，北平沦陷，苏梅按照党的指示，把东特工作交张文海负

苏 梅 平郊抗战绽梅香

责,他准备到延安去。他在天津找到中共中央北方局组织部部长李大章,李大章说:"你别去延安了。赶快到太原,少奇和彭真同志都在那里,他们会给你分配工作。"苏梅又从天津绕道青岛、济南,乘火车至潼关,过黄河,再北上太原。一路上颠沛流离,经常能看到日军的飞机在头顶盘旋,到处狂轰滥炸。苏梅义愤填膺,迫不及待地想投身抗日战争第一线。

他在太原见到中共中央北方局书记刘少奇,要求去抗日前线,同敌人面对面地战斗。刘少奇则要求苏梅到平西发动群众,建立平西抗日根据地,为主力部队进入打下基础。为解决平津地下党经费问题,刘少奇让苏梅等人先顺路到天津把经费交给李大章,然后再到平西。分别时,刘少奇还特别嘱咐他说:"向敌人开几枪,让他睡不好觉,破坏他的电话线等,这不也是胜利吗?"苏梅坚定地表示:"保证完成开辟平西的任务。"

苏梅等人辗转奔往天津,沿途遭遇几次敌机轰炸,经常要在一个地方躲几天,有时买不到吃食,有时无旅店可住。因他们携带大量现款,行动不得不十分谨慎,所以直到10月才到达天津。苏梅将款项交李大章后,来到宛平青白口,找到中共宛平地下党组织,同魏国元接上关系,传达了中共中央和北方局决定建立平西抗日根据地的重要指示。不久,中共北平市委又派刘杰等6人来到平西开展工作,进一步加强了平西地区党组织的力量。

平西斋堂驻有国民党宛平县县长谭体仁带领的地主武装,他极端反动,扬言不让一个八路军进入斋堂。群众慑于他的淫威,不敢接近共产党。而原驻平西的国民抗日军已南下阜平,中共掌握的部队仅有以吴伟为首的平西游击支队,因此开展工作非常困难。

苏梅等共产党人为保护根据地群众,就带领游击支队上山打土匪,同时宣传抗日主张。经过艰苦的宣传动员,群众的抗日觉悟有了很大提高,受国民党蒙蔽的青年开始接近中国共产党,青白口村的青年彭城率先响应党的号召,加入抗日队伍,带动了更多青年纷纷参加抗日活动。苏梅等人还积极争取地主武装,发展平西抗日游击支队,为主力部队开辟和巩固抗日根据地打下了坚实基础。

1938年春节期间,苏梅等人到阜平晋察冀军区总部汇报平西抗日根据地情况。司令员兼政委聂荣臻听取了汇报，决定由邓华率第6支队开辟平西，苏梅任第6支队政治部副主任。5月，晋察冀军区决定组建八路军第4纵队，苏梅任第4纵队政治部副主任。主力部队的进入，使平西抗日根据地很快得到了加强和巩固。

不久，第4纵队从平西出发挺进冀东，配合中共河北省委组织的冀东抗日武装大起义。由于敌强我弱，斗争形势艰难，1938年10月，八路军主力和冀东人民抗日武装西撤，留下3个支队分散在基础较好地区坚持斗争，组成冀东军政委员会统一指挥，苏梅任书记。1939年9月，苏梅奉命率领第1支队随冀东整训队伍一起赴平西整训，后留在平西工作。

到平北开辟根据地

1939年秋，中共冀热察区委和八路军冀热察挺进军提出"巩固平西、坚持冀东、开辟平北"三位一体的战略部署，根据"巩固地向前发展"的方针，拟以小部分兵力梯次进入的战略战术，开辟平北。1940年年初，中共平北工作委员会成立并组建平北游击大队，进入昌平县后七村一带，开辟平北抗日根据地。

苏梅接任平北工委书记后，率八路军冀热察挺进军司令部警卫连等部队进入平北丰宁境内，连克千家店、杨木栅子两个日伪据点。在第10团和第7团掩护配合下，以苏梅为首的平北工作委员会派出干部深入各地广泛开展工作，执行稳健的政策，不急于扩兵和直接筹粮款，而是争取上层分子，打击死心塌地的汉奸，保护一切拥护抗日的人员。经过几个月的艰苦工作，建立了丰滦密等5个联合县政府和多支游击队，基本站住脚跟。此时，中共平北地委和平北军分区成立，苏梅任代理地委书记，程世才任军分区司令员。

8月的一天上午，苏梅等中共平北地委和军分区领导正在丰滦密五道营子村召开会议，不料消息泄露，驻伪满洲国的日、伪军闻讯扑来。苏梅和平北军分区政治部主任段苏权等人带领第7团第2营到村东小山与敌人展开激烈交火。战斗到太阳快落山时，苏梅去五道营子与程世才等商谈紧急军情。他刚走到村东北河滩，突然遭遇敌人射击，子弹从苏梅右耳根下穿入，从鼻梁右侧眼睛下方出来，顿时血流如注，幸好没有危及生命。

随着平北抗日根据地不断壮大，日军加紧对根据地进行"扫荡"。苏梅带领地委机关转移到海坨山附近南碾沟一带，坚持斗争。海坨山的游击战争非常艰苦，不仅要面对日、伪军三天两头的"扫荡"，还要面对恶劣的自然环境。敌人几度烧杀抢掠，把地委机关的房子烧掉。开始时苏梅等人找当地木匠修房，后来苏梅号召大家自己学着盖。他们买来锛、凿、锯等工具，上山砍树，窗户用木条钉，糊上纸，墙有洞用泥堵上，门口挂着自己编的草帘。春天，房梁上青枝绿叶，煞是好看。夏天，外面下大雨，里面下小雨，苏梅戏称是"水帘洞"。敌人十分凶残，采取"盖就烧，再盖再烧"的对策，苏梅他们就针锋相对地"烧了盖，再烧再盖"。敌人气急败坏，索性连墙壁都给推倒。没办法，苏梅他们就住帐篷、住山洞。冬天天气严寒，他们就把梯田挖成"炕"，就是选一处梯田，拆掉坝阶，往里挖一条沟，沟面盖上石板，抹上一层泥，烧干，上边支上帐篷，照样暖和。撤离的时候，拆掉帐篷，把地面伪装好，敌人来了也看不出，敌人走了照样住进去。就这样，苏梅率领平北地委，配合部队化整为零，采取敌进我退、避强击弱、内外线结合的反"扫荡"方针，巩固扩大了北平抗日根据地。

斗争越是艰苦，越要坚持斗争。苏梅率领中共平北地委机关，团结一切抗日力量，坚持敌后斗争，使得平北抗日根据地不断发展壮大。1942年，苏梅离开平北到中共中央晋察冀分局党校学习。解放战争时期，他赴东北工作，新中国成立后在铁道部任职，1992年逝世。

（执笔：乔克）

孙敬修　抗日战线上的"故事大王"

"小朋友，小喇叭开始广播啦！嗒嘀嗒、嗒嘀嗒、嗒嘀嘀——嗒嗒——"这是20世纪50年代中央人民广播电台开设的《小喇叭》节目中，听众最为熟悉的声音。《小喇叭》是著名儿童教育家、播音员孙敬修讲故事的专栏节目。他用亲切自然的声调、通俗易懂的语言讲述的红色故事，影响了一代又一代青少年。但人们可能不知道，早在抗战时期他就已经是一个"故事大王"了。

孙敬修

抵制日货

孙敬修1901年出生于北京南城的一个穷苦家庭，听父母讲故事是他童年最快乐的一件事。1916年，他考入北平京兆师范学校。五四运动爆发时，他和同学们一起参加声势浩大的示威游行，在"外争国权，内惩国贼"的口号声中，他的思想受到洗礼。

毕业后，孙敬修先后在京西衙门口小学、华语学校和北平汇文私立第一小学工作，从事教育职业长达35年。他把探索儿童教育作为神圣的事业追求，曾说过："今国家多故，费用缺乏，苟为教师者皆以费尠（xiǎn）而弗为？试思我数万万之儿童，又谁教之哉？"

汇文私立第一小学是寄宿制学校，有很多住校生，为了让孩子们快乐成长、安心学习，孙敬修经常把学生们集合到礼堂给他们讲故事："小朋友们,今天我给你们讲个故事……"学生们被他讲的故事吸引,个个听得聚精会神。

1931年九一八事变后,孙敬修第一时间向同学们讲述日军侵占东北的暴行。为唤起学生们的爱国热情,他还创作了"小竹竿,细又长,我当战士它当枪,长枪短枪机关枪,乒乒乒,乓乓乓,要把敌人消灭光"等朗朗上口的儿歌,让学生们互相传唱。

日本帝国主义占领东三省后,开始向华北渗透,肆无忌惮地向中国倾销日货,打击中国的民族工商业。为了抵制日本的经济侵略,孙敬修身体力行抵制日货。他在学生们日常背诵的《好学生三字经》最后加上"用国货,雪国耻"等内容,告诉学生:"日本人在我们国家强卖他们的产品,再用赚到的钱对我们发动战争,这决不能答应!我们要使用国货,保护民族工商业,坚决不买不用日本的东西!"

这年秋季的一天,时任教导主任的孙敬修在操场上燃起一堆火,学生们一个接一个,纷纷把从家里带来的日本玩具和学习用品扔进火堆。面对熊熊燃烧的大火,孙敬修带领师生高喊:"抵制日货,收复东三省,消灭日寇!"还带领大家高唱抗日歌曲。在他的号召下,广大师生进一步增强了抵制日货的意识,再也不购买和使用日本产品了。

初登电台

1932年的一天,北平市教育局爱国进步人士听说汇文私立第一小学有老师教唱"抵制日货,消灭日寇"的歌曲,便向学校发出邀请,希望他们能准备一组宣传抗日的节目,到电台广播。

接到通知后,学校指派孙敬修和另外两位老师,以"反对侵略,保家卫国"为主题,用歌曲、诗朗诵等表现形式,精心设计,准备节目。他们都非常珍惜这次到电台表演的机会,孙敬修更是亲自弹琴伴奏,带领师生们认真排练。

到电台那天,孙敬修带领师生们按之前排练的内容开始表演。由于是第一次参加广播表演，学生们既紧张又兴奋，歌唱、朗诵的速度不自觉快了起来，最后节目播放时间居然比原计划提前了3分钟。那时电台广播还没有录音功能，全部都是现场直播。这多出来的3分钟，让当时负责广播的工作人员非常着急。为了弥补播出时间的空缺，孙敬修灵机一动，向节目负责人说："我来讲个故事，把时间补上行不行？"无计可施的负责人听后如释重负，满口答应。接着，孙敬修凭借多年讲故事的经验，声情并茂，娓娓道来，讲了一个《狼来了》的故事，告诉孩子们做人要诚实。几分钟的小故事被他讲得形象生动，在场的人都听得入了迷，不仅填补了"空播"时间，也让他的声音传遍整个北平。

电台负责人对孙敬修讲故事的能力赞不绝口，邀请他以后每个星期到电台讲一次故事。从这天起，孙敬修有了展示自身才华的更大舞台，也有了宣传抗日思想的广阔天地。

大显身手

北平沦陷后，汇文私立第一小学也被日本人控制，日本人在这里推行奴化教育，这让孙敬修感到非常愤怒。一次，孙敬修在伪电台讲故事时，编了个《灭蝇歌》，隐晦地表达对侵略者的不满："有微生虫瘟疫霍乱何等凶，一个蝇子带着几万数不清，你若不信显微镜里看分明。留神蝇子是仇敌，它是大仇敌。快设法，除去它！莫留后患再萌芽！讲卫生，要干净。灭蝇子，不生病。"他用苍蝇暗指日寇，告诉人们这是一个大仇敌，应当想法儿把它除掉。节目播出后，日本人知晓了弦外之音，禁唱了这首儿歌。为表示抗议，他决定不再上伪电台播节目。

没过几天，一位名叫王栋岑的敌伪控制电台的儿童节目负责人专门登门拜访，想请孙敬修继续到电台讲故事。孙敬修坚决表示不想再为伪电台做事。王栋岑推心置腹规劝道："小朋友都非常愿意听您讲故事，电台的儿童节目时间能有中国的老师讲故事，可以把这段时间占领，这多好啊！您也可以暗中鼓励老百姓反对日本鬼子，只要讲的时候别太露骨，注意拐弯

孙敬修　抗日战线上的"故事大王"

抹角就行。"孙敬修感到很有道理，便欣然应允。直到新中国成立后，孙敬修才知道那个叫"王栋岑"的电台儿童节目负责人，是一位中共地下党员，毕业于辅仁大学，1939年开始潜伏在伪广播电台。他请孙敬修到电台讲故事，目的就是对抗侵华日军的奴化教育，培养孩子们的爱国心。

为了不引起日本人的注意，更好地保护孙敬修，王栋岑出了个主意，让他用"柳稚心"这个名字到电台播音，寓意有一颗天真无邪的童稚之心。此后，原来那个在电台讲故事的孙敬修不在了，转而多了一位名叫柳稚心的人。日伪的严密控制迫使明显的抗日宣传无法播出，孙敬修就用讲童话故事、讲历史故事、唱歌、宣讲科学知识等方式，巧妙地对孩子们进行爱国主义教育，宣传独立自主、积极抗日的主张。虽然换了名字，但熟悉孙敬修的听众仍然能够辨别出他的声音，依旧守候在收音机旁听他讲故事。

一次，孙敬修讲了一个《大鼻子象也知道爱国》的故事：侵略印度的英国军队让大象替他们驮大炮，通过一片泥塘的时候，大象怎么也不走。侵略军就拿枪托打大象的屁股。大象急了，用鼻子把一个英国兵卷起来一甩，就甩到泥塘里，又用大脚丫子把他踩死。其他大象都学这头大象，也这样干了起来，结果好多英国兵都被踩死在泥塘里。最后孙敬修说："你们看，大象还知道爱国呢！"

孙敬修始终抱定一个信念，有儿童，国家就有希望！为此，他给孩子们编了一首儿歌："中华谁是主人公？大好河山属儿童。寄语列强休自傲，后生可畏小英雄！"他用"柳稚心"这个名字在电台讲故事，一直讲到日本投降。他的故事不仅给战争阴霾下的北平儿童带来了快乐，更在孩子们心中厚植下拳拳爱国之情。

1951年5月1日，中央人民广播电台开办少儿节目，孙敬修成为特约播音员，专门在《小喇叭》节目中向全国的小朋友讲故事。孙敬修的故事，成为很多人童年的美好回忆。1980年，他光荣加入中国共产党，1990年因病逝世。为了纪念他为中国儿童教育事业做出的突出贡献，北京市人民政府在北京市少年宫文体楼前为他塑造了一尊铜像，供后人瞻仰。

（执笔：董志魁　郝若婷）

王　波　从军报国的"小高尔基"

抗日战争时期，平北根据地有一位投笔从戎、能文能武的战斗英雄。他是北平中国大学的高才生，原本立志当一名作家，为了民族独立和人民解放事业，义无反顾地踏上抗日战场，深入敌后打游击，身先士卒战顽敌，面对屠刀宁赴死。他就是被称作"小高尔基"的王波。

王波

投笔从戎

1931年，20岁的王波新婚不久，日本侵略者就发动了九一八事变，东三省迅速沦陷。为了继续求学，王波告别怀孕的妻子，只身流亡关内，考入北平中国大学。在这里，他结识了很多爱国志士，特别是流亡北平的"平东洋"抗日义勇军领导者白乙化等人。

王波的理想是当一名作家。在中国大学就读期间，他潜心钻研苏联文学，尤其喜欢苏联著名无产阶级作家高尔基的作品，立志用文学唤醒民众，因此人送绰号"小高尔基"。1935年12月9日，北平爱国学生发起大规模抗日游行示威，反对日本制造"华北特殊化"的图谋。王波勇立潮头，为民族呼吁，为救亡呐喊，他借鉴高尔基的《海燕之歌》鼓舞同胞：冲破黑暗的阴云，快拿出力量，抵抗！……年轻的伙伴们，要用排山倒海之势，一齐来救亡！

1937年卢沟桥事变爆发，打破了王波的作家梦。他毅然弃学抗日，投奔时任中共绥西垦区工委书记的白乙化。垦区会集了很多热血青年，为了发动和团结大家共同抗日，王波发挥所长，与刘光烈、江鹤创办《抗日先锋》油印小报，及时刊登国内外新闻、前线战报，介绍全国抗战形势并加以评述。这份内容丰富、图文并茂、时事性强的报纸，成为党在垦区开展抗日救国思想和抗战政策宣传教育的重要阵地。垦民们在报上时常能看到一些令人振奋的消息：国共达成第二次合作，中苏缔结《互不侵犯条约》，八路军取得平型关大捷，淞沪会战彪炳史册……这些都是王波亲自编辑、刻板、油印的。

10月，王波积极参与垦区工委发动的武装暴动，成为抗日先锋队的一员，由此开启了戎马生涯。在这支队伍里，他光荣加入了中国共产党。

不久，抗日先锋队开赴前线，于1938年1月到达山西河曲，归入八路军建制，后来在雁北与王震率领的八路军第359旅会合。王波被选入随营学校培训，向老红军学习建军、建党、建政和发动组织群众等工作方法，为后来的工作打下坚实基础。

战斗在平北

1939年4月，王波所在部队奉调到达平西抗日根据地，与冀东抗日联军合并为华北人民抗日联军，不久编为八路军晋察冀军区第10团，王波任第3营教导员。

1940年春，第10团赴平北开辟抗日根据地，第3营作为第一梯队，先期进入密云西部水川地区。王波带头深入农村，发动群众，宣传抗日，筹措粮食，在山石上书写"反正杀鬼子，给东北同胞报仇，才是好男儿"等抗日标语。他们关心群众疾苦，爱护一草一木，当地百姓把他们当作亲人欢迎。第3营很快站住了脚，为迎接团主力到来做好了准备。

第10团主力与第3营会合后，王波率队留在内线，在白河两岸开展工作，广泛宣传和发动群众，着手建立地方抗日民主政权。到6月下旬，已经建立了丰（宁）滦（平）密（云）抗日联合县，下辖4个区，影响达周边200余里，根据地初见雏形。

日伪视平北抗日根据地为眼中钉、肉中刺，多次发动大规模"扫荡"。团主力转移，第3营奉命留守坚持斗争。为了机动灵活作战，王波带领大家化整为零，与几倍甚至十几倍的敌人斗争。秋冬交替季节，他们身着单衣，在崇山峻岭间行军作战。有一次，他们被日、伪军围困三天三夜，白天仅以萝卜充饥，有时不得不挖野菜、吃草根，再加上夜里寒风刺骨，个别战士出现思想波动。王波及时耐心地做思想工作，对战士们讲，一个八路军战士最宝贵的不是生命而是气节，最可怕的也不是敌人和困难，而是失掉胜利的信心。后来在王波的指挥下，战士们冒着敌人的枪林弹雨，以大石做掩护，冲上山顶，越过山梁，胜利突出包围。

1941年春末，第3营在水头被日、伪军伏击，副教导员江鹤牺牲，营长翟飞也挂了彩，战士们情绪有些低落。遭此损失，王波和营长商量认为，必须要打一次胜仗来鼓舞士气。经向团里请示，他们决定还击，并开始侦察敌情，寻找时机，最后确定在日、伪讨伐队每次巡逻路过的柏查子村进行伏击。7月的一个晚上，王波和翟飞带领战士们，在夜色和青纱帐掩护下来到村子里，连夜动员村民转移。王波将第7连和第8连分别埋伏在道路两旁的高坎上，第9连在村东北山上控制制高点。第二天太阳刚出来，他们发现姜振村讨伐队50多名伪军押着300多名民工，进入了伏击圈。王波待走在前面的民工队伍通过后，立即举枪开火，3个连的机枪、步枪、手榴弹随之打响，敌人狼狈逃窜。他带领战士迅速冲上公路追击，不到30分钟便结束战斗，毙伤和俘虏伪军约40人，解救了300多名民工。

此战大大鼓舞了军民，震动了日、伪军。时隔几天，密云董各庄的一支百余人的讨伐大队便携武器投诚。

血洒平西

1942年夏，王波改任团政治处主任。他身上的担子更重了，自我要求也更严了，总是出现在最困难、最危险的地方。

一次，王波率一个排护送100多名干部，准备夜间越过封锁沟由平西前往冀东。队伍行至康各庄村南时，突遭敌人截击。危急时刻，王波沉着应对，带领几人引开敌人，让大部队迂回前进，终于使这批干部脱险，安全抵达目的地。

为了更好地坚持和巩固根据地，他还带领武装工作队镇压铁杆汉奸，同时给敌伪头目写信宣传抗日政策，展开攻心战，分化瓦解和争取上层分子。挺过了最艰苦的时期，根据地开始得到恢复和扩大，地区武装力量也在不断壮大。1943年5月，丰滦密地区队成立，王波任政委，兼任中共丰滦密联合县委委员。他与队长师军一起，指挥部队不断打击日伪，逐步恢复被"蚕食"地区。

这年冬天，王波率部活跃于桃山地区。一天，伪满军派出一个连，到南香峪村的金矿，抢掠矿工手中仅有的一点粮食。为了保护群众利益，王波立即带队前往。战斗打响以后，更多敌人围了上来。在敌众我寡的情况下，王波指挥部队转移，并运用游击战术在敌人前面时隐时现，从半城子到水石峪，再到双石塘，最后又绕回南香峪。转悠了好几天，往返数百里，伪满军被拖得疲惫不堪。王波趁他们休息之机，组织部队反攻，战士们如猛虎下山，战斗仅持续了十几分钟，敌人死的死、伤的伤，残敌狼狈逃离。

王波他们还没来得及打扫战场，大批伪满军援兵赶到。为保存实力，王波命令部队迅速转移，自己带领部分队员在后面阻击，掩护撤退。突然，一枚迫击炮弹落下，他的腿部被弹片击中，一时无法行动，他把伤口略作包扎后，在杂草丛中隐蔽起来。这时，王波发现南香峪和北香峪之间的一道山梁上，有敌人追捕群众。他毫不犹豫端起步枪射击，把火力吸引过来。敌人随即向这边开炮，他的头部被炸伤，陷入昏迷。渐渐苏醒过来以后，王波顾不得剧烈伤痛，立即烧掉随身携带的机密文件和笔记本，以免落入敌手。

很快，敌人围了上来，用刺刀逼他投降。王波斩钉截铁地回答："誓死不降！"敌人残忍地砍下他的头颅，悬挂在古北口南天门城楼上。这位被战友们称作"小高尔基"的战斗英雄，实践了他"为着中华民族的解放事业而牺牲，无上光荣"的誓言，时年仅32岁。

1944年5月，根据地军民在北香峪南山为王波竖起一块纪念碑，镌刻

北平抗日斗争群英荟

"救国救民"四个大字。后来,为防止破坏,群众曾将这块碑珍藏起来,直到新中国成立后才重新安放。如今,在密云半城子水库边,王波烈士的墓碑在青山绿水环绕中矗立,向前来瞻仰的人们讲述着那段血与火的抗战岁月。

(执笔:陈丽红)

王 亢 驰骋平北战凶顽

苍松翠柏中，北京市密云区白乙化烈士陵园的东南侧，有一座白乙化战友王亢的墓。王亢从1937年参加革命起，就与白乙化一起出生入死，白乙化牺牲后他接任晋察冀军区第10团团长，带领全团继续战斗在平北抗日根据地，谱写了一曲曲不屈不挠、以弱胜强的英雄赞歌。

王亢

"无敌营长"扬威名

九一八事变后，王亢的家乡辽宁营口被日军占领。他不满日伪统治，在北平东北大学就读期间，积极参加抗日救亡运动。七七事变爆发后，他结识了中共绥西垦区工委书记白乙化，遂奔赴垦区投身抗日。不久，日军侵占归绥、逼近包头，垦区工委组织大部分青壮年举行武装暴动，成立抗日先锋队，王亢担任小队长，并加入中国共产党。1939年，抗日先锋队与冀东抗日联军合并为华北人民抗日联军，王亢任参谋长。后来，华北人民抗日联军改编为八路军晋察冀军区第10团，王亢任第1营营长。

1940年5月下旬，王亢率第1营随团长白乙化从平西出发，开辟平北抗日根据地。途经日伪琉璃庙据点时，白乙化命王亢率人将其端掉。为打好这一仗，王亢请当地4名老乡当向导，带着各连干部，登上琉璃庙东南山观察了一天，决定实施夜袭。考虑到据点易守难攻，王亢对各连的攻击路线、行动细节做了详尽部署。

6月1日凌晨，夜幕笼罩，四野寂静，第1营在向导的带领下，抄小路悄悄向据点围去。近了，更近了，连敌人的鼾声都能听到……王亢一声令下，官兵们将一颗颗手榴弹准确地掷进炮楼和伪警察署院内，一场痛快淋漓的夜袭战10分钟便告结束，歼敌50余人，第1营无一人伤亡。

进入平北后，王亢率部随团长在外线打游击，掩护内线开辟工作，建立了丰（宁）滦（平）密（云）抗日根据地，并粉碎了日、伪军为期78天的"大扫荡"。敌人分头撤兵时，王亢得到密报，驻扎下营村的日军铃木大队哲田中队准备从白马关撤往密云。王亢准备抓住这一有利时机，率部在冯家峪进行伏击。12月15日中午，日军进入伏击圈，王亢举起手枪，"砰"的一声把一个骑马的军官击落马下。枪声就是命令，战士们一齐开火。日军迅速散开队形，伏在河边堤坝下、大石后面顽抗。一队日军凭借火力优势发起两次冲锋，都被第1连击退。第3连从河东沟口发起冲击，受到日军重机枪火力封锁。第1连连长鲁智华冒着弹雨滚下山坡，猛然跃起抓住敌人滚烫的枪管，踢倒机枪射手，自己也中弹牺牲，战士们随即冲上去与敌人展开肉搏。战至傍晚，增援的日军赶来，王亢下令部队转移。此战毙伤号称"常胜部队"的哲田中队中队长以下90多人，刷新了平北根据地一次战斗消灭日军的纪录。

第10团在丰滦密端据点、打伏击，一连串胜仗使根据地挺过了日军的"扫荡"，八路军初步站稳了脚跟。冀热察挺进军司令员萧克兴奋地说："派10团派对了，已经革命化了的知识分子就是有办法。"白乙化说："王亢应该记大功。"因骁勇善战、屡战屡胜，王亢被誉为"无敌营长"。

智斗强敌巧伏击

1941年2月，滦平的日伪道田讨伐队到白河川一带"扫荡"，第10团分路截击，白乙化带领第1营在鹿皮关和敌人激战中壮烈牺牲，王亢接任团长。目睹多年并肩战斗亲如兄弟的好团长牺牲，他悲痛万分，毅然扛起重任。

不久，敌人集中3000余兵力，分六路进攻平北中心区和军分区所在地。临危受命的王亢带领满腔悲愤的第10团，怀着复仇的怒火出击了：一部急行军直捣怀柔木村据点，生擒日、伪军数十人；一部夜袭怀柔火车站，缴获一批物资，给敌人当头痛击。4月中旬的一天，王亢获悉日军一个小队将沿白马关开往冯家峪，决定在东、西白莲峪沟口设伏。上午10时左右，日军进入伏击圈，王亢吸取以前的教训，把鸣枪为号改为旗语指挥，机枪射手按照部署扫射，步枪射手则几个人瞄准一个日军。几分钟内，21名日军还来不及散开就被全歼，1名翻译被俘虏，第10团无一人伤亡。

密云康各庄伪乡长赵庆祥，经常给日伪送情报，专门与八路军作对。王亢和政委吴涛商议，决定拔掉这颗钉子，便故意将假情报泄露给赵庆祥，引敌来袭，并在白道峪村设伏，一举将赶来的日、伪军大部歼灭。接着，又在白马关通往密云的公路东侧，围歼日本关东军一个中队，缴获一批武器弹药和物资。

一系列战斗，打出了"老十团"的气势，新任团长王亢也让敌人恨得咬牙切齿。为了对付八路军，日军增派大批兵力到平北，在驼骨梁山的两边，分别是日军铃木部队朱狩中队和华北派遣军的董各庄据点，彼此互相联系、活动频繁，对根据地造成很大威胁。

驼骨梁，山梁贫瘠，植被稀少，只有最高处生长着一大丛荆条，又被称为"一撮毛"山。王亢决定在这里给敌人以痛击。为了不打草惊蛇，他有意减少部队活动，给敌人造成错觉，使之放松戒备。8月13日，根据之前的侦察，王亢断定第二天朱狩中队又该到董各庄据点了，便于当晚周密部署合击计划。午夜刚过，各连队进入指定位置隐蔽，形成三面包围的布局。当地群众和自卫军积极配合，主动站岗放哨、封锁消息，一切布置就绪，就等敌人自投罗网。

没想到，敌人第二天出发的时间竟比以往提前了。待侦察员爬上山，敌人已通过山岭直奔董各庄而去。这时天刚微亮，朱狩中队在头道甸子正撞上驻在这里的第10团特务连。王亢命特务连迎头堵截，并指挥其他3个连分别从两侧猛烈开火。敌人极力寻找依托和隐蔽之处，怎奈山上光秃秃的，完全暴露于第10团枪口之下，不多久即多半被击毙。中队长朱狩带着

7个人侥幸冲出包围,在逃向白马关的路上,又被事先部署在这里的特别小分队堵了个正着,或被击毙,或被俘虏。"一撮毛"山战斗共击毙日军56人。

坚守鏖战"无人区"

从1941年3月起,华北日军连续推行5次"治安强化运动",持续不断"扫荡",实行"三光"政策,制造千里"无人区"。丰滦密根据地也遭受了长达一年半的反复"清剿"和"扫荡",很多地方荒无人烟。

第10团避敌锋芒,化整为零,主力到外线活动,王亢率小部留守根据地,支持配合县政府领导群众斗争。1942年4月,日、伪军调集大水峪、大庄科、永宁、四海等据点的兵力,偷袭县政府和第10团后勤机关,制造了"臭水坑惨案",给根据地造成极大损失。敌人以为丰滦密抗日力量已被打垮,便大摇大摆地搭起帐篷群,进驻这一带。

王亢决定收拢外线活动的主力,灭一灭敌人的嚣张气焰。8月的一天凌晨,他指挥侦察连,在青纱帐掩护下悄悄摸向帐篷群。他事先叮嘱大家,如果被敌人的哨兵发现,先不开枪,以最快速度接近后再开火,确保取得最大战果。没想到,发现八路军行踪的敌人前卫哨没敢放枪就被吓跑了。王亢立即命令发起进攻,一部分熟睡的敌人来不及反抗就丢了性命,有的顾不上穿好衣服鞋子就四散逃命。这次夜袭之后,日、伪军收敛了气焰,再不敢轻易进山搜剿了。10月,王亢又带兵痛击到古石峪村抢粮的日军,击毙中队长南岛以下80余人,夺回被抢走的粮食70余驮。

几次作战的胜利使根据地群众看到,尽管敌人还很猖狂,但八路军更加英勇顽强,进一步增强了人民群众战胜困难和取得胜利的信心。

从1943年起,第10团奉平北军分区命令转战到昌(平)延(庆)地区。王亢率领全团,在古城、艾河滩和太子沟等地连战连捷,对遏制敌人"蚕食"根据地和制造"无人区",恢复延庆川地区党政群工作,起到积极推动作用。其中影响较大的要数太子沟战斗。

当时,延庆大庄科驻扎着伪满军第35团第2营。营长赵海臣被群众称为"见东西就抢,见房就烧,见人就杀"的铁杆汉奸。他曾放话说:"要像捡芝麻那样,一个一个地捡10团的人,最后把王亢捡到手。"11月26日,王亢发现果庄和大庄科之间的太子沟上空有烟雾,担心藏在沟里的机要资料和物资出问题,带队前去察看,发现正是赵海臣部在搜索和焚烧物资,便立即布置夹击。下午3时战斗打响,第1连、第2连从太子沟左右山坡上,居高临下同时发起进攻。敌人突遭猛烈打击,慌忙躲到大石后面还击,抵挡不住又拼命向山上冲,妄图抢占制高点。刚爬到半山腰,就被预先埋伏在山顶的第10团战士迎头痛击,死伤一片,溃不成军。赵海臣和日军指挥官田岱,带着残兵钻进一个大石缝中躲藏顽抗,最后全被活捉。这一仗打了2个小时,击毙日、伪军百余人,俘虏70余人。12月,昌延县召开千人群众大会,公审赵海臣,将这个罪大恶极的汉奸就地正法,这大大鼓舞了昌延军民的抗日信心,根据地得到发展扩大。

第10团还积极参加根据地建设,军民携手共渡难关。1943年春,平北军民根据党中央指示开展大生产运动,王亢带着全团开垦荒山,种上大豆、玉米和荞麦,庄稼被敌人毁坏后他们接着再种。他还令人设法从敌占区购买布匹、盐、医药品和弹药,缓解根据地困难。军民团结,英勇战斗,终于在"无人区"坚持了下来。铁一般的事实证明,八路军是灭不了、赶不走的,抗日战争的胜利终将属于中国人民。

解放战争时期,王亢参加了辽沈、平津和渡江战役。新中国成立后,他于1955年被授予大校军衔,1960年晋升少将,曾任西藏军区参谋长、副司令员和铁道兵顾问等职。1992年去世前,他给家人留下遗愿,将自己安葬于白乙化烈士陵园,永远陪伴在老团长身边,守望着他们一起浴血奋战的这片热土。

(执笔:陈丽红)

王　文　王凤岐　暗战在敌人心脏的夫妻

日军占领下的北平，才进初冬，就已经寒意浓浓。1942年11月的一天上午，一对新婚夫妇和一个老太太搬进小石碑胡同11号院。这对夫妇是中共平西情报交通联络站派往北平的情报员王文和王凤岐，他们的任务是以家庭为掩护，秘密组建电台，为根据地收集、传递情报。

王文 　　　王凤岐

潜入北平

王文，安徽省金寨人，14岁参加鄂豫皖红军，17岁加入中国共产党，长征结束后被派往苏联学习无线电通信和情报工作，学成回国后到中共中央北方分局社会部工作。1941年年初，中共中央社会部决定在平西地区建立情报交通联络站。不久，北方局调王文前往那里工作。

一天，站长钟子云找到他，郑重地说："上级决定派你和一位叫王凤岐的女同志潜入北平，建立秘密电台。出于工作需要，你们要以夫妻名义住在一起。如果你们双方同意，组织上可以批准你们结婚。假若不同意，为了革命工作，也要以夫妻名义组成家庭，完成党交派的任务。"

随后，钟子云介绍了王凤岐的情况："王凤岐是河北省安新县人，中共党员，当过游击队队长，革命斗争经验丰富。"王文一听，点了点头，对站长说："我同意组织安排，但是也要征求她的意见。"

社会部专门安排了两人相亲。这天，王凤岐透过窗户缝看了一眼站在院子里的王文，感觉个子不高，有些犹豫。介绍人说，王文参加过长征，在苏联学习过，是延安派来的。听到这里，王凤岐的敬佩之情油然而生。就这样，王文和王凤岐举行了一场简单的婚礼。为掩护工作，组织上还安排了一位陈姓老太太和他俩一起组成新的家庭，"陈老太太"成为他们的母亲。

经过一段时间的精心准备，这年初冬，王文、王凤岐和陈老太太一家三口，来到北平，住进了小石碑胡同11号院的两间平房。在中共地下党"黄浩情报组"成员叶绍青的帮助下，到伪警察所把河北涿州的户口改成北平户口，开始了潜伏生涯。王文的公开身份是书店店员，每天到书店照顾生意，婆媳俩在家操持家务，表面上日子过得还算体面。

11号院院子小、住户多，不适合开展情报工作。不久，王文一家租下了大石桥胡同的一个独门独院，有南、北两进院共6间房，宽敞、气派，房东是日本宪兵队的翻译官，院子对面住的是一个伪警长，环境貌似危险，却反而为他们开展工作提供了便利条件。一晃3个月过去了，他们在北平熟悉了情况，站稳了脚跟。

组装电台

王文潜伏下来后，叶绍青托法国朋友贝熙叶大夫将一台5瓦干电池发报机，用汽车秘密运进北平。可是北平城里不同于山区，电线多、干扰大，天线又不能架得太高，电台输出功率太小，与平西情报站一直联络不上。因此王文决定自己组装一部大功率发报机，这一想法得到了平西情报站领导的同意。

日伪控制下的北平，无线电器材被列为违禁品，所有无线电商店都有特务秘密监视，购买时稍有不慎就有坐牢杀头的危险。王文决定少量、分批购买零部件。隆福寺、护国寺、白塔寺庙会时，偶尔会有人出售一些旧无线电零件，王文经常去逛逛，看到合适的就买回来。经过两个多月的零散采购，刻度盘、真空管、大小电阻、电容器、松香、烙铁和焊锡等器材终于买齐了。他运用在莫斯科所学知识，设计画图，缺少专业工具，就用剪子、生煤火的通条土法上马，在南屋昼夜组装。功夫不负有心人，一台30瓦的发报机终于组装成功。此外，王文还搞到了一部美国海军用的长短波两用收音机，并把它改装成了收报机。

为安全起见，王文请叶绍青设法调查北平城内有多少侦测台和确切工作时间。叶绍青经多方努力，终于与日伪侦测台台长拉上了关系。台长对他说："我们是侦测共产党地下电台的，每天24小时都要轮流值班，我在场他们不敢不工作，可我不在场他们就玩。特别是夜里12点我回家之后，他们不是磨洋工，就是睡大觉，或是听美国之音。"

听了叶绍青的介绍，王文决定打时间差，避开监听时段，在半夜2点到5点与社会部电台联系，将收集到的情报发往根据地。他还模仿日伪电台报务员的手法，这样即便被日伪侦测到，也会认为是他们自己的电台在发报。

收发报的工作常常在深夜进行，为了不引起邻居怀疑，既不能发出很大声响，也不能让外面看到光亮。为此，王文、王凤岐夫妇绞尽脑汁想了很多办法。王凤岐做了软底布鞋，走起路来没一点声响；在门轴合页里滴上几滴油，避免开关门时的吱呀声；为了伪装天线，王文就弄了个粗铁丝，白天晾晒衣服，晚上搭上电台天线；为了避免搭天线时发出声响，他们又在竹竿上套上半米长的棉袋子，这样往瓦房上放天线时，即使竹竿碰到瓦片，也没有声音。他们工作时只用一个2.5瓦的小灯泡，还用红绸子缝了一个双层小口袋套在上面，并专门做了一个棉垫遮挡窗户，以确保万无一失。

安全撤离

开始工作时间不久，情况突变。一天下午，叶绍青急匆匆赶来，通知王文、王凤岐：曾与他们联络过的电台被日伪破获，报务员被捕，出于安全起见，需要藏好电台，王文立即撤离，王凤岐继续留在北平。

王　文　王凤岐　暗战在敌人心脏的夫妻

　　情况万分紧急，两人找来一个煤油桶，将发报机装了进去，在北院挖坑深埋。忙完这些，已是晚上9点多钟，王文带着陈老太太连夜撤离。王凤岐趁着天黑，赶到东四十一条胡同西口交接点，把改装好的收报机交给地下交通员。

　　顺利转移了收报机，王凤岐感到一身轻松，沿东四大街急匆匆往北走，越走越觉不对，她感到背后有人跟踪，思忖再三，她停下脚步，果然后面一个黑影马上蹿了上来。他露出金牙，面目可憎，要带王凤岐"上楼快活"，听到这里，王凤岐一颗悬着的心反而放了下来，说："我哥哥是日本宪兵队的，要不去他那说？""大金牙"闻听此言立马消失得无影无踪，那人虽然走了，王凤岐却不敢大意，赶紧坐上一辆洋车，怕有人跟踪，中途又换了一辆，有惊无险地回到住处。

　　这时王文已经离开了北平，王凤岐一宿没睡，思忖着如何将善后工作做好。

　　第二天一大早，王凤岐用准备好的一套说辞告诉房东：我家老太太回老家路上，马受了惊，摔了下来，腿骨折了，来信叫我们两口子一起回去，我们只好把房子退掉。

　　销户口也是个问题，日伪当局规定必须本人亲自到伪警察所办手续，但是王凤岐一家三口走了两口，她只好硬着头皮找到对门伪警长的太太。王凤岐把自己一家的"不幸遭遇"给伪警长太太复述了一遍。正说着，伪警长回到了家里，在太太的说合下，他答应王凤岐到所里帮他们把户口销掉。根据组织安排，王文撤到河北阜平县中共中央晋察冀分局社会部机关，王凤岐在北平一直潜伏到抗战胜利。

　　解放战争时期，王文再次回到北平，继续从事地下电台报务工作，他用自己改装的收、发报机，把重要情报源源不断地发往解放区，对解放石家庄发挥了重要作用。北平和平解放后，王文结束了潜伏生涯，随中共中央华北局社会部赶赴天津接管市警察局，王凤岐不久也来到天津。这对暗战在敌人心脏的夫妻，终于迎来了新中国的诞生。

（执笔：常颖）

王振东　驰骋平北的抗日游击队队长

抗日战争时期，平北有一位令敌人闻风丧胆的游击队队长叫王振东，他率部打日伪、除汉奸、护粮食，纵使在吃野菜树叶、住长城楼子的最艰苦时期，仍在日伪制造的"无人区"里坚持斗争，为巩固发展平北抗日根据地做出了重要贡献。

王振东

组建游击大队

王振东，生于河北省饶阳县的一个雇农家庭。读中学期间，他遇到人生中一位重要的领路人于时雨，由此走上革命道路。于时雨曾在东北军任职，九一八事变后到河北投奔友人，从事教育工作，经常向学生灌输抗日救国思想，曾写下"桃李成荫浇灌栽培非一日，东北国土丧失收复赖诸生"的联语，张贴在学校最醒目的地方。王振东耳濡目染，心中萌生了投身革命、参加抗日的强烈愿望。

全民族抗战爆发后，王振东家乡饶阳的中共地方党组织得到恢复，领导抗日动员工作成绩显著，被中共冀中区党委表彰为抗日模范县。在高涨的抗日形势下，1938年2月，王振东、张曙光、耿佩伦等一批进步青年，加入中国共产党。这时，八路军邓华支队赴平西开辟抗日根据地。王振东参加了平西抗日游击支队，到前线抗击日本侵略者。1939年2月，该支队改编为主力团，王振东被编入冀热察挺进军第9团，后担任连长。

1940年1—6月，挺进军先后派游击大队、第10团、第7团等几支部队挺进平北，开展游击战争。经过几个月的工作，相继开辟了丰（宁）滦（平）密（云）、昌（平）延（庆）等小块根据地。同年冬，丰滦密联合县发展到十几个区。为充实各级武装力量，1941年9月，时任冀热察挺进军司令部参谋的王振东，奉命到丰滦密重新组建抗日武装。他将白河游击队、汤河口游击队和丰滦密联合县政府警卫队合编，组建了平北游击总队第4大队，共80余人，王振东任大队长。这支队伍主要在黄花城、沙峪、琉璃庙、枣树林一带开展游击斗争。

第4大队建立不久，就碰上了长达2个月的"大扫荡"，每天都要与日、伪军遭遇几次，先后被围20余次。王振东带着队员们，利用山地巧妙与敌周旋。有一次，他们在一个山坳里被围，有些战士是新兵，缺乏斗争经验，凭着一股子勇猛劲就要和敌人硬拼。王振东沉着地说："敌强我弱，为了保存有生力量，不能冲动冒险。"于是，他带领大家在山林里和敌人捉起了迷藏，最后冒险从悬崖边一条十分陡峭的小路成功迂回转移。正是凭着这种机智勇敢，游击队多次化险为夷，为坚持和恢复丰滦密地区的抗日斗争保存了一支重要武装力量。

打破封锁

1941年秋季起，日军纠集了伪满和伪华北兵力万余人，对平北进行残酷的"大扫荡"，后期更是在丰滦密地区实施"集家并村"计划和烧光、杀光、抢光、片光（即割青苗）的"四光"政策。长城以内几十里都是"无人区"，村民都被从原来的村子赶出来，修建"部落"，四周筑起围墙，老百姓称之为"人圈"，在里面过着奴隶般的生活。"无村不戴孝，处处见新坟"，这正是对"人圈"悲惨生活的真实写照。

王振东积极响应县委"坚持下来就是胜利"的号召，坚决不离山，没有吃的，就吃野菜树叶；没有房住，就住窝棚、山洞和长城楼子。

长城外的土地被伪满洲国统辖，不让老百姓耕种，日、伪军见到有老百姓种地就开枪。密云黄峪口、西口外、西白莲峪村的群众，在八路军的支持下坚决斗争，不进"部落"，坚持种田。日军得知黄峪口等村偷种庄稼，就带着200多人，押着几百名民夫，手持锄头、镰刀来破坏青苗。王振东得到情报，带着几十名村自卫军模范队队员，事先埋伏在黄峪口椴树梁山顶上，把两门土炮装足用废旧铁铧做的铁渣或铁球，等待敌人到来。敌人到庄稼地时，王振东下令放炮，日、伪军和民夫听见炮响就躲藏起来。过了一会儿，日军又吆喝民夫出来破坏庄稼，王振东指挥队员再次放炮。两门炮轮换着放，一天放几次，干扰敌人对庄稼的破坏。一年之中，敌人要反复来五六回，每趟持续两三天，王振东都是用这种办法吓阻敌人，保住了大部分青苗。

日、伪军还修筑了一道长90公里的"治安沟"和碉堡线，切断山地与平原联系，实行严密经济封锁。坚持在根据地里的军民没有吃的，多数靠野菜树叶度日，人人身体虚弱，多患有浮肿病。

为打破封锁，丰滦密联合县政府成立武装征粮队，由王振东率领，到敌人占领的平原区征粮。一天夜里，王振东率队越过封锁沟，绕过据点，午夜时进入距密云县城5公里的河漕村。他找来伪保长，告知此行目的并对他晓以利害。对方一看他们都带着枪，很配合地把村民召集在一起。老百姓听说来的是八路军，都积极交粮，征集到的粮食很快装满了几十个牲口驮子。正准备返回之际，得到情报的日军和伪警备队200人，从县城向这里奔袭而来。王振东当即命令一部分战士押着粮食先走，自己率两个排埋伏在村西南玉米地里。等敌人追到跟前，王振东一声令下，战士们火力全开，打得敌人狼狈而归。

王振东带着征粮队又进入疃里村和西田各庄村征粮，半天时间征到粮食200余驮，排起来足有1公里长。他命令一个排断后，自己带着一个排在前面开路。运粮队伍走到卸甲山，附近西康各庄据点的日、伪军赶来拦截。王振东告诉战士们："这粮食是山里的救命粮，不管付出多大代价，也要运回根据地！"他们不畏强敌，勇猛迎战，最后将敌人击溃。黄昏时分，征粮队在第10团的接应下安全回到山里。这些粮食，可谓雪中送炭，大大缓解了抗日军民的生活困难。

王振东　驰骋平北的抗日游击队队长

反特锄奸

1942年，敌后抗日斗争进入最艰苦、最困难的阶段。伪满军制造了震惊平北的"臭水坑惨案"，丰滦密联合县政府和第10团机关受到重大损失，县长沈爽被杀害。面对严峻的抗日形势，平北部队一部分坚守根据地，一部分积极转移外线作战，以"敌进我进"的游击战术深入敌占区活动。

这年年底，鉴于平原区工作被敌人破坏严重，干部缺乏，王振东受命兼任密云河西第6区、第10区区长和区委书记，并从第10团和第4大队抽调16名骨干，组成武装工作队，随其恢复平原地区工作。

王振东了解到，平原地区日伪汉奸活动日趋猖獗，仗势欺压百姓，残害抗日干部和军烈属，特别是康各庄的伪联庄会、伪警察和特务最可恶。他决定主动出击，突袭康各庄，为民除害。一天深夜，他带着部队从山里急行军，越过封锁沟，潜至康各庄。敌人防备松懈，他们用斧头劈开栅栏门，闯进院子，一脚踹开屋门，见屋里有几个伪军正在玩麻将。王振东大吼一声："不许动！举起手来！"敌人还想反抗，他开枪将几个伪军击毙，封锁住炮楼。随后，又将伪乡长、伪警察分所所长等几个汉奸全部抓获。这次行动使周边百姓十分振奋，他们奔走相告：八路军又回来了。

在敌伪严酷统治的环境下，武工队采取白天隐蔽、夜晚活动的办法。王振东带着队员，专门到伪乡长、伪保长家里吃住，既免得连累百姓，又控制其不敢告密。同时，努力争取伪职人员和上层分子，连续镇压一批罪大恶极的伪警特务和伪保甲长，产生极大震慑，许多汉奸特务不敢再随意活动、公开作恶，有些伪保甲长也要求与抗日政府重建联系。王振东乘势在许多平原村组织建立秘密联络点，进而建立"两面政权"，还在一些村建立秘密游击小组、秘密爆炸组等，负责送情报、监视敌情、站岗带路、隐蔽开展武装斗争等。经过几个月的艰苦努力，平原区工作得到恢复，大部分村庄变成"两面村"，八路军和地方干部不仅能开展工作，而且可以驻在平原村庄了。

1943年5月，为适应抗日斗争新形势需要，平北军分区决定第10团第3连、侦察连和平北游击总队第4大队合编，组成丰滦密地区队，王振东任参谋长。同年11月底，丰滦密地区队归入冀东抗日武装序列，改为冀东第5地区队。王振东运用自己丰富的战斗经验，指挥地区队取得多次战斗胜利。

12月底，伪满军刘翰讨伐大队200余人，窜入潮河以西、长城以内地区，烧杀抢掠，破坏抗日根据地恢复工作。王振东和区队长师军率队连夜赶到，强袭夜宿于赶河厂村的敌人。第1连和第2连首先冲进村内，与敌展开激烈巷战，打得讨伐队晕头转向，伤亡惨重。刘翰见势不妙，慌忙率领残部向东北方向逃窜，遭到第3连迎头痛击，又转头逃向东南，第3连迅速斜插包抄，歼敌大部，刘翰仅带少量残兵渡河逃脱。此次战斗，击毙敌人100余名，俘70余名，缴获轻机枪3挺、步枪200余支。

1944年春，晋察冀军区各军分区开始转入攻势作战。王振东指挥了清水潭歼灭战、大水峪伏击战等。8月，第5地区队得到情报，一股伪满军正从县城往大水峪据点运粮。王振东立即带队埋伏在大水峪村南，静待敌运粮队进入伏击圈后，他一声令下，机枪、步枪、手榴弹一齐开火，打得敌人弃粮逃命。

1945年1月，冀东第5地区队和第2地区队合编为第16团，王振东任副团长兼参谋长，从此告别丰滦密，率队开赴冀东。抗战胜利后他参加了全国解放战争，新中国成立后参加抗美援朝战争，转战南北，屡立战功。1955年，39岁的王振东被授予大校军衔，1964年晋升少将军衔，后任新疆生产建设兵团副司令员、新疆维吾尔自治区计划委员会副主任、自治区政协副主席等职。1986年逝世。

（执笔：陈丽红）

魏国元　平西第一个抗日民主政府县长

宛平县青白口村有一家名为"一元春"的药铺，掌柜的叫魏国元。鲜为人知的是，一元春药铺实际上是中共宛平县党团组织机关所在地，魏国元的秘密身份是共青团宛平县委成员。他用家产开药铺，掩护革命活动，后成为平西第一个抗日民主政府——宛平县政府的县长。

魏国元

重建党组织

魏国元是河北省宛平县（今北京市门头沟区）青白口村人。大革命时期，他就参加了农民运动，后以办学为掩护，开展革命活动，并加入反帝大同盟和革命互济会。1932年，他加入中国共产主义青年团，一年后转为中国共产党党员。

1933年春，上级党组织派人组建中共宛平县委。县委机关以一元春药铺为掩护，魏国元当掌柜，坐堂大夫、学徒、账房等都是中共党员。魏国元常以采购药材为名，来往于北平城和宛平之间。他还通过关系，参加了张学良出资兴办的北平新亚通讯社，利用记者的公开身份，秘密与北平城内党员和党组织取得联系。

在县委领导下，宛平地区革命活动频繁，党员队伍和基层组织逐步发展壮大。不久，经上级党组织介绍，宛平县委接收了一批流亡关内的沈阳兵工厂技术工人。魏国元带领同志们，冒着危险把工人和小型机器设备分批接到沿河城深山区，先后在佛岩、北台和王龙沟等处建立枪械修造所。

为了筹集经费，大家纷纷出钱出物，共造出步枪、手枪几百支。

他们的频繁活动引起当局注意，于是当局加派警力在各村查抄和严加监控。1934年7月，宛平县委遭到破坏，县委成员多数被捕入狱。魏国元涉嫌"勾结共匪""私造军火"，以"危害民国罪"被判刑两年半。经党组织营救，他于1936年7月出狱，并奉命回宛平恢复重建党组织。

此时，魏国元与宛平地区原来的党团员基本都失去了联系，怎么重新接上关系呢？他绞尽脑汁想到一个办法——办婚礼。其实，他与夫人庞勉已经结婚，这次婚礼对外是"补办"的名义。庞勉深明大义，得知内情后欣然同意。于是，魏国元利用那些在国民党宛平县任职时的社会关系，故意大操大办，广邀地方乡绅、亲朋好友前来参加。一个秋高气爽的日子，婚礼在青白口村热热闹闹地办起来了。院墙边垒起大灶，摆上流水宴席，请来田庄、淤白的戏班子，搭台连唱三天大戏，邻里亲友和四周村镇的头面人物纷纷前来捧场。以此为掩护，魏国元和过去的同志们见上了面、接上了头，党组织得以恢复。

这期间，经上级组织批准，魏国元还安排赵曼卿、魏国臣、贾兰波3名党员和其他8名进步青年，报考国民党第29军训练团，为后来组建抗日武装培养了骨干、打下了基础。

发展抗日武装

1937年春，党组织指示魏国元加紧组织武装，准备开展游击战。他利用各种关系，发动组织群众，高举抗日义旗，为团结争取地方武装做了很多工作。

7月，日军制造卢沟桥事变并占领北平，随即进攻南口。国民党军卫立煌部与日军在髽髻山（又称"髼鬆山"）激战20余日，战场上散落了许多枪支，各村地主趁机武装起来。魏国元也发动党员和进步群众，四处搜集枪支弹药，号召大家拿起武器，保卫家乡。各村纷纷建立起民团，宛平地方抗日武装风起云涌。

魏国元　平西第一个抗日民主政府县长

中共陕北洛川会议后，八路军总部派吴伟、赖富等12名老红军，北方局派苏梅、陈群等人，陆续来到宛平青白口，开辟平西，建立抗日武装。苏梅与宛平党组织负责人魏国元接上了关系，并向他传达了北方局有关建立平西抗日根据地的指示。接着，北平市委刘杰、李光汉等一批干部、青年也来到这里。1937年11月，平西游击支队成立，魏国元负责后勤供给工作。为开展抗日民族统一战线工作，成立了抗日自卫会筹委会，魏国元为主任，主要做地方上层人士的工作，建立村自卫会和武装小组等。

魏国元作为本地人，村前村后都熟识，与大家称兄道弟，一有机会经常向乡亲们宣传，使大家了解共产党、八路军是打日本兵的，是为老百姓谋利益的。经过一段时间工作，在青白口打下了深厚的群众基础，并逐渐扩展到付家台、清水等周边村庄。

平西游击支队成立之初力量比较单薄，周围都是地主武装，还有国民党势力，随时都有被吃掉的危险。为了能站住脚，魏国元等人积极争取地方武装支持或保持中立。安家庄有个地方实力人物李文斌，于1937年八九月间举起抗日大旗，拉起一支队伍，保卫地方平安，在宛平一带颇有影响。魏国元早就与李文斌相熟，多次到安家庄耐心做工作，使其同意与共产党合作。他还先后派魏国臣、魏国杰、张又新、贾兰波、彭城等党员和青年到李文斌部，帮助其扩大队伍，建立党支部。这支队伍很快发展到300多人，经过细致工作和不断教育改造，后被编入八路军。

魏国元、苏梅、吴伟等人还带领同志们，与煤窝村的吕玉宝、上清水的郭玉田、马兰的张景相等民团武装，结成抗日联盟，先后团结、争取、改造了十来个村的民团，抗日武装力量得以迅速壮大。

团结各界抗日

1937年年底，平西游击支队奉晋察冀军区命令西撤阜平。苏梅、魏国元等向军区司令员聂荣臻汇报工作。聂荣臻认真听取平西青白口、斋堂一带抗日工作的情况后，问道："现在主力部队开到平西去，能不能站住脚？"

北平抗日斗争群英荟

两人对看了一眼，互相点了点头，坚定地回答道："能站住脚，因为群众发动起来了，地方武装被争取了、中立了，国民党势力控制不住平西的局势了。"聂荣臻说："好，就派主力部队开到平西去。"①

1938年3月，晋察冀军区派邓华支队进驻平西，协助地方党组织成立了平西第一个抗日民主政权宛平县政府，魏国元担任县长，机关设在东斋堂村的万源裕商号大院内。

宛平县政府成立后，积极动员各界人士参加抗日活动。根据上级党组织指示，他们设法争取地主武装谭体仁（又名谭天元）的保卫团一致抗日。谭体仁是宛平县八区灵水村人，卫立煌部在宛平作战期间，他被委任为战时宛平县县长。此前，魏国元曾以抗日自卫会筹委会名义，做争取谭体仁的工作，拟联合成立宛平县抗日救国会，谭体仁拥兵自重，不与共产党合作。邓华支队到来后，魏国元等人又多次找谭体仁谈话，以至提出劝诫、警告，但他始终不愿合作，甚至处处设置障碍。上级指示：尽量争取，如果阴谋暴乱就坚决镇压。后来，谭体仁联络清水一带的地主武装，蓄谋暴动。他们的计划早被群众事先报告给县政府和八路军。待谭体仁的保卫团集结到斋堂村外山上准备行动时，埋伏在四周的八路军突然包围上来，保卫团缴枪投降，谭体仁被抓。

暴乱平息后，宛平县抗日形势发生根本变化。地主武装除个别顽固者发动叛乱被平定之外，纷纷倒向八路军，平西八路军武装从一个团扩大为两个团，中共宛平县委、县政府也得以公开活动。魏国元领导县政府随之开展抗日救亡工作，很多村子成立党组织和农会，组织群众交公粮、做军鞋、出民夫、抬担架，动员参军，大力支援前线作战。斋堂、青白口一带成为根据地的中心区，并逐渐由宛平七区、八区向周边地区拓展。

按照组织安排，1938年5月起，魏国元又先后到宣（化）涿（鹿）怀（来）、涞（水）涿（县）等更艰苦的地区，发展壮大抗日根据地。1940年6月，他调至平西专署任职，并当选为晋察冀边区参议员，为平西抗日根据

---

① 苏梅口述，云平、京云记录：《平西根据地的初创与魏国元同志》，载李德仲、张雷主编：《燕山儿女》（第一集），华夏出版社1987年版，第153页。

地的巩固与发展做出重要贡献。

新中国成立前后,魏国元曾随军南下到湖南工作,1953年调回北京,先后任水利部办公厅副主任、农田水利局局长、水利部研究室主任、水利电力出版社社长、北京水利水电学院院长兼党委副书记。1960年病逝。

(执笔:陈丽红)

伍晋南　冀热察挺进军政治部主任

伍晋南，1909年生于广东兴宁，是一位1928年入党，参加过长征的老红军。1996年冬，在广州举行的向老红军、老将军赠书仪式上，曾任晋热察挺进军政治部主任的伍晋南与老上级萧克久别重逢，共同回忆起当年他们在平郊并肩作战打击日本侵略者的烽火岁月。

伍晋南

东进冀东

根据中共中央部署，1938年4月，八路军总部命令宋时轮、邓华各率一个支队挺进冀东，支援冀东大暴动。5月中旬，两支队抵达平西斋堂地区后，正式组编为八路军第4纵队，宋时轮任司令员、邓华任政委、伍晋南任政治部主任，辖第11、第12支队，共5000余人。

第4纵队兵分两路，一路由宋时轮、伍晋南率领第12支队，一路由邓华率领第11支队，向冀东挺进。途中，伍晋南单独率第36大队、骑兵大队和独立营，从青龙桥附近过平绥路，经永宁、千家店，直指热河大阁。在延庆千家店镇，伍晋南率部攻占了伪满公所。

部队经过短暂休整，于6月初东进至花盆村附近。一天黄昏，前方报告，村内驻有热河伪满军第35团一个营400多人。这股敌人原驻四海，得知情报后从汤河口急忙赶来，企图阻止八路军东进。伍晋南认为，要想顺利抵达冀东，必须除掉这个拦路虎，为后续部队打开挺进通道。

伍晋南命令1连抢占孤山制高点，对敌实施火力压制，3连负责主攻。

敌人察觉异常，在夜幕掩护下悄悄向孤山运动，企图占据有利地形。八路军当机立断，与敌展开激战，全力夺取山头，半个多小时后，1连子弹、手榴弹几乎打光，敌人还在持续进攻。由于敌我力量悬殊，为减少伤亡，伍晋南命令部队主动撤出阵地，敌人控制了孤山，固守不动。

战斗进展不利，但伍晋南经过综合分析认为，敌人虽然装备很好，可全部是伪军，缺乏实战经验；而且孤山西侧的山包较高，能够发扬火力，如果加以控制，就能变被动为主动。通过调剂补充弹药，他命令第4连携带5挺轻机枪，抢占孤山西侧山头，1、2连向村内突击，骑兵迂回截击，同敌人展开近战和夜战。

天将拂晓，4连的机枪火力压制住了孤山的敌人。1、2连发起冲锋，敌人纷纷溃逃。战斗持续了一个多小时，伪满军见大势已去，便脱去军上衣，只穿白衬衣，以班为单位把枪架好，自动举行了"投降仪式"。

这次花盆村战斗俘虏伪满军300余人，缴获轻重机枪数挺、长短枪200余支、子弹数万发及若干军用物资。伍晋南回忆当年的战斗情景时，曾赋诗写道：步骑兵马向东行，遭遇伪满军一营。敌据村庄凭要地，妄图困守待援兵。我军夺得制高点，转守为攻破敌人。战至黄昏敌胆丧，全营缴械尽投诚。

开辟滦昌怀根据地

伍晋南率部到达平北后，接到第4纵队指示，要求就地开辟根据地，以策应开赴冀东的主力部队安全，控制平西与冀东之间的交通联系。

在伍晋南统一指挥下，所属部队以秋场、头道梁、大地为中心宣传抗日，建立政权，开展游击作战，所到之处极大地鼓舞了群众。当地军民高兴地唱道："好男儿，志气高，八路逞英豪，人手一把鬼子刀，砍得鬼子没处逃，嘿！没处逃！"

1938年7月，在怀柔头道梁村建立了滦（平）昌（平）怀（柔）联合县政府，组建县工委，隶属中共河北省委，这是怀柔地区建立的第一个县级抗日民主政权。滦昌怀联合县创建后,伍晋南和滦昌怀联合县县长张书砚又筹组区抗日救国会,并抽出4个步兵连组成工作组,分散开辟抗日根据地,相继在长元、甘涧峪、辛营、慕田峪、黄花镇等地,建立起区、村抗日政权。

日、伪军妄图摧毁这个刚刚诞生的抗日民主政权,驻怀柔、昌平、延庆的日伪对联合县政府所在地进行轮番"扫荡"。在极端困难的环境中,伍晋南指挥3个大队多次迎击敌人,给日伪以沉重打击。他们连续转战高山险川,经受了艰苦的考验。七八月间,燕山山脉阴雨连绵,指战员们整天穿着湿淋淋的衣服行军,加上多次过河,很多战士的腿脚都泡烂了,但他们坚持一手持枪,一手拄着棍子行军。当时吃饭更为困难,环境不允许架锅造饭,饿了就吃一把炒米,渴了就喝坑洼里的雨水。即使这样,他们依然坚守在这块土地上,与敌人进行着艰苦卓绝的斗争。

9月上旬,伪满军集中6个团的兵力再次对根据地发动"围剿",企图把八路军赶出平北。严峻形势下,伍晋南率部突破包围圈向冀东雾灵山转移,并辗转随第4纵队主力撤回平西,联合县机关也随之撤销。

伍晋南率部开辟的滦昌怀抗日根据地存在时间虽短,但它揭开了怀柔地区抗日斗争新的篇章,传播了抗日救国思想,培养和训练了一批抗日骨干,为以后开辟平北抗日根据地创造了条件。

冀热察挺进军剧社

1939年2月,根据中共中央指示,以八路军第4纵队为基础,在平西组成冀热察挺进军,萧克任司令员兼政委,伍晋南任政治部主任。挺进军成立后,提出"巩固平西、坚持冀东、开辟平北"的三位一体战略任务,坚持敌后抗战,像一把尖刀插在敌人的心脏。

伍晋南十分注意继承和发扬我军政治工作的优良传统。他要求政治部机关人员战时要全部下到一线,采取多种形式鼓动宣传,鼓舞士气。尤其是他组建的挺进剧社,颇受当地军民欢迎,在对敌斗争中发挥了重要作用。

原来，长征时期伍晋南所在的部队就有一支能歌善舞、一专多能的宣传队。他从中受到启发，决定在晋热察挺进军政治部成立一个专门的文艺团体——挺进剧社。1939年5月1日，剧社宣布成立，伍晋南要求继续发扬我军"人人当宣传队员"的好传统和好作风。他们为此还专门编了一首《挺进剧社进行曲》，唱道："挺进！挺进！左面是长城燕山。挺进！挺进！右面是渤海平原！敌人要把这块土地当作战略后方，毛主席命令我们在这里坚持抗战。"这首寄托了伍晋南和挺进剧社心声的歌曲，迅速传遍了根据地每个角落，鼓舞着抗日军民保卫华北，打败日本侵略者。

当时战斗极为频繁，挺进剧社白天行军，晚上编排节目，剧社社员组成宣传小分队，在村头、在路旁，在各种大小场所，在炮火纷飞的战斗间隙，宣传政治形势，鼓舞战斗士气。他们表演的《放下你的鞭子》《子弟兵与老百姓》等话剧、歌曲，极大地激发了当地军民的爱国热情，一批批青年踊跃参军或支援前线，成为战时很好的"精神食粮"和"思想武器"。

1942年，伍晋南调任第358旅及三分区政治部主任、八路军留守兵团政治部副主任等职。抗战胜利后，伍晋南先后任吉林省军区副政委、政治部主任，吉北地委书记等职。新中国成立后，伍晋南曾任广西壮族自治区党委书记处书记、陕西省政协副主席等职，1999年逝世。

（执笔：乔克）

武　光　矢志抗日的平北地委副书记

河北省深泽县有一位优秀共产党员叫武光，他1911年出生，15岁就秘密参加革命活动，17岁任国民党深泽县党部宣传部部长，19岁毅然辞去优渥薪职，前往北平寻找并加入中国共产党。他不惧白色恐怖，参与组织北平学生南下请愿示威；他积极宣传抗日被捕入狱，建立狱中党支部坚持斗争；他主动请缨深入敌后，为巩固发展平郊根据地做出了重要贡献。

武光

因抗日救亡获罪

九一八事变后，东北大片国土沦陷。国民党当局无视全国人民日益高涨的抗日呼声，依旧奉行"攘外必先安内"的反动政策，激起了北平学生的反抗。

1931年12月初，北平各校学生决定组织南下请愿示威。时任共青团北平市委书记、中共北平市委委员的武光根据党组织指示，立即找到北平大学艺术学院薛声豫、北京大学刘松云和北平师范大学王锦佩谈话，代表团市委委派他们组织南下请愿示威。10日，3000多名北平学子冲破阻挠抵达南京，与上海、南京等地爱国学生一起，先后到国民党政府外交部、国民党中央党部请愿示威遭到镇压。南下学生返回北平后，武光专门听取了薛声豫等人的汇报，对学生们在运动中表现出的斗争精神，以及对形成全国抗日救亡热潮所起到的推动作用给予充分肯定。

武　光　矢志抗日的平北地委副书记

　　武光的活动引起国民党当局的注意。1932年12月，武光在石家庄被捕，当局指控他参加"以危害民国为目的"的抗日团体。为揭露国民党消极抗日、镇压人民的反动立场，武光主动邀请《大公报》《庸报》记者参加庭审。开庭当天，法官围绕他的身份、活动和信件反复审问。他见自己的党员身份没有暴露，就以"爱国无罪"进行辩护：国家兴亡，匹夫有责。青年人爱国抗日何罪之有！法官理屈词穷，只得宣布休庭。旁听的记者对武光竖起大拇指说："你辩得真好，一定会宣告无罪。"再次开庭时，法院竟仍然以"危害民国罪"判处他5年有期徒刑。

　　武光被关进北平右安门内的河北省第一模范监狱，这里还关押着武竞天、李之琏、荣高棠等人。虽然身陷囹圄，但他仍然不忘宣传抗日，每当有人来这所"模范"监狱参观时，总朝着他们高喊："爱国抗日无罪！反对压迫，还我们自由！"赢得了许多参观者的同情。狱方气急败坏，将他单独关押。1933年6月，武光得知冯玉祥领导察哈尔民众抗日同盟军正在同日寇血战，就向狱方提出赴前线抗日，被拒绝后，又提出为同盟军募捐，再次遭到拒绝。

　　武光继续发动更多狱友开展斗争。他和狱中同志发明了两种联系方式，一种是"土电话"，用暖气管当"电线"、搪瓷缸子当"话筒"进行联络；另一种是"土电报"，将40个国音字母按次序排列，通过敲击暖气管，进而拼出一个个汉字。就是用这样的方式，他们在狱中秘密成立了党支部。1935年10月，中央红军抵达陕北，毛泽东以中共中央名义向关押在国民党监狱中的同志们发出慰问电[①]。武光得知后彻夜难眠，立即以狱中党支部名义，给党中央和毛泽东写了一封无法发出的感谢电，并在狱中秘密传达交流，极大鼓舞了同志们的革命斗志。

奔赴敌后

　　1937年10月，武光重获自由。出狱后，他四处寻找党组织，辗转平津、

[①]　申春：《栉风沐浪——武光传》，中国社会科学出版社2007年版，第99页。

山东、陕西、山西等地，终于找到中共中央北方局，参与创建晋西抗日根据地。1939年初夏，他被派往延安马列学院学习。1941年开始，日寇大规模"扫荡"抗日根据地，敌后抗战进入最困难时期。武光不顾个人安危，主动请缨，提出到最艰苦的敌后抗日前线去。几番争取后，他被派往八路军冀中军区。

1942年4月，武光从延安出发，一路昼伏夜行、翻山越岭，几经生死险境，终于到达八路军晋察冀军区驻地河北省阜平县陈家镇。这时，冀中党组织在敌人五一"大扫荡"中遭受严重破坏，武光被改派到平北地委任副书记。8月初，他跟随一支60多人的队伍出发，马不停蹄赶赴平北。当他们走到宛平县北部山区的新庄户村时，武光患上伤寒，连续几天高烧不退，几次陷入昏迷。

这里的处境也十分危险，附近的村庄已被烧光，日、伪军仍在频繁搜山。武光决定，队伍按原计划继续赶路，他带着两人暂时留下，躲进一处羊倌儿休息的破草棚，待病情好转再追赶队伍。一天夜里，随行的战士小高携枪开了小差，武光的身边只剩下区委干部刘文科。为防止小高投敌，武光请刘文科将自己隐藏到半山腰的一个山洞里。无医无药又缺粮，武光凭着顽强的意志，在当地群众帮助下，奇迹般地转危为安。11月底，他拄着木棍继续赶路，到达永定河边的秘密渡口碾台。由于日军严密封锁，渡船已全部被毁坏，他们只能坐着当地用柳条编的笸箩摸黑过河，差点儿被湍急的河水冲到日军据点附近。

几经历险，武光终于与中共宛平县河北工作委员会取得联系。工委给他配备了警卫员冀玉生，同时派一支小分队护送。武光一行继续赶路，抵达长城脚下时已是深夜，身体虚弱的他紧跟护送队伍，摸黑来到平绥铁路附近，从日军眼皮子底下越过了居庸关。护送队长对武光说："我们活动的地区只到平绥铁路线，铁路以北就属平北地区了。"

虽然踏上了平北的土地，眼前却是日军严密布控的封锁线，依然危机四伏。武光对身边的刘文科、冀玉生说："咱们只能前进，决不后退。"依靠北斗星的指引，他们继续摸索着前进。

"站住！"一声轻喝打破了深夜的寂静。武光掏出手枪，做好战斗准备。

他让口音相近的冀玉生也回道:"站住!什么人?"漆黑的夜晚,双方都不知道对方底细,一时僵持不下。武光让冀玉生靠近侦察。不一会儿,冀玉生高兴地跑回来报告:"太好了!碰上出来活动的区小队了。"就这样,他们与中共昌(平)延(庆)县委接上了头。12月底,武光历经千难万险,终于抵达中共平北地委机关所在地——延庆县大海坨山北碾沟村。

坚持在平北

一到平北,武光就深入群众了解情况。平北地处伪满、伪蒙疆和伪华北政权的接合部,战略地位十分重要。日、伪军经常"扫荡",不仅实行惨无人道的"三光"政策,制造"无人区",还大肆建立伪政权,搞诱降政策,平北地区许多抗日政权遭到严重破坏。

面对异常严峻的形势,武光认为当务之急是统一思想,鼓舞斗志。他与地委书记段苏权商议,召开平北各县主要领导干部扩大会议。会上,他强调平北抗战应坚持巩固现有根据地、积极发展游击区和敌占区的方针,并提出"团结战胜一切""谁有群众谁就胜利""高度地发挥革命的创造性"等口号,鼓舞了平北军民的士气。

为大力加强政权建设,变被动为主动,武光提出抓住日、伪军冬季龟缩据点的有利时机,打破敌人的封锁。1943年2月,他组织召开平北专区县长联席会议,提出"一切轻视政权工作的观点都是落后的观点",并列举中外历代王朝更替、欧美国家议会斗争和中国辛亥革命以来的很多事例,说明一切斗争都是为了夺取政权的道理。他积极推动平北地委广泛发动群众,建立健全各级政权,团结进步势力、争取中间势力、孤立顽固势力,使根据地得到进一步恢复和巩固。面对严重的经济困难,武光要求坚决贯彻党的减租减息政策,做到"地租不得超过总产量的37.5%,债息不得超过一分五厘",明显改善了农民的政治地位和生活状况。

不久,平北地委改为平北地分委,隶属平西地委,武光调任平西地委组织部部长。当部分群众抗日情绪低落、个别干部战士叛变投敌时,武光提出加强明敌暗我的"双重政权"建设，通过组织和教育群众，粉碎敌人的诱降政策，推动敌占区逐渐转变为游击区乃至抗日根据地，使顽强斗争之火越燃越旺。

1944年11月，武光改任中共冀察区委城工部部长，根据中共中央关于加强城市工作的指示精神，明确提出城市工作的首要任务是：争取群众支持，配合八路军夺取城市与交通要道。在他的推动下，地委、县委、区委都建立了城工部，并抽调、训练和派遣大批干部进入沦陷区大中城市。他还直接派遣万一、石梅、王凯、白文、李屹夫、王继之、常梦龙、郭维熙等干部，秘密潜入北平开展隐蔽斗争，为迎接抗战胜利做积极准备。

新中国成立后，武光先后到湖南、广东工作。1954年任北京航空学院第一任院长兼党委书记，1963年后历任新疆维吾尔自治区党委书记处书记、中国社会科学院副院长、北京市人大常委会副主任。2015年在北京逝世，享年104岁。

（执笔：李昌海　苏峰）

武止戈　血洒大小汤山

1933年10月13日上午，河北省顺义县许南园村，察哈尔抗日讨贼军遭日机轰炸。硝烟弥漫中，一位年轻的指挥官在指挥部队转移时，被日军飞机投下的炸弹弹片击中，为抗日献出了宝贵的生命。他的名字叫武止戈。

武止戈

参与筹建"抗日同盟军"

武止戈，1902年出生于陕西省渭南县武赵村一个士绅家庭，18岁考入天津南开中学，开始接触马克思主义，投身学生运动。毕业后前往北京，多次聆听李大钊教诲。1923年年初加入中国共产党，同年夏担任中国社会主义青年团北京地方执行委员会书记，1924年赴苏联求学。

九一八事变后，日军侵占东三省，中华民族面临生死存亡的危机。武止戈忧心忡忡，请求回国参加抗日斗争。经组织批准，他于1932年2月回到祖国。途经哈尔滨时，被奉系军阀逮捕，在沈阳、大连羁押数月，后经党组织多方营救获释。

1933年春，武止戈来到河北，在中共张家口特委工作。此时，长城抗战正酣，华北部分领土沦于日寇之手。在民族危亡的紧急关头，中国共产党决定帮助冯玉祥，以察哈尔、张家口为根据地，筹建察哈尔民众抗日同盟军（以下简称"抗日同盟军"）。武止戈和吴化之、张金印等领导下的张家口特委，根据当时国内外形势，起草了抗日同盟军的纲领和宣言，并派人与方振武、吉鸿昌、佟麟阁部队和退往察哈尔绥远的东北抗日义勇军进行联络，争取他们加入抗日同盟军。

为了筹建抗日同盟军，武止戈、吴化之等与中共内蒙古特委书记陈镜湖协商，先由陈镜湖负责筹备成立蒙汉抗日同盟军军事委员会，而后再由中共张家口特委组织各界群众代表，成立察哈尔人民自卫指导委员会。

筹建工作基本就绪后，武止戈受张家口特委和冯玉祥的重托，穿越内蒙古大草原，日夜兼程，前往库伦。此行的主要任务是争取苏联的援助。但苏联考虑到已同中国、日本有正式外交关系，不宜单独和抗日同盟军发生联系，致使联络工作未能奏效，武止戈只好返回张家口。5月26日，察哈尔民众抗日同盟军正式成立，冯玉祥任总司令，武止戈任总部高级参谋。

收复察东的战斗

抗日同盟军成立后，通电全国，主张联合全国各党派各军队"结成抗日战线，武装保卫察省，进而收复失地，争取中国之独立自由"，号召全国民众一致奋起，共同抗日。但国民党政府不顾全国人民强烈的抗日呼声，同日寇签订了《塘沽协定》，察东的沽源、康保、宝昌、多伦等重镇沦入日军之手，平津岌岌可危。

大敌当前，冯玉祥委任吉鸿昌为抗日同盟军北路军前敌总指挥，武止戈任总指挥部参谋长。6月下旬，武止戈奉命协助吉鸿昌率部由张北出发，英勇进击。张北一带是广袤无垠的大草原，常有土匪出没，他们抢劫掳掠，无恶不作，导致村庄残破，百姓逃亡。吉鸿昌、武止戈等指挥部队一面向前推进，一面肃清匪患，帮难民返回家园，村屯恢复了生机，抗日同盟军威名远扬。

在抗日同盟军进攻沽源、宝昌县城途中，大雨滂沱、电闪雷鸣，给装备简陋的抗日同盟军带来很大挑战。莽莽草原上，风雨交加、飞沙走石，官兵们艰难跋涉。为了保护武器不被淋湿，吉鸿昌、武止戈等人主动把防雨油布解下来包裹武器。经过两日急行军，部队按时到达宿营地。

武止戈　血洒大小汤山

抗日同盟军的到来，使驻守沽源的"护国"游击队惊恐不安。武止戈认为，应抓住这一有利时机，攻心为上，松懈敌人斗志。于是，他带领参谋人员有针对性地制定了瓦解伪满军的政治斗争策略。在解家营、刘家营、柳条沟一带战斗时，抗日同盟军占领了制高点，武止戈和大家向伪满军喊话："中国人不打中国人！""替日本人卖命是可耻的！""你们的父母妻子在盼望你们回家呀，掉转枪口立功赎罪！"正义的呼声此起彼伏，震撼着每一个伪满军的心灵，不少人良心发现，三五相约投奔抗日同盟军。武止戈等还挑选了十几个俘虏，向他们宣讲抗日救国大义后，再将其放回，致使携械来归者越来越多。经过艰苦奋战，抗日同盟军连战连捷，在十几天内收复了康保、宝昌、沽源等县。

7月上旬，抗日同盟军兵分三路，乘胜进军，对日军重兵把守的多伦县城发起猛攻。多伦是察东重镇，日军茂木骑兵旅团固守城内，伪满军李守信、崔新五部担任外围防御，还有数架飞机助战。武止戈冒着炮火到第一线，协助吉鸿昌指挥作战。10日夜，他随吉鸿昌率领敢死队接敌力战，3次攻城不克，伤亡惨重。危急时刻，武止戈认真分析敌我情势，向吉鸿昌建议，采取内外夹击的战术解决战斗。

7月11日，他们派出40余名精干士兵扮作商贩，分批混入城内。同时组成一支敢死队，由吉鸿昌、武止戈亲自率领，在混入城内的士兵策应下，打开西门，冲入城内。在一片喊杀声中，敌人惊慌失措，遂向城东北角退去。武止戈等袒臂冲锋、身先士卒，巷战肉搏3个小时，消灭日军大部，敌人弃城而逃。至此，失陷70余天的多伦城，经5个昼夜鏖战终被夺回。战后，武止戈又随吉鸿昌奉命驻守沽源，防御日寇反攻南犯。

壮烈殉国

抗日同盟军的节节胜利，极大鼓舞了抗日军民的斗志，也使日、伪军受到震慑。但日军不甘心失败，一面派重兵反攻多伦、沽源，一面加紧勾结国民党政府"亲日派"何应钦，蒋介石政府不承认抗日同盟军的合法性，也调兵遣将，向察哈尔省步步进逼，共同围攻抗日同盟军。

在日军和蒋介石的军事、政治压迫下，冯玉祥于8月上旬宣布解散抗日同盟军，辞去总司令职务。蒋介石急令宋哲元主持察政，收编抗日同盟军。武止戈和宣侠父、许权中等共产党员坚决反对，坚持保留这支抗日武装的旗帜。不久，在中共河北省委前线工作委员会的帮助下，抗日同盟军改编为察哈尔抗日讨贼军（以下简称"抗日讨贼军"），一面抗日，一面讨蒋。抗日讨贼军总部设在张北，方振武任代总司令，吉鸿昌任总指挥。8月底，武止戈被任命为抗日讨贼军参谋主任，协助吉鸿昌指挥作战。

9月初，前委和吉鸿昌等在商都附近的四台坊开会，讨论抗日讨贼军的进军方向问题。会上，武止戈、张金印等建议到陕北去，同刘志丹等人领导的陕甘边红军会合，扩大革命根据地。但他们的主张没有被采纳，最后，部队决定东进独石口。当月下旬，武止戈协助吉鸿昌、方振武等将领率部三四千人，一路高唱"同胞武装起，携手去杀敌，壮士怒冲冠，日阀心胆寒……"战歌，接连冲破敌人几道防线，先后攻克怀柔、密云、昌平等县城。

10月初，抗日讨贼军发动攻占大、小汤山的战斗。当时，日军出动飞机大炮进行狂轰滥炸，国民党也派出重兵从三面围攻抗日讨贼军，除原有庞炳勋、关麟征、冯钦哉各部11个师外，续增调王以哲、黄杰、王敬久等5个师，共达16个师、15万余人。武止戈和将士们毫无惧色，当冲锋号响起，全军挥起大刀、举着步枪，冒着枪林弹雨，反复冲锋，奋勇厮杀，消灭了敌人一个团，攻占了大、小汤山。

这次战斗，虽然给敌人以重创，但抗日讨贼军伤亡也较大。武止戈等人主张尽快离开汤山，以防敌人发动更大规模的"围剿"，但他们的建议未被采纳。正如武止戈所料，蒋介石、何应钦调来关麟征、万福麟部合击抗日讨贼军。抗日讨贼军腹背受敌，东进不成，被迫西撤。当行至顺义县西的三家店、许南园村一带时，国民党中央军尾追而来。10月13日上午，日军飞机配合国民党军队，对抗日讨贼军驻地进行猛烈轰炸。十几架日军飞机从头顶呼啸而过，一枚枚炸弹从天而降。武止戈临危不惧，骑着白马往返奔驰，指挥将士们迅速转移。突然，一枚炸弹飞落身旁，周围顿时火光四起,弹片挟着碎石四处乱飞,武止戈不幸被击中,壮烈殉国。

气吞万里堪回首,止戈散马望神州。武止戈牺牲时年仅31岁。2015年,武止戈被列入民政部公布的第二批600名著名抗日英烈和英雄群体名录。

(执笔:贾变变)

萧　克　冀热察挺进军司令员兼政治委员

"北渡拒马河，百花山在望。建立挺进军，深入敌心脏。放眼冀热察，前途不可量。军民同协力，胜过诸葛亮。抗战虽持久，笑我力正壮。"这是八路军冀热察挺进军司令员兼政治委员萧克，于1939年1月在前往平西的路上写的一首战地诗。当时，他刚参加完中共六届六中全会不久，奉命开辟冀热察抗日根据地。他从延安赶到平西后，深入调查研究，总结抗日斗争经验，

萧克

逐渐形成了"巩固平西、坚持冀东、发展平北"的三位一体战略任务，指挥抗日军民开创了平西、平北、冀东抗日根据地的新局面。

巩固平西

夜深人静，寒风瑟瑟。平西斋堂的一栋石头房子里，依然灯光闪烁。马灯下，萧克摊开热河地图，聚精会神地察看着。这张地图，还是他在延安临行前专门向毛主席要来的，犹如珍宝一直带在身边。开辟冀热察抗日根据地新局面，该从哪里入手？他的目光聚焦到了地图上的平西一带。

平西，是北平以西的百花山、小五台山一带，包括宛平、涞水、涿鹿等12个县。这一区域万山堆叠，千水奔流，东临平汉铁路及涞（水）易（县）支线，北界平绥铁路，南到紫荆关、易水边，战略位置十分重要。在这里建立根据地，既能从北面屏障晋察冀边区，又能成为向冀东、平北发

展的前进基地。萧克认为,挺进军的首要任务就是"巩固平西"。

"巩固平西",首先从整编地区武装力量入手。挺进军整编前,各部队互不隶属、粮饷自筹、各有防区,行动缺乏统一指挥。为加强统一领导,萧克深入部队调查研究,要求大家树立全局意识,逐渐统一了思想。在此基础上,他下达整编命令,撤销第4纵队番号,组建冀热察挺进军,下辖第11、第12支队和冀热察抗日联军,共5000余人。整编不久,平西根据地就遭到华北日军连续3次"扫荡",挺进军各部合力抗敌,连战连捷,极大鼓舞了平西抗日军民的士气,人民群众掀起参军参战的热潮,到1939年夏天,挺进军兵力总数发展到1.2万人。

粮食问题是摆在挺进军面前的又一难题。平西地区除东南面有一块产粮较丰的平原外,大部分是山区,根据地群众既要保障抗战勤务,又要为部队供应军粮,加上日军不断"扫荡",负担很重。萧克将山区的一部分部队调到北平南郊至大清河北岸的平原地区,一方面解决吃饭问题,另一方面可积累在平原作战的经验。1939年冬天,平西地区号召群众冬耕保墒,萧克也号召部队积极参加,次年农作物春耕顺利,收成良好。1940年春节前夕,挺进军第10团"虎口夺粮",将日军囤在圈门的大批粮食夺回,有效缓解了平西抗日根据地粮食匮乏的困难。

此外,挺进军还大力开展对伪军官兵的宣传教育和争取工作。平西周围约有4000名伪军,经过反复做工作,他们大都与根据地建立了不同程度的关系,其中表现较好的还能为挺进军与根据地提供暗中掩护,通风报信。

平西抗日根据地的发展壮大,引起日伪的极度恐慌。1940年3月,日军独立混成第2、第15旅团及伪军9000余人,分十路向平西发动更大规模"扫荡"。萧克指挥挺进军各部浴血奋战,历经30余次大小战斗,先后取得褐石防御战、齐家庄伏击战和谢家堡夜袭战的胜利,在杜家庄伏击战中全歼日军坂田中队,还击落敌机1架。

经过平西军民齐心协力的艰苦鏖战,到1940年秋,平西已发展成为包括宛平、房山、涞水大部,涿县、良乡、宣化、涿鹿、怀来、昌平等县,拥有1100个村庄、30多万人口的抗日根据地。

坚持冀东

随着平西抗日根据地的日益巩固，萧克又把目光投向了冀东。冀东位于平津以东、长城以南，濒临渤海，是冀热辽的接合部，绵延起伏的燕山山脉横贯东西，北（平）（辽）宁铁路贯穿其间，战略地位非常重要。坚持冀东游击战争，有助于吸引和分散敌人兵力，对巩固平西、发展东北有重要意义。

早在1938年7月，八路军第4纵队受命配合冀东大暴动，但在西撤途中被日军围堵，遭受重大损失，导致暴动失败。萧克认为，这里党的基础还在，抗日火种还在，必须重燃冀东抗日烽火。

为培养冀东抗日骨干力量，萧克首先将冀东的大部分干部送到中共中央北方分局、区党委、抗日军政大学分校轮训，并将撤到平西的冀东起义部队整训后派回冀东。同时，把冀东抗日联军和八路军留在冀东的部队，统编为挺进军第13支队，人数达4000多人，李运昌任司令员，李楚离任政治委员，包森任副司令员。萧克还命令把各县抗日武装恢复建立起来，大力开展游击战。1939年10月，冀东第一个抗日民主政权——丰（润）滦（县）迁（安）联合县政府成立，并在冀东北部逐步形成了多块小根据地。

1940年6月，第13支队在盘山百草洼全歼日本关东军的武岛骑兵部队后，日本华北方面军及伪军2万余人前来进行报复性"扫荡"。第13支队兵分三路转战热河、滦东和北宁铁路南，趁敌人分兵"清剿"时，各个击破。此时，平西的第12团和数名党政干部东返，在鸦鸿桥、三女河、任各庄连战连胜。一个多月的反"扫荡"中，共作战47次，歼灭日、伪军1500余名。

为贯彻预定向东北方向发展的方针，9月，萧克指挥挺进军3000余人打出长城、打到热河，创建了雾灵山与军都山之间的大块游击区。长城内外是山区，人烟稀少，没有党的组织，半年艰苦的工作后，这里成立了晋察冀"东北工作委员会"，主要负责收集东北地区情报，争取伪方人员，参加根据地工作。越过长城的部队，一部向热南深入，进至平泉、叶柏寿、宁城之间，开展游击战争；一部深入伪满统治的兴城、绥中，这是中国最早打回东北去的部队。

与此同时，萧克派平西挺进军主力在长城内外开展游击战争，与冀东密切配合，遥相呼应。到1940年年底，冀东游击武装范围已扩大到南起乐亭、宁河，北至兴隆、青龙，东起迁安，西至平谷、密云、蓟县的广大地区，在180万人口的区域中建立了抗日政权。1941年6月19日，晋察冀分局向中共中央和北方局报告："冀东目前已是大块游击根据地，各方面工作都已树立了初步坚持冀东工作的基础。"

发展平北

要使平西、冀东两块根据地连接起来，最大限度地配合整个华北敌后抗战，就必须打通平北。这成为萧克面临的又一个现实课题。

挺进平北，既是"三位一体"战略的重要组成部分，也是一块最难啃的骨头。平北地区的北部和南部，分别是草原和平原，中部为燕山山脉，崇山峻岭，人烟稀少、物资匮乏，日伪在此建立起比较完备的统治体系，且有重兵驻守。1938年6月、1939年春，八路军曾两次挺进平北，但都没能站稳脚跟，最终撤回了平西。

萧克从两次行动失败中分析发现，开辟平北也有有利条件：平北处于伪满、伪蒙疆、伪华北3个伪政权接合部，有隙可乘。敌人的残酷奴役，也激发了当地人民的仇恨，人们的抗日情绪高涨。于是，他根据北方分局关于"巩固地向前发展"的指示，运用红军时期游击战争的经验，决定采取"波浪式渗透"的办法，先发展若干小点，再由点到面，进而全面发展。

1940年1月，萧克将挺进军第9团第8连与沙塘沟游击队组成平北游击大队，任命钟辉琨为大队长、刘汉才为政治委员，掩护成立不久的中共平北工委开赴平北。游击大队与平北工委密切配合，边打边建，很快成立了昌（平）延（庆）联合县委和县政府，并继续向怀柔、延庆、赤城、龙关之间的广大地区发展。经过4个月的努力，基本站稳了脚跟。

平北游击战争发展势头良好，萧克又决定采取"逐次增兵"的方法，继续向平北增派部队。4月底，他命挺进军第10团第3营到密云北部开展游击活动。5月20日，他令第10团团长白乙化率主力挺进平北，与第3营会合。白乙化率部多次击退日、伪军进攻，连克多个据点，很快在密云县境内立足，并向周围地区拓展，开辟了丰（宁）滦（平）密（云）抗日根据地。至此，平西、平北和冀东的游击区，互为依托，形成鼎足之势。

1941年年初，日本华北方面军频繁对平北中心区大海坨、龙关、延庆、怀来进行"扫荡"。伪满成立"西南防卫司令部"，伪蒙疆也配合华北日伪的"治安强化运动"，大挖封锁沟，制造"无人区"，企图将挺进军赶出平北，平北抗战进入了最艰苦的岁月。萧克指挥挺进军浴血奋战，攻袭刁鹦沟、东山庙等地，取得白莲峪、沟门和柏查子等战斗胜利。同时增编了第40团，开辟了两个县的根据地，成立了专员公署，平北抗日根据地从若干小块发展为大块根据地。至1941年夏，平北抗日根据地延伸到了冀热察三省边界的广大区域，人口已超过50万。中共中央晋察冀分局在《关于平北两年来工作的指示》中对其给予充分肯定："平北两年来艰苦斗争的过程中，已初步形成了根据地。"

经过广大军民艰苦卓绝的斗争，平西、平北、冀东抗日根据地连成一片，为迎接对日反攻、进军东北创造了有利条件。

（执笔：刘慧）

徐智甫　昌延联合县第一任县委书记

巍巍青山托起铮铮铁骨，闪闪晨星映照不屈灵魂。1940年8月28日凌晨，一位抗日英雄面对穷凶极恶的日本侵略者，一手捂着伤口，一手举起手枪，深情回望了一眼他工作战斗过的昌延大地，向自己射出最后一颗子弹，壮烈殉国。他就是中共昌（平）延（庆）联合县第一任县委书记徐智甫。

徐智甫

教书先生

抗日战争时期，冀东西部有一位戴着眼镜、身体羸弱的教书先生为抗日救亡四处奔走。在他的家乡学校教室里，有他带领学生朗朗诵读"我爱中国""抗日救国"的声音；在农村集市上，有他带头参加示威游行，散发抗日传单，高呼爱国口号的身影；在国民党香河县党部门前，有他和众多同人席地静坐，为被捕学生请愿的画面。这位教书先生就是徐智甫。

徐智甫出生在蓟县的一个农民家庭。1927年，他考入河北通县省立师范学校，开始接触马克思主义。九一八事变后，日本侵占中国东三省。面对日本帝国主义的疯狂侵略和国民党政府的不抵抗政策，徐智甫怒火中烧，毅然加入中国共产党领导的群众组织反帝大同盟，带动同学们从事抗日宣传活动，并创办《晨钟报》，作为扩大抗日宣传的阵地。

1932年春，河北保定第二师范学校发起抗日护校运动，遭到国民党当局镇压。徐智甫听到消息后，立即组织通县师范学校师生罢课声援。他们在县城张贴抗日标语，要求释放被捕学生，号召打倒反动政府，遭到国民党反动军警袭扰。徐智甫又组织师生围堵军警，使其撤离。由于徐智甫在抗日救国运动中表现突出，这一年他光荣加入中国共产党。

翌年5月，日军侵入香河，烧杀抢掠，无恶不作。徐智甫发动香河县学生自治救国会，组织请愿团奔赴南京呼吁抗日。随后，从通州师范学校毕业的徐智甫，按照党的指示，前往香河县，先后在县高小、县师范学校任教。他历数日本帝国主义侵华罪行，对学生进行爱国主义教育。两年后，徐智甫又回到家乡蓟县，先后在龙山、太平庄学校以教学做掩护，发展抗日救国会。

徐智甫按照党的指示精神，深入乡村，组织反帝大同盟小组、抗日救亡小组，广泛宣传抗日救国的道理。他还借防范土匪护校的名义，在校内拉起武装护校队，为抗日做好充分准备。

副政治主任

卢沟桥事变后，侵华日军向华北发动大规模进攻。中共蓟县县委根据上级指示精神，在翠屏山和千像寺先后两次召开会议，决定进一步开展统一战线工作，放手发动群众，组织救国会，开展抗日宣传，准备暴动。

徐智甫作为蓟县二区党的负责人，按照县委指示开始秘密进行暴动前的准备工作。他一面广泛动员群众，一面以原来的党小组、反帝大同盟小组和抗日救亡小组为基础，组建抗日救国会分会。同时，他还以民族大义感化争取到六甲民团队长夏德元等13名保甲长和民团队长加入救国会。

1938年6月，八路军第4纵队挺进冀热边，给冀东人民以极大鼓舞。14日，第4纵队第34大队进驻长城线上的南水峪，智取镇罗营伪警察所，随即在镇罗营建立了密（云）平（谷）蓟（县）联合县政府。

日本华北方面军、伪冀东保安队得到消息，急忙调动各县民团5000多人赶往长城一线进行堵截。夏德元与九甲民团队长赵合率队北进途中，突然接到马伸桥伪警察分局局长王树森的命令，调二人立即回马伸桥，并令民团原地待命。夏德元、赵合于19日夜找到徐智甫商议对策。徐智甫说："暴动已到紧要关头，必须做好充分准备，看来王树森已经对你们产生怀疑，要提高警惕，只要风头不对，不要手软，先下手为强，除掉汉奸，确保按计划实施暴动，迎接八路军东进。"夏德元、赵合闻听，顿时有了主心骨。

6月20日，夏德元、赵合带两甲民团返回马伸桥伪警察分局。这时，王树森正在向日伪当局报告夏、赵二人不可靠，准备对他们实施抓捕。夏、赵二人果断出击打死王树森，捣毁了王树森设在马伸桥镇的"白面馆"（大烟馆），击毙了充当日本特务的掌柜朝鲜浪人大金、二金，以及日本华北矿业公司总经理铃木隆方等3个日本人。

由于消息泄露，冀东大暴动不得不提前进行。7月14日，徐智甫与刘卓群、夏德元、李子光等一起领导了蓟县二区的起义，随之成立了冀东抗日联军（以下简称"冀东抗联"）第16总队。刘卓群、夏德元分别任正、副队长，李子光、徐智甫分别任正、副政治主任。第16总队配合八路军第4纵队第33大队，攻占蓟县县城，又在石门镇西的公路上设伏，袭击了约100人的日、伪军蒙古骑兵"讨伐"队。到9月底，第16总队发展为一支拥有3个大队、1个特务总队共1500多人的抗日队伍。

为提高部队素质和战斗力，徐智甫协助政治主任李子光一面抓紧练兵，一面开展政治教育，还组织战士学唱《游击队之歌》《大刀进行曲》等抗日歌曲，以鼓舞战士们的士气和斗志。一段时间后，冀东抗联战士的军政素质得到明显提高。

为了团结一切可以团结的力量抗日救国，中国共产党发出"有钱出钱，有枪出枪，有力出力，有粮出粮"的号召。徐智甫当时身患严重肺结核，但为完成筹枪、筹粮的任务，仍不辞辛劳。他还动员家人率先捐出粮食，支持抗日。

当时，冀东大暴动正值最严峻、最关键的时期，妻子生孩子，他无暇回去探望。随后，父亲徐长荣又不幸被伪满军骑兵打伤去世。家人都在盼望他能回去为父亲料理后事，他考虑再三，最后强忍悲痛，含泪写信捎给母亲说："父亲出殡就不要等我了。眼下正是抗日紧张的时候，不把日本鬼子赶出中国，乡亲们就永远没有好日子过。"

10月，第16总队奉命撤往平西整训。由于官兵大都是冀东人，西撤过程中部队思想极不稳定，加上缺衣少食，又不断遭到日、伪军袭击堵截，部队减员严重。徐智甫不顾身患肺结核和肠炎的痛苦，在与敌人周旋的同时，坚持做好部队思想政治工作，日夜行军，与部队一起安全撤到平西。

昌延县县委书记

1939年，徐智甫在平西参加了冀热察区党委党校首期学习班，政治理论水平提高很快。学习班结业后，他被留在党校担任教务主任。

1940年春，徐智甫被任命为中共平北工作委员会委员兼昌延联合县第一任县委书记。他到达平北后，与县长胡瑛等同志一起，以"后七村"[①]为基地，逐步向十三陵地区和龙（关）赤（城）方向开辟根据地。他们组织救国会，建立区、村政权，开办党员训练班，先后发展了300余名党员。这年4月，正值青黄不接、粮食奇缺，徐智甫与百姓同甘共苦，常以野菜充饥，全身浮肿。他得知县游击大队已断粮数日，抱病带队到王庄和东三岔村筹集了几麻袋粮食，几经周折送到子弟兵手中。战士们得知粮食是徐智甫他们饿着肚子送来的，都感动得流下了眼泪。5月间，日、伪军发动以"后七村"中心区为重点的"大扫荡"，这时八路军主力部队正在外线作战，徐智甫又指派县委宣传部部长王毅临时组织了五六十人的力量，配合八路军第10团留下的第9连，继续在昌延地区坚持斗争。

这时，徐智甫又身染疟疾，一天发作数次，折磨得他全身乏力，气喘吁吁，脸色苍白。他在王毅等几位同志的搀扶下，走走停停，来到虎峪马圈子村。大家看到这里环境较好，房东也可靠，提出让他留下，养好身体再走，而他坚持和同志们一起上山打游击。

---

① 后七村，即里长沟、慈母川、董家沟、霹破石、景而沟、沙塘沟、铁炉村7个村，原属昌平区，现属延庆区大庄科乡，因在十三陵的后山，故俗称"后七村"。

面对严酷的环境、艰苦的斗争，徐智甫始终保持着革命乐观主义精神。他经常鼓励同志们："黑暗过去是黎明，中国人民的抗日斗争一定会取得最后胜利。"反"扫荡"间隙，山沟里和窝棚内，常常会响起他吟唱的《空城计》《借东风》等京剧剧目。战士们听后深受鼓舞，情绪得到放松。

6月，日、伪军对昌延地区再次进行大规模"扫荡"，八路军第9连也奉命转移到外线作战。8月27日夜，徐智甫和胡瑛秘密在窑湾黄土梁（今属北京市延庆区）碰头，研究第9连撤离后如何开展对敌斗争，二人一夜未睡。凌晨，突然有老乡跑来报信，说发现有日、伪军前来"扫荡"，话音未落，窗外就传来了枪声。徐智甫、胡瑛和通讯员程永忠马上跑出屋外，迎面遭到100多名日、伪军堵截，他们一边朝敌人开枪，一边沿村后小路向西北山梁上撤离。

突围过程中，徐智甫不幸被日、伪军机枪打伤，跌倒在地。敌人一窝蜂地冲上来，喊着要抓活的。徐智甫忍着剧痛，奋力射击，吸引敌军火力，以掩护其他同志撤离。由于敌众我寡，县长胡瑛以及通讯员程永忠不幸牺牲。面对不断逼上来的日、伪军，徐智甫意识到自己已经无法突围，用剩下的最后一颗子弹射向自己的头部，兑现了他"永不叛党"的誓言。惨无人道的敌人还将徐智甫的头颅割下带走示众。不久，当地军民收殓了他的遗骸，并为其召开了追悼会。

1949年春，徐智甫的遗骸被送到蓟县，后被安葬于盘山烈士陵园。1984年5月4日，中共延庆县委、县政府在徐智甫牺牲地附近的西二道河村西山坡修建了纪念碑。2020年9月2日，徐智甫入选第三批著名抗日英烈、英雄群体名录。

（执笔：董志魁）

许德珩 铁骨铮铮 矢志不渝

生逢乱世却常怀爱国之心，遭遇国难绝不屈膝投降。九一八事变后，面对山河破碎，不图高官厚禄，不做安稳教授，不惧威逼镇压，教学之余，一心投身于抗日救亡运动中，他就是誓死不做亡国奴的爱国教授——许德珩。

许德珩

"若爱国有罪，我愿坐穿牢底"

许德珩1890年出生于江西九江一个书香之家，中学时即加入同盟会。辛亥革命后，他曾参加过"二次革命"，之后到上海和北京求学。五四运动中，他用文言文写就振聋发聩的《北京学生界宣言》，并走在游行队伍前列，反对北洋政府的卖国外交。随后赴法勤工俭学，1931年应邀到北京大学任教。

九一八事变后，东北大片国土沦丧，国民党政府却一味妥协退让。许德珩异常愤慨，经常在北京大学和北平师范大学发表演讲，揭露日寇的侵略罪行，痛斥国民党的不抵抗政策。

1932年春的一天，已是国民政府实业部部长的旧相识陈公博来到许德珩家，见面就说："老兄，不要教书了吧！"暗示可以给他高官厚禄。许德珩一听就怒上心头。陈公博曾参加中国共产党一大，后脱党。大革命失败后，陈公博追随汪精卫争权失利，曾鼓吹"改组国民党"，拉拢许德珩等知名人士在上海创办大陆大学。谁知，陈公博经不起诱惑，被国民党当局收买，

许德珩　铁骨铮铮　矢志不渝

默许军警查封学校，搜捕共产党人。许德珩从此与其断绝往来。这次他与陈公博相见，知其不怀好意，便愤怒地反问道："不教书做什么？做官僚，做卖国贼？还是做蒋介石的打手？……士各有志，勿相强也，你去干你的好了！"①一番话说得陈公博面红耳赤，悻悻离去。

这一年，国民党反动派疯狂镇压抗日爱国运动，北平各校不时有师生被带走。12月初，马哲民、侯外庐两位教授竟在同一天"失踪"。许德珩没有被白色恐怖吓倒，继续宣传抗日。13日凌晨，几个特务突然闯进许德珩家。许德珩愤怒地质问："你们是哪里的？"对方回答："不要问！赶快穿好衣服。"随后，他被带上车，关进宪兵三团监狱。

许德珩的夫人劳君展经多方打听，获知许德珩等人的关押地点，就打电话给各报馆和学校。第二天，各大报纸大幅报道此事，社会舆论哗然。17日，许德珩见到前来探监的杨杏佛，坚定地说："我们从事的是爱国运动。政府不打敌人，专打人民。若爱国有罪，我愿坐穿牢底；若爱国无罪，他们应当向我赔罪……"②北平当局顾忌社会舆论，于19日将许德珩释放。出狱当天，监狱设宴送行，算是"赔罪"。许德珩气愤地掀翻桌子，昂首阔步走出监狱，显示出铮铮铁骨。

"许教授来清华放了一把火"

1935年6月，"何梅协定"签订后，国民党政府将华北的部分权益拱手送给日本，激起北平乃至全国各阶层人民的极大愤慨。

危急时刻，中国共产党发表《八一宣言》，号召停止内战，一致抗日，得到知识界热烈响应。许德珩邀请北平各大学的部分教授在玉泉山聚谈，商讨开展抗日救亡运动，最终决定举行一次游行示威。11月18日，北平市大中学生联合会（以下简称"北平学联"）成立，负责统一协调学生的抗日

---

① 许德珩：《许德珩回忆录》，中国青年出版社2001年版，第166页。
② 中共党史人物研究会编：《中共党史人物传》（第64卷），中央文献出版社1997年版，第289页。

爱国运动。

不久，北平城内纷传，国民党政府已批准成立冀察政务委员会，准备把冀察两省作为"睦邻"礼物送给日本。平津街头大小汉奸也公开结队游行，叫嚣"华北五省自治"。日本宪兵、国民党特务则到处逮捕抗日人士。

12月9日，在中国共产党领导下，北平15所大中学校师生共万余人，举行声势浩大的示威游行。"打倒日本帝国主义！""打倒汉奸卖国贼！""反对内战，一致抗日！"等雄壮的口号声震撼了古都北平，拉开了一二·九爱国运动的序幕。

这天，许德珩和爱国师生一起，冒着零下20摄氏度的严寒，纷纷走上街头，进行请愿示威。反动军警用水龙进行喷射，又挥动木棍殴打。许德珩穿的大衣、棉衣均已湿透，很快冻结成冰，但他不惧严寒，不畏强暴，仍继续前行。

当天傍晚，许德珩冒着被抓捕的危险，赴清华大学演讲。他控诉当局镇压学生的罪行，颂扬学生不怕流血牺牲的奋斗精神，进一步激发了学生们的爱国热情。他回到家后，北大校长蒋梦麟打来电话说："刚才接到清华校长梅贻琦的电话，说你们北大的许教授来清华放了一把火，学生们决定还要上街游行。"[①]蒋梦麟显然有责备之意，许德珩义正词严地顶了回去。

一二·九运动的爱国怒潮尚未退去，12日平津等地的报纸又披露出惊人消息：南京国民政府已确定冀察政务委员会委员名单，并计划于16日正式挂牌。这一消息更加激怒了广大爱国学生。北平学联决定针锋相对，举行第二次全市大中学生抗日示威大游行。

16日，上万名学生采取声东击西的战术，分头行动，到达天桥集合。数万名群众也加入游行队伍中来。反动当局动用全城军警和两个团的军队进行镇压。面对反动军警和军队的棍棒和刺刀，许德珩不顾自身安危，始终行进在游行队伍前列。在强大压力面前，当局不得不延期成立冀察政务委员会。

---

① 许德珩：《许德珩回忆录》，中国青年出版社2001年版，第176页。

许德珩　铁骨铮铮　矢志不渝

"我们与你们之间，精神上完全是一致的"

为推动抗日救亡运动，许德珩与马叙伦、张申府等爱国师生，于1936年1月27日，联合发起成立北平文化界救国会。由于冒犯了当局，几个月后，北京大学无理解聘了许德珩等3位教授。许德珩随后到北平大学法商学院任教，义无反顾地继续进行反蒋抗日宣传。

这年冬季的一天，北平地下党员徐冰来到许德珩家，谈到由于国民党反动派的封锁，陕北物资供应困难，日用品相当紧缺，尤其没有布鞋，大家都穿草鞋。许德珩当即决定购买一些日用品和食物，给毛泽东等中共领导人送去。他让夫人和张晓梅夫妇，去东安市场买了10多根火腿、12块怀表、30多双布鞋等物资，由地下党安排的一辆去陕北的车顺路捎去。车上的人问："是否要毛泽东的亲笔收条？"许德珩说："这么一点东西，还要毛泽东开收条？不要，不要！"

毛泽东收到赠品后，回信写道："各位教授先生们：收到惠赠各物（火腿、时表等），衷心感谢，不胜荣幸！我们与你们之间，精神上完全是一致的。我们的敌人只有一个，就是日本帝国主义，我们正准备一切迅速地进到团结全国出兵抗日，我们与你们见面之期已不远了。为驱逐日本帝国主义而奋斗，为中华民主共和国而奋斗，这是全国人民的旗帜，也就是我们与你们共同的旗帜！"[①]

西安事变发生，第二次国共合作初步形成。北平文化教育界部分人士对释放蒋介石，以及中共联蒋抗日的做法想不通。许德珩邀请部分进步人士到家里吃饭，并请中共中央北方局代表彭真讲解国内政治形势和共产党的方针，增进了大家对共产党政策的理解。

西安事变和平解决后，国民党特务策动成立伪学联，迫害进步学生，破坏国共合作抗日。1937年的"五四"纪念会上，一向拥蒋反共的陶希圣

[①] 许进主编：《1890—1990百年风云许德珩》，北京出版社2003年版，第121页。

等人，唆使伪学联无理取闹，殴打同学，使20多名进步学生受伤。许德珩等向陶希圣发出公开信，对他们的行径表示愤慨和谴责。

卢沟桥事变，北平沦陷。许德珩化装成商人南下，回到家乡江西，担任江西省各界民众抗敌后援会主任，团结各界人士积极抗战。在抗日战争即将胜利的日子里，许德珩来到重庆，见到了仰慕已久的毛泽东，有感而发，写下"群魔乱舞闹中华，五子登科哪管它。极目中原无净土，延安可望在天涯"的诗作，充分表达了对中国共产党的深切期许和无限向往。

新中国成立后，许德珩曾任九三学社主席、全国政协副主席、全国人大常委会副委员长等职。1979年，许德珩加入中国共产党。1990年，这位世纪老人在北京病逝。

（执笔：李昌海　贾变变）

许言午　马家堡列车颠覆事件的策划者

列车倾覆、血肉横飞、警笛嘶鸣……1944年7月11日上午，北平右安门外小小的马家堡火车站，发生了一起震惊中外的列车颠覆事件，致使100多名日伪官员毙命。这起事件的策划实施者，就是中共北平铁路工作委员会地下党员——许言午。

许言午与郭蕴结婚照

死亡专列

许言午，1912年出生于辽宁本溪怀仁县（今桓仁满族自治县）。九一八事变后，日军陆续侵占东三省，许言午不得不逃离老家，先后在北平至塘沽一线的多个车站任职。1936年，他加入中国共产党。

卢沟桥事变后，全民族抗战爆发。此时的许言午在北平马家堡火车站任站长。这虽然是一座只有3间房、4名工作人员的小站，却是日军在华北占领区的重要会车点。许言午正是在这种环境下，根据党的指示秘密开展抗日工作。

机会终于来了。1944年7月的一天，许言午得知，日、伪观察团近期要乘坐304次专列从前门车站出发，途经马家堡车站开往青岛。他觉得观察团里肯定有日伪方面的大人物，应该利用这个机会干点事情。正当他寻求办法时，他的同事、抗日积极分子申连科找到他，说："老许，道岔信号电线老化了，下雨的时候信号灯乱变，要不要修一修？"许言午眼睛一亮，思考

237

片刻，小声地对申连科说："管它哪，甭修了，这也许对我们有用。"于是，两人凑在一起商量，决定以技术事故做掩护，给日伪一个沉重的打击。

11日早晨，许言午接到路局方面通知，304次特快途经马家堡火车站，要求沿途注意保护。此时，前门内、天安门前、长安街、东单到铁狮子胡同一带全部戒严。从北平开往青岛的304次特快列车停在前门火车站第一站台上，机车挂着三节公务车厢，其中第一节是大玻璃包着半个车厢的"展望号"高级车厢，后面两节是客运车厢。

9时40分，几十辆汽车组成的车队向前门火车站开来，其中第二辆车上插着一面小黄旗，这是日军将级高官座驾的标志。车队径直开到第一站台，车上人陆续登上列车。10时整，汽笛长鸣，列车启动，送行的日、伪头子纷纷离去。车站也解除戒严，恢复正常秩序。日本站长田中辛雄如释重负地走回站长室。

伴随着汽笛的长鸣，304次专列喷着浓烟，逐渐加快到75公里的时速，向马家堡车站驰去，也朝着死亡的坟墓飞奔……

震惊日伪

当天，天公作美，正好下着淅淅沥沥的小雨。10时刚过，304次专列终于露头了。许言午看到列车越来越近，按约定向申连科示意，申连科立即打出列车从干线通过的信号，同时却将道岔扳到会车的停靠线上。日本司机看到信号桩的通过信号，丝毫没有减速，径直向前开去，就听"轰"的一声，列车瞬间冲出铁轨，撞向铁轨尽头的土堆，后边的车厢一节挨一节地撞击起来，发出震耳欲聋的响声。只见车头和车厢全部仰面翻在铁轨边的土路上。尤其是第一节"展望号"高级车厢，是三道木梁结构，在后面二、三等铁结构车厢的巨大撞击下，扭成了麻花状。

这时，前门火车站站长室的电话突然响起，田中辛雄拿起电话没听几句，噌地站了起来，又弯腰又鞠躬，鼻尖上渗出汗珠，脸色铁青。接完电话，他狠狠地把电话摔在桌子上，指着值班的中国员工大吼道："快上楼！

把警报拉响！"刺耳的警报很快响起，田中辛雄气急败坏地对站长室前的人员说："304次专列在马家堡出事了！赶快组织救援车，前往抢救！"

马家堡列车颠覆事件，造成日伪华北开发株式会社总裁佐藤中将，还有23名将、校、尉级军官和80多名日伪北平政府及铁路方面的官员丧生，震惊了华北日伪当局，也震惊了日本国内的有关部门。迅速赶来的日本宪兵、伪警察封锁了马家堡车站，并从丰台车站出动兵力救援，严令过往列车放下窗帘，任何人不准向外张望。

许言午、申连科是日本特务机关首先怀疑的对象。为了缉拿"凶手"，日伪当局贴出布告，通缉他们。第二天，日本特务机关还将伪北京铁路局警务部和警务段的一些汉奸特务抓走严加审讯。原来，出事的前几天，前门火车站站长室接到指令，将304次特快尾部加挂三节公务车厢。路局警务部和警务段的汉奸特务献媚，建议将3节公务车厢挂在机车后面，到天津掉头时正好变成了列车尾部，这样最安全。田中辛雄对这个建议很赞赏。但是事故一出，日本特务机关认为这些汉奸特务也与事故有关，于是将他们全部抓了起来。

继续潜伏

完成任务后，申连科迅速撤离，消失在蒙蒙细雨中。但许言午没有马上离开，他要看一看自己的"战果"，看到日本军官血肉模糊的尸体，他的脸上露出了胜利的笑容。出了如此重大的"事故"，许言午知道，再也无法待下去了。他回到站房，拿起雨衣，准备撤到根据地去。

就在这时，车站上出现了一队伪警察。蹊跷的是，伪警察并没有包围站房，只有伪北京铁路局警务部警务处处长刘建章一人走进站房，看到许言午，两人相视一愣。原来，许言午在正定火车站当副站长时，刘建章是日伪方面的特高课课长，两人经常做一些物资交易。今日"老朋友"见面，素有爱国思想的刘建章故意放他一马。刘建章一跺脚，低声说："老许，你真糊涂！"听了这话，许言午一言未发，赶紧从站房后门溜走了。

随后，许言午在地下党组织的安排下，经过秘密交通线，回到平西抗日根据地，向中共中央晋察冀分局城工部部长刘仁汇报了马家堡事件的经过。

没想到，戏剧性的一幕在半个月后再次发生。这次又是304次特快，又是在马家堡车站，发生了信号灯放行而道岔没有并轨的技术故障。不过被日本火车司机及时发现，紧急刹车，才避免发生出轨事故。经专家鉴定，发现是信号线路出了问题，排除了人为因素。日伪北平铁路局方面由此联想到上次304次专列颠覆事件，于是发出通告，要求工作人员回来上班。

经过中共中央晋察冀分局城工部和中共铁路工作委员会领导的同意，许言午回到马家堡车站，不久升任西直门站副站长，继续从事党的地下工作。

新中国成立后，许言午任成都铁路局副局长等职，1982年离休。2005年8月23日因病逝世，享年93岁。

（执笔：韩旭）

杨秀峰　从大学教授到边区政府主席

"东亚风云急，救国作前锋，文章扫小丑，浩气贯长虹。卢沟烽火起，投笔赴征戎，倚剑太行巅，枕戈原野中。"这首诗描写的主人翁，是抗日战争时期被青年学生誉为"红色教授"的杨秀峰。他以笔为武器，以课堂为阵地，以民众抗日团体为依托，广泛宣传中国共产党的抗日主张，深刻揭露国民党当局的对日妥协政策，为华北抗日民族统一战线的形成做出重要贡献。

杨秀峰

推动学生抗日救亡运动

杨秀峰，1897年出生于河北迁安，先后就读于北京高等师范学校、法国巴黎大学社会科学院，1930年在法国加入中国共产党。回国后，他任教于天津的河北法商学院，后进入中共中央北方政治保卫局（北平特科）从事秘密工作。1935年上半年，他在北平的中国大学、北平师范大学等校兼课，从此往返于平津两地，积极开展抗日活动。

课堂上，杨秀峰向青年学生介绍国际国内形势，分析九一八事变后日益严重的民族危机，宣传中国共产党的抗日救国主张。课堂外，他通过时事座谈会、读书会、同乡会等，就一些热点问题进行讲演，引导学生关心国家大事，鼓励他们在国家危亡之际挺身而出，勇敢承担起救国救民的历史责任。

一二·九运动期间，杨秀峰组织华北文化劳动者协会发表《为北平学

241

生运动宣言》，宣言指出："铁一般的事实告诉我们：华北是在南京政府领导下被无耻官僚政客们所'合法地'出卖了！所谓冀察政务委员会实质上不过是与冀东'防共自治委员会'一样，是日本帝国主义的傀儡组织。"称赞北平青年学生运动，"是代表全国被压迫民众一致对外的先声"，"是华北最先进最觉悟的群众对敌人的示威"。强调对学生运动仅仅同情是不够的，"必须唤起广大的民众"，"以民众的武装力量驱逐日本帝国主义者出境"。

杨秀峰号召天津学生起来积极响应，还不顾个人安危，勇敢走在一二·一八游行示威队伍前列，以致引起国民党特务的注意，并因此遭到通缉。游行示威结束后，杨秀峰对河北法商学院学生的爱国行动大加赞誉，"法商学院是革命先辈李大钊学习生活过的地方。我们不愧是李大钊的后继者，保持和继承了五四运动光荣传统，今后还要发扬光大"。

为将平津两地学生联合起来，杨秀峰将北平学联负责人董毓华介绍给天津学联负责人朱光等人。平津两地学生代表互访后，加深了了解，并于12月底成立平津学生联合会，组织南下扩大宣传团，在华北农村播下抗日救亡的种子。

1936年暑假，北平学联和民族解放先锋队在香山樱桃沟举办军事夏令营。北平当局派警察进行监视和干涉，并扬言要解散夏令营。杨秀峰得知后向学生们献计，夏令营不妨带点"灰色"，以迷惑和麻痹警方。他亲笔写信邀请北平市原市长张荫梧为学生做报告。果然，北平警察局局长看到自己的老上司都前来给夏令营捧场，大为惊愕，于是就令部下放松监视。学生军事夏令营得以继续举办。

团结文教界抗日

到北平任教后，杨秀峰最主要的任务是在平津教育文化界开展抗日统一战线工作。为便于工作开展，他报请党组织批准，恢复了国民党党籍，以国民党党员和大学教授的双重身份，广泛联络教育文化界人士推动抗日救亡运动。

杨秀峰参与了北平文化界救国会的筹备。北平文化界救国会在成立大会上通过的宣言，揭露了国民党当局自九一八事变以来丧权辱国的行径及镇压爱国学生的罪行，称赞学生"愿意以赤血洗白刃，而为民族的先驱，为救国的斗士"，呼吁"全国文化界火速起来，促进全国民众的抗敌救亡运动"，"华北的民众，全国的民众，起来！赶快起来！抵抗敌人的侵略，救护我们的国家，收复我们的失地，争取我们的自由"。149名教育文化界人士在宣言上署名，有力扩大了抗日救亡运动的影响。

1936年11月，国民党当局以"危害民国罪"逮捕了沈钧儒、邹韬奋、李公朴、章乃器、王造时、史良、沙千里等7位著名抗日民主人士，制造了"七君子事件"。事件发生后，杨秀峰联络北平文化界100余人致电国民党当局，要求释放被捕者，呼吁共赴国难，不再萁豆相煎。他还带领北平爱国人士发表演讲，组织和平请愿团赴南京请愿。迫于社会各界的压力，国民党当局不得不释放七君子。

在五四运动18周年之际，北平学联在北师大举办纪念会，北京大学教授陶希圣等人唆使右翼学生组成"童子军"，打伤参会学生30多人，并发文诬称北平学联打人行凶，大肆攻击抗日民族统一战线。杨秀峰极为愤慨，连续3天在《晨报》发表《致陶希圣的公开信》，指出他是一个"以社会主义词藻掩饰法西斯本色的人"，其行径是"效鞶日本帝国主义者"，为侵略者张目，是制造民族分裂的典型。杨秀峰还指导北平学联组织"五四事件受伤同学后援会"，向北平地方法院控告陶希圣等人触犯刑律。陶希圣等人不敢出庭，从此威风扫地。

争取军界积极抗战

面对国恨家仇，杨秀峰以民族大义为重，积极贯彻落实党中央关于建立抗日民族统一战线的主张，多方争取驻守北平的国民革命军第29军奋起抗战。

针对部分党员和学生对争取第29军抗战心存疑虑，杨秀峰应邀在中国大学做专题报告。他深入分析日本侵略者和国民党政府之间的矛盾，宋哲元与国民党政府及日本侵略者之间的矛盾；生动讲述宋哲元领导第29军血战长城的光荣历史，强调受一二·九运动影响，将士们抗战热情日益高涨，宋哲元不可能置之不顾，一头扎到日寇怀抱里当汉奸。杨秀峰的分析丝丝入理、环环相扣，大家不由得心悦诚服。不久，北平学联发出《致宋哲元将军的一封公开信》，希望他支持学生的爱国行动，合作抗日。宋哲元也开始转变态度，表示自己"决不做汉奸"。

卢沟桥事变后，杨秀峰组织动员社会各界捐赠抗战物资，慰问前线将士，看护伤员，参与构筑防御工事，增强第29军官兵的抗战决心和勇气。他还领导华北各界救国联合会，联合北平各界救国联合会、东北各界救国联合会、华北人民抗日救国会、北平市学生救国联合会等团体，发表《为卢沟桥事变宣言》《告二十九军将士书》《敬告北平市军警（宪）书》《告北平市民书》等，称赞第29军将士为捍卫国土浴血奋战，是十分令人敬仰和拥护的；鼓励他们发扬长城抗战精神，打光最后一颗子弹，流尽最后一滴血，守卫每一寸土地；号召全国一致联合起来抗日！保卫平津！保卫华北！

杨秀峰还派人前往北平东郊，参与组织策动"冀东保安队"第1总队队长张庆余、第2总队队长张砚田率部起义。起义军消灭日军一个中队和驻通州特务机关，活捉"冀东防共自治政府"主席殷汝耕，击毙日军驻通州特务机关长细木繁，有力震慑了日伪军，提振了平津地区抗日士气。

北平沦陷后，杨秀峰根据党的指示，率领一批爱国青年奔赴敌后抗日根据地。他先后任冀西抗日游击队司令员、冀南行署主任、晋冀鲁豫边区政府主席等职，为中国人民抗日战争的胜利做出重要贡献。

新中国成立后，杨秀峰历任河北省人民政府主席，高等教育部、教育部部长，最高人民法院院长、党组书记等职。1983年11月，在北京病逝，享年86岁。

（执笔：黄迎风）

姚依林　一二·九抗日游行总指挥

"参加革命49年中,你最难忘的斗争生活是哪一段?"面对堂妹姚锦的提问,时任中共中央书记处书记、国务院副总理的姚依林说:"最难忘的还是一二·九运动的那一段。"1935年,正在清华大学读书的姚依林,先后担任北平学联秘书长、一二·九抗日游行总指挥。他以天下兴亡为己任,毅然投入轰轰烈烈的抗日救亡运动,用满腔热血奏响了青春华章。

姚依林(后排左二)与《清华周刊》同人合影

在清华入党

姚依林,1917年出生于香港,祖籍安徽贵池(今池州)。九一八事变后,他积极投身抗日救亡爱国运动,开始接受马克思主义。1934年他考入清华大学,迎来人生的转折,逐渐成为一名共产主义战士。

开学那天,有人告诉姚依林,清华大学新生入校的第一关是"拖尸"。

所谓"拖尸",是英文"TOSS"的音译,原是美国大学流行的高年级学生欺负新生的一种恶作剧,后被清华大学学生效仿。姚依林来到体育馆新生报到处。只见高年级学生围成一圈,让新生挨个做鼻子顶球的动作,几个不服从的同学被架起扔进游泳池。为了完成这一动作,姚依林不得不趴在地上,样子十分滑稽,惹得大家哄堂大笑。深感耻辱的姚依林暗下决心,必须改变这一陋习。接着,学校举办迎新联欢会。每个同学均需戴一个圆顶纸帽,高年级同学戴红色或黄色的,新生却被迫戴具有侮辱性的"绿帽子"。为抵制这一做法,姚依林联合一部分胆大的新生,拒绝参加迎新联欢会。他还将新生组织起来,发表《反TOSS宣言》,掀起一场反"TOSS"运动,迫使高年级学生再不敢找碴儿。由此,姚依林开始崭露头角,并深切体会到团结起来的力量。

不久,姚依林加入世界语学会,认识了北平师范大学学生周小舟。两人经常交流对时局的看法,成为非常要好的朋友,并经周小舟介绍,姚依林加入了以武装驱逐日本帝国主义、反对国民党对日妥协政策为宗旨的中共外围组织——中华民族武装自卫委员会。

一次,姚依林收到周小舟偷偷交给他的一份传单,上面印有《武卫会华北分会筹备会告华北同胞书》,要他翻印散发。姚依林立即借来钢板、蜡纸,刻好后又去清华夜校油印,并散发至清华大学和燕京大学。

1935年五六月间,姚依林和几个同学放弃休暑假,在暑期学生会编辑《清华周刊》《清华副刊》,进行马克思主义和抗日救亡宣传。接待新生入学时,他们宣布将"拖尸"改为时事测试,受到新生的欢迎和拥护。暑假结束后,姚依林当选为校学生会成员。

这年秋天,清华大学党支部恢复。11月初,姚依林由周小舟介绍,加入中国共产党。

游行示威总指挥

姚依林喜欢读书,经常光顾北京饭店的一家法文图书馆。一天,他在那里看到苏联莫斯科出版的英文版《共产国际通讯》刊有《中国苏维埃政府、中国共产党中央为抗日救国告全体同胞书》(即《八一宣言》),如获至宝。他认为《八一宣言》提出的建立抗日民族统一战线主张,切中时弊,是挽救中国的良方,于是立即向周小舟汇报。

为广泛团结学生参加抗日救亡运动,根据《八一宣言》精神,北平市大中学生联合会(以下简称"北平学联")于11月18日在中国大学宣告成立,女一中学生郭明秋当选主席,姚依林当选秘书长,中共北平市委宣传部部长彭涛任党团书记。不久,传来国民党当局为迎合日本侵华需要,计划12月9日在北平成立半自治组织冀察政务委员会的消息。在北平党组织的领导下,北平学联连续召开会议,准备于12月9日举行全市学生抗日请愿游行活动,姚依林、郭明秋被指定为总指挥。

12月9日,寒风呼啸,滴水成冰。北平市大中学校学生走出校园,来到新华门前向当局请愿。"反对日本帝国主义""停止内战,一致对外"的口号声响彻云霄,一二·九运动爆发。姚依林和郭明秋一大早来到西单亚北咖啡馆二楼,以"喝茶"为掩护,指挥请愿。不久,传来清华大学、燕京大学等校学生被阻在西直门外不得入城的消息,接着又传来请愿未果的消息。姚依林和郭明秋当即决定,改请愿为示威游行。姚依林、郭明秋走在队伍前列,带领学生从新华门绕经西单,前往冀察政务委员会成立地外交大楼。游行队伍到达西单牌楼、王府井等处时,遭军警镇压,30多人被捕,姚依林、郭明秋等数百人受伤。当晚,姚依林等学联领导到彭涛家中秘密聚会,决定10日全市学生实行总罢课,抗议北平当局的倒行逆施。之后,姚依林负责联系清华大学和燕京大学,帮助两校学生会和救国委员会组织各种专题讨论会,研究如何开展抗日救亡斗争。

几天后,《中央日报》报道了冀察政务委员会将于12月16日成立的消息。中共北平临委和北平学联决定在这一天举行更大规模的示威游行,并将集合地点定为天桥。为防止军警阻拦,对外宣称集合地点在天安门。12月15日晚上,姚依林和郭明秋在王府井南口的长安饭店包了一间客房,研究示威游行相关事项。

第二天,声势浩大的一二·一六示威游行爆发。学生们先后在天桥和前门火车站举行市民大会，提出反对成立冀察政务委员会等6项救国主张，与会者达3万多人。一二·九和一二·一六示威游行在国内外产生巨大影响，冀察政务委员会被迫延期成立。

留守北平坚持斗争

一二·一六示威游行后，国民党当局为防止学生再度"滋事"，组织全国专科以上学校校长和学生代表前往南京，接受蒋介石训话，同时宣布各校提前放寒假。姚依林参与组织了北平学生南下宣传，鼓励学生到工农民众中去，揭露日本帝国主义企图吞并中国的阴谋，扩大宣传中国共产党的抗日救亡主张。姚依林留守北平，负责编辑《学联日报》，宣传报道南下扩大宣传团的活动。随后，北平市委改组北平学联党团，姚依林任书记，郭明秋和镜湖中学学生孙敬文、民国大学学生王其梅等人为成员，继续领导北平学生开展抗日救亡斗争。

1936年2月，国民党当局颁布《维持治安紧急办法》，下令取缔北平学联，并大肆抓捕进步师生。29日上午，姚依林从米市大街乘坐校车，前往清华大学参加延期举行的期末考试。一到西校门，他就看到门口来了不少军警，顿觉形势不妙。军警上前盘问，姚依林称自己叫"丁则良"。军警对着一张"黑名单"，看了半天也没找到"丁则良"，就叫他到警卫室等候处理。

过了一会儿，清华大学党支部书记蒋南翔和学生纠察队队长方左英也被捆绑着押进警卫室。姚依林朝他们使了个眼色，假装不认识。10多分钟后，一群同学手持棍棒冲进来，赶跑了看守的军警，把蒋南翔、姚依林等人救了出来。蒋南翔叮嘱姚依林，军警不会善罢甘休，必须马上组织"黑名单"上的同学分头躲避。

不出所料，北平当局以清华大学有500多名共产党员暴动为借口，于当晚7时派出5000多名军警来到学校，抓捕爱国师生。姚依林和清华学生救国会主席黄诚，躲进了哲学系教授冯友兰家的厨房里。次日凌晨2时左右，军警敲开冯友兰家的门，问道："冯先生，你家里藏没藏学生？"冯友兰回答说没有。碍于冯友兰的名望，军警没有搜查就离开了。早上6时，军警抓走哲学系教授张申府和21名学生。姚依林乘机跑回宿舍，拿上个人物品，翻墙离开了学校。

遭遇军警搜查的不仅有清华大学，还有东北大学、中国大学等学校。为了应对这一严峻形势，姚依林等人决定在王其梅的住处召开北平学联党团会议。3月5日下午，姚依林和孙敬文，分乘两辆黄包车来到王其梅家。他们下车后，发现门口影壁前站着一个警察。看到他俩，警察立即过来盘问。孙敬文嬉皮笑脸地说，他是朝阳大学的，带朋友来找姓刘的一起去逛窑子。姚依林随声附和，称自己在天津皮毛税局做事。警察看到姚依林穿着打扮十分阔气，对他很客气，只是象征性地搜了搜，竟没发现他贴身携带的文件。两人被军警带进王其梅家，只见王其梅和女一中学生魏宜咸都被捆绑着，屋里被翻得乱七八糟。军警问他们是否认识，大家都矢口否认，军警便放走了姚依林和孙敬文。姚依林和孙敬文离开后，迅速分头通知北平市委和学联的其他人员转移，避免了更多人被捕。

6月初，姚依林受命赴天津工作，历任中共天津市委宣传部部长、书记，河北省委秘书长、宣传部部长，中共冀热察区委宣传部部长，中共中央北方分局秘书长等职，为抗战胜利做了很多富有成效的工作。

新中国成立后，姚依林曾长期担任国务院财贸部门的领导工作，后历任中国共产党第十一届、十二届中央书记处书记，第十三届中央政治局常委，国务院副总理。1994年12月逝世，享年77岁。

（执笔：黄迎风）

张克侠 肩负特殊使命的中共特别党员

电影《佩剑将军》，讲述了1948年淮海战役中国民党高级将领率部起义的故事。主人公的原型之一，就是1929年被周恩来批准为中共特别党员的张克侠。为了民族独立和解放事业，张克侠忍辱负重，在国民党军中秘密潜伏了近20年。更鲜为人知的是，全民族抗战初期，他鼎力抗日，还以超人的才智和胆识，为推动第29军抗战和掩护中共党组织撤离北平做出过重要贡献。

张克侠

"党的需要即是我的需要"

张克侠，少年时代就读于北京汇文中学。为抗议袁世凯与日本签订的丧权辱国的"二十一条"，1915年，年仅15岁的张克侠愤然投笔从戎，考入北京清河陆军军官预备学校，后进入保定陆军军官学校，开始了他的戎马生涯。

1918年，张克侠与通州姑娘李德璞结为伉俪。他军校毕业后，加入冯玉祥西北军，在宋哲元的第25混成旅任见习军官。次年，李德璞的姐姐李德全与冯玉祥喜结连理。张克侠与冯玉祥成为连襟，这为他以后在西北军的发展创造了有利条件。

1927年春，正随冯玉祥参加北伐的张克侠，接到身在苏联的李德全邀请，辗转进入莫斯科中山大学学习。从此，张克侠的思想开始转变，对中国共产党有了新的认识，相信只有中国共产党才能救国救民，多次提出入党申请。就在此时,国内政治形势发生重大变化,蒋介石、汪精卫先后发动反革命政变,大革命失败,苏联断绝了与国民党的关系,张克侠也被校方送回中国。离开苏联前,中共党组织派人与他谈话:"你能在这样的时刻提出入党申请,是非常难能可贵的,希望你回国后继续争取入党。"

张克侠回国后,几经周折,终于与党组织取得联系。1929年夏天,由张存实和李翔梧介绍,中共中央组织部部长周恩来亲自批准,张克侠正式加入中国共产党。党组织指示他:"中央已批准你为共产党员,是特别党员。你不能与地方党组织发生关系,不可暴露身份,要严守党的纪律。以后,中央会直接和你联系,你与党进行书信联络时,使用张光远这个名字。"

张克侠收到被批准入党的消息,激动不已,写下了这样几句话:"我已经成了一名共产党员,党的需要即是我的需要,党的利益高于一切,我将不惜自己的生命去完成党交给我的光荣而艰巨的使命。"[①]此后,他牢记党的嘱托,直到后来组织公开他的身份。

张克侠入党后,曾申请去艰苦的苏区工作,但中共中央鉴于他在西北军中与冯玉祥的特殊关系,指示他:"西北军与我党曾多次良好地合作,并和蒋介石嫡系有深刻矛盾。这是一支可以团结改造的部队。你的任务是:一方面提高部队的军事素质,一方面积极培植革命的思想。"[②]要求他继续留在西北军工作,由周恩来直接领导和分配任务。

七七事变前,张克侠被任命为国民党军第29军副参谋长,中共中央北方局派联络人与他保持单线联系。张克侠为推动第29军抗战,先后聘请中共北平地下党员张友渔和进步教授温健公担任军官教导团教官,加强对官兵的抗日思想教育和时事教育。他还建议成立了第29军情报处,由中共北平地下党员靖任秋任处长,到东北、热河等地了解日军兵力的部署及其动向。

---

①② 叶青松:《张克侠:从民国中将到共和国第三十三军军长》,《党史纵览》,2012年第8期。

"不战将成为民族罪人"

华北事变后，日本侵略者步步紧逼，国民党却命令第29军对日采取消极退让政策。1937年5月，第29军参谋长张樾亭给宋哲元拟订了一个"以退为守"的消极防御方案。张克侠当即表示反对，立即秘密向中共党组织报告。

为积极推动第29军抗日，北方局提出"以攻为守"的意见，即集中兵力于平津和保定地区，在日军增援之前，以第29军的10万兵力，一举消灭在华北的2万日军。党组织指示张克侠向宋哲元提出上述建议，张克侠即积极筹划落实。

与此同时，北方局还获取了日军要在6月于平津一带发动战事的机密，并侦察到"冀东防共自治政府"主席、汉奸殷汝耕，正在通州紧急训练一批特务。党组织把这一紧急情报通知张克侠，让他报告宋哲元。6月底，日军果然以演习为名进驻通州一带，北平城内东交民巷日本驻屯军也蠢蠢欲动。

一天，殷汝耕派遣20多名武装特务，化装成北大、辅仁、燕大等校学生，身藏短枪，潜入城内，准备到下半夜鸣枪骚动，制造所谓"学生、士兵反日暴动"事件，为城内外的日军提供镇压的借口，并袭击第29军城内驻军，乘机占领北平。由于早已得到情报，防范严密，特务们一进城就全部落网。城内外的日军，白白埋伏了一夜，阴谋落空。

日军不甘失败，一星期后，借口演习中一名士兵失踪，制造了震惊中外的卢沟桥事变。

7月19日，宋哲元从天津回到北平，张克侠把党组织交代他的"以攻为守"的意见，向宋哲元提出。宋哲元起初犹豫不决，张克侠苦苦进言："作战固然有困难，但也有克敌制胜的条件。在民族生死存亡关头，不战将成为民族罪人，战而不胜仍可向人民交代。目前我方占优势，要抓住时机。"[①]

[①] 张涤：《"七七事变"前后的肖明与张克侠》，《北京党史研究》，1995年第4期。

宋哲元听后，心有所动，便让张克侠抓紧制订方案。张克侠熬了一个通宵，做出了一个详尽的作战方案，同时提出加强抗日思想教育、情报工作以及争取伪军反正3条建议。谁知，第二天宋哲元却变了卦。在高级将领会上，宋哲元既不甘心"以退为守"，又没有勇气"以攻为守"，便拿起红蓝铅笔在地图上一画，说："咱们就'以守为守'吧。"实际上，他已经放弃了坚守北平的打算。

面对日本大举增兵，扩大战争规模，张克侠慨然长叹："雄狮十万，曾不能快然一击，使仇寇坐大，未战而丧师失土，国人夺气，此莫不太息痛恨于宋、张（自忠）也。然二氏非当局之牺牲乎？"表达了对国民党当局消极抗日的极度失望。他还写道："痛国将不国，恨养兵避战，叹孤掌难鸣，愧未尽己职。"对自己没能说动宋哲元积极抗日，感到十分愧疚和遗憾。①

"请立即通知党组织转移"

1937年7月28日，南苑失陷，北平危急。张克侠得到日军将要进入北平的重要情报，顾不上个人安危，马上将这一情报电话告知党的联络人：第29军决定与日本人妥协，当晚要撤出北平，日军进城之后就要开展"清共"活动，请立即通知党组织转移。

29日，中共北平市委在石驸马大街东口一家茶馆里召开紧急会议，决定除留下做地下工作的少数干部外，凡是能够参加游击战的，都派到乡村中去，发展党的组织，组织游击战争。具体方案是：一部分党员转移到北平郊区发动群众，组织群众，抗日救国；大部分或直接撤往太原，或经保定、济南转向太原，由北方局重新分配工作。在张克侠的积极协助下，北平城内1万余名中共党员、民先队员和进步青年，全部安全转移。

北平沦陷后，日军特务机关长松井太久郎，指使大汉奸江朝宗，于8月1日成立伪北平市地方维持会，封锁北平城。张克侠由于掩护党组织转移，

---

① 《佩剑将军张克侠军中日记》，解放军出版社2007年版，第3—4页。

没能及时随第29军撤离，被困于北平城内，躲藏在北新桥一位朋友家，对外宣称是"粮店老板"。不久，淞沪抗战的消息传来，张克侠忧心如焚，日夜企盼尽快回到抗日前线。他通过与在天津经商的表弟联系，携带做生意的证明和相关财务账目，经过乔装打扮，在家眷的陪同下，历经各种盘查，才逃离北平。此后，他辗转找到冯玉祥，先后担任第六战区司令部高级参谋、副参谋长等职，继续潜伏，从事秘密工作，直到抗战胜利。

解放战争时期，1948年11月，时任国民党军第三绥靖区中将副司令的张克侠，与何基沣一起，在淮海战役前线率部2万余人起义，为华东野战军围歼黄百韬兵团创造了极为有利的条件。

新中国成立后，张克侠的特别党员身份只有少数人知晓。1950年3月，中共中央组织部做出《关于张克侠党籍问题的决定》，明确："张克侠同志虽然在国民党军队工作，但1929年入党以来，一贯与党保持联系，设法为党工作，并有成绩，故其全部党籍，应予承认。"直到此时，他中国共产党员的身份才得以公开。1984年7月7日，张克侠病逝于北京，走完了他精彩而传奇的人生旅程。

（执笔：董志魁　王化宁）

赵 起 被誉为"神将"的游击队队长

抗日战争时期，平北有一位身经百战、威震敌胆的战斗英雄，他揭竿而起、投身抗日，怒斩假"李逵"、为民除害，一夜奔袭、连拔敌巢，突围受阻、血洒妫川。他就是被老百姓称作"神将"的八路军游击队队长赵起。

赵起画像

延庆揭竿而起

卢沟桥事变后，日本侵略者占领了赵起的家乡延庆，并在大庄科乡设立伪警察局。他们搜刮民财，欺压百姓，侮辱妇女，老百姓敢怒不敢言。爱打抱不平的赵起，与村里几位穷苦弟兄悄悄商议，成立起一支40余人的队伍，决定给伪警察一点颜色看看。他们一举捣毁伪警察局，杀掉19名无恶不作的伪警察。很快，赵起的名字传遍四乡，队伍迅速发展壮大。

1938年10月，八路军晋察冀军区第4纵队组建起一支百余人的抗日游击队，民运科科长刘国梁任政委，连续打下大庄科、永宁、黄花城等敌人据点。八路军的英勇善战，让赵起心生敬佩。他觉得参加八路军才是正路子，就主动找到游击队。刘国梁被赵起的一腔报国热忱打动，同意了他的请求。参加八路军后，赵起处处争先、表现出色，很快被提拔为游击队第2班班长，并于翌年光荣加入中国共产党。

11月，中共冀热察区党委和八路军冀热察挺进军委员会决定组建平北游击大队，钟辉琨任大队长、刘汉才任政委，赵起被任命为第2中队副队长。赵起在战斗中逐渐成长，军事才能得到充分发挥。

1940年5月，为扩大平北抗日武装力量，平北游击大队组建第3中队，任命赵起为队长。在他的带领下，短短一个月时间，第3中队就发展到50余人。但这时的第3中队仅有3支枪、4颗手榴弹。他决定带领部队，夜袭柳沟城日伪据点，抢夺枪支。

柳沟城戒备森严，城四周筑有城墙，城墙上建有炮楼，驻有50余名伪军，易守难攻。经过侦察得知，据点内很多伪军都是被日军抓来的壮丁。赵起灵机一动，觉得有了突破口。他派人争取了2名伪军做内应，确定了发动进攻的时间和地点；为防止意外，又找来柳沟村村长，详细了解了城内地形，商讨进攻中可能出现的各种情况，并进行了严密部署。

1940年5月的一天深夜，第3中队兵分两路，开始行动。赵起带一队先潜伏到城墙西南角，另一个小分队在两个内应的引导下进城，突入西门岗楼。里面的伪军正在划拳喝酒，还没有反应过来，就被小分队包了"饺子"。岗楼拿下后，小分队打开城西门，迎接赵起率部进城。

进入柳沟城后，赵起决定将剩余城门各个击破。他首先率部奔向北城门据点。游击队的突然降临，使伪军慌乱不堪。当得知带队的是赵起时，更是个个胆战心惊，立即缴械投降。东城门也不攻而破。唯有南城门岗楼的伪军头目孙永禄负隅顽抗，赵起大吼一声："打！"遂集中兵力进攻。经过激战，孙永禄被击毙，柳沟城所有炮楼都被拔掉。夜袭柳沟城，不仅解决了部队的武器问题，还拔掉了敌人安插在昌（平）延（庆）县五区的一颗"钉子"。

北山剿匪

随着一个个战斗的胜利，赵起声名鹊起。老百姓称之为"神将"，日、伪军听到他的名字也闻风丧胆。

延庆北山佛爷顶上，有一股30多人的土匪。匪首也打起了赵起名字的主意。有一次，他们拦路抢劫了一个商户，狐假虎威地喊道："我是赵起，把东西留下，饶你们一条小命！"那商贩闻言放下东西就跑，心中暗暗嘀咕：

赵　起　被誉为"神将"的游击队队长

"这赵起不是八路军游击队队长吗？怎么也干起了这杀人越货的勾当！"他越想越不对劲，回家后四处向人诉说此事。

匪首一看这招真管用，从此就打起了赵起的旗号，经常拦路抢劫。商贩途经此地，无不被洗劫一空。一时间，"赵起拦路抢劫"的流言四起。

就这样，赵起无缘无故为土匪背上了黑锅。他得知此事后，勃然大怒："这不仅败坏了我的名誉，关键是给八路军抹了黑！不收拾这帮兔崽子，难消我心头之恨！"赵起报请上级批准，决定率部进山剿匪。

1940年7月的一天，赵起率部在向导的引领下，沿着崎岖的山路，于拂晓前出其不意地攻入佛爷顶山庙。正在睡梦中的30多名土匪，被这从天而降的神兵天将惊呆了，有的慌忙爬起来找枪，被战士们击毙；有的索性躺倒装死；有的束手就擒……

土匪头子强打精神，喊道："我是赵起，你们是什么人？"赵起哈哈大笑，指着自己的鼻子说："你看看我是谁？""我不管你是谁，难道你不怕赵起吗？"土匪头子虚张声势地嚷道。赵起哭笑不得，一脚把他踢倒，怒声喝道："你这个假'李逵'睁眼看看，我才是真'李逵'赵起！"

土匪头子一听，大惊失色，顿时像皮球泄了气，瘫倒在地，瑟瑟发抖。"你作恶多端，民愤极大！"赵起愤怒地开枪将其击毙。

这一仗，游击队缴获长短枪20余支，封存了被土匪抢劫的布匹、棉花、红糖、白糖、莜面、白面、牛皮、羊皮以及驮货的骡马，并通知被抢的商贩们前来认领。

真相大白后，群众奔走相告，交口称赞共产党和八路军游击队好，也让赵起更加威名远扬。

一夜拔除日伪9个据点

1941年年初，日本华北方面军所属部队对平北抗日根据地海坨山中心区进行连续"扫荡"，并先后在靠近中心区的前孤山、一道河等村庄建立多处据点，形成对八路军平北领导机关的包围态势。为了打破敌人的包围，平北游击队决定拔除海坨山一带的日伪据点，扭转被动局面。这一艰巨任务，落到了赵起所率的第3中队身上。

赵起仔细分析形势，认为对平北威胁最大的是前孤山、长杆岭、二炮3个据点。其中，前孤山、二炮两个据点敌人多，长杆岭工事最坚固。"擒贼先擒王，拔点先拔险。"赵起对拔除这3个据点制订了周密的夜袭计划，并联系据点内的伪军内应。出战前，他告诉战士们兵贵神速，要打日、伪军一个措手不及，不给他们喘息的机会。

4月的一个夜晚，乍暖还寒。赵起率队顶风向前孤山行进。晚9时许，悄悄逼近了据点。敌岗哨伪军听到动静，大声问："什么人？""自己人，大惊小怪个什么！"赵起从容回答。敌岗哨的伪军迟疑了一下，忽然想起岗楼内并没有人出去过，正要举枪，赵起抢先出枪，伪军应声倒地。据点内的敌人听到枪声，开始疯狂射击。赵起下令："机枪掩护，扔手榴弹！"数十枚手榴弹砸向炮楼。据点里顿时火光四起，浓烟滚滚。五六个仓皇逃命的伪军，一出碉堡就立刻被擒，其余伪军见大势已去，纷纷缴械投降。不到20分钟，这个最大的前孤山据点就被捣毁了。

接着，赵起率队奔袭长杆岭据点。这个据点四周修有一丈多高的围墙，易守难攻，伪军自以为工事坚固，所以没有设置夜间岗哨。夜阑人静，赵起带领侦察班爬上高墙，摸进据点，用刺刀轻轻拨开碉堡门闩，只见里面乌烟瘴气，20多个伪军有的正在搓麻将，有的横躺竖卧地吸大烟……"不准动，举起手来！"赵起大喝一声。伪军边喊饶命边颤抖着举起了手。游击队一枪未发就拔掉了长杆岭据点，缴获枪支20余支、子弹5000余发。

稍事休息后，赵起把第3中队兵分三路，奔赴其他据点。通过里应外合，又连续捣毁敌人6个较小的据点。

凌晨4时左右，三路人马会集二炮据点附近。远望据点，灯火通明，却看不到岗哨。赵起以为是伪军正在换岗，但等了一会儿，也不见伪军出来。于是决定带人摸进去探探情况。进去后他发现，只有一个老头在炉火边拿着烟袋打瞌睡。赵起叫醒老头才知道，这个据点的伪军都是附近农民。他们白天在岗楼里面装腔作势地巡逻站岗，晚上各回各家睡觉。为了掩人耳目，伪军头目把这个老头抓来，彻夜开灯，假装据点里有人防守。老头知道赵起他们是八路军后，便告诉了各个伪军在村里的详细住址。

不到1个小时，31名伪军先后被押回据点。赵起对他们进行了一番教育，除伪军头目外，其余全部释放。

天亮后，第3中队满载缴获的武器弹药，返回海坨山根据地。平北军分区通报表彰了他们一夜捣毁敌人9个据点的战斗奇迹。

与敌同归于尽

1941年夏天，伪华北绥靖军以下花园发电厂为据点，集中兵力连续对龙（关）延（庆）怀（来）抗日根据地进行"穿梭式"的野蛮"扫荡"。军分区领导决定让平北游击支队出击，消灭下花园的敌人。

7月7日，根据战斗部署，赵起率领第3中队攻下了下花园日伪警察署，活捉30余名日伪警察。与此同时，平北游击支队其他中队和司令部警卫连攻打下花园发电厂。赵起得知那边的战斗还没有结束，马上带队前去增援，与第1中队配合消灭100多个敌人，缴获枪支70余支。

战斗结束后，赵起带1个排到八宝山村一带筹粮。晚饭时，来自沙城的200多个日、伪军突然包围了村庄。赵起立即命令战士占据有利地形，把2挺机枪架在屋脊上向敌人扫射，打退敌人多次进攻。

第二天天亮，赵起爬上房顶观察，发现敌人集中在村南一个场院内，正好拦住出村的道路。赵起认为，不能在这里与敌人打消耗战，要抓紧突围。他命令战士们每人带上两颗手榴弹，摸到场院北墙下。他在房上一声令下，几十颗手榴弹向敌人投了过去，一阵阵惊雷响彻山谷，顿时硝烟弥漫，大部分战士趁着烟雾冲出了敌人包围圈。正在指挥作战的赵起，被不远处的伪军打了一枪，不幸胸部中弹，从房上摔了下来。警卫员赶紧过来，准备背他撤离。他把随身的手枪和文件包交给警卫员，要过两颗手榴弹，对警卫员大声说道："别管我，你快走！我来掩护！这是命令！"

成群结队的日、伪军冲了上来，只听"轰轰"两声巨响，赵起与敌人同归于尽。第二天，战士们收殓了赵起血肉模糊的躯体，安葬在八宝山村西坡的一棵松树下。

  赵起为平北抗日根据地的开辟做出了突出的贡献,最终把自己的一腔热血洒在家乡这片热土上。至今,这位被誉为"神将"的游击队队长的战斗传奇,仍在日夜流淌的妫水河畔传唱。

(执笔:董志魁　郝若婷)

赵　顺　海坨山下"拥军拥政"模范

抗日战争时期，平北延庆海坨山下、妫河岸边，有一位人们交口称赞的传奇人物。他义无反顾地把5个孩子送上抗日斗争道路，救助过100多位抗日军民伤病员，多次转运抗战物资支援前线。这位传奇人物就是平北抗日根据地的"拥军拥政"模范赵顺。

赵顺

送子参军打鬼子

赵顺自幼给地主放羊，当了整整31年长工，家中依然一贫如洗。卢沟桥事变爆发后，日军在占领区的疯狂掠夺和残酷统治让他对生活更加绝望，心中埋下了仇恨的种子。

1938年7月的一天中午，年过四十的赵顺正在坡上辛苦锄地，炎炎烈日下，他那布满褶皱的脸庞黝黑发亮。突然，一支队伍从山梁向村里走来，见惯了日伪和土匪烧杀抢掠的赵顺，以为又是前来抢劫的，扛起锄头就跑回了家。可是过了许久，村中并无动静。赵顺小心地推门出去，只见一队士兵正在离他家不远的路边歇息。有位战士招呼他："大伯，来这儿坐坐。"赵顺忐忑地走过去，战士们热情地告诉他："我们是毛主席派来的，是八路军，是老百姓的队伍，是打日本鬼子的……"他第一次见到如此平易近人的队伍，就高兴地与战士们攀谈起来。八路军守纪律、不扰民的作风，在赵顺心中留下了良好印象。赵顺常对乡亲们说："他们是好人啊，是咱们的亲人。"

261

八路军初来乍到，各项工作都遇到很多困难，特别是招募兵员更是难上加难。赵顺就主动带头，把自己唯一的儿子赵尚文送到部队。老伴起初并不同意，认为家中就这一个传宗接代的独苗，参军打仗太危险了。赵顺耐心地劝说："参军打鬼子，咱得带这个头！要是你也不去，他也不去，那谁去打鬼子，就等着让鬼子欺侮吧……"这个朴素的农家妇女寻思着老伴说得有理，也就同意了。1940年1月，赵顺的儿子赵尚文成为一名光荣的八路军战士。赵顺也加入了抗日救国会。不幸的是，1941年秋，赵尚文在攻打敌人据点的一次激烈战斗中，英勇牺牲。

赵顺闻讯，悲痛万分，抗战的热情更加高涨。他经常带领八路军翻山越岭，走街串户，向分散居住的群众宣传抗日救国道理，鼓励广大青年参军报国。特别是在敌人"扫荡"最残酷的1942年和1943年，他毅然把自己的3个女儿和儿媳陆续送进抗日队伍，大女儿在区妇救会工作，二女儿在村里抗战支前，小女儿在八路军卫生所当护士，儿媳妇在村里当妇救会主任。赵顺亲手将全家5个孩子都交给了抗战事业，人人成长为共产党员，为支援抗战做出了贡献。

找不到比他更亲的亲人

赵顺的家常年住着八路军的伤病员。八路军初到平北，他就把自家的5间大东房腾出来，变成八路军的卫生所，自己一家挤在小北屋里。赵顺和老伴负责烧水做饭，给伤病员端屎接尿，儿媳给重病员倒水喂饭，女儿只要一回家就协助洗衣缝被，全家忙个不停。

由于日伪的严密封锁，根据地缺医少药，赵顺就用自己掌握的民间药方为战士们疗伤。战士小刘伤口化脓溃烂，赵顺就将杏树叶碾出的汁和烟袋油混合涂在伤口上，再敷上他上山采摘的草药。赵顺就用这种土方治好了小刘的伤。

一次，八路军平北支队的战士秦华腿负重伤，又患痢疾，被送到赵顺家养伤。赵顺和他老伴像照顾自己孩子一样照顾秦华。每当遇到敌人"扫荡"，赵顺就把秦华背到附近的山洞隐藏起来。山洞里阴冷潮湿，赵顺就生火给秦华取暖。就这样背进背出，采药煎汤，日夜伺候3个多月，终于使秦华恢复健康，重返部队。

随着日、伪军对抗日根据地"扫荡"的加剧，战事日益频繁，伤病员也日益增多。一次反"扫荡"中，八路军某中队一下子送来21个伤病员，还搁下粮食等物资。面对如此多的伤病员，赵顺二话没说，一方面紧急安置，另一方面隐藏物资，周围还布上警戒哨。经过赵顺一家没日没夜的精心照料，21名伤病员很快痊愈归队。

抗日战争期间，在赵顺家疗伤痊愈的伤病员有100多人，既有地委、县委干部，也有部队的指挥员、侦察员和家属。在那段艰苦的岁月里，敌情频发，赵顺总能机智灵活地应对处置，想尽办法让伤病员尽快恢复，重返前线。他的家被称为平北八路军的"卫生所"和"疗养院"。平北地委书记段苏权后来回忆起赵顺一家时说："我们同睡一个炕，同吃一锅饭，你找不到比赵顺更亲的亲人……"

抗战物资的"保险柜"

自1941年开始，赵顺承担起为部队筹集军粮的工作。当时平北中心区的公粮都由赵顺负责接收登记、组织发送和安排隐藏。他没有文化就用玉米粒计数，不会写字就用画道道的方式记账，想尽一切办法做到分毫不差，安全送到部队。敌情紧张时，他就把军粮藏到山洞或埋入地窖，确保不丢一粒粮食。

一次，敌人突然来袭，赵顺听见枪响，不顾正在患疟疾的女儿，冲出门组织乡亲保护粮食等物资。直到敌人撤走，他才回家看望。为了保证军粮供应，他经常白天到各村收粮，晚上亲自跑二三十里路给部队送粮，回到村里时累得精疲力竭，瘫倒在门前。

平北山区的八路军每年都需要大批军装。为了给八路军做衣服、鞋子，赵顺就把缝纫机和裁缝师傅安置在山洞内，将买回来的布匹裁成布片再送进山洞机缝。没有足够的缝纫机，他就将布匹分派到各村各户，动员妇女手工缝制。平北八路军的部分军装和县工作人员的衣服，都是经过赵顺安排保障供应的。

为更有力地打击敌人，八路军经常轻装袭敌，军用物资、文件和战利品等都必须找可靠的人保管。每当这时，八路军首先想到的人就是赵顺。为安全起见，赵顺一接到东西，总是一个人悄悄地送到十几里外悬崖绝壁的山洞里。那里无人知晓，没有能走的路，只能从一段长达一二里路的陡坡爬上去，稍不留神就会滚下山崖。他为了保护好这些重要物资，每次都不顾个人安危，勇往直前。而交给赵顺保存的物资、文件，也从来没有出现过损坏或丢失。部队首长和同志们都称赞他"真是个守护抗战物资的保险柜"。

赵顺还圆满完成了一项特殊任务。一次，根据地机关报《挺进报》印刷所被日伪发现，需要迅速转移。中共平北地委把这项任务交给了他。经过多次实地勘察，他决定把印刷所安置在山里一个秘密的鸽子洞。为了安全起见，他还在山头竖起"信号树"，并亲自带领乡亲在附近站岗放哨，确保了《挺进报》源源不断地印刷出来，能发行到各村、各部队，甚至送进敌人的据点。

日复一日，年复一年，谁也说不清赵顺究竟为八路军运送过多少粮食，保障过多少被装，传递过多少文件。1943年12月，赵顺光荣地加入了中国共产党。1944年冬，平北地委和军分区召开拥军拥政代表大会，赵顺被表彰为"拥军拥政"模范。新中国成立后，他先后担任农业社主任、村党支部书记。1989年因病去世，享年93岁。

（执笔：李昌海　乔克）

赵景安　威震平南的抗日勇士

卢沟桥事变爆发，平南沦陷。日军在所到之处烧杀抢掠，无恶不作，永定河两岸笼罩在血色恐怖之中。大兴一位名叫赵景安的农民奋起反抗，拉起一支抗日队伍，与日、伪军展开顽强斗争，把一腔热血洒在了平南这片沃土上。

拉起队伍打鬼子

卢沟桥事变后，日军占领大兴，苦难也随之降临到赵景安家。

1938年春天，赵景安借钱在榆垡镇开了一个小杂货铺。因受日、伪军百般刁难和欺凌，经营举步维艰。一次，他去北平城里办货，进了几桶染料，坐火车到大兴刚出站，就被几个日本兵拦住检查，硬说他桶里装的是大烟土，上去就用刺刀把桶捅破，染料撒了一地。他只好悲愤地空手而归。

后来，日、伪军又绑架赵景安的嫂子，勒索了数百块大洋，但嫂子却活不见人、死不见尸。在日伪的压榨之下，赵家家破人亡，店铺也难以维持。赵景安长叹道："这日子没法过了！不把这帮家伙干掉，老百姓就没有活路！"于是，他萌发了拉队伍打鬼子的念头。

这年秋天，赵景安秘密联络十几个人，组织起一支抗日队伍，经常袭扰日、伪军。附近的乡亲纷纷前来投奔，队伍很快发展到数十人。他们杀鬼子、除汉奸，作战非常勇敢，被当地群众称为"复仇队"。

日益壮大的"复仇队"，成为日、伪军的心头之患。敌人接连发动几次"围剿"，都未能得逞，甚至出动伪宛平县大队专门进行搜捕，结果反而遭到伏击。日、伪军恼羞成怒，一把火烧了赵景安的家。

日、伪军的暴行没有动摇赵景安抗日的决心，他率领队伍出击次数更多了。当地共产党组织关注到这支队伍，决定尽快争取这支新生抗日力量。1939年9月24日，八路军第3纵队独立第1支队司令员朱占魁派人与赵景安联系。赵景安早就听说过八路军的威名，见到八路军代表后，十分激动，表示愿意接受八路军改编，服从共产党领导。很快，八路军冀中军区第5军分区将该部改编为警备第2营，赵景安任营长。部队改编后，开到外地整训，仅留下赵景安的堂弟赵景志、侄子赵鸿志等人留守。

部队出发前，赵景安特意叮嘱赵景志等人："现在我们是八路军了，你们一定要守规矩，不要祸害百姓，给我丢人。"赵景志等人虽然满口答应，但赵景安一走，他们就开始寻花问柳、欺男霸女，在群众中产生了极坏影响。

经过整训，赵景安明白了很多革命道理，眼睛更亮了，胸怀更宽了。当他踌躇满志地率部返回永定河北岸，准备与日、伪军大干一场时，却听到百姓抱怨。经过调查，确认了赵景志等人的犯罪事实，赵景安火冒三丈，掏出手枪，决定就地正法。副营长向他求情，赵景安不为所动，说："正因为我们是一家子，我更应该杀了他们，以维护军纪。"

赵景安大义灭亲，杀赵景志、赵鸿志等人，震惊周边村庄，赢得了民心，挽回了影响。当地百姓拍手称快，称赞他们是共产党的好队伍。

永定河畔逞英豪

滔滔永定河，密密青纱帐。夏秋两季，永定河大堤内外灌木丛生、树木成林，河滩上遍布高粱、玉米，这种"青纱帐"成为敌后游击活动的天然屏障。

南张华据点有一名伪治安队长赵国江，死心塌地投靠日本人，在永定河北、（北）平大（名）公路以东几十平方公里范围内，烧杀奸淫，作恶多端，当地群众提起他，无不痛恨得咬牙切齿。

赵景安　威震平南的抗日勇士

1940年的一天,赵国江带着40多名伪军,一大早就到小店、郭家务一带"讨伐"。他们抢了老百姓不少粮食,还抓捕了7名村干部。傍晚,伪军到小黑垡村吃饭。一名村民偷偷给赵景安报信。赵景安随即召集干部分析敌情:"天马上就要黑了,估计伪军不会在小黑垡过夜。为了村民安全,最好是在村外路上伏击,救回村干部,夺下粮食。"赵景安把部队分成两组,他带一组迂回到小黑垡村头,另一组埋伏在半路上。

战士们刚埋伏好,酒足饭饱的伪军就出了小黑垡村,散散乱乱地往前走。伪军刚走到村外的青纱帐旁,一阵弹雨迎头泼来,把他们打蒙了,不知道八路军从什么地方来的,更摸不清有多少人。惊慌失措的赵国江扭头就跑,边跑边喊:"向回撤,去小黑垡!"伪军刚退到小黑垡村口,又一排子弹、手榴弹迎面飞来。赵景安带领战士冲上来,堵住敌人退路。赵国江带着残部一窝蜂似的退进一片坟地,被赵景安部队包围。经过一番激战,成功救出了村干部,击毙了赵国江,全歼伪军40余人,缴获长短枪40余支、子弹2000余发。

这年夏季的一天,80多个日、伪军"扫荡"后返回据点,路过朱家务村时,见到村旁有一座大庙,日军小队长决定就地休息。又困又乏的敌人,有的钻进大殿,有的躺在树下,把枪一扔,呼呼大睡。得到情报的赵景安带着18名战士,立即向朱家务赶去。他把队伍分成3个小组,从3个方向包抄敌人。他悄悄爬上一个土坡,居高临下,发现敌人横躺竖卧,只有一个伪军放哨,于是掏出手榴弹便向庙里扔去。只听"轰隆"一声巨响,弹片横飞,敌人死的死、伤的伤,日军小队长带人夺门而逃。各小组从三面猛烈射击,日、伪军被打得鬼哭狼嚎,仓皇向据点逃跑。这一仗共打死日、伪军20余人,缴获长短枪20余支和不少弹药。

1941年1月,赵景安加入中国共产党。他率部活跃于永定河两岸,在富各庄、求贤、太子务等地多次与日、伪军交锋,屡战屡胜。在他的影响下,南各庄、榆垡、庞各庄一带的民间武装、地方士绅和社会上层人物也纷纷参加抗日活动。

策反失败遭暗算

1941年春，日本华北方面军集中大量兵力，对抗日根据地进行残酷"扫荡"，永定河两岸的抗日武装力量损失惨重。为避免更大的损失，赵景安随即提出把部队转移到外线作战。

4月，赵景安率部冲破敌人封锁，撤至永定河南岸的新城小王村。几里地外便是伪军大队的驻地。为保证部队安全，赵景安萌生了策反伪军大队长王志华的念头。他先争取王志华的亲戚周殿元，周殿元表示愿意为抗日出力。赵景安喜出望外，王志华和日军有矛盾，如果能够争取到王志华投诚，对日军将是个沉重打击。

经过一番安排，赵景安与周殿元商定了行动计划。很快，周殿元就传回情报，说王志华愿意见面，商谈投诚事宜。6月11日，赵景安带领一名警卫员，按照约定，来到王志华部下李树堂家里等待。谁知，王志华已暗地里将周殿元抓了起来。原来，王志华是个死心塌地的汉奸，他只是想利用这个机会抓住赵景安请功领赏。

到了约定时间，王志华带领一个排的伪军包围了李树堂家。进屋后，王志华佯装关心地对赵景安说："不好了！日本人也往这儿来了。你快把枪藏好，其他的事，我来对付！"赵景安不知有诈，便把枪藏了起来，随着王志华出屋。突然，王志华掏出手枪对准赵景安，他这才恍然大悟，迅速飞起一脚，将王志华的手枪踢飞，转身拉着警卫员向院墙外跑去，他一把将警卫员托上墙头，自己随即也跳了上去。就在此时，罪恶的枪声响了，赵景安身中数弹，光荣牺牲。

赵景安的英勇事迹至今仍在当地群众中广为传颂，百姓们称他是打鬼子、除汉奸、威震平南的抗日猛士。1982年，大兴县政府追认赵景安为革命烈士。

（执笔：王化宁　王鹏）

赵永成　永定河畔"快枪赵"

"他的心是热的，也有许多想头，就不会说，也不打算说，他自从参加了暖水屯的民兵工作，就认定水火都不怕，他是出力卖命的，却不是说话的。"这是著名作家丁玲的长篇小说《太阳照在桑干河上》中对民兵队长张正国的描写。张正国的原型之一，就是平西抗日根据地游击队队长赵永成。由于他刚正果敢、意志坚定，与敌人作战时拔枪快、枪法准，让当地汉奸特务闻风丧胆，人送外号"快枪赵"。

赵永成

建立游击队

卢沟桥事变爆发，日本侵略者将战火烧到了赵永成的家乡宛平燕家台（今北京市门头沟区）。22岁的他毅然放下锄头，投身抗日斗争。因头脑灵活、枪法精准、作战勇敢，1938年他被任命为宛平县抗日武装独立分队队长，并加入中国共产党。1939年9月，任平西抗日根据地二区游击队大队长兼锄奸团团长。

平西是华北抗战的重要战略支点，也是冀热察抗日根据地的指挥中心，自然也是日本侵略者的"眼中钉""肉中刺"。1940年3月9日，日、伪军纠集总兵力近万人，配备大炮50门、飞机10余架，携带催泪弹等化学武器，从西北、东北、东面分十路，对平西抗日根据地进行春季"扫荡"。

为配合八路军主力作战，赵永成率领游击队神出鬼没，搅得敌人寝食难安。一次，有个日军信号兵刚刚攀上山头，赵永成甩手就是一枪，将他击倒滚下山去。还有一次，一个伪军进村捉鸡，刚靠近鸡窝，就挨了赵永成一枪……从此，他的好枪法让日、伪军胆战心惊，"快枪赵"的威名渐渐流传开来。有些伪军甚至私下里诅咒：谁要是不干好事儿，出门就碰上"快枪赵"。

同年10月13日，日、伪军再次纠集兵力，对平西抗日根据地进行"围剿"，重点合击斋堂川和三坡地区，15日占领斋堂。形势严峻，党组织派赵永成赴永定河北岸的镇边城任区委书记。到任后，赵永成迅速组建武装力量，在昌平、大村一带展开游击斗争。

为进一步扩大占领区域，不久，日、伪军切断了永定河南北的联系。赵永成和区委与上级党组织的联络也随之中断，被迫转移到马套村。他们住山洞、吃野菜，风餐露宿、饥寒交迫。恶劣的生存环境并未消磨赵永成的战斗意志，他昼伏夜出，组织群众打鬼子，在马套村发动30多名青壮年，组建了一支游击队。

两个多月后，赵永成终于盼来了上级派来的联络员，联络员带来了冀热察区委关于巩固平西根据地的指示。赵永成和游击队队员们备受鼓舞，斗志昂扬。他们趁着日、伪军修筑大村公路之机，出其不意发起袭击，"快枪赵"再显神威，一举击溃日、伪军，缴枪40余支。

这一仗的胜利，极大地鼓舞了当地百姓的抗日信心，吸引了大批青壮年纷纷加入游击队。不久，他被任命为昌（平）宛（平）六区游击队队长。

灭掉"带路党"

在日军侵略中国、蹂躏百姓的同时，一些汉奸特务也趁机认贼作父、为虎作伥。永定河南岸，日、伪军在梁家庄、燕家台、上清水等地设立据点，成立伪治安团。梁家庄原党支部书记房得利叛变，当起了伪自卫团团长；李家庄的赵殿庆也网罗20多人，弄了个保卫团。这些家伙打着保卫群众利益的旗号，干着破坏抗日的勾当。他们出卖地下党员，为日军带路，向抗日军民打黑枪，群众对他们恨之入骨。

为铲除这些毒瘤，赵永成被调回永定河南岸的宛平县八区，率领一支60多人的游击队，以燕家台为中心开展锄奸斗争。一天深夜，赵永成率队出击，突袭梁家庄、李家庄伪自卫团团部，抓获房得利、赵殿庆。紧接着，他们乘胜进击，捣毁上清水伪治安团，消灭了一批伪军。赵永成的锄奸行动，有力震慑了日伪，极大地鼓舞了群众，很快在燕家台一带打开局面。

日伪不甘失败，如疯狗般到处嗅寻赵永成的踪迹。一天，敌人得知赵永成正在梁家庄开展群众工作，遂突然发起偷袭。赵永成率游击队边打边撤，子弹打光后，他与一名战士被堵在一位村民家中。这位村民冒着生命危险，把他们藏进了地窖，机智从容地应对敌人搜查，掩护两人顺利脱险。

日、伪军撤走后，赵永成向李家庄转移，途中遭遇上清水伪治安团。团长吕广田认出了赵永成，一边追赶，一边拔枪射击，连打20余发。赵永成左右躲闪，竟毫发无损。

经此遭遇，赵永成决心除掉吕广田这个铁杆汉奸。年关就要到了，一个月黑风高之夜，赵永成将游击队队员分为两路，他率领一路直插吕广田驻所，另一路负责监视附近的日伪据点。半夜时分，赵永成悄悄拨开门闩，摸进吕广田的房间。吕广田在睡梦中被惊醒，正要伸手到枕头下去摸枪，一个冰冷的枪口就顶住了脑门。吕广田跪在炕上，一个劲地求饶，乞求赵永成放他一马。赵永成讥讽道："你打我20多枪，不是你不想打死我，是你的枪法不准，今儿个我给你提前拜年来了，送你一个'大炮仗'！"说着只听一声清脆的枪响，吕广田命归西天。

1942年春夏，日伪对平西抗日根据地推行第四次"强化治安运动"。汉奸卢暄屡屡为日、伪军带路，疯狂抓捕抗日干部。此人非常狡猾，行踪飘忽不定，几次都逃脱了游击队的追捕。

8月14日，赵永成和一个游击队队员从镇边城执行任务归来，在昌平县马刨泉村路遇卢暄。仇人相见，分外眼红，双双拔枪。然而卢暄怎是"快枪赵"的对手，刹那间，赵永成手起枪响，卢暄应声倒地。汉奸卢暄被除，永定河畔抗日军民无不拍手称快。

勇救众乡亲

赵永成的一连串"斩首行动",让燕家台一带的汉奸接二连三见了阎王。没了"带路党",日军如同失去耳目,行动受阻,于是便像疯子一样四面出击,追杀"快枪赵"。

1942年8月27日,日、伪军突袭燕家台,将全村百姓集中起来,进行疯狂报复,血腥屠杀。死者中就有赵永成的母亲、伯母、三哥和年仅3岁的侄女。国恨家仇齐积于胸的赵永成,将失去亲人的悲愤化作杀敌报国的力量,发誓要把盘踞在永定河畔的敌人消灭干净。

1943年初夏,日、伪军为重修上清水炮楼,调集兵力进攻燕家台、梁家庄和李家庄,抓走40多名村民。赵永成闻讯,心急如焚,决定带领游击队,夜袭敌军炮楼,救出乡亲。经过细致侦察和计划,这天晚上,游击队包围了据点。赵永成对着炮楼大声喊道:"我是赵永成,今天带足了子弹和炸药,不想死的,快快出来投降!"伪军听闻"快枪赵"的大名,个个吓破了胆,纷纷排队走出碉堡,缴枪投降。游击队没费一枪一弹,就救出了被抓的乡亲,带着缴获的武器凯旋。

为了沉重打击日、伪军,赵永成和县大队政委经过设计,在二岭一带打了一场漂亮的伏击战。他们设法给日、伪军传去"情报",说八路军主力部队已撤走,只留下少量人员在李家庄。敌人遂派人潜入李家庄,核实真伪。赵永成等人早有准备,巧妙骗过探子。于是,日、伪军连夜出动,向李家庄奔来。

得知敌人已经上钩,赵永成立即带领游击队,在李家庄西的山头排兵布阵,架起机枪,县大队政委则率部在二岭埋伏。日、伪军进入伏击圈后,县大队和游击队两面夹击,一阵猛打。日、伪军一看中了埋伏,丢下十几具尸体,抱头鼠窜。这一仗共缴获1挺捷克式机关枪、数支步枪、4发炮弹、2箱子弹。

1944年年初,为逼退日伪据点,根据地加强了近点村的武装力量。近点村的民兵和游击小组，经常到据点附近埋地雷，封锁岗楼，对岗楼喊话，动摇敌人军心。一天夜里，时任三区大队长的赵永成，带领民兵攻入燕家台岗楼，打死伪军4人、打伤12人，缴枪12支，迫使燕家台的日、伪军全部撤走。

一年半后，平西迎来了抗战胜利，赵永成接受新的任务，到涿鹿县开展土改、护地工作。新中国成立后，赵永成回到家乡，投身到轰轰烈烈的社会主义革命和建设中。门头沟区政协成立后，他曾任第一、第二届常委。1994年2月，赵永成因病辞世，终年79岁。

（执笔：王晨育）

周文彬　血沃冀东的朝鲜籍战士

"云一村，树一村，此日一家作比邻，年深情更深；山招魂，水招魂，犹教人人长忆君，东风处处春。"[①]20世纪40年代在冀东抗日根据地流传的这些诗句，表达了冀东军民对周文彬烈士的深切怀念。周文彬是朝鲜籍国际主义战士、冀东地区党组织的主要领导人之一，他把宝贵的生命献给了中华民族的解放事业，一直被中国人民所铭记。

周文彬

投身工人运动

周文彬，原名金成镐，1908年出生在朝鲜平安北道，因其父金基昌在朝鲜参加抗日活动遭搜捕，周文彬随父几经辗转逃到北京，在通县复兴庄落脚。

周文彬自小有很强的民族自尊心，从不忍受民族歧视，对日本人更是恨之入骨。定居通县后，先后就读于潞河小学和潞河中学，并于1926年7月在潞河中学加入中国共产党。一年后，经中共北京地委批准，通县第一个党支部——中共潞河中学支部成立，周文彬任书记。

中共潞河中学支部成立后，周文彬积极向师生宣传马列主义。随着形势不断发展，1928年2月，中共潞河中学中心支部成立，周文彬任中心支部

---

① 周文彬战友所作。

书记。中心支部领导潞河中学、潞河医院、富育女中、美华学校、复兴庄等党支部和党员开展革命斗争,进一步扩大了党在通县的影响。

1929年,周文彬一家由通县搬到海淀善缘桥12号,以养奶羊为业,维持家庭生活。他经常到附近的燕京大学图书馆阅读书报,学习马列著作,政治觉悟和理论水平不断提高。

国民党的白色恐怖,使唐山市的党组织遭到严重破坏。1936年,周文彬临危受命,担任中共唐山市工作委员会书记,受中共河北省委直接领导。他到达唐山后,以修理收音机做掩护,着手秘密恢复和发展党组织工作。

10月下旬,周文彬前往开滦五矿之一的赵各庄矿区开展工作。由于赵各庄地下党组织遭到严重破坏,党的活动几乎停止。他常常深入矿工住所,给工人讲通俗的革命道理,启发工人斗争觉悟,在工人中发展党员,逐步建立起党支部;他高度重视统战工作,有选择地与学校教师、商会成员、医务人员接触,宣讲共产党的抗日民族统一战线政策,团结他们共同抗日;他十分重视做好农民工作,用通俗易懂的语言向农民讲述日寇侵略中国的事实,说明家与国的关系,为动员和组织当地民众投身抗日斗争奠定了基础。

发动开滦煤矿大罢工

七七事变后,日军侵占华北广大地区。开滦煤矿工人既遭英日垄断资本的压榨剥削,又深受日伪的残酷摧残,深陷水深火热之中。1937年12月,周文彬根据上级指示,在滦县榛子镇召开会议,决定寻找时机,发动开滦煤矿工人罢工。

机会来了。1938年3月12日,为加强对工人的管控和剥削,赵各庄矿方建立井下牌子房,要求工人办理7道烦琐的记工手续。这不仅让工人上下井的时间多了2个多小时,而且为矿方克扣工人工资提供了借口。因而导致工人群情激愤,强烈反对。

周文彬暗中组织引导,鼓动工人捣毁牌子房,并提出"取消井下记工制"等6项要求,受到广大工人热烈拥护。面对工人的合理诉求,矿方不仅不予答复，反而重修井下牌子房，激起矿工的更大愤慨。21日晚，周文彬召集工人积极分子开会，决定于23日下午1时正式罢工，并研究了罢工的具体方案和罢工委员会的组成等问题。

预定的罢工时间到了，赵各庄煤矿汽笛长鸣，工人纷纷走出坑道，率先罢工。第二天，林西、唐家庄煤矿工人接着响应。随后，马家沟、唐山煤矿也宣布罢工。面对3.5万余名矿工汇成的罢工洪流，矿方大为惊恐，急忙请求日军镇压。日军见工人罢工规模声势浩大，未敢轻举妄动。5月4日，矿方无奈答应工人要求，坚持了50天的开滦五矿同盟大罢工取得胜利。

6月8日，为完成中共中央赋予的开辟冀东的战略任务，八路军第4纵队从平西出发，挺进冀东。7月，以昌黎、滦县等县为中心的冀东抗日大暴动爆发。

矿区工人很快行动起来，在周文彬的领导下，迅速成立冀东抗日联军分部，首先向赵各庄进发。周文彬指挥2000多名工人，进攻赵各庄警察所，缴获该所枪支和弹药。随后，工人队伍占领赵各庄煤矿、古冶车站。20日，数百名日军在飞机的掩护下发动进攻，工人队伍奋勇抵抗，与日寇展开激战。在敌强我弱的情况下，周文彬等人带领队伍撤出赵各庄，转移到农村。日、伪军撤走后，工人队伍重新返回赵各庄，并攻克了唐家庄，有力援助了唐家庄煤矿工人暴动，队伍迅速发展到3000余人。此后，起义队伍在转移时遭到日军袭击，队伍被打散，周文彬带领500余人，再次转入冀东农村。

留守冀东坚持斗争

冀东大暴动失败后，冀东抗日斗争转入低潮，八路军第4纵队和冀东抗日联军主力西撤，周文彬则带领部分抗日联军留在冀东继续战斗。

1939年3月，中共冀热边特委改为冀东地委，周文彬任地委书记，积极恢复和重建党组织。冀东地委改为冀东分委后，作为分委委员的周文彬等率抗日联军300余人，会同游击队，先后攻打滦县沙窝、泽坨、河南庄等地的日伪据点，攻克了曾家湾据点。1940年冬，冀东分委下设东、西地委，周文彬任东部地委书记,全身心投入巩固冀东东部抗日根据地的斗争。

1941年10月下旬,冀东区党分委在宽城县王厂沟举行会议。周文彬在分析了冀东东部的形势后指出:"伪治安军主力要向我中心区移动,对冀东是个威胁,不打治安军,敌人会吃掉根据地。"会后,主力部队实施了消灭伪治安军的作战行动。这次作战历时80余天,先后消灭伪治安军8个团,使冀东抗日根据地进一步扩大。

当时,冀东抗日根据地武器弹药严重缺乏,因此加强军工厂建设,成为一项十分迫切的任务。1943年2月,周文彬赴晋察冀军区汇报工作,带领部分同志到军区工业部直属兵工厂参观学习。周文彬每到一个兵工厂,都详细了解子弹、手榴弹、地雷、炮弹和烈性炸药的生产过程,甚至亲自动手操作,每天都干到深夜。6月,周文彬回到冀东,立即发展军工生产,在繁忙的工作之余,还参与弹药试制。晋察冀军区还应周文彬请求,派十几位同志来到冀东,帮助建立或改进军工厂。从此,冀东武器弹药的紧缺状况得到了极大缓解。

1943年7月7日,中共中央晋察冀分局任命周文彬为中共冀热边特委组织部部长。1944年10月16日,周文彬率特委机关人员,参加丰(润)滦(县)迁(安)联合县县委扩大会议。次日拂晓,3000余名日、伪军突然来袭,情况万分危急。来不及撤退的周文彬向战士们动员说:"用你们所有的武器英勇作战!消灭更多的敌人!"激战中,周文彬不幸中弹牺牲,年仅36岁。

周文彬牺牲后,刘少奇闻讯惋惜地说:"文彬是中朝两国人民的好儿子,他是我党我军一位猛将!可惜他牺牲得太早了,是我党的一大损失啊!"[1] 如今,耸立在潞河中学校园内的烈士纪念碑和周文彬雕像,仿佛仍在诉说着那段战火硝烟的岁月。

(执笔:方东杰)

---

[1] 叶坤妮、叶慕安:《抗战期间冀东根据地的建立者周文彬》,人民政协报,2011年1月27日第6版。

周小舟　奋斗在抗日救亡运动前线

周小舟，原名周怀求，1912年生于湖南湘潭，19岁考入北平师范大学国文系。他追求进步，积极探索救国救民的道路，在民族危难之际毅然加入党组织；他满腔热血，奔走呼号，组织发动一二·九运动；他深入虎穴，机勇睿智，多次南下与国民党当局展开谈判，为建立抗日民族统一战线做出了重要贡献。

周小舟

追求真理　光荣入党

九一八事变后，东北大好河山沦于敌手，3000万同胞陷于日寇的铁蹄之下。在北平读书的周小舟立即投身到抗日救亡运动中。他和同学们一起走上街头，用满腔热血声讨侵略者的罪行，愤然喊出："现在的中国，要想救亡图存，只有全国团结，一致抗日，此外别无出路！"一次，他目睹日军用大卡车运送汉奸、流氓回日军驻地，便指着这群人对同学们说："这些披着人皮的民族败类，认贼作父，出卖祖国。他们都要和孙传芳一样，受到国人的严惩！"

1931年年底，周小舟积极参加北平学生赴南京抗日请愿活动，但国民党北平市政府不许学生南下，火车停运。他与同学们以死抗争，在火车站卧轨4天，迫使当局不得不放行。北平学生在南京与各地学生拥到国民政府和国民党中央党部请愿，蒋介石拒而不见。这一倒行逆施的行为，不仅遭到社会舆论的强烈抨击，更激发了全国各界人民的爱国热情。

回到北平后，周小舟开始深入研究马克思主义，积极探索救国救民的真理。他热衷聆听侯外庐、黄松龄、陈启修等进步教授的课程和演讲，经常认真阅读进步书籍到深夜，并与同窗好友讨论切磋。他的思想逐渐明晰、意志越来越坚定，认为只有在中国共产党的领导下，民族抗日救亡才有胜利的希望，因此必须找到和加入中国共产党。

长城抗战失败后，华北门户大开，日本侵略者直逼平津。但国民党仍采取妥协退让政策，残酷镇压抗日救亡运动，大肆摧毁中共地下组织和抗日团体。周小舟四处寻找党组织未果，又与武汉、上海的同学联系，也未找到。于是，他打算成立一个进步组织，团结爱国青年，开展抗日救亡活动和革命理论研讨。

1934年年底，周小舟加入中华民族武装自卫委员会。这个团体是党的外围组织，主要任务是团结北平大中学校爱国师生，投入抗日救亡运动。1935年4月，经中共北平市委宣传部部长杨子英介绍，周小舟加入中国共产党，并担任中华民族武装自卫委员会北平分会（以下简称"北平民族武装自卫会"）宣传部部长。为了表示自己追随中国共产党的决心，他改名周小舟，寓意自己就像一叶扁舟，不惧惊涛骇浪，始终向着胜利的彼岸扬帆远航。

从北平学联到北平临委

周小舟通过北平民族武装自卫会，把各大中学校被国民党破坏掉的学生会恢复起来，团结了七八十名学生运动骨干，如北京大学的黄敬，清华大学的姚依林、蒋南翔、吴承明，北平师范大学的敖白枫、武尚仁，燕京大学的陈絜，北平大学医学院的田际华，朝阳学院的魏震等。北平民族武装自卫会逐渐发展壮大，在20多所学校相继建立分会，会员达500多名，成为北平抗日救亡的一支重要力量。

1935年夏秋，黄河水灾泛滥，华北农村田庐俱毁，大批灾民流落北平街头。国民政府不仅不给救济，反而凌辱相加，激起广大青年学生和市民的义愤。党组织及时通过北平民族武装自卫会，在各大中学校组织赈济黄河水灾活动。8月，北平民族武装自卫会在西山开会，周小舟等在会上议定成立北平各校黄河水灾赈济会。他们组织各校学生走到大街小巷、公园开展义演，为灾民募集衣物和捐款，派出代表到山东等地慰问，受到民众赞扬。黄河水灾赈济会的建立和活动，为后来北平市大中学生联合会的成立，奠定了思想和群众基础。

不久，周小舟等人在北平看到莫斯科《工人日报》等外文刊物上刊登的《八一宣言》，宣传团结各种力量，建立反法西斯统一战线共同抗日的主张，他们从中受到启发和鼓舞，更加明确了抗日救亡的方向。当时中共北平工委内部意见不一致，有人主张武装暴动，推翻国民党政府，建立苏维埃。此时，已经担任北平民族武装自卫会党团书记的周小舟等人则主张开展合法斗争。

11月，日本侵略者蛮横提出"华北高度自治方案"，南京政府屈膝妥协，决定设立冀察政务委员会。危急关头，周小舟等利用同乡会、读书会、时事座谈会等多种形式，在大中学校宣传抗日救亡主张，唤起更多青年学生觉醒。他还组织平津10校学生自治会发出《为抗日救国争自由宣言》，呼吁开放抗日言论自由、集会结社自由，谴责当局对日妥协、对内镇压政策。北平地下党组织也不失时机地将各校黄河水灾赈济会分会转为学生会，成立北平市大中学生联合会（以下简称"北平学联"），作为开展抗日活动的公开组织，周小舟、彭涛、谷峰均为北平学联党团成员。

面对日本日益猖狂的侵略，发动大规模的抗争运动迫在眉睫，周小舟紧急赶赴天津向省委报告。11月20日，省委负责人听取了他的报告，决定撤销北平工委，成立北平市临时工作委员会（以下简称"北平临委"）领导北平的工作，任命谷峰为书记，周小舟为宣传委员，彭涛为组织委员。新成立的中共北平临委，及时调整政策，提出以"反对华北自治"为中心的主张，激发了青年学生的爱国热情，为组织实施一二·九运动打下了基础。

12月9日，在中共北平临委领导下，北平大中学生数千人举行抗日救国示威游行，高呼"反对华北自治，打倒日本帝国主义"等口号，掀起全国规模的抗日救亡运动。一二·九运动极大地促进了中国人民的觉醒，标志着中国人民抗日救亡运动新高潮的到来。周小舟作为中共北平临委和北平民族武装自卫会主要领导人之一，为一二·九运动的发起做了大量艰苦卓绝的工作。

四下南京　协调谈判

1935年12月底，已调北方局联络部工作的周小舟，收到中国大学进步教授吕振羽转来的一封信。信是国民政府铁道部科长谌小岑写的，其内容是想通过吕振羽寻找中共组织，表达共同抗日的意愿。原来鉴于抗日救亡运动的高涨和日本侵略者的压力，蒋介石及国民政府试图调整政策，寻求联合中国共产党，共同抗日。周小舟立即向北方局报告，中央决定派他通过吕振羽与国民党取得联系。周小舟向吕振羽传达了中央指示：弄清国民党意向。经了解，原来是宋子文授权铁道部政务次长曾养甫在寻找与共产党进行谈判的机会。经吕振羽到南京牵线，双方建立了联系渠道。

1936年1月，周小舟第一次到南京。他要求吕振羽向国民党阐明中共中央有关谈判的两个先决条件：一是组织国防政府和抗日联军；二是停止内战，一致抗日，停止进攻苏区，承认苏区的合法地位。根据需要，北方局决定由吕振羽作为谈判代表，长驻南京，承担日常工作，周小舟往返北平与南京之间，报告谈判进展，传递上级精神。

3月，周小舟再次到南京，传达了中共谈判的六项原则以及针对国民党提出的四条反要求的对策。周小舟把毛泽东、朱德、周恩来等中央领导同志给国民党政要的信，附上《八一宣言》，分送给相关机关或转交给宋子文、孙科、冯玉祥、曾养甫等人。他和吕振羽亲自拜会了国民党政要覃振、曾养甫等，对国民党提出的反要求进行了有力驳斥，旗帜鲜明地阐明了我方立场。

六七月间，周小舟第三次到南京与曾养甫直接谈判，他对国民党的不合理要求寸步不让，一个回合一个回合地坚持斗争，彻底撕下国民党假抗日真反共的伪装。由于双方分歧很大，曾养甫提出由双方更高级的代表在南京或延安直接谈判，南京谈判随之结束。南京谈判虽然没有取得重大进展，但为后来的国共和谈打下了重要基础。

8月，周小舟第四次从北平赶到南京，将几次谈判的材料及与国民党联络的密电码带回北平。10月，周小舟奉命赴陕西保安向中央汇报了谈判情况，使中央摸清了国民党政府的底数。随即，他留在中共中央军委工作，担任毛泽东秘书。

这一年，年仅24岁的周小舟四下南京，准确地贯彻党的主张，顺利完成了党组织交给的艰巨任务。正如他在赴南京途中所写："片衫片履到都门，仁足三年悟此生；拟向荆卿求匕首，雨花台畔刺嬴秦。"

新中国成立后，周小舟历任中共湖南省委宣传部部长、副书记、第一书记，中共第八届中央候补委员，1966年去世。

（执笔：乔克）

戴安澜　激战古北口三昼夜

一代抗日名将戴安澜，原名戴炳阳，青年时期立志"镇狂飙于原野，挽巨澜于既倒"，于是改名为"安澜"。20岁那年，他投笔从戎参加国民革命军，后就读于黄埔军校，毕业后参加北伐战争。长城抗战时期，他在古北口保卫战中，指挥全团顽强激战三天三夜，使日军付出沉重代价，荣获国民党政府颁发的五等云麾勋章。

戴安澜

驰援古北口

1933年年初，日本关东军、伪满军攻占山海关后，随即兵分三路大举进犯热河，很快逼近长城一线，对平津地区构成严重威胁。蒋介石迫于国内舆论压力，调国民党中央军第17军下辖的第2师、第25师、第83师匆匆北上，开赴长城前线驻防。

此时，第25师第145团团长戴安澜，率部驻防在徐州、蚌埠一带。他心中时刻关心着平津安危，希望能够尽快奔赴华北抗日前线，狠狠打击日军的嚣张气焰。2月25日，接到北上参加长城抗战的命令后，戴安澜立即率团向北进发。为迎接即将到来的战斗，他不停地看报纸、听广播，察看军事地图，了解战事发展状况，思考如何打好这一仗。

3月5日，第25师在通州集结完毕，戴安澜抓紧时间组织全团官兵进行实战训练，为参战做最后的准备工作。7日，第25师奉命向密云古北口一线进发，增援驻守在那里的东北军第112师。戴安澜团星夜前进，于10日凌晨4时到达古北口。

古北口地理位置十分重要，自古就是连接华北、东北、内蒙古地区的交通要道，素有"京师锁钥"之称。中日两军对此都极为重视，日军攻占承德后即以主力第8师团迅速扑向古北口方向，而中国方面也将北上应援的中央军主力投入此地。因此，古北口成了长城抗战中战斗最为激烈的战场。

第25师到达古北口时，拥有优势装备的日军已兵临古北口关下，守卫古北口的东北军被迫全部退入关内。形势紧迫，关麟征师长召集旅团长开紧急会议，对防御作战进行部署，戴安澜团被安排在战斗第一线，重点加强防守前沿最右翼的龙儿峪阵地，与东北军第112师最右翼的将军楼防线相呼应。

会后，戴安澜率领各营营长到阵地上观察地形。看到古北口防线没有修筑防御工事，山上到处都是突兀的岩石，而且缺少树木植被，防护遮掩性较差。于是，他命令各营在自己的防御阵地上，尽量利用自然地形构筑临时防御工事，做好应敌准备。他还选择了一处地形险要、便于观察敌情的制高点，作为第145团的指挥所。

时间紧迫，官兵们迅速投入战斗准备之中，迎接即将到来的激战。

阻击龙儿峪

戴安澜团抵达古北口仅仅3个小时后，即10日早晨7时，日军先头部队开始炮击古北口中国军队阵地。随后，日军飞机以1小时为间隔，每次数架对古北口及后方补给线进行轮番轰炸。第145团阵地上树断岩裂，碎石横飞，刚刚修筑的防御工事多处被摧毁，人员也有不少伤亡。

下午3时，日军第8师团第16旅团主力以优势炮火掩护步兵，向古北口中国军队发起疯狂进攻，其主攻目标正是龙儿峪及将军楼阵地。中国军队奋起反击，阻止敌人进攻。日军反复冲锋，均被打退，其攻占中国军队右翼阵地的企图未能得逞。

此时，龙儿峪阵地由第145团第1营防守，事关战役全局。于是，戴安澜特地赶往龙儿峪坐镇，与营长霍锦堂并肩战斗。他一边沉着指挥作战，一边密切观察日军动向，当意识到第145团右翼是日军攻击重点时，他立即向师部报告，提出增加右翼防御兵力的建议，被关麟征师长采纳。战斗一直持续到傍晚6时，日军多次攻击都被中国军队坚决粉碎，被迫停止进攻，前沿激烈的战斗暂时停歇下来。

戴安澜判断，日军第一天只是试探性进攻，带有侦察性质，对于中国防御部队来说，更严峻的考验还在后面。入夜，戴安澜抓紧时间做兵员、弹药补充和部署调整工作，准备迎接更加残酷的战斗。同时，他利用战斗间隙巡视各营阵地，总结白天战斗情况，并向关麟征师长提出建议，希望着重加强右翼力量配置，特别是充实龙儿峪防御力量。关麟征遂决定调第75旅集结于古北口东关，相机策应作战。

3月11日拂晓，日军在10余架飞机、百余门大炮和数十辆坦克掩护下向古北口发起总攻，主攻目标直指第112师及第25师右翼戴安澜团阵地。敌人一番狂轰滥炸，中国军队阵地变成一片火海。战至上午10时，日军强攻得手，第112师将军楼以西阵地被突破，全师被迫撤出战斗，古北口关城随即失陷。日军得势之后更加猖狂，旋即以主力向戴安澜团的龙儿峪阵地发起进攻。

龙儿峪阵地上，戴安澜团受敌两翼夹攻，形势十分危急，但仍坚守着阵地。敌人的飞机和炮火更加猛烈，阵地工事被炸得支离破碎，官兵伤亡惨重。作战中，戴安澜发觉一部分日军在侧面出现，意识到敌人有侧翼包抄的企图，他马上命令各营连调整防御力量，加强对侧翼防范。同时让预备队集结待命，随时准备应付意外情况。

上午11时，日军用炮火切断了龙儿峪与师、旅指挥部的通道和电话线，戴安澜团与师、旅的通信联络中断。此时，关麟征师长正率领预备队第149团向将军楼阵地发起反击，当队伍推进至山腰时遭敌伏击，关麟征身负重伤，团长王润波殉国。正在龙儿峪阵地指挥战斗的戴安澜得知这一情况，立即带着第2营跑步冲上来接应，与敌人展开肉搏战，击退了敌人，并把关麟征从火线上背了下来。

殊死抗敌

3月12日，戴安澜团迎来最艰难的战斗。日军由于前一天得手，更加倚重飞机、重炮、战车，进一步增加兵力，攻击势头更为疯狂。

从早上起，日军主力向戴安澜团阵地再次发起进攻。敌人使用数十架飞机和重炮集中轰炸，同时以大部兵力向戴安澜团右翼延伸包围。日军的猛烈攻势给戴安澜团造成很大伤亡，不断有官兵在炸弹的尖啸声和震耳欲聋的爆炸声中倒下，战斗场面异常惨烈。但戴安澜团官兵斗志高昂，宁死不屈，仍然坚持在各自阵地上奋勇抵抗，与敌人进行着殊死搏斗。在敌我力量悬殊的情况下，戴安澜组织全团前仆后继，打退了日军一次又一次的进攻，但战况的发展对该团越发不利。战至下午3时，情况已经变得极其危险，右翼包围的敌人有增无减，通信联络再度中断，各营连人员损失甚大，有的连队伤亡高达80%，有的连队所有班长都已战死，戴安澜本人也多处受伤。

望着山下越集越多的日军以及第145团所剩不多的官兵，戴安澜认为继续坚守下去已是徒劳，毅然决定收缩部队，转换阵地，在交互掩护之中，将部队逐步后撤至距古北口西南5里的南天门一带，隔潮河与日军对峙。这时第17军军部已到达密云，第2师与第25师换防，戴安澜团随即撤往密云。

古北口保卫战中，戴安澜率部殊死抵抗，连续激战3个昼夜。尽管官兵伤亡惨重，却击退了日军多次进攻，使得日军每向前一步，都不得不付出惨重代价。古北口保卫战是戴安澜在抗战期间参加的第一场大规模战役，他英勇负伤不下火线，战后荣获国民政府颁发的五等云麾勋章。

卢沟桥事变爆发后，戴安澜先后参加台儿庄、武汉、昆仑关战役，屡立战功，被蒋介石誉为"当代之标准青年将领"。1942年3月，戴安澜奉命率部赴缅甸作战，回国途中，遭日军伏击身负重伤，不幸殉国。国民政府追赠他为陆军中将，并将其英名入祀南京忠烈祠。1956年，戴安澜被中华人民共和国中央人民政府追认为革命烈士。2009年被评为"100位为新中国成立作出突出贡献的英雄模范人物"。

（执笔：曹楠）

方振武　从抗日同盟军到抗日讨贼军

"万丈雄山势欲奔，峰高五岳接天门。秦皇汉武封禅日，不爱虚荣亦自尊。"方振武1939年写下的这首绝句《游天柱峰》，抒发了他报效国家的胸襟。他身为国民党政府要员，不惜变卖家产参与组建察哈尔民众抗日同盟军，率部坚持抗日反蒋，后被蒋介石杀害，在中华民族抗日斗争史上留下了光辉一笔。

方振武

与冯玉祥同盟抗日

方振武1885年出生于安徽寿县一个贫苦农家。受革命思潮影响，他立志推翻帝制，参加了辛亥革命、讨伐袁世凯的"二次革命"，后担任济南卫戍司令、安徽省政府主席等职，是国民党中的老资格。北伐结束后，他看不惯蒋介石排除异己的独裁统治，与人暗中结盟反蒋，从此遭蒋介石猜忌，于1929年年底被扣押软禁。

九一八事变后，方振武结束了一年多的监禁生活，获释回到上海，被委任了一个无兵无权的中央委员职务。这时，东三省已经沦陷，不久日军又入侵上海。国难当头，方振武为了抗日救亡到处奔走，对蒋介石"攘外必先安内"的政策十分愤慨。他筹谋良久，只能寄希望于自己的旧部鲍刚、张人杰两个师，便嘱托友人联系照拂，并派人送去几万元，准备有机会时把这支力量拉出来抗日。

1933年3月，日军侵占热河，华北门户洞开。方振武忧心局势，给友人写信说："我决心毁家纾难，抗日救国。"他安顿好家眷，拿出积蓄，变卖了上海的住宅和其他家产，凑集十几万元作为抗日经费，化装秘密到达山西介休。方振武先是联络慰劳老部下，随即联合鲍刚、张人杰两个师在晋南起兵，称抗日救国军，他自任总指挥。随后，方振武接到冯玉祥、吉鸿昌从察哈尔来电，邀请他共同抗日，于是率部北上。

蒋介石派北平军分会代理委员长何应钦前去阻拦，同时亲自电令方振武取消抗日旗帜，要他南下"围剿"红军。方振武击溃了堵截的部队，继续北上，并通电表示："宁为战死鬼，不作亡国奴！"虽然一路上遭到重重阻拦和武力截击，但方振武抗日心切，毅然亲率全军，昼夜赶路，有时一昼夜行军竟达200余里，于5月21日到达张家口郊外。冯玉祥率吉鸿昌等一批军政要员亲自迎接，方振武表示，要在冯玉祥领导下誓死抗日。26日，察哈尔民众抗日同盟军（以下简称"抗日同盟军"）正式宣告成立，冯玉祥为总司令。抗日同盟军得到共产党人的大力帮助，发动群众广泛支持，很快由数千人发展到10万余人。其中，方振武的抗日救国军约2万人，是最完整且具有正规军规模的。

方振武北上途中，日军不断从热河向察哈尔"蚕食"，察东重镇多伦、宝昌、康保陆续失陷。同盟军略作整训，计划出兵收复察东地区。方振武被任命为北路前敌总司令，吉鸿昌为北路前敌总指挥，兵分三路出击日、伪军。

这支经过整编和短期训练的抗日队伍，武器装备低劣，有的士兵甚至只有一把大刀，官兵却士气高昂、同仇敌忾。尤其方振武、吉鸿昌两位将领都很勇猛，身先士卒，抱定牺牲决心，抗日同盟军一开赴战场就旗开得胜。6月22日，仅用3个小时就收复康保。随后连战连捷，相继收复宝昌、沽源和多伦。多伦一战打得相当艰辛，热河日军出动30多架飞机轮番轰炸抗日同盟军阵地。方振武、吉鸿昌带领将士们浴血奋战5个昼夜，以牺牲1600多名官兵的代价，歼灭日、伪军1000多人，俘虏数百人。

抗日同盟军收复察东4县，取得了九一八事变以来中国军队首次收复失地的胜利，极大地振奋了军心民心。然而，蒋介石认为这妨害他与日本达成的谅解，于是一方面与日军联合大举进攻张家口，一方面以高官厚禄为诱饵收买分化抗日同盟军。在日、蒋联合逼迫下，冯玉祥宣布撤销抗日同盟军总部，辞去总司令职务。

重建抗日讨贼军

冯玉祥辞职后，抗日同盟军被分化瓦解，只剩1万余人，方振武和吉鸿昌坚持抗日同盟军旗号，由方振武代理总司令，率部赴察北继续抗日。不久，他们接受中共河北前线委员会意见，整编部队，统一思想，并改称抗日讨贼军，一面抗日，一面反蒋。方振武被推为总司令，汤玉麟为副总司令，吉鸿昌、刘桂棠分任左、右路总指挥。

9月5日，抗日讨贼军夺取长城要隘独石口。日伪飞机不断来骚扰，低空投下水果、酒和各种食品，并附信说："你们以抗日为名，其实反蒋，我们是知道的，只要你们接受改编，粮食、弹药、装备即日送到。"方振武看后咬牙切齿地说："这帮野兽把我们和卖国贼一样看待了！"说罢把信撕得粉碎，让部下把那些物品全部投入河里。随即挥师东进，攻入日军占领的热河境内。

入秋以后，天气转凉，衣食更加短缺。方振武与吉鸿昌、汤玉麟及各军师长商议，决定反攻北平，休整补给。抗日讨贼军分部行动，攻入长城以内日、蒋妥协划出的"非武装区"，把这里变成了反蒋抗日的前线。9月20日、21日，方振武、吉鸿昌两部先后攻进怀柔、密云，逼近北平。何应钦奉蒋介石之命，一面调集兵力沿途堵截，一面加快和日本关东军接触，密谋联合围歼抗日讨贼军。日本想要坐收渔翁之利。驻古北口的日军派出一个大佐，到方振武司令部会谈，提出只要他坚持打下去，日方愿尽力提供接济。方振武斩钉截铁地回绝道："我们打蒋，是因为他不抗日；我们先打蒋，然后再打你们，要你们什么接济？"这个大佐灰溜溜地走了。

拉拢不成，日军开始大举出动，和蒋军配合夹攻。9月23日，日军飞机投掷传单，警告抗日讨贼军立即退出"非武装区"，否则将发起进攻。方振武拒不退出，25日攻占高丽营。大批飞机连续飞临侦察，周围各城镇的日军均有增加。27日，日军飞机轰炸方振武驻地。方振武、吉鸿昌遂商定以五六千人的兵力，分三路向北平发动进攻，并约定农历八月十五中秋节（10月4日）攻进北平。部队向南活动时，遭到飞机的疯狂轰炸和日军的密集冲锋。方振武率部以劣势奋勇应战，打退了日伪一次又一次进攻。

途中，方振武发现沙河车站集结了关麟征的部队，便留下少数兵力周旋，带主力进击大、小汤山。经过反复冲击，相继突破蒋介石军队的阻击和围攻，占领了小汤山。10月6日，国民党以"方振武假借名义，纠集散兵，抗命窜扰，行同流寇"为由，决议将其免职并开除党籍。

8日上午，蒋介石军队发起全线进攻，日军也出动飞机投弹扫射。抗日讨贼军陷入重围，可调动的兵力只剩几千人，战线却长达30余里。偏偏内部又发生动摇，方振武部的军长王中孚力主投降，遭到坚决反对。

内外交困之下，方振武与吉鸿昌坚持激战多日，每次作战都亲上前线，士兵受此鼓舞也英勇战斗。因人员、炮弹俱无补充，部队连续苦战损失惨重，方振武、吉鸿昌于12日晚12时，率部发起突围，他们将自己的警卫连都投入战斗，奋力拼杀，双方都有重大伤亡。但最终未能突出重围，被困于汤山一带，部队仅残存四五百人。

壮心未已

身处险境，方振武仍以抗日为己任，对部下讲话表示："我们一定为抗日而生，亦决心为抗日而死。"最后，经北平商会等八大团体斡旋，方振武、吉鸿昌也不愿看到部下再作无谓牺牲，同意接受和平改编，以保存抗日力量。

不料，待他们放下武器，何应钦根据蒋介石密令，授意商震在顺义安排了"鸿门宴"，意图扣押捕杀方振武和吉鸿昌。商震出于信义，暗中放走了他们。但乘车离开途中，他们遇到堵截搜查。因为对方不知道方振武长什么样子，没有认出来，方振武和一名随行人员得以趁乱从车上逃离。

二人到附近一个叫刘庄的村子藏身。方振武自报家门，说来自抗日同盟军。由于之前在这一带坚持抗战,老百姓都知道这支部队,敬佩他们的抗日义举。热情纯朴的村长招待他们吃了晚饭,拿出老百姓的衣服让他们换上。很快,国民党军队来村子里搜查方振武的下落,村长设法掩护了过去。方振武决定当晚离开,老人安排家里的渡船,帮忙送过河去。第二天下午3时两人才辗转到达通县,后转至天津。蒋介石对方振武、吉鸿昌下了通缉令,派特务到处搜捕,方振武接连在报纸上看到自己被乱枪打死、被刺身亡等假消息,深知不宜久留,只能乘坐轮船逃到香港,辗转流亡海外。①

七七事变爆发后,以国共合作为基础的全民族抗战局面形成。方振武满腔热忱地回国准备参加抗日。蒋介石虽然撤销了对方振武的通缉,但只给了他一个"军事参议院参议兼办公厅主任"的虚职。随着上海、南京先后陷落,方振武见参加抗日无望,到桂林办起了农场。他积极为抗日做准备,收容一批安徽籍难民和流亡学生,组织人力物力,通过华侨捐款,购置枪支弹药。因蒋介石派特务监视,不断破坏,他被迫再次迁居香港。

1941年12月,日军偷袭珍珠港,太平洋战争爆发,香港局势也随之紧张。方振武对友人说:"我是个抗日的,决不能住在这里,要回到内地参加抗日。"他把家眷托付给友人,设法重返内地,刚进入广东中山县境时,不幸遭国民党特务秘密杀害。

方振武戎马一生,先后参与推翻帝制和反对北洋军阀统治的斗争,为抗击日寇侵略血战长城内外,后流亡海外仍心系抗日救亡。他所走过的道路,是一名爱国军人为民族独立而奋斗不息的缩影。

(执笔:陈丽红)

---

① 苏友文:《伴随方振武将军脱险记》,中国人民政治协商会议安徽省委员会文史资料研究委员会编:《纪念方振武将军》,1985年版,第123—128页。

冯运修　抗日杀奸团的"书生枪手"

北平闹市，骄阳似火。1940年一个夏日的午后，一位身材瘦弱的年轻人，在闹市的喧嚣声中，连开两枪，结果了大汉奸吴菊痴的性命，他就是被誉为"书生枪手"的抗日杀奸团成员冯运修。

冯运修

一腔热血入抗团

卢沟桥事变爆发，全民族抗战开始。天津中日中学等几所学校的爱国学生，出于对日寇的痛恨和对汉奸的憎恶，自发组织成立了抗日杀奸团（以下简称"抗团"），用他们的青春热血书写了一段抗日传奇。

抗团的团训是"抗日杀奸，复仇雪耻，同心一德，克敌致果"。规定新团员加入抗团时，都要秘密宣誓："誓以至诚参加抗日杀奸团，服从指挥，积极工作，保守秘密，如有违犯，愿受最严厉的制裁。"

这个组织随后像滚雪球一样，越滚越大，延伸到北平辅仁大学、燕京大学等高校，社会各界的不少名流子弟也纷纷加入进来。抗团的年轻人活跃在平津地区，不断通过爆炸、暗杀等方式，打击日伪的嚣张气焰。

冯运修就读于天津中日中学，16岁就加入了抗团，是团员们公认的百发百中的神枪手，有着"书生枪手"的雅号。

冯运修之所以有此雅号，与他的姨父齐燮元有直接关系。齐燮元时任伪绥靖总署督办兼伪华北绥靖军总司令，是个名副其实的大汉奸。为配合日本对华北的统治，他不遗余力地训练伪军。冯运修利用与齐燮元的亲戚关系，经常出入军营，以学习打猎为借口，摸枪、练枪、打靶，久而久之，练就了一手精准的枪法。齐燮元曾经责怪冯运修贪玩，不专心念书，但他做梦也没想到，这位外甥是抗团成员，与自己是两股道上跑的车。

日本侵略者扶植的北平傀儡政权建立后，形形色色的大汉奸相继粉墨登场。1939年，冯运修受抗团指派，从天津赶到北平，刺杀伪商会会长冷家骥。行动当天，抗团其他成员以拜访为名先去叫门。门打开后，冯运修迅速拔枪，一枪命中开门人的要害，随之迅速撤离。第二天的报纸报道，冷家骥的太太被枪杀身亡。虽然这次刺杀冷家骥没能成功，但在行动中，冯运修作为枪手，他的果敢以及精准枪法得到充分展现。

冯运修所在的抗团，在北平连续制造多起刺杀汉奸事件，百姓无不拍手称快，日伪政要和汉奸走狗人人自危。

闹市街头杀汉奸

1940年7月7日，是七七事变爆发3周年的日子。抗团决定在这一天行动一次，命令冯运修等人出击。

这次刺杀的目标，是北平伪《新民报》编辑局局长、臭名昭著的大汉奸吴菊痴。《新民报》是华北沦陷区的汉奸组织"新民会"创办的报纸，直接为日本侵略者服务，以刊登颂扬日本侵华战争和报道傀儡政权的活动为主。

两天前，抗团北平负责人李振英（北大化学系学生、爆破专家），曾在北大未名湖畔召集冯运修、叶于良（北大学生）、孟庆时（北平育英中学学生）等人秘密开会，研究刺杀汉奸之事。李振英介绍，根据情报，7月7日，日伪组织将在中山公园举办"皇军圣战胜利三周年"庆祝活动，由伪《新民报》编辑局主办。冯运修他们听后，义愤填膺，认为中国人民正在承受国土沦丧之苦，吴菊痴这帮汉奸竟公然为日本人"歌功颂德"，一致决定现场刺杀大汉奸，以示惩戒。

抗团成员立即开始制订行动计划。刺杀行动设刺杀组、策应组和侦察组。刺杀组由李振英、冯运修组成第一小组，主要负责刺杀吴菊痴；第二

北平抗日斗争群英荟

小组由叶于良、刘永康（天津旅津广东中学学生）组成，负责在第一小组行动失败后，刺杀伪《新民报》副主编陈輶子。孟庆时、纪采凤（北平贝满女中学生）、李时勉（北大学生）等人组成策应组，负责发放传单、联络和接应。其他人组成侦察组，负责侦察行动路线。

当天一大早，中山公园就热闹起来，吴菊痴等汉奸陆续到场，抗团成员也利用各种关系混了进来。冯运修发现，现场军警戒备森严，根本没有掏枪的机会。李振英临时决定，暂停刺杀行动，只散发传单，原打算在刺杀之后趁乱抛撒的方式，也改为在人群中悄悄传递。

庆祝活动开始后，吴菊痴首先登台大肆鼓吹"大日本皇军的丰功伟绩"。台下的冯运修看着他卑贱无耻的奴才行为，怒火中烧，有些按捺不住，就跟身边的叶于良说："汉奸太可恨了，我们现在就把他毙了算了。"李振英说："不行，一旦开枪，大伙儿就全暴露了。"他们决定散会以后，再找机会动手。

活动结束，日伪要人纷纷散去，吴菊痴也离开会场上了黄包车。冯运修等人立即骑上自行车尾随，准备在路上找机会下手。吴菊痴没有回报社，直接去了和平门外的同和轩饭店。李振英马上派刘永康打探。不久，刘永康回来报告："吴菊痴正在里面跟人吃饭，包间地方不大，摆设多，空间狭小。"冯运修、李振英考虑到饭店内人多眼杂，又容易误伤，不利于下手，也不便撤离，决定在饭店门外蹲守。

等了大约1个小时，吴菊痴终于出来了。他坐上黄包车，向北而去。冯运修等人连忙骑车尾追，但仍找不到合适的机会。前面就是南新华街土地祠（1949年后改为南新华街小学，现北京市西城区实验幼儿园分园位置），距离石驸马大街（今新文化街）新民报社不远了。吴菊痴一旦进了报社，这次刺杀就泡汤了。

正在这时，机会来了。一支熙熙攘攘的出殡队伍从北面过来，恰好挡住吴菊痴的黄包车。无奈，吴菊痴只能坐在车上看起了热闹。出殡队伍鼓号齐鸣，鞭炮声声，哭声一片，声音嘈杂。跟在后面的冯运修，感到这正是下手的好时机。他见周围没人注意，猛蹬几下自行车，接近黄包车侧面，单手持枪，朝着吴菊痴的头部连开两枪。吴菊痴头一歪，眼一闭，一声不吭地靠倒在座位上。冯运修和李振英迅速蹬车,一路向北,消失在西四路口。

出殡队伍过去后,有人发现黄包车上的吴菊痴中枪了。接到报案赶来的伪警察,立即将吴菊痴送往医院。而此时的吴菊痴已经一命呜呼了。

刺杀吴菊痴的枪声,当时连黄包车车夫都没听到,这不仅由于送葬队伍的声音嘈杂,还因为冯运修使用的是一支俗称"掌心雷",又叫"对面笑"的袖珍手枪,枪身小巧,击发声小,携带方便。冯运修凭借过人的胆量、精湛的枪法,特意选择了近距离射击,让吴菊痴刹那间毙命。

壮志未酬身先去

抗团刺杀大汉奸屡屡得手,日伪特务对他们进行过多次搜捕。因为不少抗团成员出身显赫,社会关系多,消息灵通,都被他们巧妙地躲过了。

1940年8月,日军华北方面军特高课和北平宪兵队,为避开抗团情报眼线,直接调动伪满洲国警察进入北平,利用已经掌握的线索进行全面大搜捕。

8月6日这天,日本宪兵和伪警察包围了受壁胡同(今西四北四条)甲12号院冯运修家。冯运修听到动静,赶紧取枪冲出卧室向外观察。这时,他突然想到屋里还有重要的抗团文件。当初因为有跟齐燮元的亲戚关系做掩护,抗团所有成员名单一直由他保管。他急忙回屋,取出名单冲进厨房,点火焚烧。

日本宪兵和伪警察闯进院子,抓住冯运修的父亲和弟弟,向屋里喊话,叫冯运修出来投降。冯运修不予理睬,抓紧时间,焚烧名单。日、伪军警中有人闻到烧纸的味道,试图冲进厨房。冯运修眼疾手快,开枪射击,将其击退。因房内弹药充足(冯运修当时负责保管北平抗团的枪支弹药),双方僵持良久,日、伪军警仍无法靠近。他们又将冯运修的父亲推到前面挡子弹,再次逼近。厨房内的冯运修抬手一枪,打中了一名伪警察,吓得日、伪军警纷纷躲避。冯运修沉着冷静,又击毙一名日本宪兵。最后,丧心病狂的日、伪军警架起机枪向房内疯狂扫射，冯运修反击的枪声渐渐消失。

当日、伪军警战战兢兢走进厨房时，发现冯运修已身中数弹，生命垂危。为了获取口供，敌人把冯运修送到不远处的中央医院（现人民医院）抢救。冯运修因伤情严重，于8日夜壮烈殉国。

"千里刀光影，仇恨燃九城。"凭借一把手枪，与日、伪军警顽强抵抗的冯运修，生命永远定格在了19岁。他牺牲的时候，已经被辅仁大学录取，距离开学不到一个月。

冯运修牺牲后，日本华北方面军为了彻底清除抗团，继续疯狂进行大搜捕，北平、天津有40多人被捕入狱。其他脱险的成员，也大部分撤离了平津两地。1942年，一些成员陆续回到平津，继续展开抗日锄奸行动。

冯运修这些热血青年加入抗团时，有过这样的约定：参加抗团全凭自愿，不领薪水、没有奖励，以致很多抗团成员牺牲后连名字和照片都没有留下。冯运修参加过抗团，还是后来从抗团老战士手中的一份不完整名单中，被人们知晓的。

（执笔：董志魁）

高桂滋　光荣历史国人同佩

高桂滋是抗日战争时期富有传奇色彩的爱国将领，先后率部参加长城抗战、南口战役、忻口战役、中条山战役等，与日军激战百余次，功勋卓著。毛泽东曾称赞他"抗日之役，光荣历史，国人同佩"[①]。

高桂滋

驰援冷口阻日寇

高桂滋，陕西省定边县人，1911年参加辛亥革命并加入中国同盟会，后曾任国民军第2军独立团团长、第5混成旅旅长、独立第8师师长、暂编第19军军长等职。因为不是蒋介石嫡系，高桂滋屡遭排挤，1931年7月所部被缩编为步兵第84师，驻守河北省武安与磁县。

高桂滋担任师长时，每逢作战都身先士卒，冲在前面。有军官擅自退却，高桂滋就骂："我还在前头，你就顶不住了？"有士兵擅自退却，军官就骂："师长还在前头，你就顶不住了？"就这样一级一级地往前冲，没有一个退却的，战况随之扭转。高桂滋擅长打硬仗、苦仗、胶着战，就像过年祭祀灶王爷的麦芽糖，把敌人粘得死死的，最终取得胜利，因此有人称他的部队是"灶糖军"。

1933年年初，日本关东军占领山海关，继而进攻热河。蒋介石紧急调

---

① 毛泽东：《毛泽东致高桂滋信》，《毛泽东书信选集》，人民出版社1983年版，第30页。

集军队应对，在长城冷口、喜峰口、古北口等地抗击日军，史称"长城抗战"。3月，高桂滋率第84师开赴冷口一带，归第32军指挥，抵御日军进攻。

27日，日军向第84师阵地发起进攻，先用飞机、大炮狂轰滥炸，接着以主力进攻前沿阵地李少棠团，另以一部进犯主阵地吕晓韬团左翼。在高桂滋指挥下，第84师凭借险要地形和坚固工事，沉着应战，给日军以重大杀伤，打退其多次进攻。日军又用飞机和大炮配合，再次猛攻。山顶工事被摧毁，修复又被摧毁，多处高地几经易手，战斗十分激烈。

第84师官兵在高桂滋带领下，士气旺盛，英勇顽强，伤残官兵坚持不下火线，有的脚被炸掉，还在用手投弹、射击，最后与敌同归于尽。坚持5个昼夜后，李少棠、吕晓韬两团伤亡很大，连、营长负伤的很多。高桂滋根据商震军长的命令，将一线部队撤至二线，从中抽调部分兵力深入敌后袭扰、牵制敌军。日军又向二线阵地正面多次发起进攻，均被阻于冷口第84师阵地前，转而猛攻冷口、喜峰口、古北口。因为防守兵力单薄，第32军直属部队冷口防线被日军攻破。商震紧急派军来援，亦无法立足，只得后退。第84师腹背受敌，高桂滋不得不命令部队转移阵地。

冷口战役中，中国军队作战勇敢，给日本侵略者以沉重打击，第84师高桂滋部也付出了沉重代价，伤亡官兵达1800余人。战役结束后，高桂滋部奉调陕西绥德驻防。

南口战役夺首胜

卢沟桥事变后，高桂滋义愤填膺，主动请缨并立遗嘱："立志抗日，如果牺牲，将遗产给定边县建中学一座……"以示誓死抗战的决心。1937年7月9日，高桂滋率部离开绥德，东渡黄河，开赴华北抗日前线。8月7日，高桂滋被任命为第17军军长，辖第84师（兼师长）和第21师约14000人，归汤恩伯指挥，开赴北平，参加南口战役。

南口为华北咽喉，是日军从北平进犯察、晋、绥的必经之地，其得失关系重大。8月2日下午2时，汤恩伯在张家口与高桂滋、第134师师长刘汝明举行军事会议,商定了南口、张家口及独石口一带的防务配置:刘汝明主力控制宣化、张家口一带,汤恩伯率第13军防御南口正面,高桂滋的第84师防御南口左翼,自龙虎关起,沿赤城至宁疆堡一线,战线长50余公里。

第84师原定先期到达,但由于在张家口遭日机轰炸,8月7日才全部到达南口布防区。第84师一进入阵地,立即加紧修筑防御工事。8月16日,日军藤井少佐指挥1000余人的部队进犯第501团正面阵地井儿沟,巴图营子一带的日军与井儿沟日军呈掎角之势,妄图牵制高桂滋部,策应其主力进犯南口。高桂滋下令:第502团第3营向巴图营子日军佯装进攻,第501团团长吕晓韬率领第3营及第2营第4、第5连出击井儿沟。当晚,第501团冒雨出长城急行军10余公里,17日凌晨4时赶到井儿沟,将日军团团包围,日军仓促应战,负隅顽抗。高桂滋部在枪林弹雨中与日军展开肉搏拼杀,正午12时,将日军大部歼灭,藤井侥幸逃脱。首战告捷。

日军井儿沟战斗失利后,急派教导第5团由沽源前来增援。高桂滋命令第502团团长艾捷三率部星夜出击。20日凌晨3时,第502团在大风雨中抵达喜峰砦,将路过的日军围在村里,并以一部突然直冲入村。由于我军出其不意,数倍于第502团的日军乱作一团,惊慌失措。至早上7时30分,除少数骑兵逃脱外,大部分日军被歼灭。

井儿沟、喜峰砦战斗,俘虏日军280余人、毙伤800余人,缴获迫击炮6门、轻重机枪13挺、手枪31支、步枪91支、马120匹。

掩护友军突重围

第84师官兵连续取得战斗胜利,士气大振,准备继续北进。不料8月26日得到战报,南口正面汤恩伯惨败,张北刘汝明弃守,日本关东军等部队由南口、张北、柴沟堡分路合进,形成三面夹击之势。26日下午,汤恩伯下令突围。高桂滋所在第17军位置突出,冒着被日军截断后路的危险,担任总后卫队,掩护友邻部队撤退。

27日夜,各友邻部队在第84师掩护下,相继渡过桑干河。第84师在极端艰辛的情况下，完成掩护任务，却被日军包围。高桂滋指挥部队，在长安岭至沙城一线布防，凭借山地死守，与日军主力部队展开血战。部队疲劳至极，部下劝他保存实力，不要给汤恩伯擦屁股，高桂滋愤然说道："此中华民族危急时刻，我等军人岂可蝇营狗苟，必以全力阻击日军。"

28日，日军10余架飞机猛烈轰炸第84师阵地，地面部队也全线进攻，大炮声、机枪声，如雷鸣一般。第84师官兵奋勇拼杀，队伍被日军截成数段，仍然冲出了包围；负责断后的第501团第2营，被敌人层层包围，官兵与敌人激战中一直坚持至傍晚，多数壮烈牺牲。

高桂滋部突出包围后，渡过桑干河，调归第二战区司令阎锡山指挥。1938年春，高桂滋部调归由朱德任总指挥的第二战区东路军，在晋南同日军开展游击战，屡立战功，多次受到八路军总司令朱德嘉奖。

抗日战争胜利后，身在国民党军队的高桂滋曾多次将重要情报传递给中共地下党组织，为人民解放战争的胜利做出重要贡献。新中国成立后，高桂滋先后任西北军政委员会委员、农林部副部长等职。1959年在北京病逝。

（执笔：乔克）

古北口七勇士　壮烈殉国的无名英雄

"弟兄们，向前走，五千年历史的责任，已经落在我们的肩头。日本强盗要灭亡我们国家，奴役我们民族，我们不愿做亡国奴，只有以身殉国，只有誓死奋斗……"这是长城抗战时期中国军队第145团团长戴安澜，为古北口七勇士谱写的一首名为《战场行》的赞歌。

古北口同仇敌忾

九一八事变后，日本侵略者占领中国东北，继续向热河进犯，将战火燃向长城沿线。面对日军咄咄逼人的攻势，国民党第17军奉命北上，驰援驻防在古北口、密云的东北军第67军，共同抗日。

1933年3月，日军从热河兵分数路进犯长城各关口，第8师团2万余人从承德向古北口外滦平方向推进。中国军队第17军所属第25师师长关麟征接到张学良急电，通报日军已开始向古北口外中国军队阵地发起进攻。关麟征和副师长杜聿明立即率部星夜兼程抵达古北口。

古北口位于蟠龙、卧虎两山之间，潮河从关口西侧向南流淌。古北口大道自东向西，到古北口以外折而向南。关城位于古北口以南5里处。经过连夜协商，第67军第112师张廷枢部防守关口和长城的第一道防线。第17军第25师防守关城—龙儿峪一带的第二道防线，师指挥部设在关城北门的小老爷庙。

第25师第73旅第145团团长戴安澜，率部镇守第二道防线东翼的龙儿峪阵地。他命7名安徽蚌埠籍战士在关城以东的帽儿山上设一侦察哨。帽儿山北望古北口长城最高点将军楼，山下就是龙儿峪通往南天门的唯一通道。7名战士负责观察敌情，通过电话向团指挥部报告。

3月10日早7时，日军开始对古北口第一道防线发动进攻。敌机对第112师阵地狂轰滥炸，成串的炸弹把中国守军隐蔽的树林和防御工事炸得树断石飞，阵地顿时笼罩在硝烟烈火之中。凭借火力和装备优势，日军迅速攻占了蟠龙山制高点370高地和将军楼。11日，敌我双方一共投入5个建制团的兵力，反复争夺将军楼两侧阵地。面对来势汹汹的敌人，第112师同仇敌忾，冒着飞机大炮的轰击，坚守阵地，奋勇抵抗，连续打退日军的多轮进攻。12日凌晨，日军大量部队增援，投入重炮和装甲车，对第一道防线发动更大规模的进攻。第112师第534、第535团伤亡惨重，难以支撑，被迫先行撤出战斗。

而后，日军又向第二道防线东翼龙儿峪一带推进。第25师官兵进行了英勇顽强的抵抗，战至下午3时，终因敌众我寡，第145、第146、第149团相继向关城西南的南天门方向撤退。

帽儿山孤军奋战

激战中，帽儿山侦察哨的电话线被日军猛烈的炮火炸断。主力部队南撤时，他们没有接到撤退命令。7名战士与团部失去联系，仍然在山顶观察敌情。

随着中国守军主力撤离古北口，战场上的枪炮声逐渐稀疏下来。日军发现中国军队后撤，立刻组织先头部队追击。守在帽儿山的7名战士，看到日军向南天门方向追击，判断第145团已经后撤。为给主力部队撤防赢得宝贵时间，他们利用帽儿山的险要地形，顽强阻击日军。

当日军一个中队从龙儿峪沟口追击到帽儿山山脚下时，山上的7名战士立刻开火，子弹、手榴弹一齐飞向敌群。日军顿时四散躲避，并用机枪疯狂扫射。从稀稀落落的枪声中，他们判断这是一支小股的中国军队，立即组织攀爬仰攻。日军刚开始进攻，山顶上又是一轮排射，十几颗手榴弹飞了下来，大大小小的石块也从山上滚落，山脚下的日军又倒下一片，剩余兵力只得暂缓进攻。

帽儿山是个形状像帽子的小山包，山顶东西长不到20米，西侧南北宽不足3米、东侧宽不足5米，南、西、北三面有许多凸起的岩石，能够抵御炮火的轰击，构成三面绝好的掩体，只有东北角一条小路可以攀爬，可谓易守难攻。日军初攻失利后，只得调整部署，从帽儿山唯一的小路上山，发动第二轮进攻。战士们死守上山的崎岖小路，等敌人爬到中间时，再集中火力猛烈射击，中弹的日军接二连三地从半山腰滚落下去。

战士们知道，多坚持一分钟，就能为南撤的主力部队多争取一线生机。他们用1挺轻机枪和步枪、手榴弹，将日军一个中队的兵力牢牢牵制在帽儿山。指挥进攻的日军少佐见久攻不下，便命令部队先将帽儿山包围，等待后援。小小的帽儿山，一时间成为日寇难以逾越的障碍。

七勇士以身殉国

不久，多架飞机从东向西对帽儿山进行几轮轰炸扫射。日军还增调1个中队的兵力，用4门迫击炮和9挺重机枪，对山顶发起猛攻。小小的山顶顿时腾起浓烟烈焰，弹片夹杂着横飞的石块扑向7位战士。狂轰滥炸后，日军认为帽儿山上不会再有生命存在，于是又一次冲了上来。当爬到距山顶几十米的地方时，山上又一次射来一排子弹，日军再一次被压制下去。

恼羞成怒的日军指挥官不惜冒着部队被误炸的风险，下令后方重炮远程轰击。一阵震耳欲聋的爆炸声后，山顶上的枪声逐渐停下来，6名战士先后牺牲。日军小队长带领30余名士兵爬到山顶，代理班长将最后一枚手榴弹投向敌人，然后拔刀自戕。日寇猝不及防，小队长等多人被炸死。帽儿山上的这场阻击战，7位勇士共毙伤日军100多人。

这时，日军惊讶地发现，这个饱受飞机大炮轰击的阵地，居然只有7名中国军人把守。七勇士倒在山顶不同位置，有的被炸去一条腿，有的被炸掉臂膀，有的已血肉模糊却死死抱着武器，7具遗体没有一具是完整的。面对如此惨烈的景象，在场的日军都被7位勇士视死如归的英雄气魄所震撼，也为他们的铮铮铁骨所折服。日军少佐下令将7位勇士的遗体抬到山下一处较为平整的空地埋葬。战后的日军战报文件中，详细记载了七勇士的事迹。

长城抗战古北口战役，首次对日作战的第25师以伤亡4000余人的代价，歼灭骄横的日军第8师团2000余人。帽儿山7位英烈的具体姓名已无从考证，但他们不畏强敌、视死如归的精神，不断激励着中国军民前仆后继、浴血奋战，最终取得了全民族抗战的伟大胜利。

（执笔：朱磊）

关麟征　率部鏖战古北口

"半壁河山狼烟中，烽火照红北地冰。长城之外牧寇马，铁骑咫尺危古城。大厦将倾于汤火，神州存亡瞬息中。岂有折膝求苟安，站立抛颅笑颜生。炎黄子孙多傲骨，我今抗日三请缨。"这首壮怀激烈的诗，出自抗日名将关麟征之手。1933年，在日寇兵临华北、长城抗战爆发之际，他主动请缨奔赴沙场，浴血奋战，彰显了中国军人抵御外侮、血战到底的英勇气概。

关麟征

请缨北上

关麟征，陕西鄠县（今西安市鄠邑区）人，18岁考入黄埔军校一期，参加过讨伐陈炯明的东征和北伐战争。

九一八事变后，日寇将魔爪伸向华北，并逐步向长城沿线推进，侵略矛头直指平津。危难之际，国民政府军事委员会北平分会代理委员长张学良致电蒋介石，要求派部队北上增援。1933年2月，驻扎在徐州一带的国民党第17军第25师师长关麟征，主动请缨北上抗日。迫于全国强烈要求抗日的呼声，南京国民政府准其所请。25日，关麟征率部北上。3月5日，第25师陆续到达通县，归北平军分会直接指挥。

6日一早，关麟征接到张学良命令，立即率部进驻密云待命。8日深夜，他又在睡梦中接到张学良急电：敌人（日军第8师团）今晨向古北口外阵地开始攻击，你师迅速向古北口前进，与第67军军长王以哲联系。关麟征奉命带领第73旅旅长杜聿明乘汽车先行到达古北口与王以哲接洽，同时命令部队向古北口星夜兼程。行军途中，关麟征接到北平军分会代理委员长何应钦的加急电报，命令第25师在密云县以北的石匣镇附近待命。

石匣镇离古北口20多公里，前线战事正酣。古北口为承德到北平的重要关隘，平津之门户。口北是连绵起伏的燕山，口南为丘陵和平原。古北口若失陷，长城以南将无险可守，直接威胁北平，并进一步威胁华北。关麟征审时度势，思忖再三，不顾何应钦的命令，毅然下令部队马不停蹄，继续驰援古北口。同时致电蒋介石、何应钦，表示部队已奔赴古北口，誓与日寇决一死战。

10日凌晨4时，第25师抵达古北口。关麟征立即命令部队布置防线：第73旅负责守卫古北口镇南面的东西两侧高地及龙儿峪阵地，第145团在右，第146团在左；第75旅集结于黄道甸附近，师部及直属部队驻扎在古北口关帝庙一带。为抗击日军即将开始的大规模进攻，官兵顾不上休息，加紧构筑防御工事。

血洒疆场

此时的古北口阵地，虽然多被中国军队据守，但有的已被日军占领，形成犬牙交错态势。正面之敌为日军第8师团，武器装备精良。第25师只有步枪、手榴弹、轻重机枪以及少量迫击炮，但关麟征率各旅旅长亲临前线指挥，官兵士气高涨。

3月10日早7时，第73旅正在抓紧构筑工事，一架敌机飞来上空，时而盘旋，时而俯冲，对着阵地投下炸弹，嚣张离去。1个多小时后，5架敌机又来盘旋轰炸。就这样，敌机反复多次轰炸，给部队造成重大伤亡。下午3时，日军的试探性进攻开始了，进攻重点是龙儿峪和将军楼。关麟征立即将第73旅第145团主力，部署到龙儿峪方面加强防御，左翼与第67军第112师的将军楼阵地相连，并调第75旅集结于古北口东关相机策应。傍晚6时，日军火力侦察的目的达到，即退回原线。中国守军连夜调整作战部署，准备迎接次日的激战。

11日，战火撕开了黎明，炮声震落了晨星，日军大规模的进攻开始了，矛头直指龙儿峪、将军楼阵地。双方反复厮杀，反复冲锋。上午10时许，日军突破将军楼阵地，旋即向龙儿峪阵地包围过来，第145团两翼受敌，伤亡惨重。与此同时，古北口镇南的战斗也很激烈。紧要关头，关麟征决定让旅长杜聿明指挥古北口南城战斗，他毅然率领特务连赶赴右翼前线，指挥第75旅主力恢复将军楼阵地，以支援第145团。他率部准备强占潮河支流北岸的高地，走到半山腰即遭遇日军，双方短兵相接。战斗中，关麟征身先士卒，奋勇杀敌，多处受伤，血流如注，简单包扎后继续指挥战斗，最终击退日军，占领高地，第145团得以解围。随后，关麟征被抬进师部救治，同时令第73旅旅长杜聿明代理师长，继续指挥战斗。

关麟征住院期间，北平各界纷纷表示慰问。《大公报》主笔张季鸾写社论称赞他："爱国男儿，血洒疆场！"胡适更是赞誉道："全国的军人，都像关麟征师长，何愁国家不强，日本敢侵略我们吗？"

两个多月的古北口抗战，给了日军以沉重打击，粉碎了日军战前叫嚣一星期占领古北口的作战企图。关麟征因作战有功，被国民党中央授予青天白日勋章。

4月底，关麟征奉命率部撤至密云以北，后又撤至北平城内。离开密云时，关麟征目睹当地民众逃亡的惨景，不禁流泪感叹："政府不顾人民安危，下令撤退军队，实在对不起老百姓。"

含恨南撤

关麟征驻防北平期间，爱国青年学生纷纷强烈要求组织他们参加军训，共赴国难。他深受感动，慨然应允。

1934年2月，北平青年学生军训总队在安定门外黄寺大楼正式成立，近3000名大学生编为5个大队。关麟征任总队长，杜聿明任副总队长。迎着每天的朝阳，学生们排成一个个整齐的方阵举行升旗仪式，高唱抗日救亡歌曲，之后进行军事训练。军训总队还举办名人讲演，宣传抗日，呼吁救国。关麟征每星期都要给学生们讲两个多小时的课，激发他们的抗日热情。

1935年夏的一天早晨，杜聿明主持升旗仪式后，无奈地向大家宣布，军训总队即将解散。原来，日本侵略者忌惮中国人民的抗日热情，向南京国民政府施加压力，说关麟征办军训总队是在向日本人挑衅，必须立即停办。南京国民政府为避免与日军冲突，竟然接受了这个无理要求。听到解散的消息后，教官和学生哭成一片，最后关麟征义愤填膺地表示："同学们！我们要永远记着今天的奇耻大辱，国家要强，我们每个人非努力不可！军人流血不流泪！日本人是人，我们也是人，大家一起抱着有敌无我的决心，非打败日本鬼子不可！"话音刚落，台上台下齐声高呼："打倒日本帝国主义！"声震大地，响彻云霄。

1935年6月9日，日本华北驻屯军司令官梅津美治郎向何应钦提交"备忘录"，要求"撤退驻河北省的国民党中央军、东北军和宪兵第三团；禁止全国抗日活动"等，限期实行。关麟征得知消息后，满腔义愤，前去拜见何应钦，慷慨陈词："如果不战而撤出北平及河北省，将会丧失民心，影响中央威信"，极力建议加强战备与日军作战。同时，他向蒋介石发出电报："如果不战而撤出北平河北，将会对钧座威信有很大影响。"他一边向蒋介石建议，一边命令部队立即在北平城郊构筑工事，准备与日军作战。令人遗憾的是，上述建议不仅没有得到采纳，关麟征及所部反而被派往洛阳整训。

接到命令后，第25师在长辛店附近集结，准备乘火车南下，许多北平民众和学生专程赶来为他们送行。关麟征被群众的热情所感动，痛切地说："部队不得已奉命南开，没有尽到继续抗击日军的责任，有负北平同胞的期望；相信政府和全国军民的忍耐是有限度的，终究会团结起来共同抗日。"

全民族抗战开始后，关麟征率部转战南北，参加台儿庄会战，取得湘北大捷，坐镇滇南、驻军文山，驰骋在抗日沙场。1949年九十月间，关麟征拒绝出任国民党陆军总司令，随后偕家人飞赴香港。1980年8月1日，关麟征病逝于香港。

（执笔：冯雪利）

金振中　魂归卢沟桥的铁血营长

1937年7月11日上午，长辛店火车站内，一名身负重伤的中国军人躺在担架上接受中外记者采访，他铿锵有力地喊道："卢沟桥做证，中国不屈！"这名军人，就是在卢沟桥英勇杀敌的铁血营长金振中。

金振中

激战喜峰口

金振中1904年出生于河南省固始县，16岁加入冯玉祥领导的国民军，不久考入西北边防陆军干部学校，毕业后历任排长、连长、营长等职。1930年被编入宋哲元领导的国民革命军第29军第37师第110旅第219团，担任第3营营长。

九一八事变后，日本加快侵占全中国的步伐，东三省相继沦陷。1933年3月，日本关东军第6、第8师团向长城喜峰口、罗文峪一带进军，华北危急，平津危急。为堵截日军进犯，金振中奉命率部从河北蓟县日夜兼程，抵达喜峰口前线，抢先占领东侧制高点烟筒山。

为确保烟筒山不丢失，金振中一面将营部所有人员，包括传令兵、炊事兵等，都组织起来阻击来犯之敌；一面亲自率领敢死队队员，挥舞着大刀，与日军展开贴身肉搏，多次击退日军进攻。战斗异常激烈，双方伤亡惨重。金振中的头部、右臂被流弹击伤，血流不止依然坚持战斗。

经过殊死搏斗，金振中率领第3营官兵，杀死日军400多人，击伤800多人，逼迫日军后撤40里，牢牢控制住了烟筒山高地，为第29军第37师第

109旅旅长赵登禹率队夜袭日本炮兵阵地创造了条件，金振中因此受到师部通令嘉奖。喜峰口大捷，沉重打击了日军的嚣张气焰。消息传出，全国上下一片欢腾，抗日热情为之高涨。

夜袭斋堂镇

1936年，日本侵略者为加强对平西的控制，任命汉奸宁雨时为司令，率领日、伪军近3000人占领斋堂镇，意图成立"冀西防共自治政府"。为粉碎日军图谋，1月23日农历除夕夜，金振中奉命率先遣营向斋堂进军。

鹅毛大雪纷纷扬扬地下着，蜿蜒崎岖的山路上覆盖着一层冰凌，金振中率领第3营官兵冒着严寒艰难行进。由于大雪遮盖了路面，难以分清道路和沟涧，副营长阎朝义和30多名官兵不慎失足跌入深涧遇难，官兵情绪受到很大挫伤。金振中站在路边的一块岩石上，给大家鼓劲："作为一名军人，消灭日寇和汉奸，是我们义不容辞的责任。今天，我们虽然饱尝艰辛，但子孙后代会永远记住我们！"

金振中的话使全营官兵士气大振，部队加快了行军速度，终于在天亮之前赶到斋堂，并以迅雷不及掩耳之势，将日、伪军团团包围。此时的日、伪军有的正在赌钱，有的则在酣睡，怎么也没想到会在如此风大雪紧的除夕之夜遭到突袭。听到枪响，敌人顿时惊慌失措，乱作一团，大部分束手就擒。

斋堂镇大捷，生俘日、伪军1600余人，包括伪司令宁雨时，以及4个日军军官；缴获步枪、手枪1200余支，轻、重机枪百余挺，迫击炮4门及大量军用物资；同时还收缴了妄图成立伪政权所筹措的活动经费40余万元（伪币）。

金振中因作战有功，被记大功1次，并获得奖金200大洋、俄制毛毯1条、马刺靴1双、图囊1个。正是在此次战斗中坚决执行命令、按时完成歼敌任务，他越发受到第29军第37师师长冯治安的器重。

金振中　魂归卢沟桥的铁血营长

驻防宛平城

1936年春，金振中奉命率部驻守卢沟桥和宛平城。他一直在思考一个问题：日军已攻陷丰台，正不分昼夜地在卢沟桥一带进行所谓的演习，其进攻意图可谓司马昭之心路人皆知。而第29军的高层却试图通过交涉解决争端，一旦开战，战则违抗上级命令，不战则将担负民族罪责。

经过深思熟虑，金振中决定：宁可牺牲个人的小小职位和短暂生命，也决不辜负同胞誓死抵抗的殷殷期待。于是他一面加紧军事训练和演习，模拟日军进攻时的情景，以便开战时部队能够及时做出反应；一面不断加强思想教育，用我国古代抗击侵略者的事迹激励全营官兵，并要求他们每天吃饭和睡觉前，都高呼"宁为战死鬼，不做亡国奴"。

为防备日军偷袭，每当重大节日或者阴天下雨的时候，金振中都会下到连、排进行视察，以防战士们出现松懈和玩忽职守的情况。从1936年年初接防到1937年7月7日战斗打响，金振中几乎每天都在巡查着各个哨位。

但最让金振中感到担心的，还是第29军高层模棱两可的态度。为此，他特意拜谒师长冯治安，请示对日军挑衅的处置办法。冯治安说：既要执行南京国民政府指示，尽量避免与日寇发生军事冲突，又要顾全第29军的处境和荣誉。金振中毅然决然地说道："我绝不惹事，也绝不怕事，但若日军硬攻，只得抱定与城、桥共存亡的决心。"冯治安听后心中赞叹，但又点头不语。

血洒卢沟桥

1937年7月初，宛平城的天空，整日飘洒着蒙蒙细雨。在这样的天气里，日本华北驻屯军的军事演习不仅没有停止，而且规模越来越大。为进一步察看日军动态，7日下午2时左右，金振中决定独自前往日军演习地。

他换了身便服，扛着铁锹，便出了宛平城。刚过卢沟桥火车站，就看到日军正不顾雨淋和泥泞，进行攻击式演习，并紧张地构筑工事。军人的直觉使金振中预感到一场恶战即将到来。他急忙返回营部，召集连、排长开会，进行战斗部署。

晚上10时40分，突然从日军演习的地方传来一阵枪声。接着，几名日军来到宛平城东门，借口丢失一名士兵，要求进城搜查，遭到守城官兵严词拒绝。很快，"冀察绥靖公署"打来电话查问情况，金振中回答说："在漆黑的雨夜，日方为何能来我城桥警戒线内演习，这明明是想偷袭，因我守备森严，无隙可乘，故捏造我方捉他演习士兵一名，这种讹诈，我方是不能接受的。"

话音刚落，外面就传来密集的枪炮声。各连连长向金振中报告，日军已向宛平城和卢沟桥发起攻击。面对敌人的疯狂进攻，金振中怒不可遏，遂下令奋起应战。激烈的战斗一直持续到8日凌晨2时。面对装备精良的日军，守桥官兵英勇无畏，沉着应战，使敌人不能前进一步。狡猾的日军见久攻不下，便改用缓兵之计，派出4名代表到宛平城谈判，同时却加紧大量增兵。

9日上午，得到补充的日军再次炮轰宛平城，连谈判所在地宛平县府也未能幸免，屋角被炸塌，屋内顿时烟尘弥漫。金振中果断率部回击。由于宛平城和卢沟桥有坚固的城墙和石桥为依托，日军多次进攻未能得手，于是他们把突破口选在了铁路桥和龙王庙一带。驻丰台日军联队队长牟田口廉也亲临前线指挥作战，先以强大的火力发起猛攻，之后又在战车的掩护下，派出大量步兵持续攻击。

金振中身先士卒，率领部队与日军展开肉搏，打退日军一次次疯狂进攻，但终因寡不敌众，铁路桥东端的阵地还是失守了。危急时刻，师长冯治安派来援兵。11日凌晨，第3营官兵和援兵一起，冒着细雨又一次与日军展开殊死拼搏。金振中亲率第9、第10连官兵，向失守的铁路桥头和龙王庙发起突袭，终于收复了阵地。

金振中继续指挥各连乘胜追击。不料，一枚手榴弹飞来，他来不及躲闪，左腿被炸断。紧接着，一颗子弹又从他左耳旁钻进，从右耳下穿出。

金振中当即昏倒在地,幸被士兵及时抬下战场,后被送至长辛店转乘火车前往河北保定斯诺医院救治。伤愈归队后,他仍继续奋战在抗日前线。

新中国成立后,金振中曾任固始县政协常委、河南省政协委员。1985年他病逝后,遵其遗愿,骨灰安葬于他曾浴血奋战过的卢沟桥畔;2008年,移葬于距"卢沟晓月"题字仅咫尺之遥的苍松翠柏之中。他的英灵将永远与卢沟桥相伴,他的名字亦将永远铭记在抗日战争的史册中。

(执笔:史晔)

罗芳珪　决死南口声震中外

"为国家合作抗日，南口防守决死战，声震中外"，这是周恩来对罗芳珪在南口战役中表现的高度评价。全民族抗战初期，罗芳珪在南口战役中率第13军第89师第529团以血肉之躯对阵日军坦克，面对强敌誓死不退，予敌以重创。罗芳珪团用不惧生死的英雄气概，诠释了军人血性，打出了赫赫威名，成为当时中国军队"四大名团"之一。

罗芳珪

奉命守南口

罗芳珪是湖南衡阳人，毕业于黄埔军校，参加过北伐战争，1934年任汤恩伯第13军第89师第529团团长。1936年12月，罗芳珪奉命率第529团北出长城，在著名的绥远抗战中立下大功，该团被誉为"猛虎团"。为纪念这次胜利，罗芳珪写下了抒发抗日情怀的一首诗："余生有幸握兵符，敌忾同仇把寇诛。塞外长城堪自诩，冲锋陷阵效前驱。"

卢沟桥事变后，日本华北方面军准备北攻南口，西进张家口、大同，南下山西。南口之得失，关系华北安危。为防御日军北进，1937年7月30日，蒋介石电令驻绥东的汤恩伯第13军迅速集中，向南口挺进。

罗芳珪团是先头部队，出发前，他决然告别怀有身孕的妻子，让她返回湖南老家。行军途中，全团官兵摩拳擦掌，誓言马革裹尸，死守国土。随军记者方大曾记述下了当时的情形："大家把自己的东西全抛弃掉，除了在战场上所需要的武器之外,别的什么也不带,以示决心。"8月2日,日军飞机轰炸张家口至南口一线交通要道,企图阻滞中国军队调动。白天不能行动,罗芳珪率部夜间急行军。8月5日,全团抵达南口前线。

南口两侧为崇山峻岭,平绥铁路纵贯其间。第89师布防于南口、德胜口、宁疆堡一带,罗芳珪团重点防守南口前方龙虎台高地。龙虎台不仅是日军进攻南口的必经之地,也是中国军队第一道防线的重要节点。

南口战役,日军第5师团等部队共出动兵力7万余人,中国军队前后投入6万余人。日军不仅人数占优,武器先进,拥有各口径大炮300多门,还有飞机、坦克协同作战。中国军队缺乏重型武器,装备最好的第89师仅有山炮9门,并且都是使用了十几年的"老古董",更别提飞机、坦克了。日军指挥官板垣征四郎发出狂言:"三日内可攻下南口。"

破敌坦克阵

8月10日清晨,炮弹呼啸,飞机轰鸣,沉寂的山谷被铺天盖地的轰炸声惊醒了。日军向南口正面阵地发起进攻,首当其冲的就是龙虎台。第529团阵地遭到轮番轰炸,几乎每一寸土地都有炮弹落下。日军企图将整个山头炸平,然后再以坦克掩护步兵对南口阵地冲锋。

面对敌人的猛烈进攻,为避其锋芒,罗芳珪命令部队在敌人轰炸时,就躲到掩蔽处;当轰炸停止,就快速回到阵地,迎击敌军步兵进攻。就这样,反反复复,持续激战4个多小时,敌人始终没能登上龙虎台。

战至下午,面对敌人的猛烈炮火,罗芳珪俯身凝望,动起了脑筋。思虑再三,他决定先放敌人上来,然后再与敌人绞在一起,使敌人的炮火、炸弹不能发挥作用。日军的又一次进攻开始了,他命令部队主动撤出龙虎台阵地。日军发现中国军队后撤,在坦克的掩护下爬上了龙虎台。就在日军得意扬扬之际,罗芳珪趁敌还没站稳脚跟,指挥部队突然杀了个回马枪,官兵挥舞大刀与敌人展开激烈的白刃战。这不仅是血肉的碰撞,更是意志的较量。双方上千人混战在一起,喊杀声、尖叫声、枪声、手榴弹的爆炸声响彻山谷。日军没有了炮火优势，很快就丢盔弃甲，狼狈逃窜。此战之惨烈，随军记者称之为"天崩地裂，神鬼皆惊"。

第二天，日军又向南口阵地进犯。第529团与日军反复肉搏10余次，至午后4时左右，终于击退敌军。12日，罗芳珪团阵地已被日军炮火炸成一片焦土，日军30余辆坦克掩护步兵七八百人向阵地再次扑来，官兵用密集的子弹向坦克射击，子弹打在厚厚的装甲上，立即反弹回来，毫无作用。第3营官兵伤亡惨重，阵地被突破一角。

紧要关头，罗芳珪命令第7连连长带领60名士兵组成敢死队，携带集束手榴弹，冲出战壕，扑向坦克。敌坦克上的机关枪喷着火舌，前面的士兵倒下去，后面的士兵跟上来，攀上隆隆滚动的坦克，打开顶盖，往里塞手榴弹。手榴弹用光了，就用枪朝驾驶员和机枪手射击。

这场血肉之躯对阵钢铁坦克的搏斗，惊天地泣鬼神，第7连用全部阵亡的代价，炸毁了敌人6辆坦克。敌人面对中国军人的悍不畏死，胆战心惊，不得不撤退。中国军队乘胜进攻，又夺回阵地。这一天，双方在龙虎台一带反复争夺达6次之多，阵地仍然牢牢掌控在中国军队手中。

13日拂晓，战况更加激烈。罗芳珪站在硝烟滚滚的阵地上，对着官兵大声喊道："即使剩下一兵一卒也决不后退！"日军再次用坦克冲击阵地，敢死队上去一批又一批，仍没能阻止日军野兽般的进攻。包括龙虎台在内的南口阵地失陷，罗芳珪率领余部撤至南口两侧的高地。

突入南口的日军，在坦克掩护下直扑居庸关。罗芳珪利用地势，命令部队专打跟在坦克后面的日军步兵。日军坦克没遇到阻碍，以为中国军队已经撤退，步兵紧跟在坦克后面。刚过南口，埋伏在两侧山上的中国军队突然开火，机枪、大炮、手榴弹一齐上。日军步兵顿时乱作一团，四散逃走，坦克威力也难以发挥，只好仓皇撤退。

生死在所不惧

连日的拉锯战中，罗芳珪团像钉子一样据险死守，使日军无法前进，自身损失也很大,伤亡将近三分之二。罗芳珪几天几夜没有合眼,面色憔悴,嘴唇干裂,依然在山头观察敌情。身边人员劝他到指挥部休息一下,他却拒绝道:"壮士出征,生死在所不惜,何顾疲劳?"

日军援兵不断,攻势不减,形势越来越严峻。罗芳珪不得不向军部告急,但支援部队因大雨受阻,第529团只能死守。罗芳珪号召全团官兵誓与阵地共存亡。全团上下大受鼓舞,纷纷振臂高呼:"我们誓死不退!从现在起,我们就葬在南口!"

8月14日,第529团指挥部被日军炮火炸塌,罗芳珪身负重伤。部下奋勇拼杀,大部牺牲。26日,南口遭到日军夹击,汤恩伯下令守军撤退。

南口战役历时18天,中国军队以伤亡近3万人的代价,迟滞了日军前进的步伐。这场战役与淞沪抗战相呼应,粉碎了日军"三个月灭亡中国"的图谋。第13军在给蒋介石的电报中说:"此役赖我罗团沉着应战。官兵奋勇异常,故予敌以重创。"

罗芳珪团血战南口的英雄事迹传遍了中华大地。《大公报》记者范长江、方大曾亲到前线采访,连续发表《抢防南口》《血战居庸关》等通讯,赞扬该团英勇杀敌的事迹。8月31日,延安的中共中央机关刊物《解放》刊文指出:"不管南口阵地事实上的失却,然而这一页光荣的战史,将永远与长城各口抗战、淞沪两次战役鼎足而三,长久活在每一个中华儿女的心中。"

1938年春,罗芳珪率第529团在著名的台儿庄战役中浴血奋战,壮烈殉国,时年31岁。1988年,中华人民共和国民政部授予罗芳珪革命烈士称号,2015年他被列入第二批600名著名抗日英烈和英雄群体名录。

(执笔:乔克)

麻克敌　刺杀日本特使的军统行动组组长

沿着北平东皇城根，有一条静谧的街道。1940年11月29日上午，这里发生了一起刺杀日本天皇特使的惊天大案。这起刺杀案，由国民党军统北平站行动1组组长麻克敌等人策划实施，致使2名日本特使一死一伤，沉重打击了日伪在北平的嚣张气焰。

接受任务

麻克敌，原名麻景贺，1905年出生，河北遵化麻家村人。曾在国民党军第二集团军孙连仲部服役，后被选入军统湖南临澧训练班学习，毕业后被派往北平潜伏。1939年，军统重建北平站，刘文修任站长。北平站下辖2个行动组、2个情报组，并有外围组织抗日杀奸团，麻景贺担任行动1组组长。为了表达抗战到底的决心，他把自己的名字改为麻克敌。

不久，麻克敌等来了一个大显身手的机会。北平站收到国民党军统局局长戴笠的指示：寻机刺杀日本军政人员，成功者赏。于是，北平站上下迅速行动起来，寻找目标。

经过一段时间的观察，很快两个骑着高头大马的日本人进入北平站视野。原来，八路军发动百团大战，给华北日军造成沉重打击。日本朝野一片震惊，华北驻屯军总司令多田骏备受指责，但因其战功显著，日本国内最终决定不予追究。天皇通过日本议会，派遣高月保和乘兼悦郎两位特使，前往华北进行"宣抚"。

多田骏对两位天皇特使颇为恭敬，安排他们下榻在和敬公主府。这里

麻克敌　刺杀日本特使的军统行动组组长

和日军在北平的总部只有一墙之隔，根本不需要骑马上班，但两位特使都是日本贵族俱乐部"爱马社"成员，有每天骑马的习惯。即便到了北平，依然保持每天骑马。日伪当局为其安排骑马路线，出司令部大门向北至北新桥，由此向西到鼓楼，再向南到地安门，顺皇城根向东过锣鼓巷回铁狮子胡同司令部。沿线军警林立，属于日军安全区中的安全区，即便如此，多田骏还是派遣了警卫人员骑自行车随行，以防万一。

麻克敌等人经过反复侦察后认为，虽然沿途军警密布，但道路没有戒严，防卫仍然存有漏洞，还是有机可乘的。

摸清特使行动规律后，麻克敌等人精心策划刺杀方案。他们对两人行动习惯、行动路线逐一推敲，最后商量决定，将狙击点放在隆福寺到皇城根锣鼓巷一带。因这一带没有日军据点，是由伪警察警戒的，相对比较松懈，同时，这里小巷密布、道路复杂，也为开枪后撤退提供了有利条件。刺杀行动由两人完成，麻克敌负责开枪，邱国丰负责掩护。

伏击成功

11月29日上午9时左右，麻克敌、邱国丰经过一番乔装打扮，骑着自行车，尾随着两位耀武扬威、骑着高头大马的日本特使，刚到锣鼓巷皇城根14号美国教会远东宣教会门前，两位特使突然骑马加速，与随行警卫拉开了距离。

机会终于来了，麻克敌立刻行动。他猛骑几下自行车，迅速超过两位特使后，突然将自行车放倒，转身朝距离自己较近的高月保开枪，将其击落马下，随后又朝着惊魂未定的乘兼悦郎连开两枪，将其击倒在地。此时，锣鼓巷口的两名值班警察闻声赶来救援，麻克敌担心行刺目的未能达到，不顾个人生死，又对两名特使补打两枪，遗憾的是都没命中。邱国丰立即向伪警射击，掩护麻克敌撤退，两位伪警不敢迎战，退了回去。眼看后方骑自行车的日军警卫赶来，麻克敌飞身上车，迅速向西进入小巷，消失得无影无踪。日军警卫顾不上追击，急于救人，将两位特使送往医院抢救。

事后得知，高月保身中3弹，其中一发子弹留在肠内，当即身亡；乘兼悦郎胸部中了两弹，但并未伤及要害，经抢救伤愈后回到日本。

刺杀日本天皇特使，在北平乃至华北引起很大震动。华北驻屯军司令部要求限期破案，北平日本特务机关压力很大。宪兵队总部成立特别搜查班，特高课课长阿部起吉在案发现场勘查验证，并对子弹进行鉴定，日本宪兵特务机关也派人来支援破案。

据目击者描述，行刺者30余岁，脸色青白，穿黑色布袍及马褂，"显系一知识分子"，手推无牌新脚踏车一辆。按照这个线索，驻北平日军封锁北平城，城头拉上电网，禁绝任何人出城，每条路口都有宪兵特务把守查验身份。宪兵特务分区入户搜查，有的连房顶、地板、炕都得扒开，同时还悬赏5万大洋，均一无所获。

为国捐躯

正在日伪当局为抓刺客愁眉不展的时候，一个重要线索浮出水面——刺客是脸上长"麻子"的人。

这"麻子"一说到底是从何而来呢？原来，麻克敌虽然勇敢，枪法好，但此人立功心切。刺杀两个特使之后，日伪当局必然要进行大搜捕，理智做法应是迅速离开险地，而麻克敌却坚持留在北平城内，住在后海哥哥家里。因成功刺杀日本特使，军统局褒奖了他，这又给了他极大鼓舞，他再次和邱国丰联手，试图行刺大汉奸、伪华北政委会经济总署督办兼联合准备银行总裁汪时璟。

他们刺杀汪时璟采取越墙而入的方式，结果在翻越第二道院墙时，被汪时璟的警卫发现，双方发生枪战。两人见不能得手，遂迅速撤离。邱国丰因有功夫首先跳出院外，一时不见麻克敌，情急中呼喊"老麻"，被汪时璟手下听到。通过鉴定现场遗留下的弹壳弹头，日军判断此案与两位特使遇刺为同一伙人所为。根据这声"老麻"，日军判断作案者是个"麻子"。这样，就引发了满街"抓麻子"的风潮。

麻克敌　刺杀日本特使的军统行动组组长

　　日军封锁北平各大城门"抓麻子",30多岁的麻脸人可遭了殃,黑麻子、白麻子、大麻子、小麻子,都一一审查,严刑拷打。通过审查的麻子,领取一个人称"麻子证"的特别证件,上面详细记载着本人情况和麻子的位置、状况、颜色等。麻子们只能执麻子证上街,以备随时遭受盘查。经过一番地毯式搜查,日军还是竹篮打水一场空。

　　眼看破案期限快到了,正在日伪警察局侦破工作毫无进展时,东兵马司发生了一起持枪抢劫案,案犯叫马元凯,重刑之下,他承认是自己刺杀了两位日本特使。警察局结案心切,认可这一结论,将审讯口供提交日本人,多田骏也着急结案,便认可了这一说法。北平各报都以"狙击日军将校案告破"为题,刊载刺杀特使案胜利告破的消息。可日本驻华最高特务机关参谋长茂川不相信这个结论,他认为马元凯供词破绽太多,而且刺杀特使的手法很像军统的人干的,所以,他派人暗中继续调查此案。

　　马元凯成了替罪羊,这让军统的人放松了警惕。不久,军统北平站站长刘文修被抓,他不堪酷刑折磨,交代出交通员任国伦。任国伦被抓后,也随即叛变,把麻克敌供了出来。

　　麻克敌被捕后,经过残酷审讯,最终供认了刺杀经过。此时距案件发生已过去近50天。不久,日军华北方面军司令部召开军法会议,判处麻克敌死刑。1941年2月15日,麻克敌被枪杀于天桥刑场,时年36岁。

(执笔:曹楠)

佟麟阁　南苑保卫战捐躯的副军长

1937年7月7日，日本帝国主义悍然发动卢沟桥事变，中国守军奋起抵抗。时任第29军副军长的佟麟阁抱定"国家多难，军人应当马革裹尸，以死报国"的信念，率部在南苑与日军展开鏖战，用生命实践了自己的铮铮誓言。他是全民族抗战爆发后第一位为国捐躯的中国军队高级将领。

佟麟阁

主政察哈尔

佟麟阁，河北省高阳县人，自幼发奋读书，志存高远，1912年20岁时毅然投笔从戎，加入冯玉祥抗日同盟军，转战于甘、陕、豫、鲁、冀各省，屡立战功。

九一八事变后，宋哲元任察哈尔省主席，佟麟阁受邀担任察哈尔省警务处处长兼张家口公安局局长。不久，宋哲元奉命率部赴冀东集结待命，组织长城抗战，佟麟阁暂代省主席兼张家口警备司令。为稳定后方，他一方面整编地方武装，严惩私设公堂、滥用刑罚的县公安局局长刘耀亭等；一方面整军备战，防备日军偷袭，抓捕了一批日本浪人和奸细。慑于他的威名，日军始终不敢妄动，为长城抗战稳固了后方。

一天，佟麟阁站在山坡上，遥望着长城抗战的方向，心情复杂而悲怆，慨叹道："现在如果多几个岳飞这样的人，小日本哪敢这样猖狂？"他还特意在张家口修建一座岳飞庙，以此激励军民以岳飞为榜样，精忠报国。

佟麟阁　南苑保卫战捐躯的副军长

1933年5月，佟麟阁等14名将领在张家口联名通电，响应冯玉祥号召，参加抗日同盟军。佟麟阁被任命为抗日同盟军第1军军长，仍代理察哈尔省主席。重回部队，驰骋疆场，令他十分兴奋，挥笔写下王昌龄的《出塞》诗："秦时明月汉时关，万里长征人未还。但使龙城飞将在，不教胡马度阴山。"以示决不许日寇跨越长城的坚定决心。

佟麟阁积极与抗日同盟军北路前敌总指挥吉鸿昌等密切配合，出兵张北，先后收复康保、宝昌、沽源，又乘胜克复多伦，击毙日、伪军千余人，抗日同盟军军威大振。佟麟阁为支援前线殚精竭虑，创办《国民新报》，广泛宣传抗日主张，发动民众参军参战，积极组织救护伤员，收容难民，得到察哈尔省军民爱戴。后因蒋介石、何应钦军事打压，抗日同盟军腹背受敌，冯玉祥被迫撤销抗日同盟军总部。佟麟阁深感抗日之志未遂，而山河破碎，国运垂危，于是决然辞职，退居北平香山寓所，以待报国时机。

第29军副军长

佟麟阁看似赋闲在家，却时刻关注着时局的发展变化。1935年，"何梅协定"的签订，使中国大片领土沦入敌手。他心如刀绞，恨不得与日本侵略者痛快地打一仗，把小鬼子赶出中国。他联络旧部，搜集各方信息，不断地思考着救亡图存的途径与方法，以备日后抗日所用。

抗战形势日趋严峻，驻防北平的第29军军长宋哲元再三敦请佟麟阁出山，负责军事。佟麟阁感到抗日救国时机已到，遂欣然应允，担任第29军副军长，并兼军事训练团团长、大学生军训班主任，进驻南苑军部，主持日常军务。

众多矢志救国的热血青年，仰慕佟麟阁坚决抗日的声望，有的跋涉千里，有的从海外归来，纷纷加入第29军。佟麟阁以"爱国卫民，誓雪国耻"为宗旨，组织部队从严训练，多次对第29军军官、军事训练团和大学生军训班学员发表讲话，号召大家誓死抵抗，一旦日寇发起新的挑衅，要奋勇杀敌，为民族生存而战，为国家独立而战！他还对官兵们说："中央如下令抗日，麟阁若不身先士卒，君等可执往天安门前，挖我两眼，割我两耳！"

佟麟阁戎马生涯20多年，颇得治军要义。他常常告诫各级军官，要关心士兵生活，官兵之间应情同手足。他常常说，我们是给老百姓看家护院的，吃的穿的用的，都是老百姓用血汗换来的，老百姓的一草一木，谁也不能强取擅用，否则就是扰民。冯玉祥这样评价佟麟阁："他能克己，能耐苦，从来不说谎话。别人都称他为正人君子。平素敬爱长官，爱护部下，除了爱读书，没有任何嗜好。"

第29军部队扩充快，枪支弹药不足，就为士兵配发大刀。为了提高官兵大刀技能，佟麟阁命令部队抽选骨干，组成大刀队，并亲自登门聘请武术名家李尧臣来军中担任教官。李尧臣根据大刀特点和抗战需要，独创了一套无极刀法，传授给大刀队队员，再由他们传授给全军官兵。佟麟阁同李尧臣轮流到各部队视察、示范，大大增强了将士们的白刃战本领。

血洒南苑

卢沟桥事变爆发后，佟麟阁在南苑召开的军事会议上慷慨陈词："中日战争是不可避免的。日寇进犯，我军首当其冲。战死者光荣，偷生者耻辱；荣辱系于一人者轻，而系于国家民族者重。"他以军部名义向全军官兵发布命令：凡有日军进犯，坚决抵抗，誓与卢沟桥共存亡，不得后退一步。

此时，佟麟阁的父亲患有重病，妻子多次打电话让佟麟阁回去照看，都被他一次次拒绝了。他在电话里对妻子说："大敌当前，此乃移孝作忠之时，我不能回家亲奉汤药，请你代我孝敬双亲。"身边人听后，深受感动，无不流泪。他还从脖子上摘下金项链，托副官日后交给妻子，足见其以死报国的决心。

为提高官兵士气，振奋军心，佟麟阁建议举行武装阅兵。7月25日，宋哲元到南苑军部与佟麟阁会商抗敌之策，并检阅了部队。此时，日军准备对北平发起全面进攻，大战已迫在眉睫。为便于指挥全军作战，27日下午第29军军部迁入城内，留佟麟阁坐镇南苑。当晚，佟麟阁在南苑召集第132

师师长赵登禹等商讨作战部署,并派出大批便衣到南苑外围警戒。

28日晨,日军步兵在飞机和炮兵掩护下,从东、南、西三面向南苑发起进攻,同时切断南苑守军往北平方向的退路。这时南苑守军有第29军卫队旅、骑兵第9师留守部队等约1万人。佟麟阁决心誓死坚守。他说:"既然敌人找上门来,就要和他死拼,这是军人天职,没有什么可说的。"

佟麟阁在指挥所附近的一辆铁皮卡车里指挥部队与日军鏖战,一部在外围与敌交战,一部在兵营固守,誓与国土共存亡。日军陆空兵力联合进攻,战斗异常残酷。第29军武器装备远不如敌人,但官兵士气却十分高昂,双方伤亡惨重。日军飞机狂轰滥炸,中国守军通信设备被炸毁,联络中断,指挥失灵,部队各自为战,但敌人始终未能攻破南苑军营。

战斗持续到下午1时,佟麟阁接到命令:南苑守军一律撤回北平城。佟麟阁决定分散撤退,亲率军事训练团3个大队利用青纱帐掩护,走小路撤出南苑。当部队跨过凉水河,到达大红门与红寺之间的南顶路时,突遭埋伏的日军狙击。他只得率部由南顶路向北,进入时村。在时村再遭伏击,被日军四面包围,佟麟阁率部队占据有利地形,继续与敌人苦战。他指挥右翼部队向敌突击时,遭机枪扫射,腿部受伤。部下劝他包扎伤口,他却说:"情况紧急,抗敌事大,个人安危事小。"他执意不肯包扎,仍奋勇当先。官兵深受感动,与他一起冒死冲杀。突围中,佟麟阁不幸头部中弹,壮烈殉国,时年45岁。

佟麟阁血洒沙场、舍生取义的英勇壮举,为全国军民树立了榜样,激励了更多青年踊跃从军,奔赴前线杀敌报国。

(执笔:乔克)

王冷斋　舌战日寇的宛平县县长

七七事变前后，古都北平黑云压城，中国军民同仇敌忾。1937年7月7日夜，日军无理挑衅，向宛平城和卢沟桥发动进攻，北平危在旦夕。时任宛平县县长的王冷斋秉持民族大义，与日方唇枪舌剑、斗智斗勇，粉碎了一系列图谋。柳亚子先生后来称赞他："宛平有贤令，讨倭首鸣镝。"

王冷斋

督察专员兼宛平县县长

王冷斋出身书香门第，自幼学文习武，曾就读于保定陆军军官学校，与李宗仁、白崇禧、秦德纯等成为同学。后到北洋政府从事文化工作，寓居北京，先后创办《京津晚报》和远东通讯社，遭反动军阀查封后，被迫流浪天津、上海等地，以笔耕维持生计。

九一八事变后，日军开始将侵略的魔爪伸向华北，不断向北平增兵。1935年11月，日本宪兵抢占宛平县丰台火车站。王冷斋受国民革命军第29军副军长兼北平市市长秦德纯邀请，出任北平市政府参事兼宣传室主任。

1936年5月，日军从东、北两个方向包围北平，并通过接连制造事端，逼迫中国军队撤离丰台，随后北平南部也被其控制。为形成对北平中国守军的最终合围，日军又以建机场为由，把贪婪和阴险的目光放到了北平西南的交通要道大井村。

丰台被日军占领后，日本驻北平特务机关长松井太久郎大佐提出，要在北平至河北大名的平大公路旁的大井村圈地修建所谓"商用"机场。为与日军交涉，经时任河北省主席冯治安与秦德纯商定，于1937年1月1日专门设置河北省第三区行政督察专员公署，管辖宛平、大兴、通县、昌平4县，归北平市政府统一节制，署址在宛平城内。王冷斋临危受命，被任命为督察专员兼宛平县县长，奉命处理日军在大井村圈地建机场等事宜。

专署成立后，王冷斋据理力争，先后3次拒绝日军在大井村强行圈地的无理要求。1月8日，日本华北驻屯军参谋桑岛中佐带着绘有大井村以南6000多亩土地的地图，来到宛平城，蛮横要求王冷斋签字割地。王冷斋拍案而起："我不是你们日本国的官，不签！"春节过后，日军驻华北特务机关辅佐官寺平忠辅大尉再次到宛平城交涉圈地之事，诡称"建机场是为了中日两国的共同利益"，又被王冷斋严词拒绝。

日军一计不成，又生一计。4月的一天，王冷斋接到松井宴请的请帖，他知道这是日军为强行圈地而设的鸿门宴。临行前，王冷斋告诉随行人员，不管日军耍什么花招，我们决不能出卖一寸国土。他们来到北平东交民巷台基厂二条日本特务机关部，松井当即唱起"大东亚共荣圈"的老调，还说对专员荣升表示祝贺。接着，他让人端上一个黑漆盘子，手指盘子里的文本笔墨说道："请专员阁下在这儿顺便把大井村那件小事签一下吧！"王冷斋当即答道："松井先生是个中国通，难道不知道'酒席桌上不谈正事'这句中国俗语吗！建机场的事咱们另找时间商谈。"松井执意让王冷斋签字。王冷斋气愤地说："我已经讲了几次，不要在我们身上再打主意！"说着，便起身准备离去。这时，松井拉下脸说："不许走！"厅内气氛骤然紧张起来，站在一旁的日本特务剑拔弩张，只待听令抓人。突然，狡猾的松井叫出几个日本歌伎，让她们邀请王冷斋等人跳舞。王冷斋看出这又是日军事先安排好的卑劣伎俩，为的是借此污辱中国官员的品行，于是他毅然谢绝，迅速带人撤离。

日军见从王冷斋这里无法打开缺口，就妄想从当地村民手中骗取土地，也被王冷斋及时发现并制止，使日军的圈地阴谋终未得逞。

卢沟桥事变中的谈判代表

宛平县政府及第三区行政公署位于卢沟桥东端约200米处的宛平城内，当时这里驻有中国军队。宛平城是卢沟桥地区的制高点，开有东、西两门。

1937年5月起，驻丰台的日军开始在宛平城东门外沙岗一带构筑炮台阵地，实弹演习范围向西扩展到平汉铁路桥。7月7日日军又进行全天演习。当日深夜，王冷斋被一阵急促的电话铃声惊醒。秦德纯在电话中说："日本特务机关的松井向我方提出交涉，有日本陆军在卢沟桥附近演习时，仿佛听见宛平城内军队发出枪声，使演习部队混乱，丢失一名士兵，日本军队今夜要入城搜索，现已被我方拒绝。究竟真相如何，请你迅即查明，以便处理。"

王冷斋随即通知驻守宛平城的第29军第219团第3营营长金振中查询，又令警察在城内搜索。经调查，城内中国守军并无开枪之事，而且每人所带子弹一发不少，也没有发现失踪日军士兵的踪影。但是日军故意刁难，以"共同派员调查"为幌子，掩盖其侵犯行动。王冷斋等作为中方代表，寺平忠辅等作为日军代表"共同参与调查"。曾经是军人的王冷斋敏锐地感觉到，日军寻找士兵只是借口，事情没有那么简单。

调查团出发前，王冷斋得到消息，日军驻丰台第3大队由一木清直率领，500余人携炮6门，正在向卢沟桥进发，有可能触发战事。行进途中，参与调查的日军代表多次以时间紧迫为由，要求王冷斋放一木清直大队进城搜索，都被王冷斋断然拒绝。

当车驶达沙岗时，王冷斋看见公路右侧及铁路涵洞一带都是日军，俨然一副战斗状态。这时，同车的寺平忠辅等人让王冷斋下车，企图以日军完全做好战斗准备相威胁，再次要求放日军进城。面对日军的枪炮，早已将生死置之度外的王冷斋高声斥责日方代表："你们一面要求调查，一面兵临城下，出尔反尔，到底是何居心？万一事态扩大，日方当负全责！"日军代表见恫吓无效，只好与王冷斋展开谈判。

王冷斋　舌战日寇的宛平县县长

谈判过程中，寺平忠辅继续坚持进城搜查，王冷斋坚决反对。双方交涉到8日凌晨5时左右，忽然听到宛平城东门外枪炮声大作，西门外也有枪炮声响起，并有数十发炮弹落入城中。城内的中国军队奉命奋起反击。

调查会开至下午6时许，日军开始又一轮进攻，炮弹连珠而至，县署顶塌壁倒，伤及兵民多人。日方代表妄图用武力胁迫王冷斋就范。王冷斋义正词严地说道："是你们一再开枪开炮，毁我县署，伤我兵民，导致调查会无法进行。"随即愤然离开会场。

当日，北平各报记者冒着炮火到宛平城采访王冷斋。他身着长衫，神态镇定，披露了卢沟桥事变的真相，向全世界控诉了日军的侵略罪行。

8日午夜，细雨蒙蒙，中国守军组成大刀队，用绳梯缒出城外，利用青纱帐掩护，突袭重创日军，逼迫日方再次坐下来谈判。9日凌晨4时，北平市政府给王冷斋打来电话，通报日方已经找到失踪的士兵，中日双方达成三点协议：①双方立即停止射击；②日军撤至丰台，中国军队撤向卢沟桥以西；③城内防务除宛平原有保安队外，由冀北保安队派来一部协同担任城防，人数限300人，定于本日上午9时到达接防，并由双方派员监督撤兵。

王冷斋本以为战事就此结束，没想到协议签完仅2个小时，日军又向城内发射炮弹70余发。他立即向北平报告，并请向日方诘问。日军辩称是掩护部队撤退。但是，部分日军并没有按协议撤离，仍隐匿在铁路涵洞内，伺机进攻宛平城。

到了7月10日，王冷斋奉命到北平参加中日联席会议交涉日方撤军事宜。正当双方准备按照协商结果签字时，日方代表突然以接电话为由溜走，使谈判再次无果而终。这时，王冷斋更加坚信自己的判断是对的，日军一再蛮横要求进宛平城寻找失踪士兵，就是发动侵略战争的借口。接连几日的谈判，也是他们的缓兵之计，以便调派更多的日军向宛平集结，准备发动更大规模的进攻。他认为谈判解决争端已无可能，决定抓紧时间组织宛平军民抗击日军。果不其然，10日傍晚，日军出动战车、大炮、步兵，向宛平城、卢沟桥轮番进攻，此次进攻是7月7日以来最猛烈的一次。

王冷斋由于连日参加谈判，积劳成疾，咯血住院。但他心里放不下宛平城，7月12日一早就乘车赶回。全城百姓得知消息，都来到街道两旁欢迎这位临危不惧的"父母官"。可是，县署已被日军炸毁，他只好在一处民房办公，全力以赴组织民众为前线将士运送弹药、粮食；征集民工，修筑公路，保障道路畅通。他还毁家纾难，捐献家资购买防毒面具，送往前线。

7月29日，北平沦陷，中国守军奉命撤离，王冷斋也挥泪告别了坚守20多天的宛平城。而此时中共中央发出的"全中国同胞、政府与军队团结起来，筑成民族统一战线的坚固长城，抵抗日寇的侵略"的抗日通电，让王冷斋异常兴奋，他坚信中国还有正义不屈的抗日力量，他即兴赋诗："延安奋臂起高呼，合力前驱原执殳。亿万人心同激愤，山河保障定无虞。"

国际法庭的当事人证

王冷斋随第29军撤出北平后，先后在济南、开封、西安组建国民革命军第1集团军办事处。1939年春，他离开军队，辗转香港、重庆等地从事抗日宣传，直到抗战胜利后才回到北平。

1946年5月3日，远东国际军事法庭在东京开庭，审判日本甲级战犯。王冷斋作为卢沟桥事变中最早与日军交涉的中国官员，于1947年9月，毅然飞往东京出庭做证。

庭审中，日本战犯为了开脱罪行，信誓旦旦地栽赃诬蔑卢沟桥事变是中国第29军发动的，还一口咬定"事变"是冯玉祥的政治阴谋。

王冷斋以当事人身份，一方面证明枪声来自宛平城东面，东门外正是日军演习地区，中方在那里根本没有驻军；另一方面出示当时拍摄的几张照片，包括被日军炮弹炸穿屋顶的宛平县政府会客厅，以及他本人在县政府大门废墟前的留影。他用这些无可辩驳的证据，控诉日军炮轰宛平城，炸死炸伤无辜平民的累累罪行，给极力狡辩的日本战犯以有力回击。

法庭上，王冷斋还吟诵了自己在事变中写的一首诗："消息传来待折冲，当时尚冀息狼烽。谁知一勺扬波起，故道夷兵忽失踪。诪张为幻本无根，惯技由来不足论。藏本当年原自匿，诘他松井欲无言。燃犀一照已分明，容忍都因在弭争。得寸翻教思进尺，更凭强力气开城。"这首诗记录了卢沟桥事变的始末，也成为揭露日本帝国主义罪行的有力证据。

1948年11月12日，远东国际军事法庭根据王冷斋等人的大量证言、证词和提供的确凿证据，对土肥原贤二、东条英机等25名日本甲级战犯做出判决。其中关于卢沟桥事变部分的判决书长达40余页，详述了卢沟桥事变的经过，让日本帝国主义的侵华罪行大白于天下。王冷斋因此被称为远东国际军事法庭的"王牌证人"。

"卢沟水涌桥头月，常见清辉照冷斋。"新中国成立后，王冷斋先后任第二、第三届全国政协委员，国家文史馆馆员，北京市文史馆副馆长，1960年因病去世。

（执笔：董志魁）

谢振平　救死扶伤为抗战

2007年6月26日，北京市档案馆举行史料调查报告会，为人们揭开了一段发生在70年前鲜为人知的北平抗战往事：时任北平市卫生局局长的谢振平，曾在长城抗战中和七七事变前后组织医卫人员，全力救治受伤的中国官兵，北平沦陷后被日军逮捕，遭严刑拷打仍宁死不屈，最终壮烈牺牲。

谢振平

"我的职责就是救护伤员"

谢振平，河北省束鹿县（今辛集市）人，1918年考入北京陆军军医学校，毕业后入西北军任军医，后随第29军军长宋哲元驻守冀察抗日前线。

1933年3月，长城抗战爆发。如何确保北平、天津、察哈尔三地医疗物资尽快运到前线，同时把前线伤兵分送到三地及沿途医院救治，成为时任军医处处长谢振平面临的最紧迫任务。

当时，第29军前线指挥部及兵站医院设在蓟县，距喜峰口战场有100余公里路程。从北平、通县、蓟县到遵化、喜峰口，运输补给仅有一条坑洼不平的道路可以通行，时值初春，有些地方还结着冰，再加上敌机时常轰炸，致使道路更加崎岖难行。车辆常常陷入泥沼，必须合力推车，才能继续前行。北平《益世报》曾报道："前线数十万大军之给养接济，竟如此一行一颠之路，令人闭目一思，殊觉不寒而栗。"

面对这样异常困难的条件，谢振平四处奔走，积极联络红十字会及各界救援机构，想尽办法运送伤兵。为弥补运力不足，他推动北平地方协会召集各车厂主、骆驼户主参与运输物资和伤兵；为弥补人手不足，他促成北平市将感化所罪犯编为救护队，并动员北平各校学生奔赴前方，得到清华大学、北京大学、汇文中学、潞河中学等10余所学校学生的热烈响应。清华大学抗日救国会还组成修路队，将最靠近前线的几段道路填平修竣，使遵化南关至东关一段马路整修后，可直达喜峰口。这些努力，不仅使大批医疗物资源源不断送到前线，还确保了大量伤病员能及时送达沿途医院救治。

谢振平擅长外科手术，尽管军务繁忙，仍然经常亲自救治伤员。喜峰口前线飞机轰炸、炮弹四射，谢振平和军医们临危不惧，在临时搭建的手术室里，细心地为伤兵们做手术，一块块弹片从身体里取了出来，一个个抗战将士的生命得到拯救。3月的一天，谢振平正在聚精会神地为伤员取子弹。突然，一颗炮弹在旁边炸开，飞来的弹片炸伤了他的胳膊，鲜血直流。其他人都劝他退到后方医院，谢振平说："这是我的战场，我的职责就是救护伤员，怎能后退？"简单包扎伤口后，他继续埋头做手术。

战斗进行得异常激烈，受伤官兵越来越多，附近医院很快满员。谢振平积极协调军部后方医务人员赶赴前线，设立临时兵站医院，并亲任院长。他还动员熊希龄、许兰洲、苏锡麟等知名人士亲率特别救护队，到喜峰口、古北口、天门石匣等前线抢救伤员。每支队伍约有医护人员50人，夫役200~500人。与此同时，他推动平津察三地扩大医疗救济，设立大规模伤兵医院，安置转移到后方的伤病员。他冒着枪林弹雨，日夜奔忙于前线和后方，及时救治伤病员，多次受到军部嘉奖。

为了数百伤兵的生命

长城抗战结束后，国民党政府与日本签订了"秦土协定""何梅协定"，华北局势岌岌可危。不久，谢振平被任命为北平市卫生局局长。

七七事变爆发前，日军势力已遍布平津地区。国民政府冀察政务委员会有好几个亲日分子,其中政务处处长、平津卫戍司令部高等顾问潘毓桂就是臭名昭著的大汉奸。潘毓桂找到谢振平,向他借用卫生局的汽车。当谢振平得知是给日本人用时,他一口回绝道:"卫生局的车是清理垃圾专用的,怎能供日本人驱使!"潘毓桂哑口无言,只好悻悻离去。

1937年7月7日,日军挑起卢沟桥事变,北平军民同仇敌忾,奋起抵抗。谢振平多次对人说:"我是一名军人,只有服从命令抗战到底;我又是北平市一局之长,亦将与北平市共存亡。"事变爆发后,他迅速动员全市卫生力量,全力救治伤病员。为预防日军使用毒气,他联合北平中央防疫处,筹措大量防毒器材,以备市民使用。他还向军部申请一批武器,发给卫生系统人员组成"钩镰枪队",不分昼夜挖掘战壕,构筑防御工事,准备巷战。

7月28日晚,谢振平接到随第29军撤往保定的命令。正当他收拾行李之际,又接到宋哲元、张自忠"急谕",令他留在北平,妥善安置卫戍医院800多名伤兵后再南下。谢振平欣然领命,立即赶往卫戍医院,安排医生护士、调拨医药器材,抓紧救治受伤官兵。同时,他辗转各大医院商讨安置和转移事宜,常常忙到深夜,甚至彻夜不眠。

几天后,经过他和北平市卫生局、警察局留守人员的共同努力,800多名伤兵被及时转移到外国人开办的医院救治,躲过了日军进城后的捕杀。这些伤兵,有的就地办理市民户口留在北平,有的回到第29军继续抗战,有的散落在华北各地加入其他抗日武装,还有一些伤愈后领取路费复员回家。第38师副师长王锡钰在南苑战斗中受伤,被谢振平安置在德国医院疗伤,躲过了日军追捕,后来回到原部队继续抗战。

壮烈牺牲

为坚持抗战,谢振平设法与在南口一带活动的第29军第132师的石振刚旅长取得了联系,引起日本间谍及汉奸的注意。

8月的一天,忽有一人来访,自称是留守北平的张自忠派来了解情况的,谢振平便把与石振刚旅长联系的情况和卫生局组织"钩镰枪队"的事情告知了他。事后,大家觉得此人来历可疑,应是日军密探,但当时交通阻隔,也没办法和张自忠取得联系进行确认。

14日晚,谢振平在北新桥大头条二号寓所与徐航菊、俞之喆等几位城内第29军军官碰头,商讨应对办法。晚上10时左右,守门人进来说,有一个警察带着人敲门,要见谢振平局长。大家顿觉不妙,决定一起赶紧撤离。谢振平却说:"一起走,恐怕难以逃脱。既然找我,不如我去前面应付一阵子,你们从后院走。"随后其他人从后院翻墙逃走,谢振平则前去开门,随即被日本特务带走。

为了得到石振刚部队和"钩镰枪队"的具体情报,日本宪兵队每天严刑拷打谢振平。每次过堂,他都被打得神志昏迷,皮开肉绽。一次,他上午9时被提走审讯,直到第二天下午4时被抬回时,已是奄奄一息。因伤及内脏,谢振平咯血不止,宪兵队非但不予治疗,还不给水喝,只给一点腐米团充饥。即使如此,谢振平始终坚贞不屈。宪兵队见无法从他口中得到情报,便于一天深夜,将谢振平拖到后院杀害,并毁尸灭迹。

谢振平被抓走后,妻子王华峰和儿子谢培英四处打听他的下落,向各方求助营救未果。1937年冬,一位报社记者冒险找到谢培英。这位记者名叫郑方中,曾与谢振平被关押在同一个牢房,受谢振平嘱托,要他出狱后转告母子俩尽快躲避,以防不测。1938年,与谢振平同牢的金振声被释放,谢培英几经周折找到金振声询问父亲的情况,金振声如实相告:"你的父亲不愧是一个军人,他的爱国英勇气概,实在叫同牢的人敬佩。在日寇的严刑拷打下,刚毅不屈,因此很快遭到敌人的杀害,时间大概是10月20日。"

抗战胜利后,北平市政府为抗战死难烈士举行入祀忠烈祠典礼,谢振平烈士的名字赫然在列。1947年6月12日,杀害谢振平的2名日本战犯被处以极刑。直到七七事变爆发70周年前夕,谢振平冒死留守北平救死扶伤的抗战事迹才广为人知。2015年,谢振平入选民政部第二批600名著名抗日英烈和英雄群体名录。

(执笔:苏峰)

曾宪邦　锋前不惜国人头

"有志男儿卷战事，锋前不惜国人头。烟尘百战留青史，报国丹心应未酬。"炮火连天，血染征衣。1937年9月的一天，北平西部髽鬏山上，一位身负重伤的抗日将领，在阵地上用尽最后一丝气力，颤抖着双手写下这首绝命诗。写毕，他头部中弹，訇然倒下，壮烈牺牲。他就是时任国民革命军第83师第498团团长的曾宪邦。

曾宪邦

激战古北口

九一八事变后，日寇侵占中国东北，接着"得陇望蜀"，觊觎华北。1933年3月，长城抗战爆发。国民党第14集团军第83师调往华北，曾宪邦率第497团随部北上。

曾宪邦，1902年出生，湖南省桃江县人，23岁考入黄埔军校，毕业后参加过北伐战争。他身先士卒，骁勇善战，屡立战功，先后晋升连长、营长、副团长等职。

曾宪邦所在的国民党第14集团军第83师，共1.3万人，每人都配有德式钢盔和德式步枪，被称为"德械师"，国民党政府对这支部队寄予厚望。长城抗战爆发后，蒋介石派该师驰援华北，与日军一较高下。

曾宪邦率团到达古北口战场后，驻守在南天门中央阵地，与日军展开激战。日军出动飞机、大炮、坦克和装甲车，对中方阵地狂轰滥炸。曾宪邦带领全团官兵顽强抵抗，浴血奋战，多次击退日军进攻，杀伤敌人有生力量，致使日军一度不敢再向第83师阵地发动大规模进攻。蒋介石在日记中感叹道："此役或足以挫寇氛而振革命士气乎也。"①

5月11日凌晨，日军第31、第32两个步兵联队5000余人倾巢而出，再次向第83师阵地发起更加疯狂的进攻。曾宪邦指挥第497团官兵沉着应战，在炮兵支援下，连续击退日军多次进攻。战至天亮，中国守军共毙伤日军千余人。因敌人炮火异常猛烈，双方力量悬殊，第497团也损失惨重，阵地工事完全被摧毁，不得不撤至后方10里的预备阵地。②

古北口战役后，曾宪邦因战功卓著，晋升为上校。他治军有方，经常教育官兵要精忠报国、献身革命。他曾在一次师办军官集训队毕业纪念册上，写下"以我们的头颅热血去洗涤国家的创伤"的豪言壮语。

浴血髽鬏山

1937年7月7日，卢沟桥事变爆发，全民族抗战打响。蒋介石调整对日政策，从消极抵抗转为积极防御。为加强华北军事力量，国民政府调集第14军第10、第83、第85师由武汉开赴华北战场。曾宪邦时任第83师第249旅第498团团长，接到命令后，他将妻子和未满2岁的儿子送回桃江老家，旋即率部出征，再次走上华北抗战第一线。

平津沦陷后，日军沿津浦、平汉、平绥三条铁路线扩大侵略，沿平绥路西进的目的是占领山西，进而控制整个华北。为了阻止日军西进，国民政府组织了著名的南口战役。

8月8日，日军独立混成旅对南口发起猛攻，遭到汤恩伯第13军痛击，但随着日军第5师团加入作战，南口战事吃紧。紧要关头，国民政府军事委员会派卫立煌率第14军增援南口，以策应汤恩伯的第13军。8月中下旬，曾宪邦奉命率第498团从保定出发，开赴宛平，进军髽鬏山，准备驰援

---

① 中共北京市委党史研究室、密云县党史工作办公室编：《浴血古北口》，北京出版社2015年版，第120—121页。

② 《浴血古北口》，第133页。

南口。

髽鬏山位于北平城西雁翅镇青白口与大台地区千军台村之间，海拔1524米，因主峰的两个山头状似古代少女发髻而得名，当地人也称之为"髻髻山"。髽鬏山号称北平"西山之祖"，为西山大岭系列主峰之一，地势险要，是拱卫北平的一道屏障，也是平西战线的防守重心，战略位置十分重要。

日军发现卫立煌部北进增援后，立即派第6师团第36旅牛岛支队进入北平西部的山地堵击，令第20师团进入良乡西北山岳地带截击。在此，卫立煌部与日军激战20余天。

进军髽鬏山一带时，曾宪邦率第498团驻守在房山金鸡台，与日军遭遇，发生正面交锋。日军每日出动飞机狂轰滥炸，炸出的弹坑有一间房子那么大。为堵截卫立煌部北进，日寇还置国际法于不顾，投放毒气弹，很多中国官兵中毒身亡。曾宪邦与官兵们罔顾生死，越战越勇，在板桥、庄户南山顶等处，与日军展开肉搏战。由于双方实力悬殊，第498团伤亡惨重，有的营仅剩十几个人。

9月上旬，南口战役已经结束，髽鬏山战斗仍在持续。时值秋季，山区早晚温差较大，又常遇大雨倾盆，官兵们还穿着短衫、短裤、草鞋。更艰难的是，山洪频发，部队运输工具奇缺，粮草不能及时运到，曾宪邦和官兵们仅以少量杂粮稀粥充饥，队伍中因伤病和饥饿而死者不在少数。

9月8日深夜，曾宪邦奉命率第498团接防髽鬏山千军台主阵地。这时，日军又增派第36步兵旅团及大炮20余门，向第498团进行步炮联合攻击，集中发射炮弹2000多发，千军台阵地被烧成焦土。危急时刻，曾宪邦让副团长坐镇指挥所，自己奔赴前线机枪阵地指挥督战，他同官兵们浴血杀敌，抗击日军进攻，双方反复争夺主峰阵地，战斗极其惨烈。

捐躯千军台

9月13日，日军攻势更加猛烈，大炮不停地朝第498团阵地轰击，官兵伤亡惨重，全团仅剩大约一个连的兵力。

曾宪邦　锋前不惜国人头

上午9时，曾宪邦腿部受伤，血流如注。警卫员劝他到后方指挥所包扎一下，他说："在这紧要关头，身为团长我怎么可能丢下兄弟们，独自撤往后方，这不是让我苟活吗？"他裹伤再战，决心与阵地共存亡。这时，日军已经迫近，曾宪邦指挥战士们用手榴弹打退敌人。

下午3时，曾宪邦腹部中弹，小肠外流，血染衣裤，由于失血过多，他很快昏了过去。当他苏醒时，看到阵地还在，身旁还有官兵。他从衣兜里掏出钢笔和指挥手册，沉思片刻，用颤抖的手写下："有志男儿卷战事，锋前不惜国人头……"他还勉励官兵"坚守阵地，浴血到底！"话音刚落，日军的炮弹再次降落，炸开的弹片击中他头部，曾宪邦壮烈牺牲，年仅35岁。

曾宪邦牺牲的噩耗传到师部，第83师师长刘戡命令1个步兵排，冒着枪林弹雨，从战场上抢回他的遗体。之后，国民政府追授曾宪邦陆军少将军衔。

曾宪邦的灵柩，被护送回故乡湖南桃江浮邱山安葬。棺柩抵达桃江时，秋风瑟瑟、淫雨霏霏，乡亲们组成长龙阵迎接故乡的优秀儿子。曾宪邦墓地竖立起一块青石碑，正面镌刻：陆军步兵少将团长曾公宪邦大人。背面的碑文记述了他以身殉国的英雄事迹。

"鬐髻山前歼日寇，北平城外斩牛师。截肠决战群山泣，抛脑捐躯举国悲。侠骨还乡芳故土，浮邱常翠伴忠碑。"2015年，在纪念抗日战争胜利70周年之际，桃江县政府对曾宪邦将军墓进行修缮，并将其列为文物保护单位和爱国主义教育基地，以供后人瞻仰缅怀。

（执笔：贾变变）

张本禹　浴血南口以身殉国

南口战役，是七七事变后中国军队与日本军队的首次正面交锋，被日军称为"亚洲最大的山岳作战"。张本禹便是这场著名战役中众多壮烈殉国将士的一员。他勇踞前沿阵地，既猛打猛冲，与敌肉搏，夺回阵地；又机智应变，诱敌深入，重创日寇。最终为保护武器弹药，英勇牺牲在南口车站。

张本禹

驰援绥远

张本禹，是著名爱国将领张治中的胞弟。1924年冬，他考入黄埔军校第三期，毕业后参加北伐战争，后到武汉国民革命军学兵团任职。汪精卫发动七一五反革命政变后，张本禹曾掩护学兵团里的共产党人逃离武昌。1928年，他调到南京，先后任教导第2师警卫营营长、中央陆军军官学校学生队中校区队长。

1935年冬，张本禹到汤恩伯的第13军第4师第12旅任副旅长。此时，华北时局持续恶化。1936年11月，日本关东军指挥伪军李守信、德王、王英的军队兵分三路，大举进犯绥远，傅作义率部奋起还击，采取先发制人、远程奔袭的战术，先后取得红格尔图、百灵庙、锡拉木楞庙等战斗的胜利。日、伪军不甘心失败，重新集结兵力再次发起进攻。张本禹奉命随第13军进入绥远，亲率一个团日夜兼程，驰援傅作义部作战。

强敌当前，张本禹镇定自若，全力配合傅作义部友军。战斗中，他身先士卒，率领全团官兵奋勇激战，粉碎了日军南下合围傅作义部队的图谋。激战整整3天后，日、伪军各部在傅作义部和第13军强大的攻势下，向热河方面退守。由于作战英勇、指挥得力，张本禹被上级传令嘉奖。傅作义评价他说："在百灵庙战役中打外围，很勇敢，临阵不慌，应敌有方，阻止了日军南犯之路，给我以很大的支援，是一位不可多得的将领。"

绥远大捷后，全国欢腾，北平、天津、南京等地均派人到前线慰问。这一仗，挫败了日本帝国主义侵吞绥远的阴谋，激发了全国人民空前的抗战热忱，也让张本禹切身感受到，貌似强大的日军并非不可战胜。

正当张本禹准备与日军大干一场的时候，一纸调令，让他进入南京中央军校高级班受训。没过多久，卢沟桥的枪声，打破了他紧张有序的军校生活。

激战南口

七七事变爆发后，日军在大举进犯北平、天津的同时，又沿津浦、平汉、平绥三线扩大侵略，位于平绥铁路沿线的战略要地——南口，首当其冲成为敌我双方争夺的战场。7月底，第13军第4师、第89师奉命抢防南口。张本禹得知消息后，立即申请回部队参加南口作战。出发前夕，张本禹给好友、巢县中学校长陈灌芜写信，表达杀敌卫国的强烈愿望："此番杀小鬼，拼老命，倘此后得再相逢，亦大快事，那时中国升为一等国矣。"

8月10日，第12旅副旅长兼第23团团长张本禹奉命奔赴前线。此时，南口战事正处于白热化，日军第5师团和独立混成第11旅发动飞机、大炮、坦克与步兵联合进攻南口、虎峪、德胜口一带，中国守军死守阵地，与日寇反复肉搏10余次。日军见正面无法突破，开始向中国军队右侧背迂回，妄图从右翼延长线上寻找突破口。

12日晨，第4师王万龄师长率第10旅赶往横岭城，以850高地为衔接点，分别在老峪沟、黄土洼和黄楼院、骡子圈一线布防。最先到达的部队与日军坂垣师团遭遇，右翼迂回线上的血战开始了！几番激战之后，日军被驱退。17日午后，大批日军援兵赶到，战场形势迅速逆转。

危急时刻，第12旅石觉旅长、张本禹副旅长率第23、第24两个团驰援右翼战场。半夜时分，张本禹率兵赶到骡子圈。急行军路过六郎塔时，他对将士们说起当年杨六郎巧布疑阵、智退辽兵的故事，勉励大家既要血战，也要智取。

当时，850高地东麓的碉楼已被日军占领，黄楼院阵地已被突破一个溃口。张本禹审时度势，果断命令部队立即占据溃口北面的高地。官兵们冒着猛烈炮火，冲上了高地，经过1小时鏖战，黄楼院以北的日军被肃清。

紧接着，争夺850高地东碉楼的战斗打响了。日军凭借有利地势阻击中国军队，老峪沟阵地也被大批日军三面围住，阵地完全被毁，全体官兵壮烈牺牲。就在这时，张本禹率部赶到，会同第21师一部，合力封闭黄楼院方面的溃口，经过一日血战、十几次反复拉锯，终于夺回850高地东碉楼。

21日，日军进犯黄土洼失败，又将进攻重点转向850高地，第12旅正处在日军进攻的正面，最凶狠的一幕战斗开始了！第12旅原计划由第23、第24团东西合力夹击日军。张本禹一进入防地，便率部迅速占领制高点，命令官兵堆积石块。见日军来势凶猛，张本禹决定诱敌深入，命官兵只用机枪、步枪点射，不用大炮轰击。日军果然中计，误以为中国守军弹药不足，纷纷争先恐后地向上攀爬。没想到，突然巨石从天而降，枪炮齐鸣，日军受到重创。

然而，日军不断有援兵赶到，在大炮、坦克掩护下连续猛攻。张本禹等人指挥官兵冲出战壕，投掷手榴弹，一批倒下去，又一批冲上去，就这样接连冲锋，血战到傍晚，足足打退日军10次进攻。终因寡不敌众，阵地失守。张本禹所部撤退到从灰岭子到长峪城的第二道防线。

以身殉国

这时，张本禹接到一个特殊任务。由于战役处于胶着状态，中国军队武器弹药严重不足。王万龄师长考虑到张本禹"办事最力"，便命令他急赴太原催运军火，押回南口。

接到命令的张本禹星夜出发，急赴太原请援。8月25日，他押着装满武器弹药的火车沿平绥铁路到达南口。一到车站，他立即指挥快速卸车。此时的南口前线已是全线告急，再加上卫立煌援军不至、阎锡山援军指挥不力，前线总指挥汤恩伯只得紧缩战线，固守阵地。这一天，日军猛攻南口车站附近的居庸关阵地。半空中，飞机轰鸣，炮声隆隆，炮弹爆炸之处火光冲天，血肉横飞。

正在指挥卸车的张本禹，本来可以带领大家躲进站台旁边的防空洞，待日机轰炸完后再出来。但一想到前线官兵正与日军激战，急需这批武器弹药，他们谁也没离开。张本禹命令司机把火车头驶离车站，让日军飞机误以为这是空车皮。正待火车头与车厢分开之际，不料，日军飞机投下的一枚炸弹击中火车头，引爆了车厢里的弹药。张本禹头部被弹片击中，当场以身殉国，年仅38岁。

面对援军受阻、多方被围、弹药奇缺的艰难局面，26日，汤恩伯不得不下令突围撤退。南口战役中国军队浴血奋战18天，打破了日寇"三个月灭亡中国"的迷梦，成为中国抗战史上闪光的一笔。正如中共中央机关刊物《解放》周刊所说："不管南口阵地事实上的失却，然而这一页光荣的战史，将永远与长城各口抗战、淞沪两次战役鼎足而三，长久活在每一个中华儿女的心中。"

张本禹牺牲后，国民政府追封他为少将[1]，家乡安徽巢县各界人士举行隆重追悼大会，为他举行公葬。新中国成立后，张本禹被追认为抗日烈士，2015年入选民政部公布的第二批600名著名抗日英烈和英雄群体名录。

（执笔：苏峰）

---

[1] 另有一说是因1936年绥远作战有力被封为少将。

张庆余 起义抗战的伪保安队队长

1937年7月28日夜，在河北省通县，爆发了活捉汉奸殷汝耕、攻陷日本特务机关、炮轰日军兵营的大起义，给盘踞在当地的日军和伪政府机关以毁灭性打击。领导这次起义的，就是伪冀东保安队队长张庆余。

张庆余

不甘附逆

张庆余，河北省沧县人，曾在直隶军任旅长，后来供职于东北军于学忠部。

1933年，长城抗战失利，国民党政府与日本侵略者签订丧权辱国的《塘沽协定》，冀东大片国土成为"非武装区"，中国军队不得驻扎，只能由警察维持治安。蒋介石密令河北省主席于学忠以政府名义成立河北特警总队，开赴冀东，警卫地方。特警总队下辖5个总队，每队约5000人，张庆余、张砚田分别任第1、第2总队队长，官兵主要来自原东北军第51军。第1总队驻防通县，第2总队驻防抚宁。

1935年春，于学忠调任甘肃前，秘密嘱咐张庆余和张砚田："要好好训练，以待后命。"商震继任河北省主席后，改特警总队为河北保安队。

11月24日，冀东滦（县）榆（关）、蓟（县）密（云）两行政区督察专员殷汝耕在日本策动下，发表冀东22县"自治"宣言，次日在通县文庙成立"冀东防共自治委员会"，后改为"冀东防共自治政府"，机关设在通县。伪政府各厅、处、所及各县都安插着日本顾问和特务，操控军事、行政、财政等大权，冀东大片国土实际已沦入日本帝国主义之手。

不久，河北保安队改称"冀东防共自治政府军"，下辖4个保安总队和1个教导总队，共1万余人。张庆余、张砚田仍分别任第1、第2总队队长。他们背负国仇家恨，不愿助纣为虐，经常与日军发生冲突。张庆余曾派亲信向商震请示铲除汉奸、抗击日寇事宜，商震指示：目前不宜与殷汝耕决裂，可暂时虚与委蛇。

这年年底，张庆余和张砚田又秘密会见冀察政务委员会委员长、国民党第29军军长宋哲元，表达抗日决心。宋哲元对他们说："素悉二位热爱祖国……愿合力抗日，本人代表政府表示欢迎。"嘱咐他们坚定立场，加强队伍训练，并赠予每人1万元经费。

就这样，"身在曹营心在汉"的张庆余，在伪冀东防共自治政府内蛰伏下来，耐心等待时机。

忍辱负重

张庆余因为"汉奸"身份，不仅遭到当地百姓唾骂，还被家乡视为卖国求荣的叛徒，以致亲朋远离、父子反目、夫妻生隙，但他一声不吭，默默承受着。

张庆余的长子张玉珩特意从老家赶到通县，劝父亲辞去职务，改邪归正，让他回老家做生意或种地，甚至说："你什么都不干，我也能养活你，就是不能再当汉奸了！"张庆余态度"暧昧"。儿子愤然离去，不久在天津的一家报纸上刊登启事，宣布与张庆余脱离父子关系。

妻子于德三见儿子劝说无效，也赶来通县劝说，甚至留下狠话："你当了汉奸，挣了骂名，有辱先人。如果再不回头，咱们夫妻就算走到头了！"无奈，张庆余只好隐晦地告诉她："现在虽不便明言，但将来总有分晓，你可转告玉珩儿，叫他耐心等待。且看乃父以后的行动吧！"

七七事变爆发，日军在平津大肆增兵。张庆余意识到时局严峻，就派心腹向河北省主席冯治安请示机宜。冯治安说，现在与日军是战是和还不明朗，宜暂时按兵不动，等到与日军开战时，让他一面在通县起义，一面分兵侧击丰台，出其不意，夹击日军。

7月18日，日本关东军驻通县的特务机关长细木繁中佐，为防御29军进攻通县，召集张庆余、张砚田等参加军事会议，商讨防守事宜。会上，细木繁出示军用地图，让两位总队长根据地图做防守计划。为了麻痹敌人，取得日寇信任，张庆余说道："我俩都是行伍出身，没有学问，不懂得军事地图。但我俩确具信心，保证能守通县，并可配合皇军打垮29军。不过目前兵分力薄，战守均无把握，我的意见，莫如先抽调散驻各处的保安队集中通县待命，然后再商议攻守，如何？"细木繁听后，认为张庆余说得有道理，便听从了他的建议。

随后，张庆余、张砚田调动散驻各地的保安队1万多人，迅速向通县集结待命，暗中部署。这时，伪冀东保安处处长刘宗纪看出端倪，便找到张庆余，悄悄地说："我也是中国人，岂肯甘作异族鹰犬。望你小心布置，大胆发动，我当追随左右，尽力协助，以襄义举。"

27日凌晨，日军向通县新城南门外29军1营发起进攻，细木繁命令保安队配合，但张庆余却按兵不动，只是命令部下对空鸣枪，虚张声势，引起了细木繁的不满和怀疑。

上午9时左右，日军12架飞机轰炸通县旧城南门外的保安队教导总队营地，导致保安队10多人伤亡。细木繁假惺惺地对张庆余解释道："这次轰炸是因电报把新城南门误译为旧城南门导致的，完全是场误会。"但张庆余心里明白，这是日军发出的最后通牒，留给保安队准备起义的时间已经不多了。

高举义旗

7月28日，日军大举进攻南苑，飞机也被调走，通县兵力空虚。张庆余认为机不可失，便与张砚田等人商议决定，当夜发动起义。

他们把起义指挥部设在北关吕祖祠内，夜里11时许，各分队队长把起义命令秘密传达下去，队员们立即行动，携带枪支，备足弹药，悄悄出发。12时，张庆余指挥队伍封闭通县各城门，断绝交通，占领电信局及无线电台，然后兵分三路向日、伪军展开进攻。

第一路队伍主攻文庙的伪政府长官公署及其他重要机关。张砚田首先用电话将殷汝耕的卫队长骗到了伪冀东保安队大队部，然后将其击昏。与此同时，保安队包围了伪长官公署，抓捕了殷汝耕，要求他反正抗日。殷汝耕迟疑不决，于是将他带到吕祖祠监禁。

第二路队伍主攻西仓的日本特务机关。这里与伪政府长官公署仅一巷之隔，细木繁听到枪声，料定情况有变，便率数十名特务抵抗。他一手持枪，一手指着保安队叫嚷说："你们速回本队，勿随奸人捣乱，否则皇军一到，你们休想活命！"话音未落，保安队便将他乱枪击毙。其余特务见势不妙，急忙窜回机关闭门死守，不一会儿就被保安队攻破，全部被歼。

第三路队伍由张庆余亲自督战，主攻西仓的日军兵营。西仓兵营里，有日军通县警备队、山田机动车队以及宪兵、特警等约500人。保安队装备简陋，依靠人多优势，从东、南、西北三个方向同时发起进攻。激战6个小时后，因日方装备精良，工事坚固，保安队伤亡200多人，仍然没有攻克。于是，张庆余下令炮击，炮弹击中日方载有军火的机动车队，引爆17辆汽车上的军火，响声震天，子弹炮弹四散横飞。随后，日军兵营附近的汽车燃料库也被击中，一时间大火熊熊，黑烟冲天，日军阵脚大乱。保安队乘势攻击，日军除一部分逃亡外，其余均被歼灭。

得知保安队起义，日军迅速增援。29日下午4时，日军派10余架飞机前来轰炸。保安队没有防空装备，仅仅靠机枪回击，难以坚持，形势十分不利。张庆余果断决定，放弃通县撤往北平，与第29军会合。

当日深夜，保安队退到北平城下，才得知第29军已经撤离，于是队伍继续向长辛店、保定一带撤退。队伍行进到北苑和西直门附近时，日本关东军铃木旅团一部开着20多辆装甲车从城内冲出，集中火力向保安队发起攻击，队员们浴血奋战，伤亡惨重，教导总队长沈维干、区队长张含明带队突围，相继牺牲。殷汝耕也在混乱中逃脱。

为保存实力，张庆余等人决定趁天色未明分头突围。他把剩余队伍分成120个小队,每队五六十人,经门头沟走小路到保定集合。在转移途中,有的与日军遭遇,有的被打散,最终到达保定的仅4000余人。

张庆余等人领导的伪冀东保安队起义,给通县日军及傀儡政权以沉重打击。殷汝耕不得不"引咎辞职",导致"冀东防共自治政府"从通县迁往唐山,大大提振了平津地区军民的抗日士气,在北平地区抗战史上留下了精彩的一笔。

不久,张庆余被召往南京国民政府报告起义经过,后被任命为南京军政部第6补充训练处处长。1938年又被任命为第91军副军长,但他称病恳辞,没有到任。1946年退役后隐居天津,1963年病逝。

(执笔:刘慧)

张自忠 "中国抗战军人之魂"

张自忠是第二次世界大战中同盟国职衔最高的阵亡将领。中国全民族抗战初期，他冲锋在硝烟弥漫的长城抗战前线，支撑起危若累卵的华北时局，征战在重创日军的正面战场，取得了一个个重大胜利，被周恩来誉为"中国抗战军人之魂"。

张自忠

鏖战长城前线

张自忠，字荩忱，1891年出生于山东临清唐园镇一个乡绅家庭，1916年开始追随冯玉祥，逐渐成长为西北军高级将领。1930年中原大战失败后，西北军一部被改编为国民革命军第29军，张自忠任第38师师长。

1933年年初，长城抗战爆发，张自忠部被调往长城一线驻守。3月11日晚，第38师第113旅第226团一个营，在袭击董家口之敌时大获全胜，毙伤日军近百人，缴获一批机枪、手枪等武器装备。战斗中，该营士兵李大兴俘获了一架大望远镜。张自忠见到非常高兴："这是指挥炮兵射击的12倍观测镜，很有价值，我们是买不到的。"当即叫人取了1万元奖赏给李大兴。

受到袭击的日本关东军恼羞成怒，不断派飞机轰炸扫射，并用坦克炮击中方阵地。15日一早，张自忠亲临喜峰口前线，视察阵地，慰劳官兵。针对视察发现的问题，他召集旅团长讲话，提出5条意见：要利用地形加强工事，不能呆板地死守挨打；防御不能平均用力，重点据点要加强，留出预备队必要时增援和出击；阵地不能太暴露，应在半山腰上选择隐蔽地点再做一道工事；各营预备队集中火力一起射击千米以下敌机，只放一枪便隐蔽以免敌机发觉；设计假目标诱敌射击，消耗敌军弹药。

这些意见，体现了张自忠最大限度保存自己、消灭敌人和积极防御的一贯作战思想。旅长佟泽光说："我们一一执行了师长的指示，在以后的战斗中，确实避免了不必要的伤亡。"4月中旬，日军主力向第113旅第226团阵地进攻，不仅出动飞机轰炸扫射，还投下信号弹指示炮兵轰击。幸好第226团已经根据张自忠指示，在半山腰修筑了一道工事，官兵得以隐蔽，伤亡不多。日军见久攻不下，一周之后，开始采用疲劳战术，白天飞机坦克轮番上阵，仅炮弹就用掉5万余发，晚上至少有两三次猛烈进攻，致使中国军队伤亡严重。

在这种情况下，张自忠命令佟泽光部于当晚11时撤退。佟泽光认为三岔口为撤退必经之路，山路狭隘，人马众多，敌人尾追，势必造成严重混乱，请求将敌人打退后再执行命令。张自忠听后欣然同意。次日拂晓，佟泽光部主动出击，经过一天激战，冲破日军重重包围，安全撤退到目的地。张自忠从善如流的明智之举，避免了部队的无谓损失。

长城抗战持续3个月之久，终因中日双方签订《塘沽协定》停战，张自忠部由长城线上撤出。撤兵之夜，当地父老乡亲跪地挽留，痛哭道："你们走了，我们还能靠谁？"张自忠含泪说道："你们可暂到山区躲避躲避，我们将来还要回来的！"

主政察哈尔与天津

长城抗战后，张自忠率部驻守察哈尔。1935年1月初，日本华北驻屯军频繁轰炸察哈尔东部的中国军队驻地，甚至提出中国军队从龙门撤退的无理要求。张自忠立即指示第112旅旅长黄维纲：决不能后退一步，立即做好应战准备。16日凌晨，日军向龙门发起进攻，步兵、骑兵、炮兵联合进攻，并有飞机助战，战况十分激烈。中国军队凭借险要地势，沉着应战，激战3日，打退日军多次进攻，并毙伤七八百名日军，双方形成对峙状态。最终经过谈判，日军承认是"误会"，随后撤回。

同年6月，国民党政府令张自忠代理察哈尔省军事，11月代理察哈尔省主席。张自忠就任时，日军气焰极其嚣张，相继强占了察哈尔北部6县，并将特务机关设在张北县，还扬言要进驻察哈尔省政府所在地张家口的大境门外，试图夺取察哈尔全境，占据平包铁路。一时间，风声鹤唳，军民震惊。

张自忠当机立断，立即调部队在大境门外45里的汉诺坝布防，严阵以待。同时，派人向日本人严正申明：大境门外驻着我们的军队，如果你们由张北县南开，双方发生误会，责任由你们负！日军深知第38师骁勇善战，且态度十分强硬，最终妥协。双方约定：汉诺坝为双方缓冲地带，中国军队仍驻大境门外。

由于天津市原市长萧振瀛不为日本人所用遭到蛮横驱逐，1936年6月，张自忠受命于危难之际，任天津市市长。根据不平等的《辛丑条约》，天津市区20里以内不许驻扎中国军队。张自忠令第114旅第228团第3营换穿天津保安队服装，担任市府警卫工作。为了让初来乍到的官兵了解天津情况，张自忠命他们换上便衣，轮流进入市内熟悉地形，特别注意日租界动静。

不久，金钢桥事件爆发。6月26日，第3营连长张凤岐在日租界被日本特务逮捕，当卡车经过天津市府门前，张凤岐向市府卫兵求救。双方争夺时，卫兵打死了一名不肯停车的日本特务，张凤岐乘机归队。很快，从海光寺日兵营开出一中队日本兵。中国军队立即拉起金钢桥，沿河左岸布防。日本领事过桥与张自忠谈判，气势汹汹地说："你们打死了我们的人，击毁了我们的卡车，怎么办？"

张自忠义正词严地回答："打死你们的人，说人命；击毁了你们的卡车，说卡车。你们不要欺侮中国人，我们是不怕的。"几经交涉，一条人命和一辆卡车各赔偿1万元。日方坚决要求枪毙张凤岐遭到拒绝，最终判处张凤岐无期徒刑。实际上，张凤岐薪饷照发，还有专人送饭。七七事变后，张凤岐回到部队，在袭击海光寺日兵营战斗中牺牲。

日本人见张自忠的第38师在第29军地位重要，于是想拉拢他，便要挟冀察当局派他赴日"考察"。1937年4月23日，张自忠奉命与张允荣、何基沣等20余人赴日。在日期间，他没有与日本人谈判任何实际问题，日军部大失所望。5月23日，张自忠接到第29军军长宋哲元要他回国的电报，便立即回国。外界不明真相，加上日方推波助澜，以致谣言蜂起，说他同日方订了密约，收受巨款，出卖国家利益。面对质疑，张自忠坦然表示："在和平尚有一线希望之时，只能牺牲小我，顾全大局，忍受耻辱。和平绝望之日，就是我们牺牲的最后关头。"

留守北平

七七事变爆发时，张自忠扶病穿梭于平津之间与日方谈判，经反复交涉总算停战。但日军暗地里调兵准备再启战端。7月25日，宋哲元意识到中日战争有可能随时爆发，决定召集第29军高级将领研究对策，张自忠奉命从天津赶到北平。经过商讨决定，张自忠、张允荣作为代表，与日方谈判。但日军已经开始进攻廊坊、广安门地区，拒绝谈判。于是，第29军部署积极自卫。大战一触即发。

北平兵力单薄，第29军官兵也不愿以千年古都作为战场。27日，宋哲元决定率部撤出北平城，留下张自忠负责防守。张自忠一面发遗嘱电报给家属，托付后事；一面电告天津市府人员，强调"务各尽天职，才对得起国家"。

28日早上6时，日本华北驻屯军对北平发起大范围进攻，南苑、北苑、黄寺、西苑、团河等地都受到猛烈攻击。第29军官兵奋起抵抗，终因仓促应战，多处防线被攻破。上午8时许，蒋介石来电，要求宋哲元速离北平去保定。这天下午，张自忠参加宋哲元召集的军事会议。突然，从南苑溃退的骑兵师师长郑大章仓皇闯入会场，报告佟麟阁副军长、赵登禹师长阵亡的消息，北平大有被围之险。宋哲元沉思后说："为了照顾全局和长远利益，我决定离开北平前往保定，再做下一步打算。可是部队转移时，北平必须留人与日周旋，以掩护撤退，这个任务非常艰巨，请大家考虑由谁来挑此重担。"

说到这里，他把目光停留在张自忠身上。张自忠心领神会，虽知必遭国人猜疑辱骂，还是毅然站起来说："现在战与和都成了问题，看情形事情不会一下子得到解决。为了国家和民族的长远利益，为了我们第29军能安全脱离险境，我愿担当这个重任，个人毁誉在所不计！"宋哲元马上写下手谕，委任张自忠代理冀察政务委员会委员长、北平绥靖主任、北平市市长、第29军军长等职务。张自忠含泪接过手谕说：自己一定尽力而为。宋哲元深受感动，两人相对而泣。当晚9时许，宋哲元等人登上了去往保定的火车。

临危受命的张自忠，既要顶住日军的威逼利诱，又要与城内汉奸亲日派做斗争，还要尽量拖延时间。从7月28日到8月5日，仅仅担任9天代理北平市市长的张自忠，主要做了三方面工作。

一是为延长和平而积极努力。上任之初，第29军已大部撤退，张自忠几乎成了"光杆司令"。但他必须保持民族尊严和华北地方政权的合法地位，通过借助英、美等国外交力量，多次与日交涉，终于获得日本人不轰炸北平城、不入驻军队的承诺。北平民众暂时得以安全，各城门逐次开放，恢复正常秩序。

二是尽力保护民众生命财产安全。28日晚上，他打电话给第29军副参谋长张克侠，告知明天清晨日军就要进城，要他立刻通知从南苑退回城内的人员急速出城追赶部队，来不及走的就换便衣藏起来。张克侠听到这里，犹如晴天霹雳，他是中共秘密党员，在马上集合城内人员说明情况的同时，立即把这一突发情况打电话告诉了在北平的中共地下组织领导人刘清扬、杨秀峰、张友渔等人，使1万多名抗日骨干及时转移。张自忠还尽最大努力做好第29军善后工作，掩埋了战死者，抢救和安置了大批受伤官兵，为未出城的军队眷属更改户口并转移到安全地方。

三是掩护留守部队撤退突围。宋哲元撤离北平时，调第38师独立第39旅和第132师独立第27旅进入北平负责防守工作，这些留守部队归张自忠调遣。28日晚上，张自忠打电话给第39旅旅长阮玄武，要他留下，共同应付北平复杂的局面。阮玄武口头虽然答应着，但一想到部队留下会被日军吃掉，自己也很危险，便打算把队伍带出北平，结果遭到部下反对。这支部队大多是追随张自忠多年的老兵，没有张自忠的命令，谁也不肯走。31日，日军突然包围第39旅驻地并缴了官兵的枪械。这令张自忠十分震怒，立刻召见第27旅旅长石振纲、团长刘汝珍等人，告知北平城内中日对峙的紧急情况，令大家突围，保存实力。第二天晚上，第27旅向北突围，3000多人成功脱险。

8月4日，日军先头部队进入北平，张自忠的留守任务基本完成。翌日，他发表辞职声明，随即住进东交民巷的德国医院。8日，5000余名日军荷枪实弹、耀武扬威地开进古都。张自忠避开敌人严密监视，躲到美国友人福开森家中。9月3日，他带着对日寇的无比愤恨，化装离开了北平这座危城。

几个月后，张自忠又出现在与日寇作战的最前线，先后取得临沂、鄂北、襄东等战役的重大胜利。1938年10月升任第33集团军总司令，1939年5月被授予领上将军衔。1940年5月16日，枣宜会战前线，他身中数弹仍浴血奋战，不幸壮烈殉国。5月28日，蒋介石、冯玉祥等国民党军政要员和各界群众为张自忠举行隆重祭奠仪式。8月，延安举行隆重追悼大会，毛泽东题写"尽忠报国"挽词，周恩来称赞"其忠义之志，壮烈之气，直可以为中国抗战军人之魂"。

新中国成立后，张自忠被追认为革命烈士，入选"100位为新中国成立作出突出贡献的英雄模范人物"，入选首批300名著名抗日英烈和英雄群体名录。

（执笔：苏峰）

赵登禹　南苑战斗中殉国的打虎将军

赵登禹是冯玉祥西北军中的一名骁将，长城抗战喜峰口战役中，他亲率大刀队勇往直前，痛击日军。卢沟桥事变后，已升任第132师师长的他率部驰援南苑，身先士卒，奋勇杀敌，战死沙场，实现了"奋战至最后一滴血"的誓言。

赵登禹

"大刀向鬼子们的头上砍去"

赵登禹出生于山东菏泽的一个农民家庭，青少年时期目睹了清廷的腐败统治、列强的野蛮横行、百姓的民不聊生，遂萌生了救国救民之心。他拜师习武，希望能够练就一身武艺，以此报国。

转眼间，16岁的赵登禹长成了身材魁梧的"山东大汉"。他通过曾在冯玉祥部当过兵的乡亲得知，冯玉祥部纪律严明，不扰百姓，便与同村少年结伴，风餐露宿，步行900多公里，投奔冯玉祥。没想到，这时部队的招兵名额已满。立志报国的赵登禹并不气馁，他找到负责招收新兵的官长反复申述投军的心情和艰辛。官长问："你们当副兵，不发饷，干吗？"赵登禹回答说："我当兵不是为发财，要为发财我就不当这个兵了。"官长看到他如此坚定，便把他安排在佟麟阁手下，当了一名只管饭、不发饷的副兵。

1918年，赵登禹随冯玉祥部驻防湖南常德，附近山上有只猛虎，常在夜间下山，伤人害畜，搅得百姓不得安宁。一次，赵登禹上山执行任务正好遇到老虎，他机智地躲过老虎的扑咬，一番搏斗后将老虎打死。方圆几十里的百姓闻讯赶来，参观者络绎不绝，交口称赞。冯玉祥得知后兴奋不已，专门请来摄影师，让赵登禹骑在被打死的老虎身上留影，亲笔在照片上写下"打虎将军　冯玉祥题"八个字。

九一八事变后，第29军广大官兵对日寇的侵略行径和南京国民政府的不抵抗政策极为不满。1932年，时任第29军第37师第109旅旅长的赵登禹率部由山西省移防察哈尔省，驻军张家口。他加紧训练手下官兵，苦练各种实战技术，随时准备到战场上与日军决战。

1933年3月，长城抗战爆发后，赵登禹奉命驰援喜峰口，任前敌总指挥。进攻喜峰口的是日军混成第14旅团、第8师团第4旅团及伪满军3万余人。当赵登禹率部赶到时，日军已经抢占了东北高地的有利地形，部队迅疾展开猛攻。官兵们攀登险崖，冒死进攻，经过2个多小时肉搏冲锋，终于将该段长城夺回。日军失去阵地后，以猛烈炮火集中射击，守军无法立足，被迫撤退，双方混战至深夜。

3月10日拂晓，日军倾巢出动，再次向东北高地发起猛攻。赵登禹命令将士按兵不动，直到日军临近阵地前沿，他率先挥刀而起，带头与日军展开肉搏厮杀，腿部受伤后，仍坚持指挥。战斗持续了一整天，敌我双方反复冲杀，一些阵地失而复得、得而复失，双方伤亡都很惨重。

考虑到敌强我弱，为避免更大伤亡，赵登禹决定利用近战、夜战出奇制胜。11日夜，他不顾腿上枪伤，拄着木棍率领部队分路袭击喜峰口日军营地。已经拼杀一整天的日军早已疲惫不堪，他们万万没有料到，中国军队会连夜突袭。当第29军将士手举大刀冲入日军营地时，日军才从睡梦中惊醒，眼见明晃晃的大刀飞舞，来不及反抗就成了刀下之鬼。赵登禹亲自挥刀上阵砍杀，两口战刀均被砍缺了刃口，左腿在战斗中再次负伤。

喜峰口战斗打出了中国军队的威风，振奋了全国人民的士气。赵登禹所率大刀队由此成名，作曲家麦新为此谱写《大刀进行曲》，"大刀向鬼子们的头上砍去"的歌声，传遍华夏大地。南京国民政府向赵登禹颁发青天白日勋章，晋升他为师长。

赵登禹　南苑战斗中殉国的打虎将军

军人抗战有死无生

七七事变后，中国第29军官兵在北平卢沟桥地区拼死御敌。日军由于后续部队尚未调齐，于是表面摆出和平谈判的姿态，暗地里却在加速向华北派兵。军长宋哲元对和平解决事变抱有幻想，没有进行充分的军事准备。日军利用这一时机，派军包围平津，占据许多战略要点，做好发动全面侵华战争准备。

7月中旬，宋哲元迫于形势变化，急令师长赵登禹率第132师所辖第1、第2和独立第27旅，兵力约15000人，由冀中秘密北上，到永定河以南地区集结备战。此时，日本第20师团乘火车来到廊坊车站，准备对平津发动全面进攻。26日晨，日军占领廊坊，平津线中断。

南苑位于北平南郊外10公里处，是第29军军部所在地，直属部队约5000人，其所辖单位甚多，难以统一指挥。廊坊失守使南苑处于敌人夹击之下，宋哲元任命赵登禹为南苑指挥官，统一指挥部队，并调兵增援。

27日夜，赵登禹奉命赶往南苑，要做决死的斗争。到达南苑后，赵登禹见到了第29军副军长佟麟阁，两人当即一起研究了战役的发展态势和应对措施。鉴于此前两天日军飞机连续轰炸廊坊、团河，佟麟阁和赵登禹一致认为南苑被轰炸袭击的可能性很大，而且南苑地处平原，无险可守，应当加强周围防御工事，准备抗击敌人。赵登禹满怀信心地说："在喜峰口那次战斗中，我们还不是把他打得落花流水了，等着瞧吧！"

赵登禹主张统一指挥，全面安排，协同作战，他电催第132师星夜兼程赶赴南苑。队伍到达后，他召集驻地各级指挥员开会，发布口头作战命令，集合军训团训话：保国杀敌已到时候，军人必须以保土、卫民为天职，"军人抗战有死无生，卢沟桥就是我们的坟墓"。深夜，他不顾疲劳，亲临前线，视察防御设施，一口雄浑有力的山东话烧热了每一个士兵的心。

"战死沙场没什么悲伤的"

28日凌晨2时许,日军抢先发动了攻势,空中飞机低空扫射,地面大炮集中射击,南苑机场、营房一带瞬间硝烟弥漫,血肉横飞。上午8时,日军动用20余架飞机、数十门大炮和坦克等向南苑发起总攻。此时我方立足未稳,防御工事尚不完善,只好仓促应战。在敌人的猛烈进攻下,通信设备被炸毁,联络中断,指挥失灵,各部队之间无法配合,一时秩序大乱。

第29军素来有"武官不怕死,文官不贪赃"的美誉,他们虽然准备不足,仍然顽强抵抗。赵登禹亲率卫队与日军展开激烈厮杀,他一手握枪,一手挥舞大刀,大吼一声,带头冲向敌军。众将士见赵登禹亲自冲锋陷阵,士气倍增,双方刀枪相搏,一时间杀声震天。但总归敌我实力悬殊,战至中午,伤亡惨重。

这时,赵登禹突然接到率部撤到大红门一带的命令。日军窥出我方意图,于是利用青纱帐掩护,先行潜伏于大红门,并在南苑到大红门的公路两侧架设机枪,以火力封锁。撤退通道被日军彻底切断,双方军队陷入混战,副军长佟麟阁不幸壮烈殉国。

危急时刻,赵登禹临危不惧,再次率领卫队和军训团学生队上阵冲杀。行至御河桥时,赵登禹所乘车辆被日军炸毁,身受重伤。警卫劝其撤退到安全地方,他坚决不肯,继续指挥部队向日军发起猛烈反击。这时,一枚炸弹飞来,赵登禹双腿被炸断,倒地昏迷。醒来后,传令兵要背他下去,赵登禹含泪说道:"我不会好了,军人战死沙场没什么悲伤的,只是老母年事已高,受不了惊慌。回去告诉她老人家,忠孝不能两全,她儿子为国而死,也算对得起祖宗……"说完就停止了呼吸,真正实现了自己"要奋战至最后一滴血"的诺言。这位"打虎将军"牺牲时,年仅39岁。28日下午1时,日军占领南苑。下午6时,国民政府冀察政务委员会派参议田春芳协同北平红十字会到大红门,将赵登禹等牺牲将士的遗体就地掩埋。31日,国民政府追授赵登禹陆军上将军衔。

抗战胜利后,赵登禹和第29军抗日阵亡将士忠骸迁葬于卢沟桥畔。1952年,中央人民政府为赵登禹家属颁发毛泽东亲笔签署的第80号烈属证书。1980年,北京市人民政府将赵登禹墓修葺一新,竖碑纪念。2009年,赵登禹当选"100位为新中国成立作出突出贡献的英雄模范人物"之一。

(执笔:常颖)

陈卓毅　晋察冀分局社会部驻北平特工

他出生于辽宁首富之家，却甘愿放弃富贵和安逸生活，在日本军国主义的老巢东京开展抗日斗争；他利用自己的条件，成为中共中央晋察冀分局社会部驻北平特工，带领以自己名字命名的情报组，一次次获取敌伪重要情报，书写了北平隐蔽战线的传奇故事。他，就是陈卓毅。

陈卓毅

参与创建东京反帝大同盟

陈卓毅自幼聪明，上进心强，少年时就梦想着风风火火闯世界。15岁那年，他瞒着家人，前往省城奉天府（今沈阳市），找到三叔陈楚才，希望接受更好的教育。在三叔的帮助下，他于1931年来到北平，进入燕京大学自费出国留学培训班学习，1935年年初赴日本东京留学。

陈卓毅留学期间，日本不仅侵占了中国东北，还在策划"华北自治"，企图吞并整个中国。富有民族正义感的陈卓毅，逐步认清了日本的真实面目，开始由崇日变成仇日。他与老乡张为先、丁宜志趣相投，常在一起交流思想。张为先是英国共产党员，丁宜为中国共产党员。受两位老乡的影响，陈卓毅从忧国忧民转向抗日救国。1935年秋，3人共同发起创建"东京反帝大同盟"（以下简称"大同盟"）。

大同盟以读书会为掩护，学习革命理论，宣传救亡思想，收集日本情报，在爱国留学生中广交朋友、秘密发展会员。由于受到日本警方干涉，活动被迫转入地下。

大同盟成员多为富家子弟，在日本本土开展斗争，国共两党都很关注。国民党高层得知陈卓毅的情况后，给他传话：如参加国民党的工作，可授予少将军衔。已对共产党有所向往的陈卓毅，以回国协助三叔创业为由谢绝了。

1937年6月，先期回国的张为先，经中共地下党员何松亭介绍，与中共在华北开展统战工作的领导人南汉宸接上关系，汇报了自己的情况。南汉宸表示会将他的党籍问题向中共中央报告，转接组织关系，并指示他：回东北组建情报网，收集日本在东北的情报，可能时建立电台。7月2日，张为先返回沈阳，立即通知东京的陈卓毅、丁宜速回沈阳，建立东北情报组织。

以伪代理市长为掩护

陈卓毅回国后，中共与他单线联系的是东北军第53军的地下党员、后任冀中人民自卫军党代表的孙志远。冀中根据地兵工厂制造武器需要大量铜材，因日军封锁和根据地财政困难，铜材运输渠道不畅。孙志远找到陈卓毅，希望他通过陈楚才设法解决。

陈卓毅领受任务后，找叔叔通过石门市（今石家庄市）棉花制品厂的朋友，开辟购运渠道，为根据地源源不断地输送废旧有色金属、医疗器械和通信器材等紧缺物资。

1939年10月，伪石门市公署成立，开始招募政府官员。已担任八路军第3纵队政治部主任的孙志远，得此消息，马上想到留日学生、出身名门望族的陈卓毅。他建议陈卓毅借机打入伪石门市公署。

进入伪石门市公署，当然得有门路。陈卓毅锁定一个人：留日同学、时任驻保定市的日军华北警备司令部副官（翻译）彭某。彭副官还真给面子，经其推荐，陈卓毅被聘为石门市伪政府代理市长兼社会局局长、石门《正报》社社长。有彭副官关照，加上家世显赫，又有留日背景，陈卓毅得以顺利工作。经中共党组织同意，陈卓毅还吸收留日同学冯士杰，出任社会局卫生科科长。

1940年，中共中央北方分局社会部部长许建国决定：陈卓毅的直接领导，改为情报派遣科科长谢甫生，由谢甫生、何松亭与陈卓毅保持联系。随后，何松亭由天津来到石门，以老乡名义住在陈家。从此以后，陈卓毅在何松亭的配合下，为根据地收集了大量情报。

一天，陈卓毅发现自家周围有日伪特务。两人分析后认为，何松亭的身份可能暴露了。为确保何松亭的安全，陈卓毅利用代理市长的身份，派人送他返回天津。

何松亭回天津后，立即向许建国、谢甫生汇报情况。二人分析后认为，陈卓毅也可能暴露了。为不引起日本特高课怀疑，他们指示：陈卓毅、冯士杰以协助陈楚才办实业为由，辞去石门市伪政府职务，立即赶到北平，正式转入中共中央北方分局社会部系统，并继续保持与彭副官联系。

获取华北日军"大扫荡"情报

陈卓毅偕妻子苏琪返回北平后，在三叔陈楚才名下的公司以经理身份做掩护，开展情报工作。为避免日伪特务怀疑，陈卓毅让三叔帮忙买下东板桥西河沿1号的一套大宅院。定居北平后，陈卓毅担任中共中央晋察冀分局[①]社会部北平驻在员，并在亲属、同学、老乡中秘密发展了一批地下工作者和外围人员，形成"陈卓毅情报组"。妻子苏琪也被正式接纳为晋察冀分局社会部成员，家里成了地下党的秘密交通站。

1942年年初，中共中央社会部获知，驻华北的日军准备"扫荡"冀中根据地，但具体行动计划不详。中央社会部部长李克农紧急命令晋察冀分局社会部：动用一切力量，搞清日军行动计划。

---

① 1939年1月，中共中央北方分局成立，1941年1月改称中共中央晋察冀分局，1945年9月改称中共中央晋察冀局。

陈卓毅　晋察冀分局社会部驻北平特工

许建国、谢甫生约陈卓毅在天津一家煤球厂秘密见面。一见到两位领导亲自来了，陈卓毅马上预感到此次任务非同小可。许建国传达了中央社会部的紧急指示。陈卓毅脑海里飞速地筛选着各种情报关系，最后还是锁定在彭副官身上。

许建国认为陈卓毅的想法可行。由于日军特高课已对他有所怀疑，陈卓毅不便贸然去见彭副官。正在思虑之际，机会来了。

一次留日同学聚会上，邀来了一位日本艺伎。听同学讲，这名艺伎神通广大，可以随便出入日军华北警备司令部。陈卓毅听后一阵窃喜，主动与这位艺伎搭讪。攀谈中，日本艺伎得知这位风度翩翩、曾留学日本、当过石门市伪政府代理市长的富家子弟，在北平也有大买卖。她很高兴认识陈卓毅，把他当成新交的朋友。

聚会过后，陈卓毅立即向谢甫生汇报了自己的打算，计划通过日本艺伎，进入日军华北警备司令部，面见彭副官，套出情报。几天后，陈卓毅在这名艺伎的带领下，顺利来到保定，进入彭副官办公室。

老同学见面格外高兴，两人聊了很久。临近告别，陈卓毅说："咱们同学聚会，你老缺席，大家都有意见了！你什么时候到北平和同学聚聚呀？"彭副官面露难色地回答："老同学聚会，我不是不想去，最近司令部规定，谁都不准请假，我也没法子。"陈卓毅起身告辞，扫了门口的日文记事板一眼，看到"五一"二字，心中一怔。

到了走廊里，彭副官见四周无人，才悄悄地说："你最近可不要到处乱走，就在北平待着吧。"陈卓毅随口答道："我能去哪儿？就在北平做生意呗！"凭着情报人员的敏感，陈卓毅迅速地将彭副官的暗示，与"五一"二字联系起来：这不正是自己想要的情报嘛。他连夜赶到天津向许建国、谢甫生报告，日军对冀中根据地的行动大约就在5月1日前后。

综合各方面情报，许建国同意陈卓毅的判断，立即向中央社会部报告。果然在5月1日，日军的铁壁合围——"大扫荡"开始了。由于情报准确，应对及时，冀中军区机关和主力部队先期跳出敌人的包围圈，西撤到太行根据地。五一反"扫荡"胜利后，中共晋察冀分局社会部根据中共中央社会部的要求，决定陈卓毅提前转正入党。

北平抗日斗争群英荟

陈卓毅情报组为抗战出生入死,以卓著的情报业绩,赢得中共中央社会部、八路军总部的表彰。抗战胜利后,陈卓毅调至中共中央东北局社会部,负责锄奸工作。由于叛徒出卖,1947年他被国民党沈阳警备司令部密捕入狱,1948年沈阳解放前夕获释。新中国成立后,他始终在煤炭基建战线工作,直到逝世。

(执笔:宋传信)

程砚秋　一代名伶的民族气节

"平市名伶程艳秋，原定今晚在中和演《文姬归汉》，惟因国难当前，既挽救之不及，何忍再粉墨登场，显露色相，遂于昨日通知该园，今晚决不出演云云。"这是九一八事变后第三天，北平《华北日报》发布的《今晚不登台演戏》的消息。国难当前，一代京剧大师程砚秋息演抗争，表现了他傲骨凛然的民族气节。

程砚秋

"半语能传家国恨"

程艳秋出生于北京一户正黄旗家庭，满族，后改名程砚秋。随着家族没落，他6岁时一纸"关书"①成为戏班学徒，开启梨园生涯。逆境中，他发奋练功戏以载道，演唱技艺渐达炉火纯青，开创了京剧青衣"云遮月"②唱腔，卓然成派，跻身"四大名旦"。

日本侵占中国东北后又得陇望蜀，发动华北事变，妄图将华北变为第二个"满洲国"。程砚秋倍感苦闷焦虑，家国情怀油然而生。他清醒地认识到，唯有唤起国人团结抗战才能御侮救亡，愤而以戏曲舞台隐喻揭露国民

---

①　"关书"，是旧社会拜师学艺时由班主与徒弟家长之间签订的合同，性质上无异于卖身契。

②　云遮月，唱法术语，多指戏曲老生行当中某一类型的嗓音。发音圆润、通畅，但不十分明亮，有如月亮被薄云覆盖，景物依稀、朦胧，别具风味。这一类嗓音，往往越唱越亮，并以韵味取胜。

党政府"攘外必先安内"的反动政策。他倾心编创演出《文姬归汉》《春闺梦》《荒山泪》《锁麟囊》等正剧，以程派特有的幽咽婉转，唱出绝代风华，演绎正道沧桑，启迪开智国人，产生广泛的社会影响。

《春闺梦》借汉末公孙瓒和刘虞权位相争，百姓惨遭征戍流离之苦的故事，影射蒋介石"剿共"内战所犯下的"寡人妻、孤人子、独人父母"的罪恶。程砚秋在自述中说："吾编此剧，自知为哀怨之声，惟颇愿从此国家日趋升平，使此剧辍响，则吾愿遂矣。"

"战争无已，颇想借戏剧之力，以消弭战祸。"这是当年程砚秋察势观风后萌发创排《荒山泪》（又名《祈祷和平》）的初衷。《荒山泪》以明代末帝崇祯镇压农民起义，狂征苛捐杂税造成灾难为鉴，谴责战争背后的罪魁祸首，结尾处发出血泪控诉与悲愤呐喊："拼一死向天祈请，愿国家从此后永久太平。"

国际联盟曾派考察团来华考察教育，在南京得知京剧《荒山泪》旨在祈祷和平，慕名专程到北平观赏。他们被程砚秋的精湛演出和剧情的深邃内涵所打动，几位外籍教授对这出反战戏剧大为赞赏。之后，程砚秋以中国教育考察团成员的身份访问欧洲，在国际新教育会议第六次年会上，做了题为"中国戏曲与和平运动"的演讲，引发与会者强烈共鸣。德国教育部部长兼艺术部部长裴开尔教授、法国著名物理学家郎之万将《荒山泪》介绍给各国代表，程砚秋用清唱演绎该剧。一曲唱罢，掌声雷动，与会者奋起高呼："废止战争！""世界和平万岁！"

程砚秋立场鲜明地斥责国民党政府的对日妥协和不抵抗政策。他把川剧《江油关》改编成京剧《亡蜀鉴》，借三国时邓艾偷渡阴平，蜀将马邈投降，其夫人愤而自刎的历史故事，通过夫人之口唱出："败兵到不投降便要逃走，眼见得好山河付与东流……愿国人齐努力共保神州。"字字血泪、腔腔真情，震撼人心。由于《亡蜀鉴》对国民党当局抨击太猛，仅仅上演两场即遭禁演。后来，弟子刘迎秋曾深情地这样评述："半承先贤遗言，半蓄心声隐志。半语能传家国恨，两眉深锁庙堂忧。"

程砚秋还借北平报纸发表《检阅我自己》一文，发出"我的生命必须整个地献给和平之神"的誓言。1931年12月25日，他在中华戏曲专科学校做了题为"我之戏剧观"的演讲:"我们除靠演戏换取生活维持费之外,还对社会负有劝善惩恶的责任。"这种号召在当时可谓空谷足音。1933年,他的《赴欧考察戏曲音乐报告书》出版,字里行间渗透着对社会的责任担当、对和平的深切期盼和对侵略者的无比憎恶。

"我不给日本人唱戏"

为了培养戏曲人才,程砚秋创办了中华戏校,学校经费尚能用演出收入来维持。北平沦陷后,戏校不能进行正常的教学演出,入不敷出,竟连房租都交不起了。

日伪当局得知戏校难以为继,便派人表示要接管戏校。事发当晚,程砚秋召开校务会,气愤地说:"敌寇入侵,我们不能远离北平,还不时地以演出为掩护,这已然很对不起我们的国家、我们的民族,再若看到我们的戏校、我们的学生以及我折腰事敌,那真是生不如死了,所以我们决议解散戏校。"大家虽然对关闭戏校感到遗憾,但事关做人原则和民族大义,都同意了他的意见。

关闭戏校也不是一件简单的事情,如果与日伪当局硬碰硬,可能会危及师生安全。校方机智周旋,对外以增选校长为名,麻痹日伪当局。暗地里召开全校大会,以资金不足为由,宣布停办。等到日伪当局反应过来,中华戏校已是人去楼空。

日伪当局并不甘心,为了粉饰"太平",他们找到北平梨园公益会,要其出面组织京剧界义演,为日本人捐献飞机。一些梨园人屈服于压力,同意献唱。公益会也找人劝说程砚秋,希望"圆这个场,体谅同业的难处"。程砚秋坚定地回答:"我不给日本人唱戏,叫他们买飞机去炸中国人!"来人继续劝说道:"大家为了混碗饭吃,不必得罪日本人,鉴于程先生的特殊地位,若坚决不应,恐会有损北平京剧界。"程砚秋义正词严地说:"我一人做事一人当,献机义务戏的事,我程某人宁死枪下,也决不从命!请转告日本人,甭找梨园的麻烦,我自己有什么罪过,让他们直接找我说话就是了！"这掷地有声的话语，体现出一代艺术家的铮铮铁骨。

程砚秋台上演绎正剧弘扬时代正道，台下也勇敢反抗日伪的无耻行径。1940年4月，程砚秋新剧《锁麟囊》在上海演出成功，他满载欣喜返回北平。途经天津时，应中国大戏院的邀请，做了3天演出。剧团成员先期返回，他一人坐火车回北平，到前门火车站出站时突然被伪警拦住。伪警上来就给程砚秋一个大耳光，随后动手群殴。程砚秋练过太极拳，自卫还击，狠狠教训了这些日本走狗。各大报纸以《程砚秋大闹车站》为题报道此事。回到家，程夫人见他衣冠不整，满面怒容，金表也丢了，忙问究竟。程砚秋说："这些鼠辈仗势横行，此番被我教训一顿，也出出胸中恶气。"

为对付日伪的威逼利诱，程砚秋还想出了一个奇招。一天，他前往德国医院（今北京医院），找到素有交情的内科主治大夫杨学涛抱拳施礼道："我现在这样胖，哪还能上舞台表演呢？"杨大夫心领神会，当即开具诊断证明："程砚秋经本院内科检查，体胖有碍心脏，不宜在舞台献艺，应休息。"德国医生义克德主任在诊断证明书上签了字。有此一纸证明，程砚秋得以一时抵挡住日伪的纠缠。

"指日挥戈望太平"

程砚秋的不合作，引来日伪当局报复，下令所有广播电台不许播放程砚秋的唱片。他深知这是不当"顺民"的结果，日寇不会就此罢休。他毅然决定息演，谢客务农，以此表示抗争。

1943年春节前，程砚秋解散苦心经营多年的"秋声社"，作别舞台，孤身来到海淀青龙桥，开始村居生活。他在红山口、黑山扈一带购地60亩，晨兴理荒秽，带月荷锄归，由舞台上的"霜天白菊"变成地道的农民。务农期间，他仍坚持练功读史，联系现实思考国家命运、艺术人生。

程砚秋虽已不再登台演出并移居郊外，但日伪隔三岔五"拜访"，三天两头骚扰，强加罪名，伺机侮辱。1944年年初，日本宪兵队以程砚秋经常与"要人"往来，且有子女在瑞士念书，思想不良为借口，将他列入黑名单。2月25日凌晨，日本宪兵和伪警越墙进入西四北报子胡同的程宅搜捕。因程砚秋当晚住在青龙桥，日、伪军警便将程夫人和几个孩子关押审问，从凌晨折腾到中午，仍未得到程砚秋的反日"罪证"，只好悻悻离去。

隐居青龙桥期间，程砚秋实行"三闭"——闭口、闭眼、闭心，埋头农耕，即使舍弃钟爱的舞台，作别深耕的艺术，也不伺候日本鬼子。这与梅兰芳蓄须明志、辍演8年，交相辉映，为中国京剧史写下光荣的一页。

程砚秋深切体会到亡国奴的屈辱，急切地盼望中国人能够重新站立起来。在罢演归田的日子里，他眺望京华，心潮起伏，挥笔作诗："凭栏远瞩气萧森，故国精华何处寻？桑田沧海惊多变，指日挥戈望太平。"

1945年8月15日，日本宣布无条件投降。9月2日，日本政府代表在投降书上签字。程砚秋闻讯鹊起，一扫"三闭"，欣然"三开"——开心、开眼、开口。他受邀在电台讲话，参加庆祝抗战胜利的公演。

新中国成立后，程砚秋经周恩来和贺龙介绍加入中国共产党，在人生的舞台上完成了共产主义战士的自我塑造。他继续站在京剧舞台，把艺术奉献给人民、奉献给新中国。1958年3月，程砚秋病逝，终年54岁。

（执笔：贺月华）

邓玉芬　云蒙山下的英雄母亲

在纪念全民族抗战爆发77周年大会上，习近平总书记有这样一段讲话："在这场救亡图存的伟大斗争中，中华儿女为中华民族独立和自由不惜抛头颅、洒热血，母亲送儿打日寇，妻子送郎上战场，男女老少齐动员。北京密云县一位名叫邓玉芬的母亲，把丈夫和5个孩子送上前线，他们全部战死沙场。"习近平总书记讲话中提到的这位英雄母亲，就是本文要讲述的主人公。

邓玉芬

"到死也不能忘了祖宗"

邓玉芬是密云县水泉峪村一位普通妇女，自幼家境贫寒，未成年就嫁到张家坟村。丈夫任宗武是一个朴实勤劳的庄户人，婚后夫妻俩房无半间，地无一垄，只好借住在亲戚家，靠租种地主的几亩薄地过活。邓玉芬性格刚强，不怕穷，不信命，相信只要儿孙满堂，总有一天能过上好日子。正是怀着这种希望，她先后生下7个儿子，生活异常艰难。

1933年5月底，中国军队长城抗战失败，长城以外的广大地区被日本侵略者强行划入伪满洲国。邓玉芬的家乡从此陷入了日伪统治的水深火热之中。

为加强殖民统治，日本侵略者实施奴化教育，大力灌输"中日亲善""日满不可分""民族协和"等殖民思想。试图用说日语、穿和服、鞠躬行礼等日本人的生活方式，来同化中国老百姓。邓玉芬虽然没有文化，但也清楚这意味着什么。她心中对侵略者充满了仇恨,每当祭祖时,都一次又一次地叮嘱儿子们:"记住,咱们是中国人,到死也不能忘了祖宗!"

日伪的残酷统治,使邓玉芬家的生活每况愈下。为了活命,年龄稍大点的3个儿子被迫离家外出扛活。夫妻俩带着另外4个儿子留在老家苦熬日月。邓玉芬常常对着苍天发问:"这苦日子什么时候才能到头儿?"

八路军的到来,使邓玉芬一家看到了希望。1938年夏,八路军第4纵队挺进冀东,路经平北,打了不少胜仗,连克数座县城,一度收复赤城、龙门所、后城等地。随后进入平北开展游击活动,并成立昌(平)滦(平)密(云)抗日联合县政府,建立了一些基层抗日组织。

就在邓玉芬觉得日子有了盼头的时候,八路军两次挺进平北失利,退回平西,一度晴朗的天空又布满了阴霾。但邓玉芬依然坚信,八路军一定还会打回来的。于是,一家人等待着、期盼着这一天的早日到来。

"把儿子们叫回来打鬼子吧"

"八路军打回来了!"1940年4月,八路军冀热察挺进军第三次挺进平北,第10团进入密云西部山区,开辟丰(宁)滦(平)密(云)抗日根据地。

6月的一天,几个八路军抵达张家坟村宣传抗日。邓玉芬第一次见到八路军,像见到亲人一样高兴。"我们是人民子弟兵,是来打日本鬼子的,是穷苦人自己的队伍!"她一遍遍地聆听八路军宣讲抗日道理,觉得句句都说在自己的心坎上,越听心里越豁亮。她开始懂得了只有中国人都团结起来,拿起武器打鬼子,才能救国救民,才能过上好日子。

不久,第10团参谋李瑞徵来到这里组建游击队。邓玉芬对丈夫说:"咱没钱没枪,可是咱家有人。不能出财力,咱们可以出人力,在打鬼子这件事情上,绝对不能含糊。把儿子们叫回来打鬼子吧!"丈夫二话没说,揣块糠饼子连夜出去找儿子。

7月,丰滦密第一支游击队——白河游击队在猪头岭成立。邓玉芬的大儿子任永全、二儿子任永水同时参加游击队。从此,邓玉芬的心就和八路军、游击队紧紧连在了一起。

9月,三儿子任永兴不堪忍受地主的欺压跑回家来。邓玉芬得知队伍上正缺人手,就又送他参加了游击队。不久,3个儿子都随游击队编入八路军主力部队,开赴外线作战。临行前,邓玉芬反复嘱咐:"别惦记家,安心打鬼子。"

3个儿子在前线浴血奋战,邓玉芬一家在后方积极支前。她带着几个小儿子开荒种地,让丈夫为八路军运军粮、背子弹、跑交通。

邓玉芬的家也成了干部战士和伤病员的家,她待战士们像亲人,烧水做饭,缝补衣服,为伤病员喂药喂水、接屎接尿,从不嫌弃。她和儿子们以粗糠、树叶、野菜充饥,却把自家大部分粮食省下来招待八路军战士,甚至连杏干、杏仁和倭瓜子之类的零食,也精心收攒起来,留着款待同志们。为了使伤病员早日恢复健康,自家母鸡下的蛋,邓玉芬也舍不得给儿子们吃,全给伤病员补养身子。每当有伤病员痊愈后离开她家时,她都像送儿子出征一样,把衣服洗净补好,备足干粮,叮咛了一遍又一遍,把他们送出老远。

自打八路军来了的那天起,谁也说不清她究竟迎来或送走了多少干部战士,养好了多少伤病员。第10团指战员和丰滦密根据地县区干部、游击队员都知道,在密云的猪头岭有个温暖的家,家里有一位亲切慈祥的邓妈妈,不管伤病有多重,只要到了邓妈妈家,就有了生的希望。

1941年秋末,日本侵略者对丰滦密抗日根据地发动了万人"大扫荡",到处烧房抓人,老百姓的家什用具和家禽家畜统统被抢走,许多人惨遭杀害。敌人的残暴没有吓倒邓玉芬,她又让丈夫把在外扛活的四儿子、五儿子找了回来,参加村里的"自卫军模范队"(即基干民兵),投入抗日斗争。

"咱和鬼子拼到底了"

在抗战最艰苦的时期,日本侵略者为了切断老百姓与八路军的血肉联系,在其占领区实行"集家并村",把老百姓赶入"人圈",疯狂制造"无

邓玉芬 云蒙山下的英雄母亲

人区"。一时间,平北老百姓生活在人间地狱。张家坟村也成了"无人区",邓玉芬一家坚决不进"人圈",躲到村外猪头岭上。

为了打破日军建立"无人区"的图谋,1942年2月,邓玉芬和乡亲们响应抗日政府号召,准备冲破日军封锁,重返"无人区",开荒种地搞春耕。3月21日清早,邓玉芬收拾好农具和种子,让丈夫和儿子先去搭窝棚。丈夫与四儿子任永合、五儿子任永安,途中遭到马营据点的日、伪军拦截,丈夫和五儿子遇害,四儿子被抓走。噩耗传来,邓玉芬如五雷轰顶,悲愤交加,几次哭得晕厥过去。她和丈夫任宗武相依为命,儿子更是她的心头肉,如今父子三人惨死的惨死、被抓的被抓,作为妻子和母亲,她怎能不悲痛欲绝!然而,邓玉芬没有被吓倒,更没有屈服。

邓玉芬擦干眼泪,拉起两个小儿子,坚定地对他们说:"走,回家去!姓任的杀不绝,咱和鬼子拼到底了!"就这样,她怀着对日寇的血海深仇毅然返回"无人区",拿起丈夫用过的镐头,没日没夜地刨地播种。她心中只有一个念头:把丈夫和儿子的活儿都干出来,多打粮食,支援部队多消灭鬼子!

这以后,不幸的事情又接踵而至:1942年秋,大儿子任永全在保卫冀东盘山根据地的战斗中英勇牺牲;1943年夏,被抓走的四儿子任永合惨死于伪满洲国鞍山监狱;1943年秋,二儿子任永水因战斗负伤而牺牲。一个又一个沉重的打击,坚强的邓玉芬都挺住了。她眼里已经没有了泪水,只有仇恨和怒火。她全身心地投入抗日工作,每天都拼命干,春播、秋收、做军鞋、照料伤员,凡是有利于抗日的事儿样样冲在前。她把母亲的慈爱给了子弟兵,第10团的八路军战士都是她的儿子,都是她的希望。她盼望着六儿子、七儿子快些长大,继承父兄遗志,早日把日本鬼子赶出中国。

1944年春,日、伪军为肃清"无人区"抗日力量,再次疯狂"扫荡",一连开展七天七夜拉网式的搜索,百姓被迫躲进深山,其间邓玉芬的六儿子也跑丢了。她背着不满7岁的小七儿躲进一个山洞,一藏就是好几天。

山洞里阴冷潮湿,加上几天几夜没有进食,小七儿生病发高烧,浑身烧得像炭火,哭闹不止。一天,日、伪军又来搜山,为了不暴露藏在附近山洞的区干部和乡亲们,邓玉芬想方设法哄小七儿,还是止不住小七儿的大声哭闹。眼见搜山的日、伪军越来越近,邓玉芬急出了一身冷汗。情急之下,她从破棉袄里扯出一团棉絮,塞进小七儿的嘴里,并紧紧地搂住他,强忍着泪水,轻轻地说:"儿啊,妈对不住你,忍一会儿就好了。"时间仿佛凝固了一般。日、伪军终于下山了,她急忙抠出小七儿嘴里的棉絮,连声呼唤,好半天,脸色青紫的小七儿才缓过气来,眼泪巴巴地望着妈妈,费劲儿地吐出几个微弱的字:"妈,我饿,我饿。"当天晚上,连个大名都没有的小七儿,死在了邓玉芬的怀里。

第10团的官兵来看望悲痛万分的邓妈妈,心疼地说:"小七儿也是因抗战而死,以后我们都是您的儿子!"

1945年8月,中国人民经过14年奋战,终于打败日本侵略者。邓玉芬到丈夫和儿子们的坟前祭奠,眼含热泪告慰亲人:"鬼子投降了,咱们胜利了!"

邓玉芬是一位普通的农村妇女,更是一位伟大的母亲、伟大的女性。为了民族解放事业,她失去6位至亲,用朴实无华的情怀,诠释了崇高的爱国主义精神。1970年2月5日,邓玉芬在家中安详离世,享年79岁。临终前,她用微弱的声音嘱咐身边的人:"把我埋在大路旁,我要看着10团的孩子们回来。"

(执笔:高俊良)

董鲁安　从大学教授到晋察冀边区副议长

1942年8月上旬的一天，北平前门火车站，一位短须中年人带着一位青年登上了开往保定的火车。下车后，他们悄悄到达保定城西的蛮子营村，住进一间民房，等待着神秘的接头人，打算当晚秘密前往晋察冀边区。这两人便是燕京大学教授董鲁安和他的学生沈崇健[①]。

董鲁安

拒任伪职

董鲁安，河北宛平人，1919年在北京高等师范学校读书时曾参加五四运动，后在北京师范大学、天津女子师范学院、燕京大学等校任教。他对古典文学、中国历史及佛学造诣颇深，是当时著名的文化学者。

七七事变后，清华大学、北京大学等国立大学先后南迁，燕京大学因有美国基督教会背景，得以留在北平继续办学。董鲁安时任燕京大学国文系主任，亲身经历了沦陷后北平的黑暗和压抑。

董鲁安有很多朋友都是中小学教员。沦陷期间，他们的生活既艰辛又寒酸。为了保住饭碗，每天要向日本人弯腰行礼，忍受着极大的民族屈辱。他们的遭遇让董鲁安很是同情，尤其让他愤怒的是，伪北平市教育局大肆推行奴化教育，毒害中国青少年。伪教育局由日籍"顾问""辅佐官"掌控，所有上岗教师必须经过考选，进入"小学教育讲习所"接受6个月奴化训练，

[①] 后改名韩叙，新中国成立后曾任外交部副部长、驻美大使。

每天都要写听讲笔记、受训感想，向日伪当局表忠心，"合格"了才能留任，否则连这样的饭碗也保不住。

原本受人尊重的教师尚且如此，普通百姓的生活就更是苦不堪言了。沦陷区的北平被日寇践踏得犹如人间地狱，董鲁安将其总结为十字罪状：城市中，吃、喝、嫖、赌、抽，坑、崩、拐、骗、偷；乡村里，搜、杀、淫、掠、烧，占、断、平、毁、修，成为日本侵略者野蛮暴行的真实写照。

太平洋战争爆发后，日美宣战。日军没有了顾忌，终于将魔爪伸向具有美国基督教会背景的燕京大学，不仅强行查封燕大，还以"抗日"罪名逮捕了16名教授，制造了"燕大教授案"。董鲁安也未能幸免，被软禁在燕园的家中。两个月后，日伪当局迫于社会舆论压力，董鲁安才终于获得了自由。

此时的董家，因为燕京大学被日军查封，全家人失去经济来源，但董鲁安始终坚守民族气节，宁可典当衣物维持生计，也不去日伪机关登记任职。由于他以研究佛学著称，经常受邀参加一些佛事活动。一次，有人许以丰厚报酬，邀请他出席日本著名密宗和尚的欢迎会，并牵头成立一个中日佛教团体，被他毫不犹豫地严词拒绝。

教育动员青年抗日

董鲁安不仅有着深厚的家国情怀，还鼓励支持众多爱国青年，包括自己的两个儿子参与秘密抗日活动，家里更成为中共地下党的一个秘密联络点。

受父亲潜移默化的影响，董鲁安的大儿子董葆先早在中学时期就参加一二·九运动，后来又加入了中华民族解放先锋队和中国共产党。在家的时候，父子俩经常交流读书心得，议论时政要闻，还不时谈论中国共产党的抗日主张。北平沦陷后，父子俩又一同从事秘密抗日活动。1938年，董葆先被派往昆明，考入西南联合大学，投身抗日救亡运动。

董鲁安的小儿子董葆和从小就受到家庭的熏陶，积极追求进步。哥哥走后，他经常邀请师大附中的同学来到家中，一起看书聊天。董葆和还把家里的进步书籍拿给同学们看，董鲁安更是把抗日民族统一战线的材料夹在书中，孩子们看后，倍感神秘和惊喜。这里慢慢成了孩子们的"据点"，他们一起阅读《大众哲学》《共产党宣言》等进步书籍，并发起成立进步团体"萤火社"。1943年董葆和被发展入党，后秘密前往晋察冀边区。他走后，"萤火社"的同学们又成立"海燕社"，成员一度发展到120余人，遍及北平24所学校，成为颇有影响的进步学生组织。

来董鲁安家活动的，更多的是燕京大学的大学生，还有行踪隐蔽的中共地下党员。随着交往的增多和信任的加深，燕大学生、中共地下党员徐伟等人与董鲁安建立了联系。董家常常以举行"读书会"的名义，为地下党组织开会提供掩护。中共地下党组织还把筹集到的急需物资寄存在董家，随时派人送往根据地。

奔赴晋察冀边区

1942年春，地下党与董鲁安联系，邀请他参加晋察冀边区首届参议会会议，他欣然应允。为了避免引起日伪当局的怀疑，他同夫人关竞商量，假借"出家"名义前往边区，还特意留下一张纸条："因看破红尘，决心去五台山出家，家人不必悲伤，亦无需寻找。"然后，他将"良民证"上职业一栏的"教授"二字抹去，换上"商人"字样。5月的一天清晨，董鲁安身着长衫，头戴礼帽，俨然一副商人打扮，搭乘人力车，去了前门火车站。这次易装出行，因途经路线遭日伪"清剿"而中断，他只得暂返家中。此后，他深居简出，对外声称潜心研究佛学，实则等待时机再赴根据地。

8月上旬的一天，董鲁安再次悄然动身。这一次，他和燕大学生沈崇健假扮父子从前门火车站上车，徐彦、王森昌、朱学昆等七八个学生则分别从东便门、永定门、丰台火车站等出发，到保定蛮子营村会合。

这天晚上，董鲁安等人见到了前来接头的神秘人——中共地下党员、燕大学生张大中。张大中受晋察冀边区城市工作部部长刘仁委派，专程前来接应他们。刘仁在师大附中读书时,受过老师董鲁安的资助,两人关系很好。没想到十几年后,当年的学生亲自安排,帮助老师实现了撤离沦陷区、奔赴抗日根据地的心愿。

他们一行半夜出发,西行四五十里,抵达日伪封锁线。为确保安全,晋察冀分局城工部做了周密安排,派部队包围两边的炮楼,实行火力封锁,使敌人不敢轻举妄动,董鲁安一行则从中间快速通过。

到达根据地后,张大中说:"董先生,现在已经抵达安全地带,可以放心休息了。"董鲁安呼吸着根据地自由的空气,心情无比激动,顿足高喊:"我终生的愿望实现了!"又借用《论语》的话说道:"朝闻道,夕死可矣!"以此表达拥抱光明的喜悦之情。

董鲁安走后,有亲友时常来家探问,关竞总是啼哭着拿出丈夫留下的"出家"字条搪塞过去。不久,董鲁安女儿结婚,在中山公园来今雨轩举行婚礼时,关竞当众宣称董鲁安已遁入空门当了和尚,一时传为佳话。

不久,董鲁安任华北联合大学教育学院院长。他在《晋察冀日报》发表长篇报告文学《人鬼杂居的北平市》,以耳闻目睹的大量事实,深刻揭露日伪在北平犯下的种种罪行,热情歌颂北平人民的爱国行为,荣获晋察冀边区鲁迅文艺报告文学奖。

1943年1月,晋察冀边区首届参议会会议召开,董鲁安当选参议会副议长。他积极参与边区建设,亲自参加反"扫荡"斗争,并以此为"无上之光荣"。在艰苦作战之余,他还作诗200余首,热情讴歌根据地军民的英雄气概,表现了革命的乐观主义精神。

1949年9月,董鲁安作为无党派民主人士出席新政协第一届全体会议,后任河北省人民监察院院长、华北行政委员会委员兼民政局局长等职。1953年董鲁安在北京病逝,后被追认为中国共产党党员,为他传奇的一生画下圆满句号。

(执笔:苏峰)

方大曾　抗战烽火中的战地记者

1937年7月7日，卢沟桥事变爆发。很快，有一篇配有多张战地照片的长篇通讯《卢沟桥抗战记》刊登在《世界知识》上，将中国人民面对日本帝国主义侵略，团结一心、抵御外侮的事实真相传向全世界。这篇长篇通讯的作者就是报道卢沟桥事变的第一人——方大曾。

方大曾

奔赴抗战最前线

方大曾，原名方德曾，出生于北京的一个殷实之家。读小学时，他迷上了摄影，母亲用7块大洋给他买了第一架相机。从此，相机成了他形影不离的伙伴。

18岁那年，方大曾考入中法大学经济系。中法大学曾是中国共产党早期活动的重要地点，从这里走出了一批具有爱国主义情感和进步思想的学生。不久，九一八事变爆发，他参加中共外围组织反帝大同盟，并以"小方"为笔名，参与机关报《反帝新闻》的编辑工作。方大曾经常深入各地，将镜头对准劳苦大众，对社会现实有了更深的思考。他在文章中写道："这个世界简直不允许他们生存在光明中，我想，他们总会得到解放的吧，我这样企望着，我确信这不是幻想：因为有千百万的人，正为着人类的光明在工作，在努力，在斗争！奴隶们也要享受'人类的生活'了！"[①]

[①] 方大曾：《从集宁到陶林》，《寻找方大曾——一个失踪的摄影师》，中国摄影出版社2000年版，第120页。

北平抗日斗争群英荟

1935年，方大曾从中法大学毕业后，和友人一起成立中外新闻学社，他担任摄影记者。1936年8月，日本指使内蒙古傀儡军政府，先后出兵进攻绥东和绥北地区。国民党军队将领傅作义率部进行抵抗，击溃日、伪军的疯狂进攻，先后收复百灵庙和大庙等地，全国人民欢欣鼓舞。方大曾也深受触动，决定奔赴绥远，用纸笔与相机把痛击日寇的情况记录下来，报道出去。

12月4日，他带着相机，登上北平开往绥东的火车，一夜颠簸后，抵达集宁。他立即采访绥远省主席、第35军军长傅作义，并向他表达自己的看法："伪匪经过这次损失……再加补充之后，当然还要有更大的进犯。我们前方的防御工事虽有绝对把握，但是不能不承认后方有着许多的弱点。"傅作义表示认同，并再三强调"以举国力量保卫绥远"，万不能把这次绥远事情弄到第二个长城抗战的结果，因为这是"忍耐到最后关头"了！

绥远采访结束后，方大曾冒着滴水成冰的严寒，徒步5个多小时，赶到塞外的红格尔图。他在骑兵一师参谋处看到一幅从日军缴获的"北支那"地图，这张日文标注的华北地图，其详细程度超过当时我国出版的任何地图。他如获至宝，详细地看，并且认真抄下。在红格尔图，方大曾拍摄了数百张照片，写成《绥东前线视察记》等多篇战地通讯。在这篇长篇通讯的结尾处，方大曾用悲怆的笔调写道："现在死于东山坡上的匪尸，大半已被野狗吃食，只留可怕的头连着那架光杆的骨骼。有些完整的尸体，穷困的老百姓们，还正在剥他们身上的军衣。等衣服剥光了之后，就立刻跑来几只狗，它们又发现了新的美餐。战争是这样的残酷，然而疯狂的侵略者，则拼命在制造战争。"

不久，方大曾遇到了著名记者范长江。他告诉范长江，自己打算独自骑马斜穿阴山，到绥北的百灵庙继续采访。这个决定让范长江对这位北平来的青年刮目相看：通往百灵庙的路程十分凶险，开战以来，还没有一个记者去过。

长达43天的绥远战地之行，是方大曾外出持续时间最长，也是留下照片和文字最多的一次采访。他拍摄400多张照片，完整地报道了绥远抗战。《绥远军事地理》《绥东前线视察记》《兴和之行》《从集宁到陶林》等来自塞外的通讯,一篇接一篇发表在《世界知识》上。报道中,将战士们紧张备战、头戴面具进行防毒演习的场景,兴和街头的标语以及战后尸体的惨状,真实地呈现给读者。这些影像和文字不仅揭露了日寇的野蛮暴行,更展示了中国军民的英勇不屈。

报道卢沟桥事变第一人

1937年7月7日,日军挑起事端,制造了震惊中外的卢沟桥事变,中国军队奋起反抗。方大曾不惧战火,整理好相机和胶卷,匆匆告别家人,只身前往卢沟桥采访。

10日一早,方大曾踏上了去往卢沟桥的征途。宛平城下,他看到城墙弹痕累累,城内残垣断壁。在一位警察的帮助下,他抓紧时间拍照,记录日寇罪行。卢沟桥石狮子旁,中国守军第29军背着大刀巡逻的战士等,透过镜头瞬间定格,成为永恒的历史。这些照片后来刊登在《良友》《申报》等许多报纸杂志上,让卢沟桥抗战呈现在更多人面前。

临近中午,方大曾正在警察局采访,前方忽然传来消息:日军四五百人又从丰台出动,向卢沟桥行进;大井村又被日军占领。作为七七事变中第一个赶到现场的记者,方大曾快速完成宛平城采访,迅速赶到长辛店。在这里,他看到一条街的尽头排列着阵亡兵士的尸体,老百姓告诉他,直奉战争时长辛店打了三天三夜,也没有死这么多人。一列伤兵专列正要开往保定,最后一节车厢内,躺着因守卫宛平城被炸伤的营长金振中。方大曾赶紧按下快门,镜头中留下了金振中受伤后的第一张照片。

采访至下午,街上的气氛更加紧张,卢沟桥战事又起。急着发稿的方大曾沿永定河西岸绕道门头沟,返回城里家中。他抓紧洗印照片,并奋战几个昼夜赶写长篇通讯《卢沟桥抗战记》。通讯约7000字,详细描述卢沟桥事变发端、当时守军态度、敌方动向,以及日军发动的4次进攻。他的这篇通讯,先后被《伦敦新闻画报》等中外媒体广泛转载。方大曾发自现场的真相报道,撕下了日本在西方世界伪善的面具,成为世界详细了解中国卢沟桥抗战的第一手资料。

"伟大的卢沟桥，也许将成为伟大的民族解放战争的发祥地了！"这是方大曾在《卢沟桥抗战记》中做出的预言，果然，卢沟桥抗战成为全民族抗战的起点。

记录南口血战

8月8日，南口战役打响。日军对南口、居庸关发起猛烈进攻，中国守军拼死抵抗，与敌人展开激烈肉搏。很快，方大曾又出现在南口战场最前沿。他采写的通讯《血战居庸关》，详细记录了中国守军肉搏日军坦克、坚守阵地决不退缩的英勇壮举。

12日早晨，30多辆日军坦克车驶入南口。坦克车就像一头钢铁组成的猛兽，在战地上横冲直撞，即便被重炮击中，也不过打一个翻身。为对付这个"怪物"，第7连连长带着两排人跳出阵地冲向坦克车，不顾一切地攀上去，掀开顶盖，把手榴弹往里塞，用手枪伸进去打，以血肉之躯和钢铁搏斗，居然使日军6辆坦克失去战斗力，其他坦克见势不妙仓皇逃离。

13日起，敌人的炮火更烈，他们把重炮每4门一行排成3行纵队，四围用坦克车圈起来，以防中国守军的进袭。一圈一圈地向着南口战线排列起来，从早到晚不停地炮轰。每一寸土地都有炮弹落过，日军企图将整个山炸平。同时，每天20余架敌机在空中侦察轰炸。一些临时工事被敌人炮火轰平，居庸关失去了原有的模样，但中国守军第13军死守阵地，决不后退，用血肉筑起一座座新的关口！

报道完南口战役，方大曾准备赶往卫立煌部队与日军激战的永定河上游采访，写一篇《永定河上游的战争》。因保定战事吃紧，他暂时来到距离保定东南约50公里的蠡县。在这里，他向上海《大公报》寄出通讯《平汉线北段的变化》，又给邯郸的亲戚写信，说："我仍将由蠡县继续北上，达到（范）长江原来给我的任务。"9月30日，《平汉线北段的变化》在《大公报》发表。从此，他像人间蒸发一样没有了任何消息，留下一个至今未解之谜。

方大曾，这个只有25岁的热血青年，凭着优渥的家境本可选择安逸的生活，但他却在民族危亡之际，义无反顾地走向血肉横飞的战场，用笔和相机见证正义与野蛮的较量，用鲜血和生命实现了一位战地记者的人生价值。

（执笔：曹楠）

侯仁之 "以心传心，抗日反日"的燕大教师

被誉为"中国的世界遗产之父"的侯仁之，是我国著名的历史地理学家，对国家申报世界文化遗产项目和北京城规划建设做出过卓越贡献。但他在抗日战争最艰难时期，利用燕京大学教师身份做掩护，秘密协助爱国学生投身抗日，身陷囹圄仍坚守秘密的事迹却鲜为人知。

侯仁之

力助学子奔赴抗日

侯仁之，生于河北省枣强县，21岁考入燕京大学历史系，毕业后留校任教，兼任学生生活辅导委员会副主席，协助主席、美籍教授夏仁德工作。

北平沦陷后，许多高校纷纷停办、南迁或西撤，燕大凭借美国教会背景继续留在北平。侯仁之通过和学生们频繁接触，了解到一部分学生立志前往敌后抗日根据地参加八路军，还有一部分学生满怀奔赴正面战场抗日杀敌的强烈愿望。这时，侯仁之的朋友、原燕大学生陈絜（陈矩孙）从延安返回学校，名为就读研究生，实际是受党组织委派秘密从事地下工作。当得知有些学生有强烈的抗日愿望后，陈絜恳请侯仁之担负起联系、协助学生前往根据地的任务，并强调："这个任务很重要，发现学生谁有进步的思想，要参加抗战、当八路，就想办法告诉我。"此后，侯仁之便与陈絜建立起单线联系。

经秘密交通线转送学生是一项缜密而危险的任务。每次出发前，侯仁

之都要细心联络，巧妙安排。凡是经北平地下党审查确定前往根据地的学生，均须注射防疫针，以防止把传染病带进根据地。出于保密考虑，侯仁之安排校医院可靠大夫在夜里秘密为学生们注射疫苗。

为避免行动计划泄露，侯仁之在学生每次出发的前夜才通知他们，并让他们装扮成郊游者以避人耳目。前两批学生都是早8时准时集合，出燕京大学西门，到达挂甲屯村。有个农民装束的交通员在那里接应，学生按约定的暗语问话："老乡，去圆明园怎么走？"回答说："我们是同路的。"对上暗号后，学生们远远地跟着交通员，一路经北安河、西北旺、温泉到达西山，转由游击队护送，经妙峰山平西情报联络站进入平西抗日根据地。之后，再由平西抗日根据地人员带队，进入八路军晋察冀挺进军中心区。在这里，有的学生继续一路向西最终到达延安，有的直接奔赴抗日前线。

投身根据地抗日之路充满艰险，有的同学甚至为此献出了年轻的生命。侯仁之任教班有个叫吴寿贞的学生，前往根据地途中遭遇日军突然袭击而不幸牺牲。为避免再次出现危险，第三批学生改为先坐火车到河北磁县，然后步行进入太行抗日根据地。1940年冬到1941年夏的半年多时间，经陈絜安排、侯仁之具体联络，从燕京大学转送到根据地的三批学生共有十几人，为敌后抗日力量注入了新鲜血液。

侯仁之是一个做事十分认真的人，每送走一批学生，他都要记下他们的名字和个人情况、离校时间和路线、学校提供的资助等等。他想抗战胜利之时，这将是一份十分珍贵的历史记录。为保存好这份材料，侯仁之认为存放在家里很不保险，而燕大校园受美国教会庇护，日本宪兵不能擅入，相对比较安全。于是他把材料装入一个不起眼的文件封套，存放在自己办公室的抽屉里。让侯仁之始料未及的是，这份材料险些给自己和党组织带来危险。

与敌周旋终陷囹圄

护送学生的行动虽然隐秘，但布控严密的驻北平日军仍有所察觉。西苑日本宪兵队有个名叫花田的小头目，专门负责监视燕大师生活动，侯仁之也是他严密监视的对象之一。有一次，趁侯仁之离家去学校之机，花田闯进他的家中，假借与保姆搭讪，非要看看侯仁之的相片，还拉开书桌抽屉察看一番，一无所获后才悻悻离去。

更蹊跷的是，不久后的一个星期天，侯仁之家里来了个学生打扮的青年，说是要找侯仁之问一下怎样才能去大后方。侯仁之那天恰好不在家，那青年没有问出什么结果，便匆匆离去。家里人将这个情况告诉侯仁之，他很吃惊，因为护送学生的事情，始终是秘密进行的，不可能有学生直接登门联系。侯仁之开始察觉到护送学生的行动可能已经暴露。之后，他又发现在离家不远的地方经常有一个瘸腿乞丐的身影，而那里平常行人稀少，不是行乞理想之地。这使侯仁之进一步意识到危险离自己越来越近。为了守护学生，守住北平地下党组织的秘密，他的行动只能更加隐秘谨慎。

太平洋战争爆发后，美国教会庇护下的燕大也变得不再安全。尚不知情的侯仁之像往常一样准备去学校上课，还没到学校南门，就看到一队日本兵封锁了校门口。侯仁之立即掉头回家，刚骑车拐到家外巷口，就远远地看到保姆站在大门口，不断地摇手让他赶快离开。侯仁之随即掉转车头，就近来到燕大附中一位老师家中。两小时后，那位老师打发小女儿去侯仁之家探探情况，她回来告知一切如常，侯仁之便立刻赶回家。到家后才得知，他早上刚离开，几个日本宪兵和伪警察就闯进家里，要找他问话。

1941年12月8日，日军占领燕京大学校园，驱赶全体师生离校，侯仁之想趁机混进学校。他逆着人流挤进西门，看到两个日本兵端着带刺刀的步枪，站在校门内侧的石桥上，还有不少日本宪兵和伪警察，正逐个检查被驱赶出校的学生。这时，从校内离开的王钟翰老师一把拉住侯仁之，惊讶地说："你怎么还在这里？有人说你已经被捕了，还不赶快离开！"当天，侯仁之安排即将分娩的妻子返回天津老家后，在家"恭候"日本宪兵上门。

等了几天没有动静，侯仁之放心不下妻子，决定马上奔赴天津岳父家。想到日本人早已监视自己，摆脱他们恐怕很难，但侯仁之早已将个人安危置之度外。临走前，他嘱咐家人："如果日本宪兵来家找我，就把我在天津的住址告诉他们。要抓人，我在明处。"不出所料，没过几天日本宪兵便寻踪前来天津，闯进其岳父宅邸搜查一番，接着把他带到法国工部局盘问，之后又带往花园街日本宪兵队关押。对此，侯仁之早有思想准备，始终泰然自若。第二天，他被戴上手铐，由日本宪兵押上火车，遣送北平。

巧妙应对化险为夷

侯仁之被押送到北平沙滩日本宪兵队总部，也就是北大红楼。他被推搡着带到地下室，那里的房间已经被改成牢房。牢房里已经关着一个人，乃是燕京大学学生孙以亮（孙道临）。看见侯仁之，孙以亮又惊又喜，帮着在地上铺好毯子，两人便躺下悄悄交谈。当谈到中华民族唱响《黄河大合唱》、奋起抗日的时候，侯仁之感慨：离开这个地方后，我要写一本关于中华民族母亲河——黄河的书，为这个自强不息的伟大生命著书立传！

牢房里的电灯彻夜通亮，看守时刻在监视着"犯人"的一举一动，一旦看见"犯人"相互"串通"，冲进来就是一顿毒打。

一天早上，侯仁之牢房的栅栏门外，突然飞来一个小纸团。他四处打量见没有看守，赶紧拾起纸团。展开一看，原来是燕大进步教授洪业传给他的字条，提醒侯仁之日军过堂时"先侦察思想，后侦察行为。务要避实就虚，避重就轻。学生西游之事，似无所闻"。字条中的"西游"，显然是指转送学生到根据地之事。这也告诉侯仁之，无论情势多么严峻，一定要咬紧牙关，保守秘密。

很快，宪兵就来提审侯仁之，命他写下教学工作情况以及对美日关系的看法。侯仁之避重就轻，只写自己的求学经历和教学情况。宪兵头目见没有想要的东西，将几页纸撕得粉碎，凶狠地逼问他燕京大学是否有向师生宣传抗日。侯仁之义正词严地回答："我是一名教师，只负责教学工作，其他情况一概不知。"他一边与宪兵周旋，一边思考如何应对。他想把宪兵的关注点转移到学生毕业出路上来，称学生毕业后有的留在北平，有的返回南方谋生。宪兵借机追问学生的姓名和南下的交通路线，侯仁之只写下几个名字和火车途经的上海、商丘两个地点，其他什么也没有写。

北平抗日斗争群英荟

1942年2月10日，侯仁之与其他7名教师被转往炮局监狱。在这里他又被关押4个多月，最终的罪名是"以心传心，抗日反日"，被判处有期徒刑一年、缓刑三年。后经燕京大学校医院的吴继文大夫多方筹款才获得保释，附加条件是"无迁居旅行自由，随传随到"。

出狱后，侯仁之前往天津，继续从事学术研究，但还有一件事情始终压在他的心头。那份写有去根据地的学生姓名、个人情况的名单，还藏在学校办公室的抽屉里。这年的6月底，侯仁之决定冒险回北平一趟，看看情况如何，再见机行事。

回到北平以后，经洪业教授指点，侯仁之前往宪兵队申请取回学校的个人物品，得到批准。进入办公室，侯仁之马上拿到那份名单，将其夹在几本书间迅速离开。当路过拜访一位熟悉的燕大老师家时，侯仁之借故帮忙烧火做饭，趁机将那份材料塞到灶膛烧毁。办完这件大事，侯仁之一身轻松地回到天津。

新中国成立后，燕京大学并入北京大学，侯仁之在北京大学继续从事科研与教学工作。1980年，侯仁之荣膺中国科学院学部委员（院士）。每当回忆起那段峥嵘岁月，他总是开玩笑说："好多人还不晓得，我这个院士曾是个'囚犯'。"1994年，侯仁之编著的《黄河文化》出版问世。他在书中深情地写道："这条川流不息的大河两岸，孕育了我们伟大祖国的原始文化，进而迸发出灿烂多彩的人类文明。而今回想，当初正是这样一种心灵上的感受，促使我虽然身陷敌人的囚牢，却依然向往着那黄土高原上正在兴起的民族希望……"

（执笔：朱磊　王鹏）

黄　浩 "黄长老"和他的北平地下工作组

随着《暗算》《风声》《潜伏》等跌宕起伏谍战剧的播出，人们对党的地下情报工作有了更加深刻的了解。抗日战争时期，在北平就潜伏着一位名叫黄浩的党的地下工作者。他的公开身份是新街口基督教长老会福音堂的长老，实际上却是中共黄浩地工组的负责人。

从事地下工作的
黄浩（左）

潜伏北平

黄浩，原名黄宠锡，1895年出生于广东揭阳，青年时期就读于广州光华医学院，曾任西北军的军医。1920年，他和妻子王佩芝辗转来到北平，在前门西河沿开了一家小诊所。后又迁居德胜门内簸箩仓胡同，创办"宠锡挑补绣花工厂"。因夫妻俩捐款修缮新街口基督教长老会办的崇慈小学校舍，不久黄浩被选为该校校长和新街口基督教长老会福音堂长老，人称"黄长老"。这两个身份，成为他日后开展地下工作的绝佳掩护。

九一八事变后，全国人民掀起抗日怒潮，黄浩夫妇积极响应，参与募捐、慰问东北抗日义勇军伤员、掩护爱国学生。1937年5月，42岁的黄浩同燕京大学、清华大学的一批爱国青年共同奔赴革命圣地延安，途经陕西省三原县云阳镇时，遇见了红军前敌总指挥彭德怀。彭德怀亲切接见了他们，详细询问每个人在北平的学习、生活情况，他认为黄浩长期居住在北平，有着良好的社会关系，更适合留在北平，从事统战联络工作。彭德怀还在黄浩的纪念册上写下"坚持抗战到底"六个字，勉励他为抗日救国多做贡献。

卢沟桥事变后,为加强北平和抗日根据地的联系,中共中央北方分局先后在平西、平北、冀中、冀东等地建立秘密情报联络站和交通站。党组织安排黄浩返回北平,并同冀中军区卫生部部长张珍接上关系。当时,冀中抗日根据地受到日、伪军的严密封锁,药品和医疗设备奇缺。为此,张珍交给黄浩的重要任务就是在北平建立地工组,负责收集情报、筹集药品和医疗器械并秘密运往根据地。

黄浩以教会、中小学校、挑补绣花工厂为平台,并利用到上海、广东、香港等地筹款的机会,积极宣传党的抗日民族统一战线政策,团结了一批知识分子、爱国华侨参与和支持抗日斗争。同时,黄浩先后秘密设立包括明华斋古玩铺、泡子河李庆丰家、板厂胡同张兰芳诊所、白塔寺中和医院,以及自己的三处住所在内的10多处秘密联络点,构建起一张严密的单线情报网络,为八路军提供了很多重要情报。

支援前线

1939年5月的一天,有位从保定来的"教友"到福音堂找黄浩,此人是秘密地下交通员老杨。原来,前不久国际主义战士白求恩到冀中军区的战地医院视察,问张珍能不能再搞一些根据地急需的药品,张珍请他开了药单,然后立即派人将药单送到平西情报联络站。站长随即派老杨把密写的药单送到北平,直接交给黄浩。[①]黄浩收好药单,与老杨商量好下次接送药品的时间地点,便急忙回到簸箩仓胡同6号家里。

时间紧迫,黄浩把任务详细地告知王佩芝,夫妇俩比照药单一算,发现除了香港、上海过几天秘密发来的一批药品外,还缺部分药品,必须立刻安排地工组成员马上购买。但在日本人的眼皮子底下购买药品,要冒极

[①] 张大中、安捷主编:《没有硝烟的战场:中国共产党领导的北平地下抗日斗争纪实》,京华出版社1997年版,第49页。

黄　浩　"黄长老"和他的北平地下工作组

大的危险。黄浩把药单藏在自行车的车把套内，让女儿黄曙鸣骑车到崇文门泡子河14号和东柳树井17号两个联络点，分别通知地工组成员李庆丰和刘仁术购买药品。李庆丰利用自己在协和医院工作的便利，购买了西药及医疗设备；刘仁术通过发国难财的汉奸，从位于王府井大街的"陆军御用达"药店购买了所需药品。

两天后，黄浩收到香港、上海寄来的药品，夫妻俩前往新街口邮局取货回家。夜深人静时，他们和女儿在后院将药品、器材分类包装。为避免路途上遭雨受潮，王佩芝按常年打包裹的经验，先用蜡纸把粉剂和片剂的药包好，再用黄色土油布包严，最后用布包裹，分别打包或装入柳条箱，以便秘密携带和转运。

约定的时间到了，根据地派来的交通员，以联系生意为名，到明华斋古玩铺秘密取走药品。几经辗转，战地医院的伤员们终于用上了这批救命的药品。就这样，黄浩地工组成员一次次地把八路军急需的医药物品送到抗日前线。

虎口脱险

1943年8月7日拂晓，天色阴沉，一场大雨将至。这时，不远处开来两辆大卡车，突然停在簸箩仓胡同6号，从车上跳下一队日本宪兵冲到黄浩家门口，又是按门铃，又是狂喊乱叫，并使劲地摇晃铁门。原来，两天前日本宪兵队闯入阜成门内翠花横街9号，破获了中共中央社会部的一部秘密电台。他们顺藤摸瓜，前来抓捕黄浩。

听到激烈的撞门声，看门的李师傅知道大事不好，便急忙跑向王佩芝和孩子们居住的二进院报信。同样听到撞门声的黄浩，从后院卧室穿着拖鞋跑了出来，与前来报信的妻女撞了个正着。

此时，大雨倾盆而下，正门是出不去了。他们直奔东跨院木门前，王佩芝急忙蹲下身子，让黄浩踩着自己的肩膀往上爬，黄浩脚一滑，从夫人的肩上摔了下来。站在旁边的黄曙鸣赶紧搬来木梯子，黄浩登梯爬上小平房,凭借平日练就的太极拳功底,从小平房蹿上房顶,甩掉脚上的拖鞋,光着双脚,翻墙越过后院大门,穿过小胡同,一口气跑到交道口板厂胡同张兰芳诊所,暂时脱离了危险。

此时,日本宪兵已闯入院中,四处搜查没有找到黄浩,便对王佩芝及孩子们审讯毒打,他们咬紧牙关,始终没有说出黄浩的去向。无奈之下,日本宪兵只得留下伪警察继续监视。

第二天,张兰芳先后通知李庆丰和刘仁术前往诊所,共同研究转移黄浩出北平的办法。不久,黄浩经贝家花园、妙峰山情报交通联络站,安全抵达晋察冀边区。1944年元旦前夕,王佩芝经地工组成员精心安排,逃离敌人魔爪,偕家人前往上海。翌年,黄浩被派往上海从事地下工作。

解放战争期间,黄浩化名林明德,经党组织派遣又回到北平,继续开展秘密工作。新中国成立后,黄浩被安排在北京市政府有关部门工作,1969年12月23日去世,享年74岁。

(执笔:韩旭)

蓝公武 坚守民族气节的"蓝疯子"

山河破碎，勿忘国耻。1937年8月8日，日本兵耀武扬威地开进北平城，举行入城仪式。突然，人群中冲出一个身穿白色长衫、戴着眼镜的文弱先生，他挥舞铁铲，口中大声叫骂，像疯子一样拦在大街中央，要与日本兵拼命。此人便是中国大学教授蓝公武。

蓝公武

同进北平的日本兵拼命

蓝公武早年赴日、德留学，回国后师从梁启超，与张君劢、黄远庸一起被称为梁启超门下"三少年"，他们曾合办《少年中国周报》。蓝公武后任《国民公报》社长、《晨报》董事，参加辛亥革命和护国、护法运动。新文化运动中，胡适引发"问题与主义"之争，他率先在《国民公报》上发文反驳，认为涉及实际问题之前，先谈点"主义"是有必要的。

蓝公武也把自己的家作为开展革命活动的场所和阵地。子女参加进步活动，他不遗余力地给予鼓励和支持。长子蓝铁年参加反帝大同盟，邀集同学创办火星读书会，出版《时代青年》杂志，宣传抗日。蓝公武不仅允许他们在自己家里集会，还把早年从日本带回的《资本论》、托朋友买的《列宁选集》提供给他们阅读，并进行辅导。同时，他的家也成为中共地下组织的"堡垒户"。每当遇到危险时，地下工作者常到他家躲避追捕或暂时借宿。一二·九运动中，中共地下组织领导人黄敬、姚依林等曾在蓝家召开会议。

北平沦陷，身为中国大学教授的蓝公武痛心疾首，为了不当亡国奴，免受凌辱，甚至动过"杀家殉国"的念头。

8月8日，是日军举行入城式的日子，也是让蓝公武最为痛心的一天。眼见着大队日本兵开进北平城，蓝公武拿起一把铁铲跑到街上，一边跑，一边挥舞着铁铲，嘴里还大声叫骂着："强盗！强盗！万恶的强盗！我和你们拼了！我要打死你们这些侵略者！"日本兵立即将蓝公武团团围住，接着就是一顿毒打，随后将他捆绑起来，准备投进监狱。眼看蓝公武要被抓走，几名邻居赶快跑过来，解释说："这人是个疯子，你们不能抓他！"日本兵一听，只得作罢，踹了他几脚，才把他放走。蓝公武虽然躲过了这场牢狱之灾，但他要与日本兵拼命的事却传遍北平城，从此得了个"蓝疯子"的绰号。

伤愈后，蓝公武继续回到中国大学教书。此后，他不再遮遮掩掩，而是把课堂当作战场，毫无保留地给学生们讲马克思主义，按全套《资本论》体系讲经济学。他在课堂上宣传抗日，讲世界形势，讲日本必败、中国必胜的道理。他的课极受欢迎，甚至附近院校的一些学生也跑过来听课，常常把教室围得水泄不通。

有一次，日伪报纸报道：日本占领了越南、缅甸、暹罗（今泰国）等地。蓝公武看后，在课堂上公开说："现在日本国内缺少大米，而这些地方盛产大米，占领就是为了掠夺，日本是必定要败的。"日伪安插在学生中的特务指责他这是宣传抗日。蓝公武镇定自若地说："我讲的都有根据，你要听请坐下来，不听可以走！"

多次入狱不改爱国心

蓝公武这样公开叫板，日本人当然不能容忍。1940年夏的一个清晨，日本宪兵队突然闯进蓝家，把尚在睡觉的蓝公武强行抓走。他的夫人郭英急中生智，把小儿子藏进马桶间，躲过一劫，但是上大学的大儿子和刚考上高中的三儿子还是被一起带走了。

父子三人被关进设在北大红楼的日本宪兵队总部。提审他的日本宪兵问：" 你为什么反日？" 蓝公武理直气壮地回答：" 你们日本人侵略我的祖国，占领我们的土地，欺凌中国人民，我当然反对你们。" " 你的组织在哪？是国民党还是共产党？" 蓝公武毫不畏惧地说：" 我只是中国人的一分子，从来没有参加过共产党或国民党，更没有什么地下组织。"

日本宪兵不分昼夜地对蓝公武刑讯逼供，有时候一夜就要提审几次，连翻译都熬不住了。为尽快结束审讯，翻译就把蓝公武的回答糊弄成认罪。蓝公武一听，暴跳如雷，用日语骂他" 混账！" 质问翻译为什么要故意歪曲他的回答。审问他的日本大佐听到蓝公武一口流利的日语，愣了一下，问道：" 你的日语为什么这么好？" 蓝公武回答说：" 我是东京帝国大学毕业生。" 东京帝国大学是当时日本最著名的大学之一，这位大佐的老师也是该校学生，比蓝公武还要晚几届。大佐顿时客气了许多，请他坐下，称呼他为蓝先生。此后，蓝公武的日子虽然好过了一些，但还是被关押了9个多月。

因为宣传抗日，蓝公武先后7次被抓进宪兵队，但他始终坚贞不屈，每次出狱后依然初衷不改。他多次对学生讲：进了宪兵队，千万不要屈服，要和他们进行斗争。还说：我会说日本话，但在外边我就是不说。我只在敌人宪兵队里用日本话向他们讲日本必败。敌人劝我不要讲，我问他们，你们日本人爱日本不爱？既然许你们日本人爱日本，就许我中国人爱中国！我要讲下去。敌人也没有办法。

追求光明奔赴根据地

蓝公武因多次被捕入狱，无法继续上课，工资也随之停发。过去的一点儿积蓄都买了一家纱厂的股票。纱厂破产后，股票也成了废纸。为了节省开支，躲避日本人的监视，蓝公武全家从城内北沟沿庚28号，搬到城外城府街红葫芦胡同2号，租了一所极其简陋的房屋。

为维持生活，蓝公武不得不变卖珍藏已久的《十三经》善本，以及许多名贵字画。中共地下组织每月派人给他送来一些补贴，但是杯水车薪，蓝家依然处境艰难。

北平抗日斗争群英荟

一次，蓝公武在日本留学时的同学张东荪瞒着他，通过关系把他儿子蓝铁年的名字改成蓝吉庆，写进伪政权参议名单，讲明不做事情，只拿工资，借以改善他家的经济状况。蓝公武得知后非常气愤，跑到张东荪家，砸了他家的茶具，要求立即把蓝吉庆名字抹掉，否则与他绝交。

抗战胜利前夜，中共北平地下党员崔月犁，给蓝公武送来一本毛泽东的《论联合政府》，并与他长时间交谈。蓝公武极为振奋，提出要到根据地去，为争取抗战最后胜利而奋斗。

1945年8月初，先期到达根据地的大女儿蓝文华，受中共中央晋察冀分局城工部部长刘仁派遣，从阜平回到北平迎接父亲。

8月11日，蓝公武一家从北平上了火车。蓝公武讲话有口音，为避免引起日本特务注意，他一路上装作哑巴；夫人郭英讲一口河北话，扮成带孩子回家探亲的家庭妇女。一家人顺利到达定县，下火车后，按照约定坐上一辆早已在此等候的马车，经地下交通线转至阜平。第二天，根据地传来日本无条件投降的消息。

1948年4月，毛泽东率领中共中央机关到达河北省阜平县城南庄，当他得知蓝公武就在晋察冀边区北岳区工作时，马上函请蓝公武："三十年前，拜读先生在《晨报》及《国民公报》上的崇论宏议，现闻先生居所距此不远，甚思一晤，藉聆教益……"接到信函，蓝公武喜出望外，遂偕夫人去见毛泽东，在城南庄住了10天。其间，二人多次晤面，相谈甚欢。

新中国成立后，蓝公武被任命为最高人民检察署副检察长兼政务院政治法律委员会委员，当选为第一届全国人大代表、人大常委会委员。1957年9月，蓝公武因病在北京逝世，中共中央为其举行了公祭大会，并根据其生前意愿追认他为中国共产党员。

（执笔：常颖）

李　铮　为地下党工作的同仁堂少奶奶

20世纪80年代，北京航空学院即今天的北京航空航天大学，以"李铮"名义设立了一项10万元的奖学基金。这笔钱现在看来并不算多，可在当时这已经是一个可望而不可即的大数目。这位捐款人就是抗战时期冒着生命危险为地下党工作的同仁堂乐家少奶奶李铮。

李铮

家里来了"引路人"

同仁堂，响当当的京城老字号。传到乐元可这一代，已是一个支系众多的大家族。老辈定下家规，"同仁堂"字号要由家族共管，代代相传。各支另开新店，不准用"同仁堂"名号。乐元可作为同仁堂的股东之一，分别在北平、包头和烟台另开分号，起名"永仁堂"。

李铮是乐元可的妻子，出身天津的一家寒门。17岁那年，父亲病逝，母亲身体不好，两个弟弟尚在幼年，养家重担全压在李铮身上。两年后，家境贫寒的李铮经人介绍嫁给乐元可。乐元可是家中长子，5岁丧母，继母怕他娶个有钱人家的小姐进门儿会瞧不起她，便硬撮合了这"门不当户不对"的婚事。好在李铮运气不错，碰上乐元可这位性格温和的忠厚之人。婚后李铮把家里安排得井井有条，夫妻两人举案齐眉，感情很好。

乐元可有个表弟叫杨宁（原名杨德修），从小就随母亲住在乐家。杨宁是北京师范大学历史系学生，参加过一二·九抗日救亡运动。他经常带一些进步书籍给表兄表嫂看。李铮识字不多，似懂非懂，经常向杨宁请教，怎样才能把日本侵略者赶出去，社会为啥这么不合理……杨宁深入浅出的解答，李铮越听越觉得在理，认为杨宁是一个干大事儿的人！

杨宁大学毕业后，没有按兄嫂的建议出国留学，而是宣称到河北一个地方教书。1939年，杨宁突然回到北平，逢人就说："一直在乡下教书，想家了，回来找个事做做。"别人信以为真，李铮却不以为然，私下问表弟这些年到底去了哪里。杨宁知道兄嫂是一对很有正义感、有着朴素爱国心的夫妇，便不再隐瞒，如实相告。

原来，全民族抗战爆发后，他辗转去了延安，不久就加入中国共产党。后来，在中央社会部部长许建国的率领下，杨宁等13人组成中央社会部考察组到华北敌后考察。途经晋西北时，他临时承担情报分析工作，初步显露出这方面才华。1939年6月，考察组到达晋察冀边区，考虑到杨宁在北平有较好的社会基础，中共中央北方分局社会部派他回到北平，成为北方分局社会部陈叔亮地下情报组成员。

李铮还向杨宁询问了解放区人民的生活情况，杨宁都一一做了详细介绍。听得李铮心潮澎湃、无限向往：解放区的人都靠自己劳动生活，谁也不压迫谁，不像北平不公平的事太多了，这个糟糕的世道早晚要变的。

了解了杨宁的真实身份，乐元可、李铮夫妇暗下决心，一定要支持杨宁工作，也算是为抗日出力了。

大宅门成情报站

兄嫂的理解和支持，为住在这里的杨宁提供了工作便利。于是杨宁把这里当成接头、开会的地方，每逢有人来接头或密谈时，李铮就在暗中进行掩护，里里外外地支应着。

杨宁在天津一家银行工作，每次回来常有一人来找他。后来才知道，那人叫李才，是杨宁与地下党组织及根据地联系的交通员。李铮从不多问，只是不声不响地在屋里院内帮衬着，不让突然进来的人打断他们的工作。有时两人工作到深夜，她就陪到深夜打掩护。她还特意对家里其他人说：

李　铮　为地下党工作的同仁堂少奶奶

"这位客人是帮着表少爷做大生意的贵客，可不能怠慢！"大奶奶都这么说了，谁也就不往别的地方猜疑了。

杨宁知道乐元可喜欢喝咖啡，就喊表嫂："来碗咖啡提提神吧，再预备点米汤。"李铮一愣，心想：米汤怎么掺咖啡？但又不便多问，她相信表弟自有他的道理，照办便是。一天晚上，杨宁等人在书房里交换情况、分析情报，商量完后，杨宁对书房外的李铮说："表嫂，我们饿了，给我们熬碗粥喝吧！"李铮一听，在外间应声说道："粥早就熬好了。不但够吃，米汤还特多！"的确，杨宁他们喝粥只是个托词，用米汤密写情报才是真的。粥端上来，米汤也盛了一大碗。于是，杨宁开始用米汤密写情报，李铮又担起了"站岗放哨"的角色。

李铮的认真与机敏，赢得了杨宁的更大信任。随着地下情报工作的深入，他感到抄录的材料保存在表嫂内室里，比藏在自己屋里更保险。有一天，杨宁试探地说："表嫂，要是我在你这儿放点东西，你怕不怕？"李铮毫不犹豫地说："只要是为了打鬼子，我什么都不怕。"杨宁认真起来："这可不是存一包衣服，放一双鞋啊。"李铮坚定地回答："我知道，反正就是一条命！"没过几天，杨宁果真拿了一大包东西来，李铮接过包袱说："你要相信我就放在这儿吧，我看不懂，也不会看它。"从这以后，杨宁回家时就拿点东西出来，再穿上乐元可的大衣，藏在里面带出去。有时拿回东西往李铮手里一塞，也不多说，扭头就走了。李铮虽不多问，但也知道这是掉脑袋的事，更加小心谨慎地保管资料，从未出过半点差错。

临近年节，一个陌生人来到大宅门乐家，给李铮送来几张天津杨柳青的年画儿，并叮嘱她："这是杨先生托我买的年画儿，他很喜爱这些画儿，请表嫂妥为保存。"李铮虽然不清楚这年画儿到底藏着什么或暗示着什么，但她知道这不是普通年画儿。杨宁回来后，她把年画儿完好地交给了他。李铮估计得一点不错，年画儿里的确藏着地下党的重要情报。

为了做好掩护工作，李铮除了把自家大院、书房客厅让给杨宁使用外，她索性让表弟搬进他们夫妻内屋西套间去住，对外就说他身体不好，便于照顾。

助亲人奔赴光明

1945年春,老乐家周围时常出现日本宪兵、侦缉队的影子,一股不祥的阴影笼罩着这家大宅院。

担心的事情果然出现了。杨宁以前每周六都会从天津回来,可一连两个星期,音信全无。李铮心急如焚,托人去天津那家银行打听,才知道杨宁在上班路上被人叫走,不知去向。大约过了一个月,李铮接到一个以弟弟李立名义打来的电话,约她到太庙去。到那儿一看是李才,他告诉李铮,杨宁被日寇逮捕了。

原来,李铮母亲去世后,弟弟李立就寄住在乐家继续读书,读到大学二年级,看着日本人在中国横行,弟弟实在无法安心读书,就和学校的进步同学相约到根据地参加抗日。弟弟要求进步,李铮自然是支持的,她亲自给弟弟拿了路费,并通过杨宁的关系,把他们秘密送到了抗日根据地。不承想,弟弟的一名同学从解放区回来时,被特务发现,并在这名同学家搜到一本写有杨宁名字的进步书籍,于是日本宪兵顺藤摸瓜找到了杨宁。

日本宪兵队没有掌握什么真凭实据,杨宁在狱中关了几个月,他经受住了严刑拷打,坚不吐实。1945年8月日本投降后,杨宁被放了出来,在监狱里受到非人的折磨,导致他身体虚弱,乐元可、李铮不顾危险,把表弟接到家里治病养伤。

抗战虽然胜利了,但杨宁的身份已经暴露,不适宜继续留在北平工作。11月,李才、杨宁准备撤往解放区张家口。乐元可夫妇共有4个孩子,3男1女,夫妻两人最心疼的就是女儿,希望女儿能生活在光明、充满希望的解放区,所以,委托他们将自己14岁的女儿带到解放区参加革命。从此,乐元可、李铮夫妇与共产党更加紧密地联系在一起。解放战争时期,李铮又接受了北平地下党组织交给的新任务,负责保管、兑换中共中央晋察冀局社会部在北平开展地下情报工作的秘密经费。北平解放后,李铮夫妇将全部经费分文不少地交给党组织,被大家称为"金库主任"。

李　铮　为地下党工作的同仁堂少奶奶

新中国成立后，同仁堂积极响应国家对资本主义工商业改造的政策，率先实现公私合营。乐元可、李铮夫妇最初靠政府支付的利息生活，后来他们放弃了这项经济来源。党的十一届三中全会后，党和政府落实政策，补发李铮10万元。临终前，她把这10万元全部捐赠给北京航空学院作为奖学基金。时至今日，这笔奖学金依旧在支持和鼓励着学子们努力学习、报效国家！

（执笔：曹楠）

李苦禅　抗日情报组的国画大师

李苦禅是中国近现代大写意花鸟画的一代宗师，更是一位以民族大义为重的爱国志士。抗日战争时期，他秘密加入"黄浩情报组"，为八路军传递情报、筹集经费。被捕入狱后，他正气凛然，饱受酷刑，坚不吐实，表现出爱国艺术家不畏强暴、忠贞不屈的铮铮铁骨。

李苦禅

"我只会画画，不会当官"

李苦禅原名李英杰，山东高唐人，自幼习武善画。20岁那年，他只身到北京求学，三年后考取国立北京艺专西画系。同学看他学画非常刻苦，"禅宗"画意味浓厚，于是送他别号"苦禅"。从此，李苦禅的名字就叫开了。李苦禅毕业后，先后被北京师范学校、保定第二师范学校、杭州艺专聘任为美术教师。

1930年，李苦禅在杭州艺专任教授期间，经常以民族英雄岳飞的事迹教育学生，言及人格第一，要义在于"爱国"二字。九一八事变后，李苦禅因支持学生的爱国运动，被称为"赤色教授"，后被校方解聘，又辗转回到北平，任教于北平北华美专。

一二·九运动当天，北平学联在东交民巷巷口的外交大楼，即冀察政务委员会预定成立地点举行示威游行，李苦禅和他的学生们肩并肩、手挽手，与游行队伍在街头高呼"反对华北自治""收复东北失地""反对内战，一致抗日""打倒帝国主义走狗"等口号，呐喊声响彻北平上空。

卢沟桥事变后，北平沦陷。汉奸想拉拢李苦禅加入"新民会"，给他们撑撑门面。一天，两个鬼头鬼脑的伪新民会成员来到李苦禅家，对他说："只要你说句话，有你官做。"李苦禅说："我只会画画，不会当官。"其中一个家伙涨红着脸说："你别敬酒不吃吃罚酒！"闻听此言，李苦禅猛地站起来，吼道："你们给我出去！"满脸横肉的家伙想动手，李苦禅冷笑道："想动手吗？屋里太窄憋，咱们出去试巴试巴？这种窝心的日子有什么意思，愧对地下的祖宗！"那两个家伙听了这话，知道李苦禅是个不怕死的硬汉，就边往门口走边说："姓李的，你别嘴硬。你现在的教书饭碗，也是我们给的。"第二天，李苦禅愤然辞去北华美专教职，以示坚决不给日本人做事的爱国情怀。

"黄浩情报组"一员

李苦禅辞去教职，并没有感到一身轻松，因为他家里还藏着一位身份特殊的人物，必须尽快转移。这位特殊人物就是国民党第29军军官袁祥峰。

从战火中匆匆撤下来的袁祥峰，由于没有赶上部队，只好躲到李苦禅家里。北平沦陷后，日本宪兵贴出布告，捉拿抗日军人。袁祥峰怕连累李苦禅，几次提出："我还是走吧！你家里本来就困难，如今兵荒马乱，又多一张嘴吃饭，鬼子到处抓人，千万别连累你们。"李苦禅每次都坚定地说："你哪儿也别去！就是走，也得等我给你找好地方再走。"

经过一段时间相处，李苦禅觉得袁祥峰是个爱国的热血青年，应该送他到抗日根据地杀鬼子。李苦禅有个学生叫黄骐良，是北平新街口教堂黄长老的同宗乡亲。这位黄长老叫黄浩，还有一个秘密身份——八路军冀中军区"黄浩情报组"负责人，黄骐良是其中的成员。通过黄骐良介绍，黄浩安排交通员护送袁祥峰，到达冀东抗日根据地。

送走袁祥峰，李苦禅彻夜难眠，也想去根据地参加八路军，并向黄浩表达了自己的苦闷和想法。但黄浩认为：李苦禅是北平知名画家，有一定社会地位，留在北平可以为抗日救国做更多工作。李苦禅接受了黄浩的建议，从此成为"黄浩情报组"的一员。

李苦禅收集情报的方式很独特，是通过到街头画速写来完成任务的。哪些地方可疑，哪里常来大汽车，他就去哪儿画，记下车辆密集度、车牌号等。后来，已经成为八路军军官的袁祥峰又带着任务潜回北平，经李苦禅密函介绍，潜伏到敌伪军中当了军官，收集重要情报。

李苦禅参加地下工作后，他居住的柳树井2号就成了"黄浩情报组"的联络站。柳树井2号院院子很小，院门朝南开，南屋3间，很简陋，其中一间半是他作画、休息和接待情报员的地方。交通员、进步学生、外国友人等，常在这儿藏身、中转，然后奔赴抗战前线。至于这些人的姓名、去向，他从不打听，也记不住都是什么人。因为他明白这是地下工作的纪律。

有时候赶上李苦禅手头儿紧，为了给过路的同志凑盘缠，他就到当铺卖了自己的衣物换钱。还有的时候，为躲避敌人盘查，他到当铺买回来些旧衣服，并根据这些人的口音，换上相应的衣服，再运用笔墨巧妙化装一番。李苦禅笑着说："看你们能不能认出自己来？"年轻人成了老头儿，读书人成了庄稼汉，教书先生成了小商贩，引得化装的同志对着镜子哈哈大笑，谁也认不出谁来。

"你尽管用刑，我不怕这个"

李苦禅的地下抗日活动，逐渐引起了日本宪兵的怀疑。1939年5月14日黎明，十几个日本宪兵和汉奸闯进李苦禅的小南屋。一个日本兵举起藤条劈面就打，结果藤条未落，鬼子胸口先挨了李苦禅重重一拳，一下子就被打到院子里。跟着又冲进来一个鬼子，被他一拳打得贴了墙。最后，鬼子用枪顶住李苦禅，给他铐上手铐，押上大卡车，以"私通八路"的罪名抓到位于沙滩北大红楼的北平日本宪兵队本部"留置场"（即拘留所）。

被关进日本宪兵队本部地下室后，李苦禅心想，被逮到鬼子大牢反正得死，得琢磨个死法：一要死得有气节，二要在死之前骂他个痛快淋漓！

审讯开始了。李苦禅当着一帮鬼子汉奸的面痛骂鬼子头儿少佐上村喜赖："你们到中国来杀人放火，这是数典忘祖，没有中国你们连字都不会认、不会写。你这个小子的名字上村喜赖四个字都是偷了中国字写的，要没中国字，你们祖宗八辈儿都不知道自己叫什么东西，连你自己都不知道从哪儿出来的，还妄称什么王道乐土、共存共荣，别放你们倭寇的狗屁啦！"

上村喜赖是个"中国通"，听了李苦禅的一阵痛骂反倒没了话说。这时一个叫"小狲儿"的汉奸过来要抽李苦禅，被上村伸手拦住。一见这场景，李苦禅不依不饶，骂了东洋主子再骂这狗奴才："你小子还敢动手？真想动手就把我放了，出去找个场子比试比试，我要是三拳不把你打成狗屎一堆，我就不姓李！告诉你，回去查查你祖宗牌位，到这一辈儿上怎么出了你这个王八蛋？"

日本宪兵气急败坏，开始对李苦禅施以酷刑，灌凉水、压杠子、抽皮鞭，甚至往指甲里扎竹扦。打晕过去了，就用凉水激醒，接着用刑。李苦禅扛住了，什么都没说。

一次，上村喜赖对李苦禅说："苦禅先生，今天星期六，我救不了你了！"李苦禅回答道："上村！你们杀人的法子不是四个吗？一狗吃，二枪毙，三活埋，四砍头。你尽管用刑，我不怕这个！"由于李苦禅知名度高、影响大，再加上没有真凭实据，日本宪兵只好把他放了。释放时，鬼子还耍花招，既不说放他回家，也不说惩办他。李苦禅心想，鬼子可能要在背后下毒手。想到这里，他忍着伤痛，无畏坦荡地朝前走。快到家门口了，他琢磨，鬼子怎么还不开枪啊？回头一看，还真有人在后边盯梢。李苦禅明白：鬼子是想放长线、钓大鱼，以后得更加小心。

后来，李苦禅回忆狱中经历时谈道：沙滩红楼，50多年前我在那里上过文学课。文科大楼地下是监狱，住了28天，"死"了多少次。灌水是常事，压杠子压了一次。浇凉水，通身很凉，一泼水就缓过来了。那里每天上午8点钟上堂，下午是1点钟上堂。鬼子要枪毙的人，星期六就提出来到别的屋里去了，第二天早上就行刑。

"支援抗日是最大的事儿，这钱你拿去！"

李苦禅晚年提及当年的艰苦，曾说过："共产党是最穷的党，什么工作经费也没有，全要靠自己想办法去筹集啊！我没别的本事弄钱，只有靠卖画挣钱筹集呀!"

李苦禅为抗日纾困解难从不吝啬。早在1938年1月,一位叫郝冠英的女士到李苦禅家,对他说:"地下党组织交给我一项紧迫的任务,就是春节前护送一批同志去延安,可是缺少路费,必须在5天内筹集2000元现款。"这可不是个小数目,要知道,当时4元钱就可以买一袋面粉。李苦禅一听,笑着说:"你可来巧了。我在天津办的画展卖了2000多块钱,支援抗日是最大的事儿,这钱你拿去!"郝冠英接过钱,感激地说:"我代表去延安的同志谢谢你!"

为了筹集抗日经费,李苦禅多次去天津举办画展。1939年冬的一天,李苦禅身着单薄的长袍,带着长子李杭前往天津法租界滨江道永安饭店,举办"李苦禅画展"。一时间永安饭店门庭若市,还没正式开展,一多半的画作就都有了买主。按当时的规矩,凡是展出有买主的书画,一律挂上红布条,写上收藏人的姓名。迟来的富商巨贾,面对贴着红布条的佳作,只有"望画叹息"了。7天的画展结束后,李苦禅立即让"黄浩情报组"成员把卖画钱取走,给地下党组织当经费。而父子俩只买了顶帽子、一条围脖儿。

1940年夏天,李苦禅又偕长子李杭到天津租房作画、卖画。附近的百姓很喜欢这位豪爽健谈、画技超群、学识渊博的山东大汉,前来看作画的人很多。富商、洋行阔佬纷纷闻讯而来,10天内所有字画被抢购一空。李苦禅父子守着卖画巨款,分文不动,又以同样的方式迅速把钱交给前来取款的"黄浩情报组"成员。

几次来天津献艺卖画,使李苦禅名冠津城,但谁也没料到,他把卖画所得全部支援了抗战。

抗战时期,李苦禅创作过一幅《墨兰图》。他借用南宋诗人、画家郑思肖的典故题道:"曾记宋人写兰而无根无土,或有问曰:'奈兰无土将何以生?'即曰:'土被金人夺去矣!'文人为社稷之怀抱如此,其伟大可知矣!"李苦禅这幅著名画作,传递了他抗战必胜、国土必复的坚定信念,也是他刚毅性格、家国情怀的生动写照。

(执笔:高俊良)

廉　维　从中将夫人到八路军大姐

抗日战争时期，有一位国民党中将夫人，积极投身民族解放事业，支持儿女投身抗日活动，把自己家变成北平地下党的联络据点。在沦陷的北平城、在战斗的晋察冀，都留下了这位女性的坚强身影。她就是被周恩来称为"难能可贵的中将夫人"——廉维。

家人合影（左起：张楠、张昕、廉维、张伯诏、张基、张瑞芳）

支持儿女抗日救亡

廉维，原名杜健如，1889年出生于密云古北口一个大户人家。青少年时期，受革命思想影响，立志做一个"独立自主"的新女性；24岁那年，嫁给二哥杜仲畲的军校同学张基。张基毕业于北京陆军大学炮科第3期，在保定陆军军官学校任教，后追随孙中山到黄埔军校任教，并参加国民革命军北伐战争,任第1集团军中将炮兵总指挥,1928年不幸在军中去世,留下廉维独自抚养6个年幼子女。

丈夫的去世令廉维悲痛欲绝。为了让子女接受良好教育,她带着孩子们离开丈夫的河北老家,于1929年年初来到北平,住进城北偏僻的鼓楼东法通寺胡同10号一座三进院落。不幸的是,小女儿在路上病逝,备受打击的她,在这里过起了避世隐居的日子。

然而,平静的日子没能持续多久。九一八事变爆发,日寇强占中国东三省,3000万同胞沦为亡国奴。廉维虽深居简出,但也开始留意儿女们带回的报纸杂志。每每看到同胞惨遭欺凌的报道,她都心急如焚,更为抗日将士不畏强暴的斗争精神而深深震撼。

1934年,长子张伯弨高中毕业,廉维鼓励他继承父亲遗志,去南京报考中央陆军军官学校炮科,学成后到前线杀敌报国,并要儿子询问丈夫的同学、国民党中将李竟容的意见。李竟容一听便摇头说:"你是长子,你娘一个寡妇,带一群孩子,你怎么能走呢?"张伯弨答道:"国难当头,我绝不当亡国奴,学点武艺跟他干。"李竟容赞道:"好小子,不愧是将门之子。你去吧,好好干。"不久,张伯弨考入中央陆军军官学校第11期2总队炮科,毕业后曾参加蚌埠、台儿庄、江西南浔沿线及湘北等对日作战。

随着华北局势日益危急,北平学生的爱国运动此起彼伏。一天,廉维从报纸上看到一份被捕的爱国学生名单,便问在中国大学就读的长女张楠,这是怎么回事。张楠回答说:这都是国民党宪兵三团干的好事!作为国民革命军遗属,廉维感到很气愤,沦陷的东北不去收复,还不许几个青年学生宣传抗日,这样的政府屁股究竟坐到哪一边了?一二·九运动当天,张楠参加完游行回到家中,偷偷塞给母亲一张传单。廉维一看,原来是《中国共产党北平市委告市民书》,号召四万万同胞团结一致共同抗日。看完后,廉维欣慰地说:"这就有希望了!"

1936年年初,张楠先后参加中华民族解放先锋队(以下简称"民先")和左翼作家联盟,不久又加入中国共产党。廉维知道后很兴奋,经常阅读女儿带回的各种传单和文件。有一次,张楠悄悄递给母亲一本油印小册子,其中有一篇是《列宁、斯大林论中国革命》。廉维连夜看完,深表赞同。

2月21日，在中国大学欢迎北平学生南下宣传团归来的大会上，一批学生遭到军警逮捕，其中包括张楠的同学鲁方明。看到女儿十分着急，廉维偷偷带上厚礼，去求丈夫的同学、一个姓魏的军长设法营救。魏军长开始说不好办，廉维便再三托付。3个多月后，鲁方明获得释放。

张楠常常带着18岁的二妹张瑞芳、16岁的小妹张昕参加中华民族解放先锋队、市学生联合会的活动，廉维也乐见其成。一个星期天，张楠带着民先小队到郊外农村开展救亡活动，她的一位同学找到廉维，希望家长能管束一下，在外面活动很危险。谁知廉维只是笑着说："危险的事，总得有人去做啊！"反倒把这位同学说得不好意思，面红耳赤地走了。

地下党联络点

廉维不仅支持儿女参加爱国运动，自己也加入其中。张楠经常在家谈论抗日救亡活动，还带"男同学"回家，在屋子里谈事情。廉维知道他们都是爱国青年，不仅不干涉，还接济外地来的进步学子，深得儿女敬佩。

通过张楠的穿针引线，1936年秋，中共北平市委征得廉维同意，将她家作为地下活动的一个秘密联络点。北平市委的黄敬、姚依林、蒋南翔、娄平，还有北方局的彭真等同志，都在这里开过会或者接过头。

之所以选择廉维家做联络点，地下党有着多方面考虑：一是这里位置偏僻，来往行人少，相对比较安全。二是时任北平市市长秦德纯是廉维丈夫的学生，得知老师的遗孀住在这里，暗中对周围加强巡逻，予以保护。三是廉维的长子在外求学，长女是中共党员，其他两个女儿也是进步学生，政治上靠得住。

为了确保安全，每当地下党开会，廉维都会事先安排看门人到很远的地方去买东西，自己便坐在门道里观察四周动静。最初，黄敬总是预先告诉张楠开会的时间、人员等事项，后来他直接和廉维联系，有时还将党的文件也交给她保管。黄敬发现，廉维胆大心细，非常适合做秘密工作，便把廉维当成共患难的战友，让她承担一些任务。不久，廉维加入了中国共产党。

七七事变后不久，北平沦陷。时任中共北平市委书记的黄敬三天两头来廉维家召集会议，商议进步学生、民先队员和地下党员的撤离事宜。张楠、张瑞芳也将随北平学生战地移动剧团奔赴山东、河南宣传抗日。对廉维来说，长子已离家去军校，两个女儿又要远行，尽管嘴上什么也没说，但她心里有着万般不舍和担忧，毅然为她们准备行装和路费。

临走前，廉维把黄敬写给沈钧儒、邹韬奋等先生的介绍信，装进半空的牙膏管里，叮嘱姐妹俩：什么都丢了，你们也不能丢掉牙膏。半夜，她站在窗前，眼含热泪地目送两个女儿走出家门。一个月后，小女儿张昕也决定追随两个姐姐，廉维同样没拦着，只是小心地把钱缝在被子里，叮嘱她一路注意安全。

女儿们走后，为了方便开展工作，黄敬和杨春甫先后住进了廉维家。杨春甫当时是中共房（山）涞（水）涿（县）联合县委书记、县游击大队政委。从此，游击队常常来人，廉维每次都给他们端上热腾腾的饭食，让他们在家里美美地睡上一觉，临走前还捎上一些钱物。虽然沦陷区生活艰难，廉维仍然一次次把家中积蓄和金银首饰充作党组织活动经费。

辗转晋察冀

随着抗战形势日益严峻，1939年深秋，廉维和幼子张进跟随杨春甫离开北平，奔赴晋察冀抗日根据地。进入边区不久，当地干部看廉维年届五十，骑驴摔伤了腰，又带着孩子，打算给她200元路费让她回北平。廉维坚持留下来工作，表示自己既不怕吃苦，也不怕牺牲。

翌年春，廉维来到河北省涞水县政府和抗敌后援会所在地汤家庄，从事妇女工作。一天晚上，有股被收编的土匪突然叛变，包围了村子，打死打伤许多干部和老乡。土匪把廉维绑起来，一边用鞭子抽打，一边叫骂："你这老婆子也当八路！"廉维被打得遍体鳞伤，眼睛出血。

第二天一早，土匪把抓到的人拉到河滩上处死。快要轮到廉维时，突

廉　维　从中将夫人到八路军大姐

然远处传来枪声，土匪感觉不妙，连忙四散逃窜。趁土匪不注意，廉维跑到一家空院粮囤后面。还没站稳，一个穿棉袍的男人出现在她旁边，廉维忙说："同志，快给我松绑。"那人一脸凶相，斜眼瞪着她："你看我是什么人！"廉维仔细一看，原来是土匪！她心一惊，顿时愣住了。

正在这时，不远处传来喊声："老乡，别跑啦，我们是八路军。"那个土匪慌忙逃走，廉维得救了！她顾不上全身的伤痛，急忙带路去河滩救人，发现两位浑身是血、失去知觉的同志。她忙着找门板、抬伤员，等回到老乡家时，突然全身发抖，两眼一黑，失去知觉。太阳快落山了，队伍接到通知要去10里外专署所在的村子。这时，伤痕累累、又累又饿的廉维醒了过来，她硬是咬牙坚持走到了目的地。

廉维先后在晋察冀边区保育院、边区党校工作，在日军的"扫荡"中，她多次死里逃生，幼子张进却不幸病逝。张进临终前对她说："娘，不要难过，抗日前线中的战士，谁都是您的儿子。"幼子的死，令她无法忍受，她白天照常工作，晚上常常难以入睡。

由于廉维伤病较多，常有咯血，加上右眼常常流血，1944年党组织安排她到延安治病。在这里，她遇见了久别的黄敬，一老一少形同母子，在医院一同养病。她还第一次见到由重庆返回延安参加整风运动的周恩来。丈夫张基与周恩来曾同在黄埔军校任教。周恩来很关心廉维，还给活跃在重庆文艺界、后来成为著名表演艺术家的张瑞芳写信：在延安见到你的母亲廉维同志，她是很值得钦佩的。周恩来到重庆工作后，又当面对张瑞芳说：你们的母亲是值得尊敬的英雄。[①]

1945年10月，周恩来将廉维秘密接到重庆，廉维终于见到了阔别多年的儿女。让孩子们惊讶的是，母亲一改梳发髻、着旗袍的夫人装扮，变成齐耳短发、着八路军服装的大姐形象。经她引导，在重庆国民党军担任炮兵营长的张伯劭，毅然脱离国民党，加入解放军，后来在解放战争和抗美援朝战争中多次立下战功。

[①] 张瑞芳口述，金以枫执笔：《岁月有情——张瑞芳回忆录》，中央文献出版社2005年版，第315页。

解放战争全面爆发后,廉维回到晋察冀工作。新中国成立后,她回到北京在商业部干部休养所任职,并将法通寺胡同10号的住宅交给国家。1960年,她病逝后被葬于八宝山革命公墓,彭真、姚依林等党和国家领导人参加追悼会,周恩来为其墓碑题写"廉维同志之墓"。

(执笔:苏峰)

刘文生　一位民兵英雄的抗日传奇

抗日战争时期，在平谷南部山区的南山村，有一名普通的农家汉子，他自幼拜师习武，最拿手的是七节鞭，而且练就了一手好枪法。他不堪忍受日寇欺凌，组织民兵队伍勇敢打击敌人，两入虎口宁死不屈，成为当地赫赫有名的民兵英雄。这位农家汉子原名刘昆，后改名刘文生。

刘文生

凤凰山显露身手

抗日战争初期，在冀东区党委领导下，平谷地区建立了游击根据地，面对敌人猖狂的"扫荡"进攻，南山村始终是坚固的堡垒村，被誉为"铜南山"。

"啪——"一声清脆的枪响，打破了黎明的寂静，把南山村的乡亲们从睡梦中惊醒。"不好啦，日本兵来啦，快跑哇！"一时间，村民们纷纷冲出家门，向山上跑去。这天，是1940年3月8日。

"营长，日、伪军上来了，有100多个！"鸣枪报警的哨兵气喘吁吁地跑来报告。住在村里的八路军杨营长，果断地发出命令："同志们，用最快的速度抢占凤凰山！"凤凰山是村前的一道天然屏障，草木丛生，巨石耸立，易守难攻。战士们刚刚爬上山，便和敌人交上了火。

枪响后，住在凤凰山阳坡斜对面的一个40多岁的汉子，站在家门口，紧张地观察着凤凰山那边的战斗情况。这时，八路军一个排路过，要去增援凤凰山。汉子见状急忙跑上前,拉住一个战士说:"这边能守住,你们不如去占领北边的卜子山,两边夹着打,管叫小日本吃不了兜着走!"那战士回答:"不行,我们在执行命令。"汉子大声喊道:"谁是这儿的官儿,我有话说!""我是排长。"一个中年人应道,"大叔,有话咱们有空再说行不行?""不行。"汉子两手比画一番,将刚才说过的话又重复了一遍。排长听了,觉得有道理,高兴地说:"好,你给我们带路。"汉子带着部队抄近路,很快抵达卜子山山顶。战士们往下一瞅,正好十几个日、伪军也爬到半山腰。战士们一阵密集的子弹、手榴弹,打得他们晕头转向。日、伪军丢下几具尸体,连滚带爬地退了下去。

日、伪军在卜子山吃了亏,便以更加猛烈的火力攻打凤凰山。汉子又火速来到凤凰山八路军阵地。他对一个战士说:"把枪给我!"说着就从战士手中抄过三八大盖,略一瞄准,"叭"的一声,一个日本兵应声倒下,滚下山坡。他一拉枪栓又一枪,一个伪军见了阎王。战士们顿时来了精神,奋力扔出几个手榴弹,"轰轰"几声,炸得敌人抱头鼠窜。这时,冲锋号响了,山上的八路军战士发起冲锋。日、伪军一路丢盔弃甲逃走了。

回村的路上,杨营长拉着汉子的手说:"今天这场战斗,你帮了大忙。你叫什么名字?""我叫刘昆。""你枪法准,脑筋灵活,是个将才呀!"汉子不好意思地笑了。"神枪手刘昆"的威名,很快就传开了。

望马台临危不惧

凤凰山一仗,刘昆出了名,也成为敌人搜捕的重点对象。1941年5月,驻南独乐河、胡庄据点的日、伪军进犯南山村,整个村庄被付之一炬。村民无处安身,只好分散到平原地区投亲靠友。刘昆家搬到望马台,寄住在亲戚家里。

日、伪军得知刘昆搬来的消息,突然出兵包围望马台,将全体村民集中到村东大庙。伪警备队队长张大秃子大声喊:"谁是新搬来的刘昆,快站出来!"刘昆不想连累乡亲,从人群里挺身而出:"我就是刘昆。"张大秃子问："知道你的罪行吗？"刘昆毫无惧色地回答道："我一个本分老百姓，啥罪不罪的。""哼！都像你这么'本分'，还有老子和皇军的活头吗？去年在凤凰山你都干啥来着？"说着，几个伪军就把他绑了起来。

刘昆被关进胡庄日伪据点。乡亲们敬重他，凑了2000多元钱去保人。张大秃子虽然痛恨刘昆，但看到厚厚的一沓票子，立即答应放人。谁知，人刚放走，张大秃子变了脸，再次派人包围望马台。刘昆躲在外面，敌人就要抓他的三儿子刘作祥。乡亲们又凑钱疏通，才把刘作祥留了下来。

为了躲避敌人的抓捕，刘昆只好改名刘文生，带着全家人潜回南山村。

安固村抓捕敌探

1942年年初，刘文生带儿子刘作祥找到冀东西部地区分委书记李子光，送儿参军。这年7月，李子光来到刘文生家，语重心长地说："文生啊，你很勇敢，有胆略。凤凰山上那仗，敌人恨上了你。……上次在盘山你要参加八路军，愿望很好，但你年岁大了，这地面上你很熟，又是打枪能手，不如组织一个民兵队，和敌人斗争。"

李子光的一席话，使刘文生茅塞顿开，让他认识到打鬼子绝不是出口恶气，而是要和敌人做长期斗争。他痛快地答应下来，并说："今后只要我刘文生不死，就跟他们干到底！"

不到一个月，刘文生就组织起一支47人的民兵队伍。他们仅凭手里的几颗手榴弹和几支火枪，经常深夜到夏各庄、望马台一带，砍敌人的电线杆，袭扰日伪据点，对敌斗争开展得有声有色。李子光知道这一情况后，代表地分委发给他们40多支枪，并给他们派来了指导员。

冬季的一天，刘文生接到新的任务，让他带领民兵前往安固，抓捕6个日伪"坐地探"。原来，日军驻平谷守备队下属的特务队，经常到各村买通地痞、流氓，打探八路军活动情况，随时汇报给日军。从南山下来的八路军和民兵队，遭到敌人袭击，损失很大。民兵队队员早就恨透了这些家伙，听说要抓捕他们，个个跃跃欲试。

天黑后，民兵队队员分头行动，不到一顿饭的工夫，就抓到了5个。剩下那个听到风声，急忙从后窗逃走，正好被刘文生看到。刘文生飞身追赶，边跑边解下腰里的七节鞭，挥手扔了出去。七节鞭像长了眼睛一样，在空中飞速旋转着，朝那家伙头部砸去。只听一声尖叫，那家伙扑倒在地。刘文生踩住他，嘲讽地说："着啥急，你的坟坑在夏各庄，这会儿去还早点。"

第二天上午，他们在夏各庄召开群众公审大会，6个罪大恶极的敌探受到应有的惩罚，有力打击了日军和汉奸走狗的嚣张气焰。

夏各庄死里逃生

1943年2月，在平（谷）三（河）密（云）游击总队基础上组建了冀东第2地区队，刘文生任区民兵大队大队长。9月30日，平三密联合县县长李光汉和区队政委谭志诚，率700多人的队伍来到甘营和望马台，准备寻机打击敌人，派刘文生带民兵前去诱敌。

刘文生带着几个民兵，到平谷县城和夏各庄、胡庄日伪据点附近，散播八路军到来的消息。日、伪军果然上当，聚集200多人前来"扫荡"，正好进入八路军的伏击圈。这一仗，打死、俘虏日、伪军50多人，缴获迫击炮1门，还打死1匹大洋马。

次日清晨，日、伪军又来到望马台，收殓战场上的尸体，还为死马修坟立幡。刘文生得到消息，火冒三丈："小鬼子，死了匹马，还这么孝敬，杀死那么多中国人，连眼都不眨。"响午，刘文生带着2个民兵，准备去扒马坟。谁知，他正好撞上一队日、伪军，被抓了个正着。

走到半路上，刘文生想到，口袋里还装着八路军饭票，要是被敌人搜出来就麻烦了。于是，他蹲在地上假装提鞋，顺手将饭票扔进路旁草丛里。不料，刚好被一个伪军发现了，他阴笑着把饭票捡起来，装进自己口袋。

刘文生被押进村中大街。"你是干什么的？"伪军头子审问道。"我是来看马坟的。你们凭什么抓我？""胡说！撒谎都撒不圆满！"说着一刺刀捅在刘文生的大腿上，鲜血顺着他的裤管汩汩地流出来。那个捡到饭票的伪军走到日本军官面前，献媚地说："这个是他的。"日本军官点点头。伪军头子更来劲了，揪住刘文生的衣襟，恶狠狠地问："我早就瞧你不地道！昨天那仗八路死了多少？挂花的多少？李光汉藏哪儿去了？"

刘文生不慌不忙地回答："我不是八路，我是给八路做饭的，所以身上有饭票。昨天那仗八路没死几个，伤员倒是有，都送走了。我又没跟着李光汉，不知道他藏哪儿去了。"

看到刘文生如此"不识抬举"，几个伪军一拥而上，挥起皮鞭，噼里啪啦地往他身上抽。不一会儿，刘文生全身血肉模糊。变态的日本兵又在他肚子上架起劈柴，倒上煤油点燃。刘文生几次昏死过去，但他始终咬紧牙关，一声不吭，随后被关进夏各庄伪警务所。后来，八路军通过内线，里应外合，以外出就医为名把刘文生营救出来。

刘文生大难不死，神奇地活了下来。1945年5月26日，他出席冀热辽军区第14军分区在刘家河召开的群英大会，受到表彰。新中国成立后，他担任平谷县南山农业生产合作社社长、县人民委员会委员，为社会主义建设继续贡献力量，直到1968年因病去世。至今，当地的人们谈起老英雄刘文生，仍对他的抗日传奇啧啧赞叹，感到由衷敬佩。

（执笔：张惠舰）

汤万宁　拉队伍抗日的"汤七爷"

汤万宁出生在昌平五峰山下的白羊城村，性格豪爽、深明大义。他参与创立平郊第一支民众抗日武装，率部奇袭河北省第二监狱，激战黑山扈重创日、伪军，使"红蓝箍"国民抗日军威震中外。他被人们尊称为"汤七爷"。

汤万宁

在平郊建立抗日军

汤万宁的家乡十年九旱，常遭匪患，民不聊生。白羊城村村民为了防范土匪，维护治安，成立了保卫团，推举汤万宁为团总。保卫团收集散兵游勇丢弃的枪支20余支，召集团丁20余人。汤万宁联合邻村保卫团，数次打击土匪并夺回被绑架人质，在五峰山一带颇有威望。

1937年年初，流亡北平的东北抗日义勇军成员高鹏、纪亭榭等人，受一二·九运动和西安事变影响，秘密筹划组织抗日队伍，在北平郊区开展武装斗争。经人介绍，他们辗转见到了汤万宁。汤万宁从高鹏等人那里明白了抗日救国是民族大义，慷慨表示："我倾家荡产，跟着你们抗日了！"

卢沟桥事变爆发后，在中共中央北方局的直接领导下，中共东北工作特别委员会（以下简称"东特"）支持高鹏等组织抗日武装队伍，武装保卫华北。高鹏、汤万宁等成立了起义领导小组，举事地点定在白羊城村。

汤万宁把本村保卫团的步枪集中起来藏在自己家，为了壮大队伍，还串联了柏峪口村王士俊一起拉队伍参加抗日，等待北平城里来人后一同举事。高鹏等人将他们筹备的手枪偷运到清华大学校园，藏在共产党员沈海清（即林一民）宿舍。

7月20日，北平城里参加起义的人分成两组，一组由高鹏带领混出西直门，到清华大学取出枪支，徒步奔向白羊城村；另一组由东北大学学生宋鸣皋带领，乘火车至昌平南口，再徒步赶到白羊城村。当晚，两路人马在汤万宁家会齐。汤万宁和王士俊等人取出保卫团的10多支步枪，连同高鹏等人从城里带出来的17支手枪，将全体人员武装起来。次日，他们又收缴了瓦窑伪警察所的枪。

22日，汤万宁、高鹏等带领武装起来的几十人，齐集在白羊城关帝庙前的空场上，正式宣布：成立抗日军，举行武装起义。北平郊区第一支民众抗日武装队伍诞生了！

汤万宁携子汤玉瑗参加抗日队伍，被日、伪军列入黑名单，汤家房屋被烧毁，家人被迫离开白羊城村，开始了背井离乡、四处流亡的生活。但汤万宁并没有被吓倒，带领儿子继续开展抗日斗争。东特获知抗日军受挫情况后，派遣一批共产党员、民先队员和进步青年充实抗日军，壮大了队伍。由此，汤万宁所在的抗日军成为中国共产党实际领导下的抗日武装。

奇袭河北省第二监狱

8月下旬的一天，汤万宁、高鹏等带领抗日军，来到德胜门外的一个小村子。午饭时，当地常给河北省第二监狱送豆腐的小张找到汤万宁说："你们要搞枪，监狱里有机枪，有步枪。看守就是几个根本不会打仗的警察。"这所监狱位于德胜门外，关押着几百个人，其中有几十名共产党员。

汤万宁得知后，马上找到高鹏说道："小张说监狱里只有几个警察，咱们应该干他一票。"高鹏等人当即商定：突袭监狱，夺取枪支，营救关押人员。

22日傍晚，抗日军在小张的带领下，来到河北省第二监狱。汤万宁、高鹏让一名战士乔装成日本军官，站在监狱门前叽里呱啦地说着日语。小张大喊："洋二大爷来了，要察看监狱，快快开门！"看守把大门打开，抗日军战士一拥而入，先缴了伪警的枪，砸了电话，逼看守交出牢门钥匙，将监狱打开。一批共产党员在内的数百名同胞得以获救，其中包括李大钊的侄子李海涛、河北省磁县农民暴动领导人唐洛寿等。抗日军还缴获3挺捷克式机枪、40多支金钩步枪、10多支手枪、3000多发子弹，还有100多把大刀片子。汤万宁后来随身携带的勃朗宁手枪，就是在这次行动中缴获的。

成功奇袭河北省第二监狱，极大地鼓舞了北平同胞，爱国学生、贫苦农民、解救人员，以及流散的国民革命军第29军和起义的冀东保安队士兵也纷纷加入抗日军，队伍很快壮大到1000多人。武器装备也得到改善，增添了不少新式长短枪和机关枪，还有了迫击炮。

9月5日，抗日军在三星庄村（今属海淀区苏家坨镇）召开大会，全军约法，肃整军纪，汤万宁任司令部高级参议。会上正式打出国民抗日军的旗帜，还向每人配发红蓝两色袖箍。袖箍红色在上，表示战斗；蓝色在下，表示祖国河山。红蓝袖箍象征用战斗精神打败日本侵略者，收复大好河山。自此，"红蓝箍"闻名遐迩。

黑山扈一战"民气大振"

9月8日，国民抗日军在黑山扈一带与附近据点的日本华北方面军展开了第一次正面交锋。战斗从上午10时打响，日军数次发动攻击，均被高鹏、汤万宁等人指挥队伍集中火力击退，双方形成激烈对峙。下午3时，东南方向突然传来轰鸣声，一架从北平方向飞来的日军飞机在国民抗日军阵地上方低空盘旋侦察。飞机飞得很低，几乎擦着山头，连驾驶员的面孔都清晰可见。

汤万宁望着头顶上气焰嚣张的日军飞机，气得脸色发青，愤怒地指着天空，对第4大队小队长苏家顺说："这家伙飞得这么低，打下这只'黑乌鸦'！"

苏家顺曾在国民革命军第29军担任过副连长，军事技术过硬。他端起手里的轻机枪，朝着敌机猛烈扫射。在他的带领下，战士们也纷纷举枪射击。在众人交叉火力的配合下,敌机抖了一下,斜着翅膀,冒着火苗,拖着黑烟,朝东方俯冲下去,接着一声巨响,在清河附近的农田坠毁。战士们欢呼雀跃:"打中了,打中了!"

黑山扈一战,让高鹏、汤万宁等领导的国民抗日军威名大震。这次战斗毙伤日军20余人,击落敌机1架,有力打击了日本侵略者的气焰,极大地鼓舞了平郊人民抗战到底的信心,在国内外都产生很大影响。八路军朱德总司令和彭德怀副总司令对国民抗日军的英勇抗敌事迹给予表扬。北平《益世报》连续两次报道了黑山扈战斗。法国出版的中文报《救国时报》先后以大篇幅报道了国民抗日军的英勇事迹,还评论说:国民抗日军的胜利,"义声所播,民气大振","说明日寇虽已强占北平及我北方各地,并集中大军南向侵略,但实无法巩固其后方。只要我军能进行反攻,在北方游击队与北方民众响应之下,必能消灭日寇,而收回平津及一切失地"[①]。

12月11日,国民抗日军开至晋察冀抗日根据地中心河北省阜平县。聂荣臻司令员接见了高鹏、汤万宁等国民抗日军主要领导。25日,经八路军总部正式批准,国民抗日军改编为八路军晋察冀军区第5支队,汤万宁为支队参议员,开始了新的抗日征程。

1938年4月底,汤万宁随第5支队奉命回到平西接防。1941年7月,汤万宁被任命为昌宛县佐公署第一任县佐,后任专署特派员等职。不久,汤万宁随部队南下抗日,曾在彭城(今江苏省徐州市)担任县长之职。抗战胜利后,汤万宁落叶归根,回到了生于斯长于斯的白羊城村。

(执笔:徐香花)

---

① 救国时报,1938年1月21日第3版。

杨金花 "海坨山中一枝花"

抗日战争时期，延庆海坨山东麓帽子山下的南碾沟村，有一位农家妇女叫杨金花，她曾九死一生，舍命保护八路军机要文件，被当地军民誉为"海坨山中一枝花"。多少年来，她的感人事迹广为传颂，深深留在人们的记忆中。

杨金花（前排左二）与女儿、女婿及外孙们的合影

"我想加入这个真心为百姓的党"

延庆地处燕山腹地，境内高山林立，人口较少，日伪统治相对薄弱，非常便于开展抗日游击战争。1940年秋，八路军冀热察军区平北军分区司令部转战来到延庆海坨山，驻扎在南碾沟村。八路军开辟抗日根据地，实行"减租减息"政策，减轻农民负担，并组织群众开展游击战，受到百姓

杨金花 "海坨山中一枝花"

拥护，不少当地农民从此走上抗日道路，杨金花便是其中之一。

杨金花，1909年出生于延庆张山营大海坨山五里坡村。因为家贫，11岁时被送到附近的南碾沟村当童养媳，长大后与晏广禄结婚。晏广禄是村里的抗日积极分子，经常参加八路军组织的各种抗日活动。

在与八路军接触的过程中，杨金花逐渐感觉到共产党是真心打鬼子，能带领穷人求解放。于是，她跟丈夫说："我想加入这个真心为百姓的党。"看到妻子追求进步，晏广禄高兴地说，共产党是咱们穷人的党，跟着党走准没错！丈夫的鼓励和支持，更加坚定了她跟党走的决心。不久，因在抗日活动中表现积极，杨金花成为海坨山地区第一个女共产党员，并担任南碾沟村的妇救会主任。她带领南碾沟、海沟、五间房三个村的妇女们为八路军做军装、军被等军需用品，还承担着护理伤病员、洗衣服、传送情报、站岗放哨等任务。

此后，杨金花家成为当地抗日斗争的"堡垒户"。中共平北地委和平北军分区司令部的机要室和收发报机均设在她家，由她负责保护机要文件。有的乡亲为她捏了一把汗，提醒她：你跟着共产党干，小心别让鬼子抓住杀头。杨金花坚定地回答："党把这么重的担子交给我，这是对我的最大信任，就是被鬼子杀了头，也是值得的。"

"拼了这条命，也一定保护好文件"

1943年，日军纠集6000余名日、伪军，自张家口等地连夜突袭赤城、龙关、延庆、怀来地区，封锁平北抗日根据地的各个要道山口，进行"铁壁合围"式"大扫荡"。

9月15日晚，从五里坡传来消息，日、伪军进了山谷，正向南碾沟进攻，情况十分危急。平北军分区司令部当即决定，除留小部分队伍坚持内线作战、掩护村民向东沟隐蔽外，主力部队向北转移，进行外线作战。

转移工作安排就绪后，平北军分区司令员覃国翰把杨金花叫来，将两个小木箱交给她，郑重地说："金花同志，这些文件、党旗交给你，一定要想办法保管好,藏好以后你马上转移,过几天我们就回来。"杨金花毫不迟疑地表示:"您放心,我就是拼了这条命,也一定保护好文件。"

接受任务后,杨金花和丈夫将两只小木箱放进家中仅有的一个小木柜里。他们趁着夜色,背着木柜、扛着锄头,摸黑爬上帽子山,把两只木箱埋藏在一个鲜为人知的隐蔽山洞里。为防止被人发现,他们还在上面撒了几把旧土。回家后,杨金花又把通讯站没有带走的电台和物品藏进地窖,并在窖口堆上粪便。一切处置停当后,她便赶着部队留下的一头猪,撤离到东沟。

次日,日、伪军进山"扫荡",枪炮声、吆喝声持续了两天,杨金花和乡亲们躲在离村10里外的东山上。她抱着孩子坐在草丛中,心里总是惦记着藏在山洞里的文件。想起那天晚上黑灯瞎火,回来时走得急,可能没顾上擦掉洞口的脚印,她更加不放心,决定回去瞅一眼。

傍晚,杨金花发现部队留下的猪不见了决定去找,同时到藏文件的山洞查看一下。夜里,她摸黑回到家中,发现猪已经跑回来了,窖口的粪堆也没有被翻动的迹象。她又连忙赶着猪,朝藏文件的山洞走去。天亮时,她发现前面不远处有人影晃动,不时传来皮靴踩踏发出的声音。杨金花知道碰到敌人了,急忙赶着猪往另一个方向跑,不料猪突然叫了一声,敌人应声开枪射击,一发发子弹向她飞来。

情急之下,她撒腿就跑,一口气跑到山崖边。敌人越追越近,为了不落入敌手,她心一横,纵身跳下悬崖。幸运的是,她刚好被山崖上的一丛荆棘挂住,只是身上多处受伤。敌人发现后把她揪下来,拖上山顶,并用枪托打她,逼问八路军司令部的情况,问她是不是给八路军送信的。杨金花佯装惊恐地说,自己是白岭后山村人,不知道什么是八路军,家里的猪丢了,是出来找猪的,见后边有人打枪,心里害怕,一不留神就掉下了山崖。敌人没抓住什么把柄,只好放了她。当敌人问下山的路怎么走时,她机智地把敌人指到错误的路上去。

敌人走远后,杨金花刚松了一口气,谁知后面又紧跟着来了两个几天前投敌的汉奸,其中一个认出了她。她刚要跑,一个汉奸扑上来抓住她就往山坡下推,另一个朝她连开几枪。幸运又一次降临,当她滚到半山腰时,被一块巨石绊住,减缓了下落速度,滚到山底时,身负重伤,不省人事。

杨金花 "海坨山中一枝花"

"保住文件我就踏实了"

晏广禄在山上等了一整天不见妻子回来，天黑后听说敌人撤下山去了，便和大女儿、乡亲们一起寻找，终于在山下找到了血肉模糊、昏迷不醒的杨金花，大家七手八脚地把她抬到一个山洞里。

原来，这个山洞是八路军的野战医疗室。当杨金花醒来时，医生正在给她治疗，丈夫和女儿也围在身边。杨金花伤势很重，肋、腿、臀等多处中弹，一只手腕和一条腿骨折。看到她伤成这样还能活下来，大家感到欣慰的同时，更增加了对敌人的仇恨。平北军分区的一位领导俯身问她："金花同志，你为什么不在东沟躲藏，又返回村西呢？"杨金花用微弱的声音断断续续地说："我——心里——惦记着——党旗和文件。"

这时，大女儿扑上来哭着叫娘，杨金花强忍剧痛，对女儿说："好闺女别哭，快跟你爹看看山洞里埋的柜子还在不在？"晏广禄小声对她说："文件藏得好好的，什么也不少。"杨金花这才放下心来，微笑着点了点头，说："保住文件我就踏实了。"

经过精心治疗，杨金花慢慢恢复健康，但却落下了终身残疾。晋察冀第12军分区八路军部队返回根据地后，她将用生命保护下来的文件和党旗，完整地交到司令员覃国翰手中。

新中国成立后，杨金花担任南碾沟村妇联主任，多次被评为"模范共产党员"。1992年，这位带着累累伤痕的英雄妇女永远离开了人世，但她在战火中舍身护文件的革命精神，就像"海坨山中一枝花"，迄今仍在京华大地上绽放。

（执笔：贾变变）

英千里　矢志不渝的爱国教授

英千里是辅仁大学创始人英敛之之子。他12岁赴欧洲留学，学成归国后回到辅仁大学，子承父业并终身致力教育事业。北平沦陷期间，英千里在辅仁大学组织开展地下抗日救亡活动，历尽苦难，矢志不渝。

英千里

书生仍有报国志

1900年，英千里出生于北平的一个天主教家庭，父亲英敛之是中国北方天主教领袖人物，辅仁大学创始人。1924年，英千里从欧洲学成回国，任辅仁大学秘书长兼西洋语言文学系主任，承担教务工作。

北平沦陷后，大批高校南迁。因有教会背景，辅仁大学继续留在北平。整个沦陷时期，辅仁大学坚持不悬挂日伪国旗、不学日伪所编教材、不开设日伪奴化课程。但是学校正常教学活动和师生行动还是受到日伪监视，日伪甚至派遣特务到学校任教、上学。

面对这种局面，英千里忧心如焚。虽是一介书生，但在国家和民族生死存亡的关键时刻，他不仅没有退避怕事，还对学生宣传爱国思想，常讲"国家兴亡，匹夫有责"。北平沦陷后，英千里与南京国民政府教育部秘密取得联系，请示该如何应对局面。根据教育部指示，他在学校开始收容失学青年，扩大招生，增设女子学院。

1939年12月，国民党中央组织部部长朱家骅派遣曾担任国民党北平市党部委员的高希裴潜回北平，秘密造访英千里，二人一同商议后决定成立炎武学社。学社以研究明末爱国人士顾炎武的学说为名，鼓舞大家人心不死，国家不亡。

北平沦陷期间，除辅仁、燕大等几所学校外，其余学校都被日伪接收了。未能南下留在北平的老师们，不愿去日伪控制的学校任教。学社成员大多以教书为生，学社不能解决这些成员的生活问题，他们的生活难以为继，于是纷纷离开，学社一时发展遇到瓶颈。为此，英千里和同事们积极争取，终于得到国民党中央的重视和支持。不久，国民党中央将炎武学社改名为华北文教协会，文学院院长沈兼士任主席，教育学院院长张怀任书记长，英千里任第一总干事，活动经费由国民党中央提供。

有了国民党中央的指示和支持，协会的活动更加具体，老师们时常在课堂上向学生宣传不畏强暴、不受利诱、不向敌人投降等民族意识和爱国思想，教育青年刻苦学习，积蓄力量，等待时机，报效国家。除此之外，学会还安排外籍教师做掩护，协助向后方输送积极抗日的青年师生。

守住气节方为人师

在侵略者眼皮底下从事抗日活动风险很大，日伪特务虽碍于辅仁大学是教会学校，没有公开对其进行监视或搜查，却在暗中派了很多特务乔装成学生混入学校。

在特务的严密监视下，华北文教协会和国民党中央之间的联系出现问题。到了1941年夏，情形更加恶化，特务对沈兼士和英千里的身份似乎有所察觉，而协会和国民党中央始终无法取得联系，赖以为计的活动经费也没有了。这些使得英千里内心焦虑无比，同事们劝说二人应尽早离开北平。12月，沈兼士化装出走，英千里选择继续坚守，独撑协会大局。

就在这最艰苦的时候，协会终于和国民党中央再次取得联系。潜入北平的国民党中央特派员带来最新指示和补助款，英千里将指示和分配款项名单藏于家中《华裔学志》书中，夫人将钱缝在棉被里。几天后，协会一人员被拘，日伪顺藤摸瓜很快找到了英千里。

英千里被捕入狱后，被提到特务科受审，敌人想从他嘴里问出沈兼士的下落。主审人上村喜赖用流利的汉语提醒英千里如果不想吃苦头，就老老实实交代。无论怎么逼问，英千里都回答说，只知道沈兼士半个月前去了西山一个庙里养病，至于哪座庙并不清楚。再问他是否与重庆有关系后，英千里立刻坦然承认。上村并不满意，一直不停地问这问那，英千里随机应答，但是很有分寸，不露一点破绽。几个小时的连续审讯，英千里没吃任何东西，被带回牢房后，已是疲倦万分，狱警只给他一个窝头，他胡乱吃下后随即入睡。狱中的生活常是如此，本来就有的胃病也日益加重了。

入狱期间，日伪派了三名日本士兵监视英家。英千里的夫人知道《华裔学志》一书中藏有重要名单，但是日本士兵的监视让她很是着急。情急之下，她想到一个办法：一天她在家中院子里摆上酒席，宴请这三名士兵，酒过三巡，她让儿子抓紧机会到书房将文件烧毁。

又一天晚上，英千里被带去特务科，这次除了上村外，还有特务科科长在座，气氛非常紧张。此番审问旨在逼英千里招出沈兼士的下落，但是无论敌人怎么刑讯逼供，英千里始终坚持不知道沈兼士的下落。气急败坏的上村吩咐把英千里带到院子里，横绑在长凳上，捂住其鼻子并向嘴里灌水，如此拷问了6个小时，英千里被折磨得一度昏迷，但他依旧坚贞不屈。上村虽恨英千里不肯招供，但对他的骨气很是敬佩。数日后，因审讯无果，英千里重获自由，回到辅仁大学继续教书。

不惧危险再陷囹圄

此时沈兼士已潜赴重庆，国民党中央遂派英千里任北平市党部书记长兼代主任委员，负责华北文教界的地下组织工作。英千里很快和沈兼士取得联系，开始接受重庆的接济，展开各项工作。在那段时间里，凡国民政府所定的纪念日，辅仁大学照样放假，校内一切行政措施，仍遵照政府命令。

这些举动使英千里再次成为日本侵略者的眼中钉。他自己也知道，迟早有一天，日本人还是会来抓他。1944年3月20日，日伪特务再次逮捕了英千里。一起被捕的还有时任北平市党部总负责人兼辅仁大学文学院院长董洗凡和其他一些华北文教协会会员，这就是震惊整个华北教育知识界的"华北教授案"。因为协会的一大半教授都被捕入狱，协会活动完全瘫痪。受此影响，在北平的国民党地下组织连续遭受严重破坏，国民党中央与北平市党部的组织联系再次断绝。

英千里这次入狱受刑比第一次更为严重，经常受刑至昏厥，醒来后，再被施以酷刑，如此反复。英千里总是想着国家民族重于一切，他置个人生死于度外，无论如何绝不吐出任何实情。日本人从英千里身上一无所获，对他恨之入骨。刑讯完毕，就把他丢进阴暗潮湿的牢房，同牢的犯人很多，一身伤痛的英千里还要和其他犯人同挤在一张硬木板床上，翻身都很困难，吃的也是发霉的窝头。

此番被捕的国民党员和华北文教协会会员多为北平知名学者，且宣传的主要是爱国思想，日伪碍于社会舆论影响，以及各方人士营救，涉案被捕人士多被判处不同年限的有期徒刑。英千里被判了死刑，幸有在日伪组织的国民党人士为他活动，才被改判为无期徒刑，后又减为十五年有期徒刑。直到抗战胜利前夕，才获得释放。

抗战胜利后，英千里出任北平市教育局局长。随后只身前往台湾，任辅仁大学副校长。因早年在狱中受刑，英千里身体日渐衰弱，晚年更是思亲之心日甚，始终盼望与大陆亲人相聚。1969年10月8日，他带着无限遗憾离开了人世。

（执笔：常颖）

李　才　周　时　隐蔽战线上的抗日伴侣

抗日战争进入相持阶段后,党中央决定加深敌占区的工作。中共中央北方局按照中央指示,从根据地选派大批干部进入敌占区,从事秘密工作。李才、周时夫妇先后受组织派遣进入北平,成为隐蔽战线上的抗日伴侣。

周时

李才潜入北平

秋风瑟瑟,草木枯黄。1940年10月底,中共中央社会部电台台长李才等一行人,从延安出发,步行前往平西。李才1919年出生于黑龙江宁安,1936年加入中国共产党,曾到莫斯科学习无线电通信技术。这次,组织派他赴平西,是协助钟子云建立情报交通联络站,随后潜入北平,开展情报工作。

李才一行渡黄河、越吕梁、翻太行,经过两个多月的艰苦行军,终于到达河北省阜平县的中共中央晋察冀分局社会部,部长许建国热情接待了他们。

在李才的协助下,平西情报交通联络站很快建立起来。随后,他开始筹备潜入北平的工作。李才从未到过北平,对完成组织上交给的任务倍感压力。为了在这个陌生的大城市潜伏下来,他抓住一切时机,访问熟悉北平情况的同志,用心记住他们介绍的每一个城市生活细节;查看北平地图,熟悉地形和公共交通;预编好应对敌人盘查的理由,甚至连衣帽鞋袜都做了一些准备。

1941年3月，李才潜入北平元通祥绒线铺，以账房先生的身份为掩护，组建秘密电台，开展情报工作。当时，没有收发报机，在日伪当局的严格管制下，连零部件也很难买到。辅仁大学助教何长谦与李才同为陈叔亮情报组工作人员，于是他假借学校物理实验室的名义，买到了电源、变压器等电信器材。

有了零部件，在哪里组装也是个问题。转眼到了夏天，正好有个外国医生去北戴河度假，将他的诊所委托何长谦代管。两人抓住这一机会，一连干了十多天。为防止被发觉，夜里不敢开灯，白天不敢开窗，正值暑热天气，他们常常忙得汗流浃背。李才只学过无线电发报，何长谦也只是一个业余的无线电爱好者。他们按照线路图照猫画虎，好不容易组装出发报机，却发不出信号。

这年10月，钟子云到北平检查工作，李才向他汇报了潜伏工作和电台组装遇到的困难。钟子云表示，在城内自己组装电台确实不容易，还是应该在根据地组装好、调试好，将完整的电台送进城内使用。他告诉李才，要先站稳脚跟，为便于掩护，组织决定调他的妻子周时到北平，协助工作。

周时被捕

周时是中共中央北方分局社会部的工作人员，接到任务后立即动身，赶往北平。可是没想到，在进城的路上，她却遇到了大麻烦。

1942年2月4日，周时起了个大早，从海淀温泉附近的孙村进城，走至太舟坞村时被两个特务拦下，说她的证件有问题。原来，周时使用的良民证，是当时日本宪兵队新制作还没有发放的良民证。特务发现了破绽，将周时带到日本宪兵队温泉据点。

周时被扣后，面对敌人的百般逼问，沉着冷静，一口咬定良民证就是村里发的。敌人还是怀疑她的身份，想尽办法恐吓她。他们把她拉到村外坟场，拿出5颗子弹，叫周时选择自己死在哪颗子弹上，然后举枪射击，却故意打偏，并对她说"这是你命不该绝"。此计不成，日本宪兵又生一计。第二天，他们又把周时拉出村外，说要活埋，土埋过半身后再把她拽出来。如此反复折磨，周时始终咬紧牙关，坚称自己是良民，最后以绝食相抗争。

五天五夜，周时粒米不进，身体变得极度虚弱。宪兵队的河端伍长，见她如此刚烈，心中暗想：如果征服了这个中国女子，稍加训练，为我所用，派回平西八路军地盘，收集情报，岂不是好事一桩？于是，河端决定不再折磨周时。

2月9日，周时被捕绝食的第6天，河端派汉奸李级三来到元通祥商店。一大早，李才刚刚打开店门，一个身穿长袍、头顶礼帽、戴着墨镜的人闯了进来，他告诉李才，周时遇到点麻烦，被扣押在温泉日本宪兵队，伍长要他前去问话。因为李级三还要去前门办事，就和李才约定，中午12时，他返回后再一同出城。

事发突然，李才毫无思想准备。因关系到情报组的安全，需要立即向组织汇报。李才是陈叔亮情报组成员，他与上级陈叔亮约定，一个月只能见一次面。但是，时间紧迫、情况紧急，这次只能破例。李才直接找到陈叔亮家，向他做了汇报，研究如何应对。

面对这种情况，最简单的办法是李才立即转移，但是这样必然引起敌人的警觉，容易牵一发而动全身，刚刚组建起来的情报组就会前功尽弃。另一个办法是，李才主动到日本宪兵队，随机应变，尽量使案情不再扩大。

经过认真分析，陈叔亮和李才一致认为，周时还没有暴露，决定由李才亲自去宪兵队，了解情况后再伺机而动。

李级三回来后，李才请他到龙泉居吃饭，并塞给他100元钱。饭桌上，推杯换盏之间，李才把自己的不幸遭遇告诉了李级三，使他相信了自己是一个善良本分的买卖人，为躲避八路军才逃亡到北平的。夫妻二人已分开多年，这次周时是来投奔他的。

夫妻巧妙脱险

李级三将李才带到宪兵队，在河端面前替他说了一番好话。河端决定利用李才劝说周时为宪兵队工作，遂安排他们夫妻见面。

两人见面后，巧妙地交换了情况，商量了对策。周时停止了绝食，这让河端兴奋不已，以为是自己的"软化"政策见效了。他傲慢地对李才说："媳妇是你的，但现在不能领走，常来劝劝她。"

此后，李才隔几天就来看望周时，周时慢慢地发生了"变化"：不再骂特务了，经常念叨想妈妈，想跟丈夫一块儿回家。这一假象还真迷惑了河端，他觉得周时被彻底"软化"了，监控也渐渐放松下来。

又过了些日子，河端急于了解平西抗日根据地的情况，就设计了一个诡计，让周时假借逃跑，"潜回"边区，为其收集情报。在李才又一次前来探望时，夫妻俩商定，将计就计，逃出魔掌。

3月9日凌晨，周时悄悄起床，拿着河端给的手枪，从小屋后门溜出。等在门外的河端，亲自护送周时绕过据点的铁丝网。等周时向西跑出很远后，河端从后面打了几枪，表示发现周时逃跑了。他让宪兵向北追去，到附近村里搜查一番。就这样，周时成功脱险。回到平西抗日根据地后，向情报站站长钟子云汇报了从被捕到脱险的详细经过。

1942年5月，因陈叔亮身份暴露，李才暂时撤离北平，回到平西抗日根据地。解放战争时期，李才再次潜入北平，筹建新的秘密电台，继续战斗在看不见的战线上。

新中国成立后，李才曾任天津市公安局副局长、广东省国家安全厅厅长等职。周时曾任天津市第三医院副院长、国务院专家局和国务院科技干部局处长等职。

（执笔：常颖）

埃德加·斯诺　为中国抗战鼓与呼

"中国社会革命运动可能遭受挫折，可能暂时退却，可能有一个时候看来好像奄奄一息……但它不仅一定会继续成长，而且一起一伏之中，最后终于会获得胜利。"这是美国人埃德加·斯诺《红星照耀中国》一书的结语。中国抗日战争时期，他在中国的13年中，北平是他工作、生活时间最长的地方。他为中国抗战鼓与呼，被后人称为中国人民的老朋友。

埃德加·斯诺

"呼吸一点新鲜空气的窗口"

斯诺1905年出生于美国密苏里州的一个中产家庭，他曾访问陕甘宁边区，写了大量通讯报道，成为第一个采访红区的西方记者。抗日战争爆发后，作为战地记者，他客观报道了中国人民抗日战争情况。新中国成立后，他三次来华访问，并与毛泽东见面。1928年斯诺来到上海，在《密勒氏评论报》任职。随后到中国各地旅行采访，所见所闻令他触目惊心，战争、贫困与暴力造成的惨象，使他对中国人民产生极大同情，决心必须为拯救中国做点事情。

1933年，斯诺偕妻子海伦·福斯特来到北平，住在煤渣胡同2号，他们发现这座美丽的古都并不太平。长城抗战后，平津处境越来越危急。而蒋介石却继续实行"攘外必先安内"的反动政策，投入重兵继续"围剿"中共领导的苏区，激起社会各阶层人民的极大愤慨，表面平静的北平暗流涌动,正酝酿着一场"大战和革命"。

1934年年初,斯诺应邀兼任燕京大学新闻系讲师。为方便教学,他把家搬到学校附近。斯诺夫妇性格随和、待人诚恳,经常在家里招待爱国青年学生。北大的黄敬、燕大的黄华以及清华的姚依林等都是他家常客。斯诺从这些爱国青年身上看到中国的希望。

斯诺夫妇对学生以诚相待,学生们也很喜欢他们,彼此像家人一样无拘无束地交往。斯诺深情地说:"我们同中国青年是一类人,我们站在中国青年一边。"[①]他还利用外国记者身份收藏了大量被国民党列为"禁书"的书刊,如宣传马克思主义的理论著作、苏联小说和介绍中国红军的小册子等,为进步青年提供宝贵的精神食粮。学生们在这里如饥似渴地阅读进步书籍,寻求救国救民之道。斯诺的家被学生们亲切地称为可以"呼吸一点新鲜空气的窗口"。[②]

国民党实行文化"围剿"和新闻封锁,进步书刊屡遭查禁,平、津、沪等地的报纸噤若寒蝉。斯诺作为英美报纸的自由投稿记者,消息比较灵通,学生们经常到他家打听时局动态,讨论分析问题。斯诺曾多次设法将日本搞"华北自治"及蒋介石集团不抵抗的内幕消息发出,均遭到当局查禁,这使他更加同情爱护进步学生。

"中国又一次五四运动"

"何梅协定""秦土协定"的签订,使河北、察哈尔两省的大部分主权丧失。之后,日本又策动"华北五省防共自治运动",华北危机愈加严重。

1935年11月初,在日本强压下,国民党政府下令取缔一切抗日团体,初冬的北平笼罩在白色恐怖中。斯诺夫妇深切关注北平命运,斯诺说:"当你所爱的姑娘遭蹂躏时,你不能袖手旁观。而北京确实是一位可爱的姑

[①] 陆璀:《斯诺与一二·九》,《纪念埃德加·斯诺》,新华出版社1984年版,第45页。
[②] 中共北京市委党史研究室编:《中共北京党史人物传》(第三卷),中共党史出版社1995年版,第274页。

娘。"[①]他帮助学生在国外报刊上发表了《平津十校学生自治会为抗日救亡争取自由宣言》。

11月中旬，日本策划"华北政权特殊化"。12月初，斯诺得知蒋介石下令让宋哲元成立对日妥协的冀东政务委员会，便立即告诉燕京大学学生自治会主席张兆麟。斯诺夫妇鼓励学生们行动起来进行抗议，并与张兆麟、黄华、陈翰伯等商量确定游行请愿方案。他们连夜翻译抄写致蒋介石的请愿书，以便在第二天提供给外国报纸发表，并主动邀请几位同情学生的外国记者，一起报道接下来的游行示威运动。

12月9日，轰轰烈烈的一二·九运动爆发，学生们发出"打倒日本帝国主义""全国武装起来保卫华北"的怒吼。斯诺夫妇和受邀的外国记者一起拍照、采访，记录下一幕幕珍贵的场景。当局派军警和宪兵前来镇压，斯诺夫妇等人站出来阻止。看到警察要殴打或者抓捕学生时，斯诺就冲上去拍照，吓得警察不敢轻易动手。他们被学生的爱国热情感染，也加入游行中去，和学生们手挽手行进在队伍前列。

清华大学女学生陆璀在游行示威中遭到宪兵逮捕。斯诺不顾自身安危，一路紧跟到伪警察所，对她进行"特别"采访。陆璀激动地说："我们不愿做亡国奴！我们要求中国人不打中国人，团结起来抵抗日本的侵略。""只要把人民大众唤醒起来，中国就不会亡！"回到住所，斯诺很快写出题为《中国的贞德被捕了》的新闻稿，他把陆璀比作法国的民族英雄贞德，颂扬学生抗日救亡运动。陆璀获释后，在斯诺家中养伤一个多星期，斯诺亲自护送她离开北平。

一二·九运动当晚，斯诺赶写了长篇通讯《中国又一次五四运动》，报道他在现场目睹的一切，向纽约《太阳报》发送专电，成为独家新闻。此后，斯诺又写出连续报道，在英美报刊头版以醒目标题刊出。12月12日，在斯诺建议下，龚普生、龚澎等学生在燕京大学召开外国记者招待会，介绍学运情况。一二·九的抗日怒吼震撼了国内外，短短几天内，爱国游行示威席卷全国，掀起抗日救亡运动新高潮。

[①] [美] 埃德加·斯诺著：《复始之旅》，《斯诺文集》（第1集），新华出版社1984年版，第166页。当时北京已改名为北平。

埃德加·斯诺 为中国抗战鼓与呼

"他曾为中国做过一件巨大的工作"

作为一名追求独立、自由、进步，敢于探索的记者，斯诺对中国共产党充满好奇。他想知道，蒋介石不断屠杀共产党人，为什么还有成千上万的人选择去参加红军？红军是怎样在极端艰苦的条件下走完二万五千里长征的？毛泽东等中共领导人到底是什么样的人？……1936年6月，在宋庆龄的帮助下，斯诺带着这一系列疑问，从北平出发，秘密来到陕甘苏区。

4个多月里，斯诺在保安采访了毛泽东、周恩来、彭德怀等中共领导人和红军将领，收集了红军长征的一手资料及毛泽东等人的生平事迹。在甘肃和宁夏前线，采访了正在训练和战斗的红军。采访期间，他同根据地军民一起吃小米、睡土炕，深入了解他们的战斗和生活情况。10月底，斯诺满载而归，带着几十本日记和采访笔记、30卷胶卷，以及几磅重的有关共产党的资料回到北平。

此后一段时间，斯诺隐居起来，埋头写作，一篇篇真实客观、生动形象、富有真知灼见的文章从他笔下流出。1937年年初，斯诺将一部分整理好的新闻稿交给朋友王福时，请人编译成中文，出版了《外国记者西北印象记》，很快销售一空。1937年10月，英文初版 Red Star Over China（《红星照耀中国》），一经问世便轰动世界。不久，法、德、俄等近20种语言版本相继出版。1938年2月，《红星照耀中国》第一个中文全译本在上海问世，改名为《西行漫记》。无数青年竞相传阅、辗转传抄，还有大批青年怀揣此书，长途跋涉奔赴延安。

这一时期，斯诺还在北平协和教会、基督教青年会、燕京大学等场合做报告，介绍红军与苏区情况，并在燕京大学举办斯诺苏区摄影展，放映苏区影片和幻灯片，使陕北红军、苏区生活在燕大校园成为公开谈论话题。他还在美国《生活》画报上发表了在陕甘苏区拍摄的大量照片。

作为第一个访问苏区的外国记者，《红星照耀中国》和斯诺的一系列宣传活动，最早向世界详细介绍了中国共产党和红军的真实情况，击破了国民党种种歪曲、丑化共产党的谣言。正如毛泽东曾说:"当其他人谁也不来的时候,斯诺来到这里调查我们的情况,并帮助我们把事实公诸于世……我们将永远记住他曾为中国做过一件巨大的工作。"①

"你是可以信赖的外国朋友"

日本侵略者占领北平后,大肆搜捕、迫害抗日爱国人士,斯诺挺身而出,勇敢地庇护被日寇列入黑名单的人。他说:"我的住所很快成了某种地下工作总部了,我肯定不再是一个'中立者'了。"②为方便进步人士开展地下工作,斯诺还允许他们在家里安装了一部短波无线电收发报机。

斯诺曾利用自己的身份掩护帮助一些抗日人士离开北平。在他掩护的爱国者中,就有邓颖超。早在七七事变时,邓颖超就在北平西山疗养院治病,化名"李知凡太太"。经过一段时间治疗,其肺结核大为好转。不久,她接到尽快返回陕北的通知。为了安全离开北平,她辗转找到斯诺,斯诺毫不犹豫地应承下来。斯诺凭借美国人身份,买到两张去天津的火车票。为应付沿途日军盘查,他让邓颖超化装成女佣。到达天津站时,日军岗哨林立。斯诺顺利通过检查,邓颖超却被拦住了,斯诺转过身子说:"我是美国人,她是我家女佣,跟我来天津的。"日本兵只好放行。到达英租界后,斯诺把邓颖超托付给一位好友,把她带过封锁线,使她安全返回延安。③

斯诺还曾积极帮助抗日游击队筹措经费。一天早上,平西抗日游击队联络员吴挺(音)来到斯诺家,把一批金银珠宝交给他,请他代为变卖。这些金银珠宝是游击队从日本人手里夺回的,包括大量黄金、翡翠和一些古玩。吴挺说:"卖多少钱都不要紧,你是可以信赖的外国朋友,这事儿只能

---

① 刘力群主编:《纪念埃德加·斯诺》,新华出版社1984年版,第35页。
② [美]埃德加·斯诺著,夏翠薇译:《我在旧中国十三年》,生活·读书·新知三联书店1973年版,第89页。
③ [美]埃德加·斯诺:《复始之旅》,《斯诺文集》(第1集),新华出版社1984年版,第227页。

求你办。"并表示可以给他丰厚的酬金。斯诺说,我从没接受过好处费,现在更不可能要,你们为了祖国的事业迫切需要这笔钱。他找人帮忙把珠宝卖出去后,幽默地说:"我放弃了本来可以劫夺一百万美元巨款的千载难逢的机会。"[1]

后来,斯诺离开北平,辗转到达西安、青岛等地,继续进行采访报道和从其他方面支持中国人民的抗战事业。1941年,皖南事变发生,斯诺因客观报道了事变真相,遭国民党政府"制裁",被迫离开中国。新中国成立后,他曾三次来华访问,并与毛泽东、周恩来、邓颖超等老朋友会面。1972年,斯诺因病在瑞士日内瓦逝世。家人遵照其遗愿,将他的一部分骨灰安葬在北大未名湖畔。

(执笔:贾变变)

---

[1] [美]埃德加·斯诺:《复始之旅》,《斯诺文集》(第1集),新华出版社1984年版,第228—229页。

贝熙叶　开辟自行车"驼峰航线"

逶迤西山，崎岖山路。中国抗日战争时期，一位高鼻梁、蓝眼睛、蓄着八字胡的古稀老人，经常风尘仆仆地骑着自行车，冒险穿过日伪层层关卡，把所载的贵重物品运至妙峰山下的贝家花园，再通过中共地下交通线，转往晋察冀抗日根据地。这位外国老人名叫贝熙叶，他将个人生死置之度外，用自行车开辟了一条支援中国抗战的"驼峰航线"。

贝熙叶

救治中国军民

贝熙叶，原名让·热罗姆·奥古斯坦·贝熙叶，出生在法国中部山区新浴堡的一个普通村庄。20岁考入波尔多海军医学院，获得医学博士学位。1912年年底，他怀揣对中国的美好向往，经过漫长的海上旅程抵达中国，两年后出任法国驻北京公使馆医官。

贝熙叶到北京后不久，便成为远近闻名的西医大夫。有一个中国官员腰部生疽，遍访京城名医不见好转，生命垂危的他，抱着"死马当活马医"的心态，找贝熙叶医治。没承想经过手术治疗，仅用两个月就神奇康复。贝熙叶由此名声大振，一时间成为京城上层人士争相邀请的名医。孙中山、段祺瑞、蔡元培、梅兰芳等军政要员和社会名流，都曾找贝熙叶看过病。

1923年，不幸降临到贝熙叶身上。他的妻子突然病故，女儿又染上当时堪比绝症的肺病。病重的女儿急需一个空气清新、宁静休养的地方。为此，贝熙叶在北京西山租地，亲手设计了一处宅院。经过几个月的紧张施工，一座中西合璧的建筑落成，人称"贝家花园"。

贝家花园建成后，贝熙叶除了照顾女儿，还投入很大精力给平民百姓看病。每当遇到积贫积弱、疾病缠身的百姓前来求医，他都尽心医治，而且费用全免。院中的碉楼原本用于防御，后来，为了满足百姓的看病需求，贝熙叶干脆将其改建为便民诊所。每天来看病的人络绎不绝，甚至还有人慕名远道而来。深受百姓尊敬和信任的贝熙叶，被人们亲切地称为"老贝"，乡亲们还给他送来一块小石匾，挂在碉楼铁门的门楣上，上书"济世之医"。

1937年，卢沟桥事变爆发。贝熙叶目睹日军的凶残暴行，对铁蹄践踏下的中国人民倍感同情。他代表外国驻北平领事馆医官，致函中国红十字会，表示愿意为红十字会服务。

7月29日，北平沦陷，贝熙叶便前往宛平城内察看。只见城里满目疮痍，被日军炮火击中的建筑还在熊熊燃烧，街道上和田野里到处是尸体。看到这一切，贝熙叶立即开始抢救伤员。29岁的农民李清来被日军子弹击中胸部，贝熙叶见状，马上为他检查和包扎伤口，经过简单处理后，又将其送回贝家花园继续医治。在家人和用人的协助下，贝熙叶以贝家花园为救助站，全力医治伤病员。

8月8日，南口战役打响。贝熙叶倾注全力救治中国伤员，他用简洁的文字记录下当时的情形："在西山下的诊所，来自南口地区受伤的中国百姓，我的助手和修女们轮班施救。所有应该送到北平的伤员都得到了救治，一个都没有落下。"

这年年底，侵华日军在南京制造惨绝人寰的大屠杀，一些受伤的中国军民慕名来北平求医，贝熙叶来者不拒，竭力救治。

往根据地运送医药物资

日军侵占北平后，在通往西山的路上层层设卡，实施物资封锁，抗日根据地的医药物资非常紧缺。为解决这一难题，八路军冀中军区平津特派人员主任黄浩，潜入北平，负责采购、运输药品。他经过慎重考虑，决定找贝熙叶这个老朋友帮忙。

1939年年初，黄浩登门拜访贝熙叶，试探性地提出希望他凭借自己的特殊身份，帮忙往"山那边"运点药品。对此，贝熙叶心领神会，爽快答应下来："我知道那里的人们饱受战争的摧残，药品对他们来说太重要了，任何一个有良知的人都应该参与这一人道主义行动，而不是相反。"

黄浩按照根据地转来的白求恩大夫开具的药单，通过多种渠道，采购了一批医药物资，并立即秘密送往贝熙叶位于北平城内大甜水井胡同的家中。

一天下午，贝熙叶的雪铁龙轿车从大甜水井胡同驶出，直奔西直门城门，关卡里的日军和伪警察都知道，这是东交民巷法国医院贝大夫的车，二话不说，挥手放行。到了贝家花园，他迅速把药品交给早已在此等候的中共地下交通员。交通员立刻套上驴车，载着这些珍贵的医药物资翻过妙峰山，运往晋察冀抗日根据地。3天后，战地医院的白求恩大夫接到这些稀缺的医药物资，不由得竖起大拇指，连声称赞："真了不起！"

太平洋战争爆发后，日军对汽油等军用物资实施严格管控，贝熙叶的汽车不能开了。为了确保根据地的药品器材供应，贝熙叶开始骑自行车运送。从城里大甜水井胡同到西山贝家花园，有40多公里路程。沿途必经西直门、黑山扈、温泉等多个日伪关卡，贝熙叶都凭特殊身份顺利通过。西山夜色笼罩的星空下，人们经常能看到，70岁高龄的贝熙叶，驮着沉甸甸的物品，艰难地骑行在蜿蜒的山路上。

同情和支持中国人民抗战的英籍友人林迈可，在燕京大学任教期间，也曾多次利用贝家花园，为根据地输送重要物资。他受八路军之托，利用特殊身份，为抗日根据地采购医药器械等紧缺物资，利用周末，以旅游为名，骑着摩托车载着这些物资，一次次地通过日军关卡，送到贝家花园，再通过妙峰山交通线，源源不断地输送到抗日根据地。

长达几年的时间里，贝熙叶秘密为抗日根据地运送药品器材的行动从未中断。一批批药品器材经他之手，转交给中共地下交通员，最终被送到晋察冀抗日根据地的战地医院。这条贝熙叶开辟的、用自行车为根据地运送医药物资的秘密通道，堪比"驼峰航线"。

贝熙叶　开辟自行车"驼峰航线"

秘密转移抗战人士

抗战期间，贝熙叶一直以贝家花园为依托，进行着无声的战斗。为了便于工作，中共地下组织派党员王月川到贝家花园当管家。在贝熙叶的掩护下，一些支援中国抗战的国际友人、爱国青年以及中共地下工作者，从贝家花园翻越妙峰山，经涧沟村、田庄，过永定河，到达晋察冀抗日根据地，然后奔赴延安。贝家花园成了中共秘密交通线上的重要联络点。

贝熙叶等人创办的中法大学，同情和支持中国抗战，日本人和伪政权将其视为眼中钉，欲除之而后快，设法迫使学校停办。中法大学的进步师生，在时任校长李麟玉的带领下，经贝家花园转赴根据地或抗日前线。

日本偷袭美国珍珠港的第二天，日本宪兵闯进美国资助的教会学校燕京大学，抓捕抗日师生。在日军到来前，国际友人林迈可驾驶着校长司徒雷登的汽车，带着妻子和友人以及两只装满通信器材的箱子，直奔贝家花园。后经游击队员的护送，最终经这条秘密交通线，顺利到达延安。

1943年8月，中共北平地下党的一部电台被日军破获，黄浩暴露。贝熙叶闻讯，设法帮黄浩逃脱日本宪兵的追捕，并把他接到贝家花园。在贝熙叶的协助下，黄浩最终安全离开北平，抵达延安。

贝熙叶在中国生活了整整41年后，1954年在中国妻子吴似丹的陪同下回到法国，1958年去世，享年86岁。

在2014年中法建交50周年纪念大会和2015年纪念中国人民抗日战争暨世界反法西斯战争胜利70周年招待会上，国家主席习近平两次提到法国医生贝熙叶，赞扬他冒着生命危险，在北平城与平郊抗日根据地之间开辟了一条自行车"驼峰航线"。

（执笔：范晓宇）

林迈可　为中国抗战做出贡献的英国教师

蓝眼睛、高鼻梁，一位叫作Michael Lindsay的英国人，却有着常见的中国名字——林迈可。他与北平结缘，始于1937年受聘于燕京大学。中国抗日战争时期，北平沦陷区的执教经历和在敌后抗日根据地的见闻，使他走上反对日本法西斯、同情和帮助中国人民抗战的道路。

1939年8月6日，晋察冀根据地，聂荣臻（左）与林迈可（中）、白求恩交谈

目睹中国艰苦抗战

1937年12月，林迈可辗转来到中国，任教于燕京大学经济系。作为美国基督教资助的教会大学，燕京大学得以在沦陷区继续办学。不久，林迈可看到美联社驻北平记者的一篇报道，称冀中地区"有一个有趣的组织正在发展"。这引起了他的浓厚兴趣，并决定与另外两位年轻的燕大外籍教师去看一看。1938年4月复活节假期，他带着新买的照相机，开启了根据

地之行。

林迈可三人携带自行车先坐火车到保定，再从保定骑车，进入游击区。由于他们不是交战国的人，穿越日占区时，没有受到任何阻拦。活动在这里的"有趣的组织"由吕正操率领，是冀中平原第一支共产党领导的抗日武装力量，名为"冀中人民自卫军"。作为外国访问者，林迈可一行受到热烈欢迎，不仅能自由参观，还被邀请参加了一次破袭平汉铁路的行动。

那天晚上，他们跟随部队急行军，去十几公里外破坏铁路。因为遇到沙尘暴，部队迷了路，绕了许多圈子，天快亮时才看到铁路。大家一拥而上，匆忙破坏两三段铁轨，就赶紧撤了回来。这次根据地之行，让林迈可感到意犹未尽。

1938年暑假，林迈可和同事戴德华再次从北平出发，通过冀中根据地，西越平汉铁路，到达山西五台山的晋察冀边区政府。不巧的是，林迈可得了痢疾，住进了一所改建的简易医院，在这里意外地见到了白求恩大夫。两人初识于从温哥华来华的轮船上，并成为朋友，没想到在根据地重逢了。治疗的一个星期里，两位好友长谈过几次。从白求恩这位"热心而又相当朴实天真的共产党人"的言谈中，林迈可深切感受到根据地条件异常艰苦，尤其是药品奇缺，一些伤病员因此失去宝贵生命。每次谈到这里，白求恩都发出无奈的喟叹，林迈可的心也仿佛被揪住了一样。

第二年夏天，林迈可开启第三次根据地之行，这次耗时更长，走得更远。同行的有燕京大学数学系英籍教授赖朴吾，燕京大学机器房工人、中共地下党员肖田和毕业于燕京大学的中共地下党员赵明。

他们先从温泉的日军岗哨进入游击区，来到平西的八路军冀热察挺进军驻地，再前往晋察冀军区司令部。林迈可本想直奔延安，等待半个月后，因战争形势严峻，便改道去了晋察冀军区第4军分区，最后抵达晋东南的八路军总部，见到了朱德总司令。他们的返程颇费周折，先通过国民党中央军控制地区，到达西安、重庆，再辗转香港、天津，最后回到北平。

三次根据地之行，让林迈可对抗日根据地军民的严酷处境更加同情，对共产党领导的艰苦卓绝斗争更加敬佩，对中国抗战的态度发生了明显改变。

为根据地输送急需物资

最让林迈可牵挂的是根据地急需药品这件事。一回北平，他就设法躲避日军监视购买药品，然后撕掉外包装和商标，以免落入日军之手，牵连出药店。他让老实可靠的女学生李效黎帮忙，重新誊写药品的名称和功用。最后，凭借外国人进出北平城不被搜身的便利条件，将药品送出城。林迈可与李效黎也因此相知相爱，喜结连理。

当时，根据地通讯器材奇缺，北平地下党便请求林迈可予以帮助。他是无线电发烧友，擅长组装无线电通讯设备。于是，他千方百计弄到一批电讯器材零件，组装了多台收发报机送往根据地。一次，他在东安市场一家书店，无意间看到一本制造炸药的教科书，便马上买下，连同器材一并送出城，为晋察冀军区研制炸药起到积极作用。

1941年，敌后抗战进入严重困难时期，根据地对药品和器材的需求越来越大。林迈可不顾个人安危，多次秘密采购，并经常借用校长司徒雷登的汽车将物资送到游击区。每次从燕京大学的家里出发时，林迈可夫妇都做了最坏打算，万一被发现便逃入山中。为此，他们买了两个帆布背包和吹气式橡皮床垫，还有一些衣物和常用药品。每次运送物资都带着这些装备，平安回来后再收起来。就这样，从1938年到1941年，林迈可不知道送过多少次，没有出现一次意外。

帮助林迈可运送物资的人中，肖田曾和他一起去过根据地。回到北平后，肖田冒险设立燕京大学秘密交通点，与平西抗日游击队取得联系，为根据地运送各种物资。1941年5月，肖田被捕，遭受严刑拷打仍然坚贞不屈，始终说自己只是机器房的工人。几天后，有人来找林迈可，说已经打通宪兵司令部的关系，司令官愿意释放肖田，但要价很高。林迈可便拿出全部积蓄1000元，又找了一些同情抗日的朋友才凑够赎金，救出了肖田。

8月的一天，秘密联系人对林迈可说，根据地有人要进城，居民证已经搞到，现在就看怎么进城了。由于此前日本人从不拦自己，林迈可便说：

"如果这个人打扮成燕大学生的样子,坐在我的摩托车后面,应该能通过进城的岗哨。"大家决定冒险一试。这天,林迈可载着大学生模样打扮的根据地人员,若无其事地停在城门口,等待检查。日本哨兵用怀疑的目光盯着两人,林迈可沉着应对,顺利过关。后来他才知道,这位青年便是时任晋察冀分局社会部平西联络站站长的钟子云。

这年深秋,林迈可得知天津租界存放着一批军需物资,便动起了心思。这批物资是国民党第29军撤走时留给平津抗日队伍的,一共6只箱子,主要有老式收音机、军用电话机、发电机和一些炸矿用的设备。林迈可通过美国朋友帮忙,先把这些设备送到天津的美国兵营,再由美国水兵送到北平的美国领事馆。为确保安全,他又借用校长的汽车把箱子运回燕京大学,检修好后又分三次送出城,交给了游击队。

为晋察冀军区培养通讯骨干

1941年12月8日早晨,林迈可夫妇从收音机里听到日美交战的消息,认为日军会对燕京大学有所动作,便立刻带上预备好的物品、几把手枪、装有无线电零件的两只箱子,开着校长的汽车从东校门迅速离开了燕京大学,同行的还有物理系教授班威廉及其夫人克莱尔。果然不出所料,就在他们走后10分钟,日本宪兵便闯进了林迈可家。

他们四人开车经过青龙桥,绕过温泉的日本岗哨到达黑龙潭,然后弃车步行,来到法国医生贝熙叶位于北安河山上的别墅。别墅管家是地下党员,他辗转找到了"伪村长"。"伪村长"安排他们连夜出发,翻山越岭到达凤凰岭的龙泉寺。第二天午夜时分,焦急等待之际,游击队派来接他们的人出现了!领队的正是林迈可此前运送物资的接收人肖芳(肖田之弟)。林迈可喜出望外,心里的担忧一下子"烟消云散了"。[①] 几天后,他们进入游

---

① [英]林迈可著,杨重光、郝平译:《抗战中的中共》,解放军文艺出版社2013年版,第88页。

击区。12月31日，安全到达平西抗日根据地。

逗留平西期间，林迈可与钟子云久别重逢，与冀热察挺进军司令员萧克成为朋友，还和班威廉帮助平西通讯部组装无线电收音机，收听各方面消息。从北平逃出时带的一只万能表和计算尺，成了根据地稀缺的宝贝工具。

1942年5月，林迈可一行到达晋察冀军区司令部所在地河北省平山县吊儿村。聂荣臻为他们接风洗尘，邀请他们参观军区无线电研究组，并介绍说，军区虽然培训了500多人，但他们不懂原理，不会拆装和修理，更无法使用从日军那里缴获的新型电台，急需高水平老师予以帮助指导。林迈可和班威廉欣然接受聂荣臻的聘请，担任军区技术顾问，为学员们授课。林迈可讲授无线电工程，班威廉讲授高等物理。遇到日军"扫荡"，他们便随军转移，山沟越钻越深，条件越来越差。即便这样，教学也没有中断，林迈可与学员们建立了深厚的感情。这批学员，后来成长为中共无线电骨干人才，为夺取抗日战争的胜利做出重要贡献。

坚持教学的同时，林迈可还把分散在各单位的无线电配件集中起来，指导学员为前线部队组装轻便电台；轮训各地电台骨干、报务主任，推广新型设备；带领学生辗转各地，升级改造军区及各军分区上百部电台，使晋察冀军区的无线电通信指挥系统畅通无阻。

1944年5月，林迈可夫妇到达延安，受到毛泽东、朱德、周恩来的热情招待，后被任命为八路军通讯部顾问。他设计建造了大功率发报机和高灵敏度定向天线，使新华社英文广播于9月1日顺利开播，让世界第一次听到了延安的声音。

抗战胜利后，林迈可夫妇带着在晋察冀边区和延安出生的两个孩子回到英国。新中国成立后，林迈可受邀多次访华。他撰写出版的《抗战中的中共》一书，用亲身经历、历史照片，生动展现了敌后根据地军民在极其艰难条件下坚持抗战的真实历史。1994年，林迈可病逝，享年85岁。

（执笔：苏峰）

后　记

"北平抗日斗争历史丛书"是北京市红色资源保护传承利用工程的重要组成部分。丛书以北平抗日斗争为主题，全景式地展现了北平军民14年不屈斗争的历史画卷，深刻揭示了北平在全国抗战中的重要地位和作用。

丛书项目由北京市委党史研究室、市地方志办主任李良统筹策划，经专家团队反复论证，室务会研究确定，并报请市委批准。市委高度重视，市委常委、组织部部长孙梅君全程关注，并就打造精品力作多次做出指示。为优质高效推进编写工作，专门成立编委会和编委会办公室，并进行了明确分工。经过一年多艰苦努力，顺利完成丛书编写任务。

丛书主编杨胜群、李良从确定选题到谋篇布局，从甄别史实到提升质量，实施全面指导、严格把关；陈志楣负责丛书组织编写工作，并审改全部书稿；张恒彬、刘岳、运子微、姜海军对书稿提出宝贵意见。

《北平抗日斗争群英荟》作为这套丛书其中一部，由北京市委党史研究室、市地方志办27位同志共同撰写。主责处室：陈丽红7篇，曹楠7篇，苏峰8篇，常颖6篇，乔克7篇，贾变变7篇。参与处室：宋传信2篇，张惠舰1篇，史晔2篇，贺月华1篇，王晨育1篇，王雅珊1篇；王鹏4篇，董志魁3篇，王化宁3篇，朱磊3篇，郝若婷2篇；黄迎风5篇，高俊良3篇；冯雪利4篇，徐香花2篇，郭晓钟2篇，刘慧3篇，方东杰3篇；韩旭4篇，李昌海3篇，范晓宇3篇。专责编委范登生、霍海丹全程指导和统稿，温瑞茂、沙志亮、崔玉光、彭化义、唐春华、杨新华等专家对书稿逐一审改，黄如军、刘庭华、岳思平、郭芳、李蓉、李树泉、左玉河、刘国新、姜廷玉、赵小卫等专家提出修改意见。联络员曹楠具体负责组织协调等工作。

北京出版集团所属北京人民出版社全程参与本书策划论证和审校出版工作。本书参阅了许多公开出版或发表的文献资料和研究成果。在此，谨向所有为本书编写工作做出贡献的单位和同志表示诚挚感谢！

由于时间仓促，加之编写水平有限，本书难免存在不足之处，敬请读者批评指正。

丛书编委会

2022年12月